职业教育国家在线精品课程配套教材

“双高计划”建设院校课改系列教材

国家示范性高等职业院校课改系列教材

信息素养概论

(第二版)

主　编　段班祥　陈红玲　张广云

副主编　叶成景　李祖猛　曾文英　陈　列

方拥华　苑占江

主　审　曾文权

西安电子科技大学出版社

内 容 简 介

本书坚持“技术应用导航＋任务驱动与体验”的编排原则，选取典型案例，将知识点融汇在其中。全书共 10 章，主要内容包括信息技术概论、Word 2016 文字处理、Excel 2016 数据处理与分析、PowerPoint 2016 演示文稿制作、信息检索技术、新媒体设计与制作工具、云计算技术、大数据技术与应用、人工智能应用、区块链技术及应用。

本书可作为高等职业院校各专业“计算机文化基础”“信息技术导论”“信息技术基础”等课程的教材，也可作为全国计算机等级考试的培训教材。

图书在版编目(CIP)数据

信息素养概论 / 段班祥，陈红玲，张广云主编. —2 版. —西安：西安电子科技大学出版社，2022.2(2023.10 重印)
ISBN 978-7-5606-6225-1

Ⅰ. ①信…　Ⅱ. ①段…　②陈…　③张…　Ⅲ. ①信息素养—高等学校—教材
Ⅳ. ①G254.97

中国版本图书馆 CIP 数据核字(2021)第 242625 号

策　　划　高　樱
责任编辑　高　樱
出版发行　西安电子科技大学出版社(西安市太白南路 2 号)
电　　话　(029)88202421　88201467　　邮　　编　710071
网　　址　www.xduph.com　　电子邮箱　xdupfxb001@163.com
经　　销　新华书店
印刷单位　陕西天意印务有限责任公司
版　　次　2022 年 2 月第 2 版　2023 年 10 月第 5 次印刷
开　　本　787 毫米×1092 毫米　1/16　印　张　20.5
字　　数　484 千字
印　　数　14 001～17 000 册
定　　价　66.00 元
ISBN 978-7-5606-6225-1 / G
XDUP 6527002-5

前　言

教育部办公厅 2021 年 3 月印发的《高等职业教育专科信息技术课程标准（2021 年版）》指出，信息技术课程目标是通过理论知识学习、技能训练和综合应用实践，全面提升学生的信息素养和信息技术应用能力，使之掌握常用的工具软件和信息化办公技术，了解大数据、人工智能、云计算等新兴信息技术，具备支撑专业学习的能力，能在日常生活、学习和工作中综合运用信息技术解决问题，为职业能力的持续发展奠定基础。教育部《全国高等职业教育计算机应用基础课程基本要求》指出，“信息技术教育”课程的核心是培养高职高专学生的信息素养，提高学生获得、分析、处理、应用信息的能力，增强学生利用网络资源优化自身知识结构与技能水平的自觉性。为了适应当前高职高专教育教学改革与人才培养的新形势和新要求，并着眼于高素质技术技能型人才对信息技术课程学习的要求，必须通过课程、教材、教学模式和评价体系的创新，实现人才培养模式的转变，促进课程教学质量和效率的提升，进而提高学生的职业道德、专业能力与职业能力。随着互联网技术的迅猛发展和信息技术的广泛应用，计算机技术正在深入社会的各个领域，在人们工作、生活和学习等各个方面发挥着越来越重要的作用，计算机综合应用水平已成为衡量大学生业务素质和能力的突出标志，掌握信息技术基础知识和熟练操作办公软件已经是高等教育的重要组成部分。教育部理工科和文科计算机基础教学指导委员会相继出台了《计算机基础教学若干意见》（白皮书）和《高等学校文科类专业大学计算机教学基本要求》（蓝皮书），提出了新形势下大学生的计算机知识结构和应用计算机的能力要求，即大学计算机基础教育应该由操作技能的训练转向信息技术的基本知识培养以及运用信息技术处理实际问题的能力培养。本书正是基于此而编写的。

本书在第一版的基础上，按照教育部办公厅 2021 年 3 月印发的《高等职业教育专科信息技术课程标准(2021 年版)》重新编排了相关内容：第 2 章、第 3 章、第 4 章三章内容从 Office 2010 升级为 Office 2016，增加了第 10 章“区块链技术及应用”，同时，每章末都编写了课程思政。本书为职业教育国家在线精品课程、广东省精品在线开放课程、广东省优质继续教育网络课程“信息技术与人工智能”的配套教材。课程部署在学银在线平台，门户网址为：

https://mooc1.xueyinonline.com/course/235436959.html，供学习者免费使用。

本书坚持“技术应用导航＋任务驱动与体验”的编排原则，重点介绍 Office 2016 办公软件、大数据、云计算、人工智能、新媒体等内容，旨在帮助学生了解并初步掌握计算机各应用领域的发展状况、相关知识与操作技能，从而为后续各专业课程的学习打下良好的基础。

全书共 10 章，建议在“教学做一体化”教室或多媒体教室组织教学，各章教学内容和学时建议安排如下：

章节	主要教学内容	教学学时
第 1 章	信息技术概论	2
第 2 章	Word 2016 文字处理	6
第 3 章	Excel 2016 数据处理与分析	6
第 4 章	PowerPoint 2016 演示文稿制作	6
第 5 章	信息检索技术	4
第 6 章	新媒体设计与制作工具	6
第 7 章	云计算技术	6
第 8 章	大数据技术与应用	6
第 9 章	人工智能应用	6
第 10 章	区块链技术及应用	4
合　计		52

广东科学技术职业学院曾文权担任本书主审，段班祥、陈红玲、张广云担任主编，叶成景、李祖猛、曾文英、方拥华、苑占江和深圳视界信息技术有限公司的陈列担任副主编。段班祥编写了第 1、5 章并负责全书的统稿工作，陈红玲编写了第 4、9 章，张广云编写了第 3 章，李祖猛编写了第 2 章，叶成景编写了第 6 章，曾文英编写了第 7 章，张广云、陈列编写了第 8 章，李祖猛、苑占江编写了第 10 章，方拥华负责本书课程思政内容的编写。配套资源与练习系统请见 http://www.xueyinonline.com/detail/207374428。

本书在编写过程中得到了深圳视界信息技术有限公司的支持和帮助，在此表示衷心的感谢。本书作者拥有多年教授“信息技术基础”课程的教学经验和项目开发经历，但由于编者水平有限，书中不妥之处在所难免，欢迎读者提出宝贵意见，并将信息反馈至邮箱：duanbanx@163.com。

编　者

2021 年 5 月

第一版前言

教育部《全国高等职业教育计算机应用基础课程基本要求》指出,“信息技术教育”课程的核心是培养高职高专学生的信息素养,提高学生获得、分析、处理、应用信息的能力,增强学生利用网络资源优化自身知识结构与技能水平的自觉性。为了适应当前高职高专教育教学改革与人才培养的新形势和新要求,并着眼于高素质技术技能型人才对信息技术课程学习的要求,必须通过课程、教材、教学模式和评价体系的创新,实现人才培养模式的转变,促进课程教学质量和效率的提升,进而提高学生的职业道德、专业能力与职业能力。随着互联网技术的迅猛发展和信息技术的广泛应用,计算机技术正在深入社会的各个领域,在人们工作、生活和学习等各个方面发挥着越来越重要的作用,计算机综合应用水平已成为衡量大学生业务素质和能力的突出标志,掌握信息技术基础知识和熟练操作办公软件已经是高等教育的重要组成部分。教育部理工科和文科计算机基础教学指导委员会相继出台了《计算机基础教学若干意见》(白皮书)和《高等学校文科类专业大学计算机教学基本要求》(蓝皮书),提出了新形势下大学生的计算机知识结构和应用计算机的能力要求,即大学计算机基础教育应该由操作技能的训练转向信息技术的基本知识培养以及运用信息技术处理实际问题的能力培养。本书正是基于此而编写的。

本书坚持“技术应用导航+任务驱动与体验”的编排原则,重点介绍 Office 办公软件、大数据、云计算、人工智能、新媒体等内容,旨在帮助学生了解并初步掌握计算机各应用领域的发展状况、相关知识与操作技能,从而为后续各专业课程的学习打下良好的基础。

全书共 9 章,建议在教学做一体化教室或多媒体教室组织教学,各章教学内容和学时建议安排如下:

章节	主要教学内容	教学学时
第 1 章	信息技术概论	2
第 2 章	Word 文字处理	6
第 3 章	Excel 数据处理与分析	6
第 4 章	PowerPoint 演示文稿制作	6
第 5 章	信息检索技术	4
第 6 章	新媒体设计与制作工具	6
第 7 章	云计算技术	6
第 8 章	大数据技术与应用	6
第 9 章	人工智能应用	6
合　计		48

广东科学技术职业学院曾文权担任本书主审，段班祥、陈红玲、张广云担任主编，杨叶芬、曾文英和珠海城市职业技术学院的王晓薇担任副主编。段班祥编写了第 2、5 章并负责全书的统稿工作，陈红玲编写了第 4、9 章，张广云编写了第 3、8 章，杨叶芬编写了第 6 章，曾文英编写了第 7 章，王晓薇编写了第 1 章，广东科学技术职业学院方拥华负责本书课程思政内容的编写。

本书在编写过程中得到了深圳视界信息技术有限公司的支持和帮助，在此表示衷心的感谢。本书作者拥有多年教授该课程的教学经验和项目开发经历，但由于时间和编者水平关系，书中不妥之处在所难免，欢迎读者提出宝贵意见，并将信息反馈至邮箱：duanbanx@163.com。

编　者

2019 年 4 月

目　录

第 1 章　信息技术概论

在当今的信息社会，计算机已经深入到人们生活、学习和工作的各个领域。掌握信息技术的一般应用，已成为国民生产各行业对广大从业人员素质的基本要求。本章主要内容包括计算机的发展历史、计算机的各种硬件和软件、数据的表示方法、数制及不同进数制的转换。

任务 1.1　了解计算机

当前计算机已经成为人们工作、学习、生活及娱乐不可缺少的重要工具。新时代的人们都有必要了解计算机的基础知识，掌握计算机的基本操作技能，从而能够正确使用计算机，并可以对简单故障进行处理。

1.1.1　计算机的发展历史

计算机的产生

计算机是一种能按照预先存储的程序自动、高速进行大量数据计算和信息处理的电子设备，具有存储能力和逻辑判断能力，能自动执行命令，不需要人工干预。计算机具有运算速度快、精度高、可靠性好等特点。

1. 计算机的发展历程

1946 年 2 月，世界上第一台电子数字计算机(Electronic Numerical Integrator And Computer，ENIAC)在美国宾夕法尼亚大学研制成功，标志着计算机时代的到来，揭开了人类科技的新纪元。根据主要电子元件的不同，电子计算机的发展大致分为四代，如表 1-1 所示。

表 1-1　电子计算机发展的四个时代

发展阶段	起止时间	主要元件	速度/(次/秒)	应　用
第 1 代	1946—1957	电子管	5000～10000	科学与工程应用
第 2 代	1958—1964	晶体管	几万～几十万	数据处理、事务管理类、工业控制领域
第 3 代	1965—1970	集成电路	几十万～几百万	文字处理、企业管理、自动控制
第 4 代	1971 至今	大规模、超大规模集成电路	几千万～千百亿	广泛应用于社会生活的各个领域

2. 电子计算机的发展特点

1946 年，美籍匈牙利数学家冯·诺依曼和他的同事研制成功了世界上首台能够存储程序的离散变量自动电子计算机，其主要设计思想体现在以下三个方面：

(1) 计算机的硬件核心由 5 部分组成，即控制器、运算器、存储器、输入设备和输出设备；

(2) 计算机采用二进制表示数据；

(3) 程序与数据一起存储在内存中。

现代电子计算机基本上都是基于冯·诺依曼思想设计的，主要特点是：

(1) 运算速度快，计算能力强；

(2) 计算精度高，数据准确度高；

(3) 具有超强的记忆和逻辑判断能力；

(4) 自动化程度高。

1.1.2 计算机的发展趋势

计算机的发展趋势和应用领域

计算机正朝着超高速、超小型和智能化等方向发展，其目标是具有感知、思考、判断、学习和理解一定自然语言的能力。未来的计算机将是微电子技术、光学技术、超导技术和电子仿生技术相结合的产物。

1. 量子计算机

量子计算机是一种遵循量子力学规律进行高速数学和逻辑运算、存储及处理量子信息的全新概念的计算机，它不仅运算速度快，存储量大，功耗低，而且体积小。

2. 光子计算机

光子计算机是一种利用光信号进行数字运算、逻辑操作、信息存储和处理的新型计算机，它的运算速度可达 1 万亿次/秒，存储容量是现代计算机的几万倍，还可以对语言、图形和手势进行识别和合成。目前，光子计算机的许多关键技术已获得突破。

3. 分子计算机

分子计算机具有体积小、耗电少、运算快、存储量大等特点，其运算过程就是蛋白质分子与周围介质相互作用的过程。分子计算机消耗的能量极小，将在医疗诊治、遗传追踪和仿生工程中发挥无法替代的作用。

4. 纳米计算机

纳米计算机是用纳米($1\ \text{nm} = 10^{-9}\ \text{m}$，大约是氢原子直径的 10 倍)技术研发的新型高性能计算机。纳米管元件尺寸在几到几十纳米之间，其体积只有数百个原子大小，相当于头发直径的千分之一，有较强的导电性，几乎不耗费任何能量，性能却比现在的计算机强大许多倍。

1.1.3 计算机的应用领域

现代计算机已广泛应用于各个领域，人们可使用计算机对各种数据进行收集、存储、整理、分析和统计等一系列操作。随着生活水平的提高，人们在家居安全方面的意识越来越强烈，不少小区、家庭里面都安装了智能家居系统，如图 1-1 所示。智能家居就是计算机在生活中的典型应用，它利用先进的计算机技术、网络通信技术和综合布线技术，将与家庭生活有关的各种子系统有机地结合在一起，简单来说就是一个统一管理居室的灯光、电器、电话、传真、计算机、电视、音乐、影碟机、数字电视、投影仪、安防监控设备和其他网络信息的家电系统。通过计算机统筹管理，让家居生活更加舒适、安全、有效。

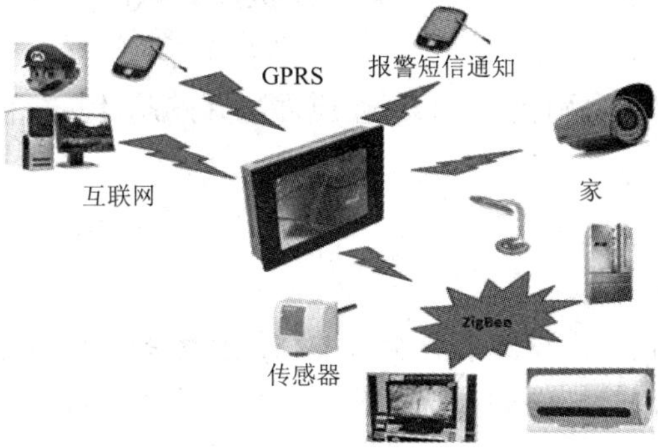

计算机的工作原理和基本结构

图 1-1　智能家居

归纳起来，计算机主要应用在以下几个方面：

(1) 科学研究与科学工程计算。利用电子计算机可完成科学研究与科学工程设计中的数学计算，这是计算机最早的应用领域。

(2) 信息处理。信息处理又称数据处理，是对数据进行收集、存储、整理、分类、加工、利用和传播等活动的总称，为用户提供检索和排序等服务。据统计，80%以上的计算机主要用于数据处理、办公自动化、情报检索、人口统计、银行业务、机票预订等，它们都属于信息处理范畴。

(3) 自动化控制领域。自动化控制又称为过程控制或实时控制，是指利用计算机及时采集检索数据，按最优值迅速地对受控对象进行自动调节或控制。该领域涉及的范围很广，例如，工业、交通运输的自动控制，对导弹、人造地球卫星的跟踪和控制等。

(4) 计算机辅助设计、制造和教学。

① 计算机辅助设计(Computer Aided Design，CAD)：利用计算机帮助人们进行产品的设计，这不仅可以加快设计过程，还可以缩短产品的研制周期。

② 计算机辅助制造(Computer Aided Manufacturing，CAM)：利用计算机控制各种机床和设备，从而实现产品的加工、装配、检测和包装等的自动化。

③ 计算机辅助教学(Computer Aided Instruction，CAI)：学生通过与计算机之间的交互实现知识或技能的自主学习。

(5) 人工智能领域。人工智能是一门研究和开发用于模拟、延伸和扩展人类智能的理论、方法、技术及应用系统的新兴学科，被认为是 21 世纪的三大尖端技术(基因工程、纳米技术、人工智能)之一。人工智能在软件和在线服务领域已经得到广泛应用，并且由于机器学习算法和很多相关技术的进步，人工智能变得越来越普遍。人工智能的研究有两个广阔的领域：第一个是关于让系统在没有人介入的状态下存活的科学；第二个是与增强人类能力有关的，能够帮助人们在日常生活中做出更好的决定。

(6) 计算机网络。将计算机技术和通信技术相结合，可实现资源共享。

(7) 多媒体技术领域。利用计算机可对文本、图形、图像、声音、动画、视频等多种信息进行综合处理，建立逻辑关系并实现人机交互。目前，多媒体技术在知识学习、电子图书、视频会议中都得到了极大的推广。

任务 1.2　计算机的系统组成

通过本任务的学习，可以初步了解计算机的工作原理，并熟悉计算机内部的硬件结构和软件系统。

1.2.1　计算机系统的组成

计算机系统是由硬件系统和软件系统两部分组成的。硬件系统和软件系统相辅相成，硬件是软件运行的物质基础，软件是硬件的灵魂，两部分协同工作才能真正发挥计算机系统的作用。

计算机硬件系统是指构成计算机的物理设备，由五大部分构成，如图 1-2 所示。该系统是由数学家冯·诺依曼提出的。

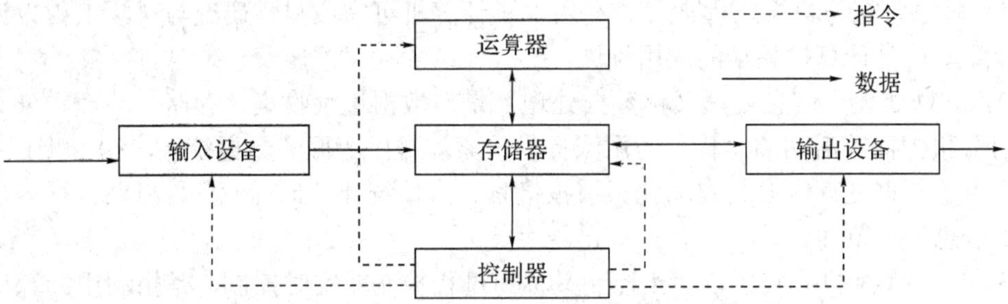

图 1-2　计算机硬件系统

各种信息或数据通过输入设备送入计算机的存储器，然后送到运算器，运算完毕将运算结果送回存储器，最后通过输出设备将结果输出，整个过程中由控制器发出指令进行控制。

计算机软件系统是计算机中程序、数据以及相关文档的总称。通常计算机软件可以分为系统软件和应用软件两类，如图 1-3 所示。

- 计算机软件
  - 系统软件
    - 操作系统
    - 语言处理程序（机器语言、汇编程序、高级程序）
    - 数据库管理系统（Access、SQL Server、Oracle）
    - 服务性程序（设备驱动程序、诊断程序、监控程序）
  - 应用软件
    - 办公软件
    - 一般应用程序
    - 各种专用软件包
    - …

图 1-3　计算机软件系统

在所有软件中，操作系统是最基本、最重要的，是对“裸机”在功能上的一次开发和补充。其他软件都是通过操作系统对硬件功能进行扩充。

1.2.2　计算机的硬件系统

在计算机的硬件系统中，运算器和控制器合称为中央处理器(Central Processing Unit，CPU)，CPU 和内存储器合称为计算机的主机，而输入设备、输出设备、外存储器合称为计算机的外部设备，如图 1-4 所示。

- 计算机硬件
  - 主机
    - CPU
      - 运算器
      - 控制器
    - 内存储器（内存条）
  - 外部设备
    - 输入设备（鼠标、键盘、扫描仪等）
    - 输出设备（显示器、打印机等）
    - 外存储器（硬盘、光盘、U盘等）

图 1-4　计算机硬件系统

计算机的硬件系统

下面对计算机的主要部件进行介绍。

1．主板

主板(见图 1-5)是整个计算机的基板，是 CPU、内存、显卡及各种扩展卡的载体，是计算机各部件的连接桥梁，对所有部件的工作起协调作用。

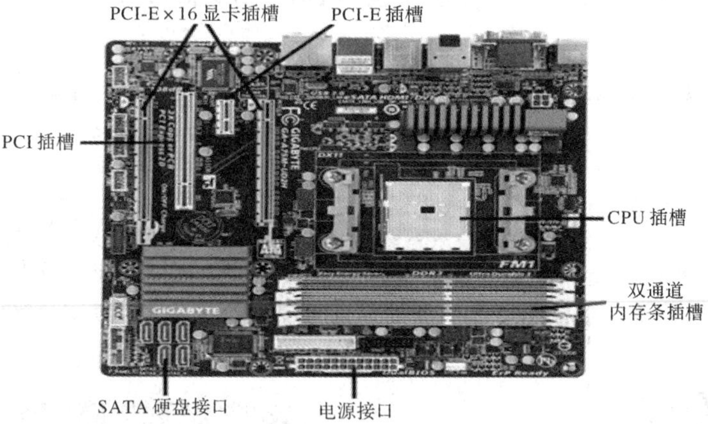

图 1-5　主板

2. 中央处理器

中央处理器(CPU)是整个计算机系统的核心，负责整个计算机系统指令的执行、数学与逻辑运算、数据存储、传输以及输入/输出的控制，CPU 外形如图 1-6 所示。CPU 及其插口如图 1-7 所示。

图 1-6　CPU

图 1-7　CPU 及其插口

3. 内存条

内存条是用于临时存放数据与指令的半导体存储器，它只负责数据的中转，不能永久保存数据。内存条的外形如图 1-8 所示。

图 1-8　内存条

目前市场上常见的内存条有 DDR2 和 DDR3 两类，DDR2 全称为第二代同步双倍速率动态随机存取存储器。和 DDR2 相比，DDR3 具有更快的数据读取能力。

说明

计算机信息容量的单位有字节(B)、千字节(KB)、兆字节(MB)、十亿字节(GB)和万亿字节(TB)，其换算关系如下：

1 KB = 1024 B，1 MB = 1024 KB，1 GB = 1024 MB，1 TB = 1024 GB

4. 硬盘

硬盘是计算机的仓库，用来存储数据和程序。硬盘的外形如图 1-9 所示。目前，市场上的硬盘品牌有希捷(Seagate)、西部数据(WesternDigital)、迈拓(Maxtor)、三星(Samsung)、日立(Hitachi)等。

5. 显卡

显卡又称显示适配器、显示卡，它是连接显示器和计算机主板的重要组件，其主要作用是将 CPU 传送过来的数据信号经过处理后送至显示器。显卡的外形如图 1-10 所示。

图 1-9　硬盘

图 1-10　显卡

6. 输出设备

输出设备是指查看信息或输出处理的设备，主要包含显示器、打印机和音响，它们的外形如图 1-11～图 1-13 所示。

图 1-11　显示器

图 1-12　打印机

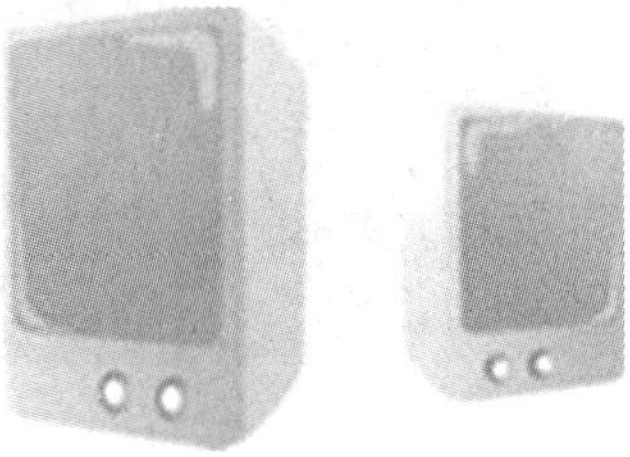

图 1-13　音响

7. 电源

电源用来给计算机中所有的部件供给电能，其外形如图 1-14 所示。

图 1-14　电源

8. 光驱

光驱又称为光盘驱动器，其外形如图 1-15 所示。目前市场上常见的产品有 DVD-ROM、COMBO(康宝)、DVD 刻录机、BD-ROM 等。DVD-ROM 能够读取 CD 和 DVD 格式的光盘。COMBO 不仅能读取 CD 和 DVD，还能将数据以 CD 格式刻录到光盘中。DVD 刻录机不仅包含以上光驱的所有功能，还能将数据以 CD 或 DVD 格式刻录到光盘中。BD-ROM 又叫蓝光刻录机。蓝光是新一代光技术刻录机，具有海量数据存储能力和快速数据读取能力，是普通 DVD 刻录机速度的 3 倍，且光盘单片容量已达 100 GB 以上。

图 1-15　光驱

9. 其他外设

计算机还需具备的基本设备有键盘、鼠标以及机箱，它们的外形如图 1-16～图 1-18 所示。

图 1-16　键盘

图 1-17　鼠标

图 1-18　机箱

键盘和鼠标是计算机主要的输入设备，其质量的好坏直接影响到用户使用时的舒适度，特别对于那些长时间使用键盘和鼠标的用户。机箱主要是为各种板卡提供支架，防止外界损害和电磁干扰。

10. 其他存储设备

其他常见的存储设备还有光盘、移动硬盘和 U 盘，其外形分别如图 1-19～图 1-21 所示。

图 1-19　光盘

图 1-20　移动硬盘

图 1-21　U 盘

光盘有 CD 和 DVD 两类，其中 CD 的容量大概有 700 MB，DVD 的容量大概有 4.7 GB。光盘按是否可擦写可分为不可擦写光盘(CD-ROM、DVD-ROM 等)和可擦写光盘(CD-RW、DVD-RW 等)。移动硬盘有容量大、存储速度快、即插即用等特点。目前常见移动硬盘的容量有 1 TB、750 GB、640 GB、500 GB、320 GB、250 GB、160 GB 等。U 盘又叫闪存，接 USB 接口，其小巧美观、使用方便。常见 U 盘容量有 8 GB、16 GB、32 GB 等。

1.2.3　计算机的软件系统

相关知识

相对于硬件而言，软件(Software)是计算机的灵魂，是一系列按照特定顺序组织的计算机数据和指令的集合。软件可分为系统软件、应用软件和介于二者之间的中间件。用户主要通过软件与计算机进行交流，计算机系统层次关系如图 1-22 所示。

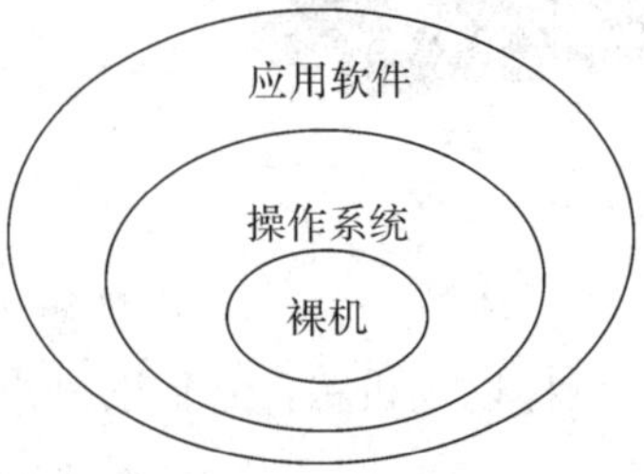

图 1-22　计算机系统层次关系

计算机的软件系统

1. 系统软件

系统软件是指控制和协调计算机及外部设备，支持应用软件开发和运行的系统，是无须用户干预的各种程序的集合。系统软件的主要功能是：调度、监控和维护计算机系统；负责管理计算机系统中各种独立的硬件，使得它们可以协调工作。系统软件使得计算机使用者和其他软件将计算机当作一个整体而不需要顾及底层每个硬件是如何工作的，它一般是在计算机系统购买时随机携带的，也可以根据需要另行安装。

系统软件的主要特点是：与硬件有很强的交互性；能对资源共享进行调度管理；能解决并发操作处理中存在的协调问题；其中的数据结构复杂，外部接口多样化，便于用户反复使用。

系统软件主要有以下三类：

(1) 操作系统。

操作系统管理计算机的硬件设备，使应用软件能方便、高效地使用这些设备。在计算机软件中最重要且最基本的就是操作系统(OS)，它是最底层的软件，控制所有计算机运行的程序并管理整个计算机的资源，是计算机裸机与应用程序及用户之间的桥梁。没有操作系统用户也就无法使用某种软件或程序。常用的操作系统有 DOS、Windows、UNIX、Linux 和 Netware 等。

(2) 语言处理程序。

语言处理程序是指用程序设计语言编写的源程序转换成机器语言的形式，以便计算机能够运行，这一转换是由翻译程序来完成的，翻译程序除了要完成语言间的转换外，还要进行语法、语义等方面的检查，翻译程序统称为语言处理程序，共有三种：汇编程序、编译程序和解释程序。它是为用户设计的编程服务软件，其作用是将高级语言源程序翻译成计算机能识别的目标程序。

(3) 数据库管理系统。

数据库管理系统有组织地、动态地存储大量数据，使人们能方便、高效地使用这些数据。数据库管理系统是一种操纵和管理数据库的大型软件，用于建立、使用和维护数据库。FoxPro、Access、Oracle、Sybase、DB2 和 Informix 都是数据库系统。

2. 应用软件

应用软件包括各种程序设计语言，以及用程序设计语言编制的应用程序。计算机软件已发展成为一个巨大的产业，其应用覆盖了生产、生活的方面，主要应用软件如表 1-2 所示。

表 1-2　常用应用软件

种　类	举　　例
办公应用	Office、WPS
程序开发	Visual C++、C#、VB、Java、Eclipse、Python
网站开发	Dreamwerver、HTML5、FrontPage
辅助设计	AutoCAD、Rhino
三维制作	3D MAX、Maya
平面设计	Photoshop、CorelDraw
通信工具	QQ、微信、MSN

任务 1.3　计算机中的数制和信息编码

计算机中的信息编码

计算机中的数和数制

在计算机内部，无论是存储过程、处理过程、传输过程，还是用户数据、各种指令，使用的全部是由 0、1 组成的二进制数。了解二进制和十进制等数制的概念、运算以及各种数制之间的转换及二进制编码，对于学好计算机是非常重要的。

1.3.1　计算机中的数和数制

1. 数制

数制是一种计数的方法，指用一组固定的符号和统一的规则来表示数值的方法，如在计数的过程中采用进位的方法则称为进位计数制。进位计数制有数位、基数、位权三个要素。

(1) 数位：数字符号在一个数中所处的位置。

(2) 基数：在某种进位计数制中数位上所能使用的数字符号的个数。例如，十进制数的基数是 10，八进制数的基数是 8。

(3) 位权：一个数码处在不同的位置所代表的值不同，每个数码所代表的真正数值等于该数码乘以一个与数码所在位置相关的常数，这个常数称为位权。例如，4 在十进制的十位数位置上表示 40，在百位上表示 400。

位权的大小是以基数为底、以数码所在的位置的序号为指数的整数次幂，其中位置序号的排列规则是：小数点左边从右至左依次为 0，1，2，…，小数点右边从左至右分别为 −1，−2，−3，…。

可以给数字加上括号，使用下标来表示该数字的数制(当没有下标时默认为十进制数)。以十进制数为例，十进制数的个位数位置的位权为 10^0，十位数位置的位权为 10^1，小数点后第 1 位的位权为 10^{-1}，十进制数 3456.65 的值为

$$(3456.65)_{10} = 3 \times 10^3 + 4 \times 10^2 + 5 \times 10^1 + 6 \times 10^0 + 6 \times 10^{-1} + 5 \times 10^{-2}$$

除了用下标表示外，还可以用后缀字母来表示数制：十进制数(Decimal Number)用后缀 D 表示或无后缀；二进制数(Binary Number)用后缀 B 表示；八进制数(Octal Number)用后缀 O 来表示；十六进制数(Hexadecimal Number)用后缀 H 表示。在数制中还有一个规则：N 进制必须是“逢 N 进一”。

2. 二进制

在现代电子计算机中，采用 0 和 1 表示的二进制数来进行计算，基数为 2，其加法法则是“逢二进一”。二进制数 11001101 可以表示为$(11001101)_2$或 11001101B。计算机使用二进制而不使用其他进制的主要原因是：

(1) 二进制的运算法则较少，运算简单，使得运算器的硬件结构大幅简化。例如，二

进制的加法法则只有 4 条：0 + 0 = 0，0 + 1 = 1，1 + 0 = 1，1 + 1 = 10；二进制的乘法法则是：0 × 0 = 0，0 × 1 = 0，1 × 0 = 0，1 × 1 = 1。

(2) 二进制的 0 和 1 对应逻辑中的假和真，可以方便地进行逻辑运算。

3. 十进制

日常生活中，人们使用的数制是十进制，采用 0～9 表示的十进制数来进行计算，基数为 10，其加法法则是“逢十进一”。十进制数 354 可以表示为 354 或 354D。

4. 八进制和十六进制

八进制的基数是 8，采用 0～7 表示的八进制数来进行计算，加法规则是“逢八进一”。

十六进制的基数是 16，采用 0～9 和 A～F 表示的十六进制数来进行计算，加法规则是“逢十六进一”。

常用数制之间的对应关系如表 1-3 所示。

表 1-3　常用数制之间的对应关系

二进制	十进制	八进制	十六进制	二进制	十进制	八进制	十六进制
0000	0	0	0	1000	8	10	8
0001	1	1	1	1001	9	11	9
0010	2	2	2	1010	10	12	A
0011	3	3	3	1011	11	13	B
0100	4	4	4	1100	12	14	C
0101	5	5	5	1101	13	15	D
0110	6	6	6	1110	14	16	E
0111	7	7	7	1111	15	17	F

1.3.2 数制的转换

使用计算机的人每时每刻都在与数打交道，在计算机内部，数是以二进制表示的，而我们习惯上使用的是十进制数，所以计算机从我们这里接收到十进制数后，要经过翻译，把十进制数转换为二进制数才能进行处理，这个过程是由计算机自动完成的。但是对程序员来说，有时需要把十进制数转换为二进制数、十六进制数和八进制数，或者把十六进制数转换为十进制数等，这都不是一件轻松的工作，下面介绍数制之间的转换法则。

1. 数制转换的原理

数制转换的基本原理是：将一个指定进制的数，从高位到低位一位一位取出，并计算出每位的十进制值，然后乘以其数基的特定幂指数，得出这一位数的十进制值，将所有各位的十进制值相加得出这个数的十进制值，然后再将该十进制数转换为指定数制的数。此过程可以采用求余法进行，用这个十进制数作为被除数，用指定的数基作除数，连续求余，得出的余数按照个位到十位、百位等的顺序组成新数，即得指定数制的数。这就是进制转换的方法。

2. 非十进制数转换为十进制数

转换方法：用该数制的各位数乘以各自位权数，然后将乘积相加。

例 1.1　将二进制数$(11010011)_2$、$(10011111)_2$转换为十进制。

$$(11010011)_2 = 1\times2^7+1\times2^6+0\times2^5+1\times2^4+0\times2^3+0\times2^2+1\times2^1+1\times2^0=211$$

$$(10011111)_2 = 1\times2^7+0\times2^6+0\times2^5+1\times2^4+1\times2^3+1\times2^2+1\times2^1+1\times2^0=159$$

例 1.2　将八进制数$(576)_8$转换为十进制数；将十六进制数$(5DE)_{16}$转换为十进制数；

$$(576)_8 = 5\times8^2+7\times8^1+6\times8^0=382$$

$$(5DE)_{16} = 5\times16^2+13\times16^1+14\times16^0=1502$$

3. 十进制数转换为二进制数

将十进制数转换为二进制数时，可以将数字分为整数和小数分别进行转换，然后再拼接起来。

整数部分的转换方法：采用“除 2 取余倒读”法，即将十进制数整数部分不断除以 2 取余数，直到商位是 0 为止，余数从右到左排列。

小数部分的转换方法：采用“乘 2 取整正读”法，即将十进制数小数部分不断乘以 2 取整数，直到小数部分是 0 或达到所要求的精度为止，所得的整数自左往右排列。

例 1.3　将十进制数 150 转换为二进制数。

将 150 除 2 取余，即十进制数除以 2，余数为权位上的数，得到的商值继续除以 2，依此步骤继续向下运算，直到商为 0 为止，如图 1-23 所示。

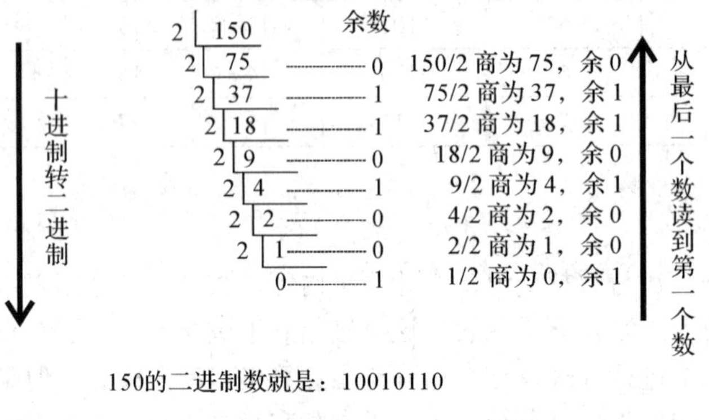

数制的转换

图 1-23　十进制数转换为二进制数的具体过程

4. 二进制数转换为八进制数、十六进制数

二进制数转换为八进制数与二进制数转换为十六进制数的方法近似，二进制数转换为八进制数是取三合一，即 3 位二进制数转换为八进制数是从右到左开始转换，不足时补 0；二进制数转换为十六进制数是取四合一，即 4 位二进制数转换成十六进制数是从右到左开始转换，不足时补 0。

例 1.4　将二进制数$(100101100)_2$转换为十六进制数。

具体解法如图 1-24 所示，最后结果为

$$(100101100)_2 = (12C)_{16}$$

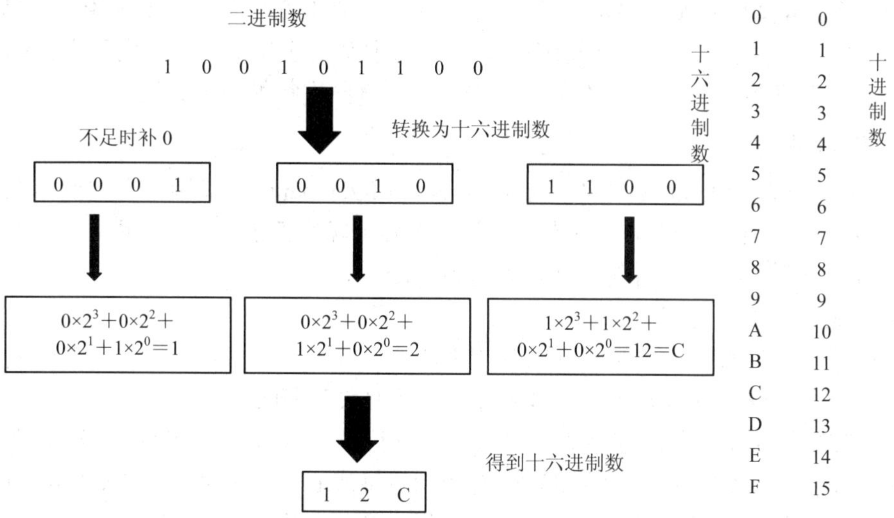

图 1-24　二进制数转换为十六进制数的具体过程

5. 八进制数、十六进制数转换为二进制数

八进制数通过除 2 取余法得到二进制数，每个八进制数对应 3 个二进制数，不足时在最左边补零；十六进制数通过除 2 取余法，得到二进制数，每个十六进制数对应 4 个二进制数，不足时在最左边补零。

例 1.5　将十六进制数$(12C)_{16}$转换为二进制数。

具体解法如图 1-25 所示，最后结果为

$$(12C)_{16}=(100101100)_2$$

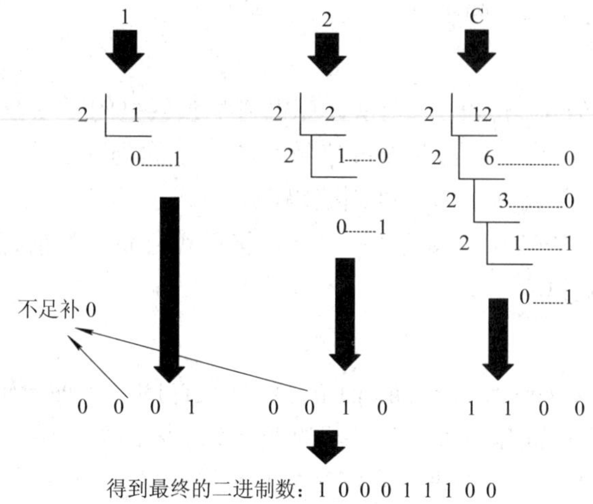

图 1-25　十六进制数转换为二进制数的具体过程

1.3.3　计算机中的信息编码

信息需要按照规定好的二进制形式表示才能被计算机处理，这些规定的形式就是编码。在计算机硬件中，编码(Coding)是在一个主题或单元上为数据存储、管理和分析的目的而转

换信息为编码值(典型的如数字)的过程；在软件中，编码意味着逻辑地使用一个特定的语言如 C 或 C++来执行一个程序字符编码(使用二进制数对字符进行的编码称字符编码)。下面详细介绍各种不同类型的信息在计算机中采用二进制进行编码的方法。

1. ASCII 码

ASCII(American Standard Code for Information Interchange，美国信息交换标准代码)是基于拉丁字母的一套计算机编码系统，主要用于显示现代英语和其他西欧语言。它是现今最通用的单字节编码系统，并等同于国际标准 ISO 646。

ASCII 码包含如下内容：

(1) 控制字符，如回车键、退格、换行键等。

(2) 可显示字符，包括英文大小写字符、阿拉伯数字和西文符号。

(3) ASCII 扩展字符集，包括表格符号、计算符号、希腊字母和特殊的拉丁符号。

(4) 第 0～31 号及第 127 号(共 33 个)是控制字符或通信专用字符，如控制符 LF(换行)、CR(回车)、FF(换页)、DEL(删除)、BEL(振铃)等，通信专用字符 SOH(文头)、EOT(文尾)、ACK(确认)等。

(5) 第 32～126 号(共 95 个)是字符，其中第 48～57 号为 0～9 十个阿拉伯数字，65～90 号为 26 个大写英文字母，97～122 号为 26 个小写英文字母，其余为一些标点符号、运算符号等。

注意：在计算机的存储单元中，一个 ASCII 码值占一个字节(8 个二进制位)，其最高位(b7)用作奇偶校验位。所谓奇偶校验，是指在代码传送过程中用来检验是否出现错误的一种方法，一般分奇校验和偶校验两种。奇校验规定：正确的代码一个字节中 1 的个数必须是奇数，若非奇数，则在最高位 b7 添 1；偶校验规定：正确的代码一个字节中 1 的个数必须是偶数，若非偶数，则在最高位 b7 添 1。

2. Unicode 码

Unicode(统一码、万国码、单一码)是计算机科学领域里的一项业界标准，包括字符集、编码方案等。Unicode 是为了解决传统的字符编码方案的局限而产生的，它为每种语言中的每个字符设定了统一并且唯一的二进制编码，以满足跨语言、跨平台进行文本转换、处理的要求。Unicode 于 1990 年开始研发，1994 年正式公布，目前已广泛应用于 Windows 操作系统、Office 等软件中。

3. 汉字编码

汉字编码(Chinese Character Encoding)是为汉字设计的一种便于输入计算机的代码。由于电子计算机现有的输入键盘与英文打字机键盘一致，因而如何输入非拉丁字母的文字(包括汉字)便成了多年来人们研究的课题。汉字信息处理系统一般包括编码、输入、存储、编辑、输出和传输。编码是关键，不解决这个问题，汉字就不能进入计算机。

计算机中汉字的表示也是用二进制编码，同样是人为编码的。根据应用目的的不同，汉字编码分为外码、交换码、机内码和字形码。

(1) 外码(输入码)。

外码也叫输入码，是用来将汉字输入到计算机中的一组键盘符号。常用的输入码有拼音码、五笔字型码、自然码、表形码、认知码、区位码和电报码等。一种好的编码应有编码规则简单、易学好记、操作方便、重码率低、输入速度快等优点，每个人可根据自己的需要进行选择。

(2) 交换码(国标码)。

计算机内部处理的信息都是用二进制代码表示的，汉字也不例外，而二进制代码使用起来不方便，于是需要采用信息交换码。中国标准总局 1981 年制定了中华人民共和国国家标准 GB2312—80《信息交换用汉字编码字符集—基本集》，即国标码。

区位码是国标码的另一种表现形式，把国标 GB2312—80 中的汉字、图形符号组成一个 94×94 的方阵，分为 94 个“区”，每区包含 94 个“位”，其中“区”的序号由 01 至 94，“位”的序号也是从 01 至 94。94 个区中位置总数 $= 94 \times 94 = 8836$ 个，其中 7445 个汉字和图形字符中的每一个占一个位置后，还剩下 1391 个空位，这 1391 个位置空下来保留备用。

(3) 机内码。

根据国标码的规定，每一个汉字都有确定的二进制代码，在微机内部汉字代码都用机内码，在磁盘上记录汉字的代码也使用机内码。

(4) 字形码。

字形码是汉字的输出码，输出汉字时都采用图形方式，无论汉字的笔画多少，每个汉字都可以写在同样大小的方块中。目前，汉字的产生方式大多数采用数字式，即以点阵方式形成汉字。因此，汉字字形码主要是指汉字字形点阵的代码。汉字字形点阵有 16×16 点阵、24×24 点阵、32×32 点阵、64×64 点阵等，点阵不同，需要的存储空间也不同。一个 16×16 点阵的汉字，每行 16 个点就是 16 个二进制位，存储一行代码需要 2 B，16 行共占用 $2 \times 16 = 32$B。计算一个汉字字形码所占用的字节为每行点数除以 8 再乘以行数。以此类推，对于一个 24×24 点阵的汉字，一个汉字字形码需要占用的存储空间为 $24 / 8 \times 24 = 3 \times 24 = 72$ B；一个 32×32 点阵汉字的字形码需要 128 B，而一个 48×48 点阵的汉字字形码需 288 B。一个汉字方块中行数、列数分得越多，描绘的汉字也就越细致，但占用的存储空间也越大。

(5) 地址码。

汉字地址码是指汉字库中存储汉字字形信息的逻辑地址码。它与汉字的机内码有着简单的对应关系，以简化内码到地址码的转换。

思政聚焦

计算机的特点和分类

中国科技之路

迄今为止，我们人类历史上发生了三次工业革命，这三次工业革命都被西方所垄断。1776 年，英国人瓦特发明了蒸汽机，开启了人类历史上第一次工业革命，把人类引入到了工业文明时代。在英国的资本主义生产中，大机器生产取代工厂手工业，西方逐渐拉开了与我们的差距。而当时的中国处于清朝时期。1860 年，美国发明了内燃机，开启了第二次工业革命。其主要标志是电力的发明和广泛应用。当时中国掀起了一场“师夷长技”的洋务运动。1946 年，美国发明了计算机，使人类进入到了第三次工业革命。第三次工业革命主要是以原子

中国科技之路

能、电子计算机、空间技术和生物工程的发明和应用为主要标志。新中国抓住了第三次工业革命的机会，把我们国家从农业国变成了工业国。

特别是改革开放之后，中国的科技进步可以用“突飞猛进”来形容：1991 年，我国第一座自行设计、自行建造的核电站—秦山核电站并网发电；2003 年，杨利伟驾驶的神舟五号载人飞船成功升空并安全返回；2008 年 9 月 27 日，神舟七号载人飞船实施宇航员空间出舱活动，我国成为世界上第三个独立掌握空间出舱技术的国家；2010 年，中国 GDP 为 5.75 万亿美元，超越日本，世界排名第二；2016 年 10 月 1 日起，人民币正式纳入特别提款权(Special Drawing Right，SDR)；截至 2017 年年底，中国连续 10 次蝉联全球最快超级计算机，2017 年 8 月 16 日我国成功发射世界首颗量子科学实验卫星“墨子号”，2017 年 5 月 3 日世界首台单光子量子计算机在中国诞生；2018 年 10 月 23 日，港珠澳大桥开通仪式在广东省珠海市举行，是世界上最长的跨海大桥；2019 年，中国实现 5G 网络预商用。

习近平主席说：我们用几十年的时间走完了发达国家几百年走过的工业化历程。在中国人民手中，不可能成为可能。我们为创造了人间奇迹的中国人民感到无比自豪、无比骄傲。今天，中国弯道超车，“第四次工业革命”将是中国的机会。中国已经成功站在了第一梯队，并且在部分领域如物联网和 5G，中国已经领先世界。你能感受到中国正在崛起吗？

第 2 章　Word 2016 文字处理

Microsoft Office 2016 是微软开发的基于 Windows 操作系统的办公软件，其中包含了 Word 2016、Excel 2016、PowerPoint 2016、Outlook 2016 等组件。Microsoft Office Word 2016 提供了良好的文字处理功能，可用来进行电子文档的处理，可插入图片，也可制作表格，甚至可以制作一些简单的图案并添加颜色。例如，制作实验报告、毕业论文、公司简介、产品说明书、个人工作总结、公司年度计划、合同书等。利用 Word 2016 可以方便地对页面进行排版、快速编辑文档、提高办公效率。

任务 2.1　制作活动策划书

计算机在安装了 Microsoft Office 2016 之后，就可以使用 Word 2016 了，Microsoft Office 2016 的各类组件的启动和退出方式基本相同。本节首先主要介绍 Word 2016 的启动和退出；其次，重点讲述 Word 文档的新建、打开、保存、内容编辑与修饰、查找、替换等基本操作；最后，利用 Word 2016 创建一个“图书漂流”活动策划书，通过案例详细介绍文本输入和如何设置字符格式、段落格式、页面格式，从而具备基本的文档处理能力。

2.1.1　Word 2016 的基本操作

相关知识

1. 启动 Word 2016，并新建一个 Word 文稿

Word 2016 常用的启动方法有以下三种。

(1) 通过开始菜单启动：在键盘上按下 Windows 徽标键⊞，启动开始菜单，然后单击键盘上的字母“W”，列出本机安装的名称以“W”开始的所有程序，即可找到本机中的【Word 2016】程序，如图 2-1 所示。Word 2016 启动之后，会出现新建向导页面，单击【空白文档】创建一个空文档，如图 2-2 所示。默认文件名为“文档 1”，如图 2-3 所示。

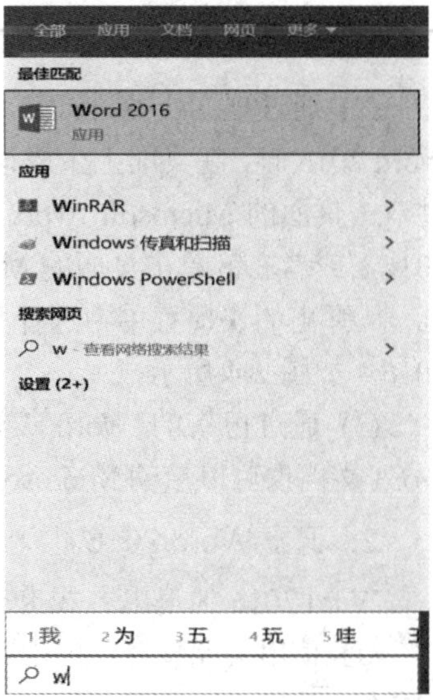

图 2-1　通过开始菜单启动 Word

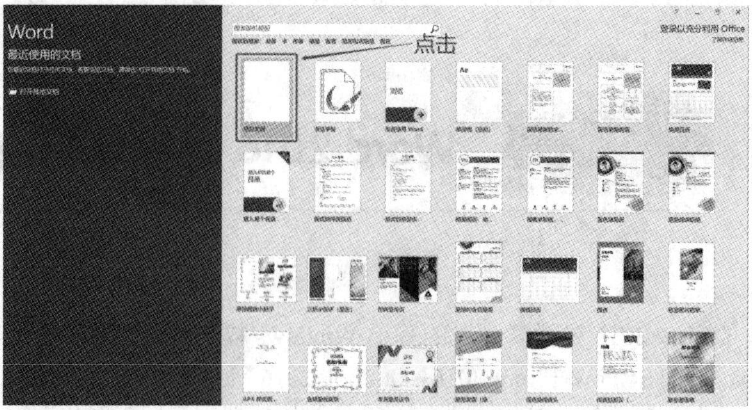

图 2-2　通过新建向导创建 Word 文档

图 2-3　新建 Word 文档示意图

(2) 通过桌面快捷方式启动：一般在安装完 Microsoft Word 2016 时，在桌面上生成该软件的快捷方式，可以通过双击桌面的 Microsoft Word 2016 快捷图标启动 Word 2016，或者右键单击桌面的 Microsoft Word 2016 快捷图标，从弹出的快捷菜单中选择【打开】，也可以启动 Word 2016，如图 2-4 所示。

(3) 通过已有的 Word 文档启动：打开一个现有的 Word 文档也可以启动 Microsoft Word 2016。

图 2-4　通过桌面快捷图标启动 Word

2．退出 Word 2016

Word 2016 的退出方式也有多种：

(1) 使用关闭按钮：单击 Word 2016 窗口右上角的关闭按钮 ☒。

(2) 使用文件菜单：单击【文件】|【关闭】命令，

可关闭当前打开的 Word 文档，如图 2-5 所示。

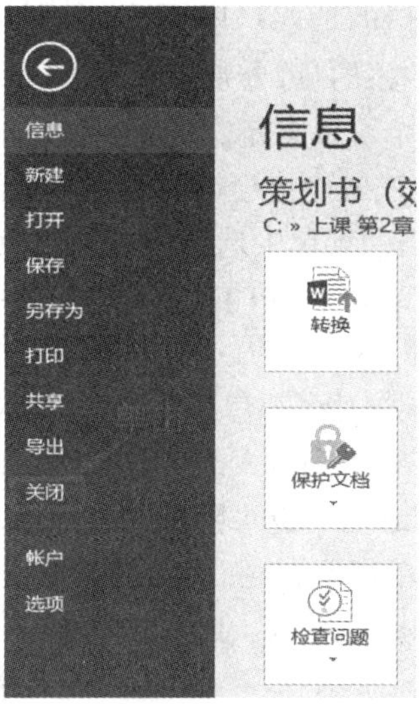

图 2-5 通过文件菜单关闭 Word

(3) 使用快捷键：同时按键盘上的 Alt + F4，可关闭当前打开的 Word 文档。

(4) 使用右键快捷菜单：在打开文档的标题栏的任意位置单击鼠标右键，在弹出的快捷菜单中选择【关闭】命令。

3. 熟悉 Word 2016 工作界面

Microsoft Word 2016 的窗口和 PowerPoint 2016，以及 Excel 2016 的窗口大同小异，如图 2-6 所示。

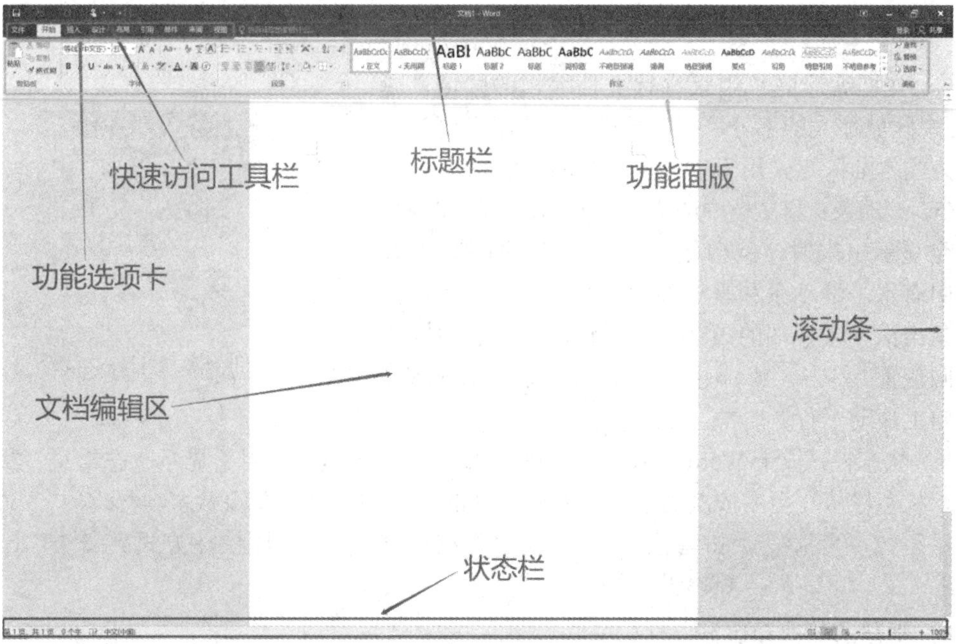

图 2-6 Word 2016 工作界面

下面介绍 Word 2016 工作界面。

(1) 标题栏：标题栏位于窗口的顶部，显示当前文档的文件名，标题栏最右端有“最小化”“最大化”和“关闭”三个按钮，可分别用来控制窗口的最小化、最大化和关闭操作。

(2) 快速访问工具栏：是一个可以自定义的工具栏，在默认状态下，显示一些最常用的命令。根据需要，还可以增加或删除快速访问工具栏里的命令，其方法是：单击快速访问工具栏右边的 按钮，从弹出的菜单中选中或取消相应的命令。

(3) 功能选项卡：用于提供 Word 操作的主要命令，在该区域有“开始”“插入”“设计”“布局”“引用”“邮件”“审阅”“视图”八个选项卡。在每个选项卡中，命令分组显示。如图 2-7 所示，在“开始”选项卡中，将所有与开始有关的操作命令分为“剪贴板”组、“字体”组、“段落”组、“样式”组和“编辑”组。这样设计的目的是符合用户的操作习惯，便于记忆，提高操作效率。按 Ctrl+F1 键可隐藏功能面板，再次按下 Ctrl+F1 键可显示功能面板，如图 2-8 所示。也可以单击标题栏右侧的 按钮，如图 2-9 所示，在弹出的菜单中选择【显示选项卡】命令，隐藏命令区。此时功能区只显示选项卡的名字，这样可以增大文档显示的空间。

图 2-7　开始选项卡

图 2-8　隐藏功能面板

(4) 文档编辑区：用来进行文档编辑的区域，是 Word 中区域最大的部分，在该区域中，光标闪烁的地方称为文本插入点，用于定位文本的输入位置。

(5) 滚动条：当文档中的内容比较多，无法在窗口中完全显示出来时，就会显示出滚动条。Word 2016 窗口中有水平滚动条和垂直滚动条，拖动滚动条的滑块或单击滚动条两端的滚动箭头按钮，可以查看文档的不同位置。单击 或 按钮可以将文档显示内容向下或向上滚动一行。

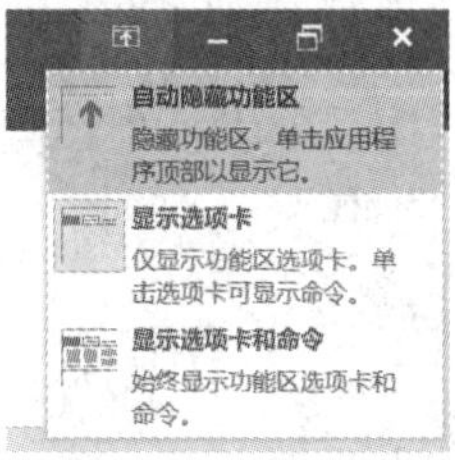

图 2-9　控制选项卡与功能区的显示菜单

(6) 状态栏：位于 Word 2016 窗口的底部的一个条形区域，用于显示状态信息。默认状态下，状态栏从左至右依次显示当前光标所处的页数和文档的总页数 第 4 页，共 48 页、文档包含的字符数 22391 个字、拼写检查 、文字标准 中文(中国)、视图快捷方式 、显示比例 - + 100%。

4．文档的新建和保存

(1) 创建空文档。

Word 启动之后，系统会自动创建一个名为“文档 1”的空白文档。另外，还可以用下面的步骤创建其他名称的文档：单击【文件】，在弹出的菜单中选择【新建】命令，打开【新建文档】向导，在该窗口中选择【空白文档】，如图 2-2 所示。

(2) 保存文档。

在编辑文档时，应养成经常保存文档的习惯，以防因为死机或者停电等原因引起的突然关机而使未保存的文档丢失的情况发生。

① 单击【快速访问工具栏】中的【保存】按钮，弹出【另存为】菜单，如图 2-10 所示。

② 可选择文件的保存位置。在这里单击【浏览】按钮，选择“C:\MyWord”文件夹，如果 C 盘下没有 MyWord 文件夹，可以单击对话框中的【新建文件夹】按钮，并将新文件夹的名字修改为“MyWord”，如图 2-11 所示。

图 2-10　另存为菜单

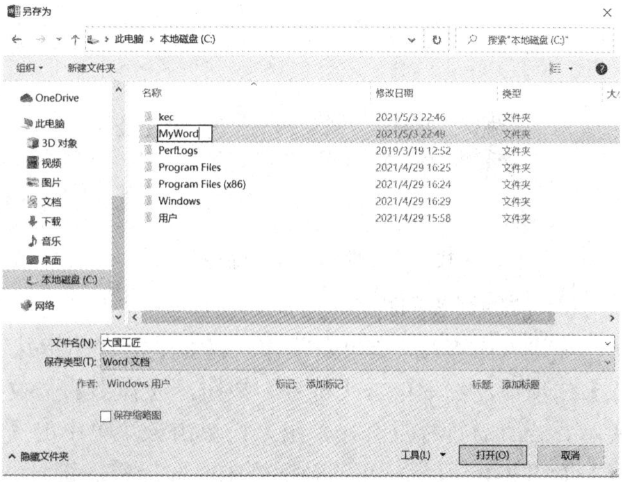

图 2-11　另存为对话框

③ 在【文件名】文本框中输入文件名即可。

④ 单击【保存】按钮，此时 Word 文档就永久性地保存到了硬盘中。

任务实施

按照上述文档的新建和保存步骤创建一个空白文档，保存为“图书漂流活动策划书.docx”。

2.1.2　内容编辑与修饰

相关知识

1. 文本的输入

(1) 输入的两种状态。

Word 2016 的输入有【插入】和【改写】两种状态。

① 【插入】：输入文本时，光标后面的内容会随着文字的输入自动后移。

② 【改写】：输入文本时，新输入的内容会覆盖光标后面的内容。

可通过单击键盘上的 Insert 键切换以上两种状态。

(2) 输入日期和时间。

在【插入】选项卡，单击【文本】组中的【日期和时间】按钮，如图 2-12 所示。弹出【日期和时间】对话框，如图 2-13 所示，在【可用格式】框中选择日期格式，然后选中【自动更新】复选框，最后单击【确定】按钮。

图 2-12　【日期和时间】命令

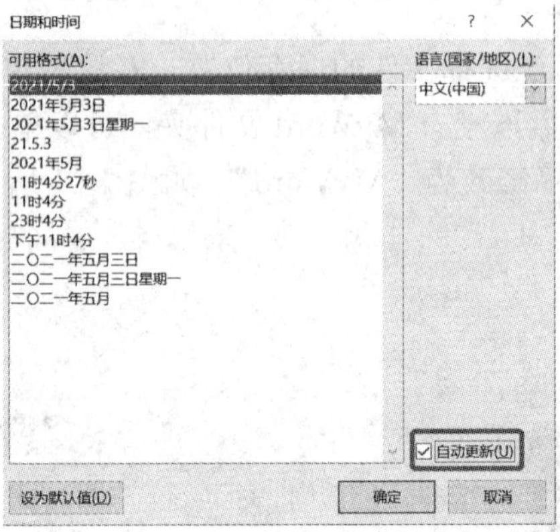

图 2-13　【日期和时间】对话框

(3) 特殊符号的输入。

在输入内容时，如果需要输入键盘上没有的特殊字符，如☎、ꝏ等，可以通过选择【插入】选项卡，然后单击【符号】按钮，在弹出的下拉菜单中单击所需符号即可，如图 2-14 所示。若所需符号没有显示出来，单击该菜单中的【其他符号】命令，弹出【符号】对话框，如图 2-15 所示。在该对话框中，选择所需符号，然后单击【插入】按钮，即可将选定的符号插入到当前文档。

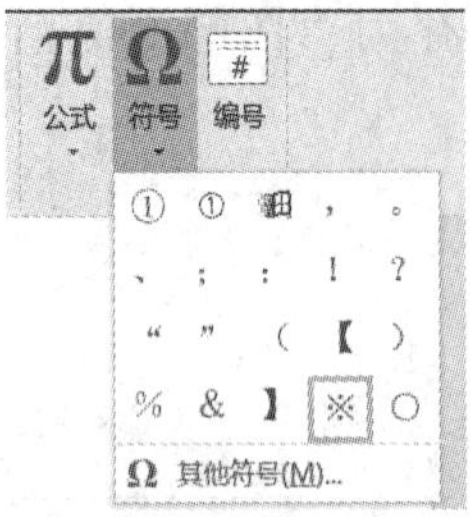

图 2-14　【符号】下拉菜单

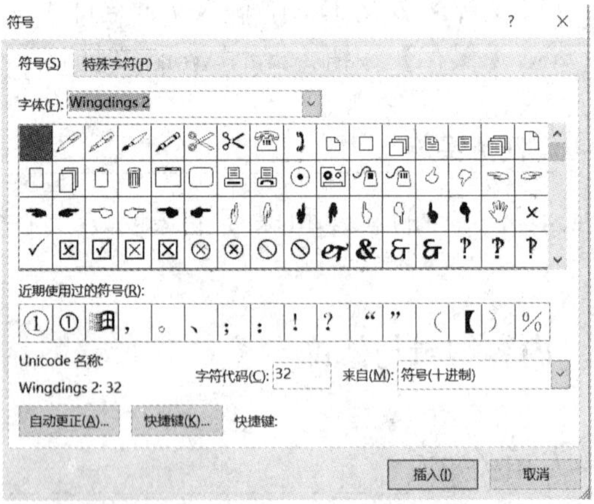

图 2-15　【符号】对话框

(4) 插入对象。

在【插入】选项卡，单击【文本】组中的【对象】按钮，在弹出的下拉菜单中单击【文件中的文字】命令，如图 2-16 所示，弹出【插入文件】对话框，在该对话框中选择相应文件，最后单击【插入】按钮，如图 2-17 所示。

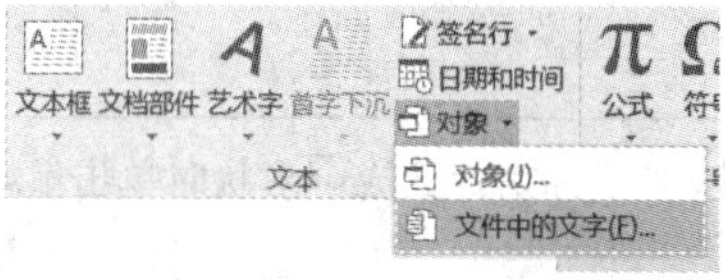

图 2-16　【对象】下拉菜单

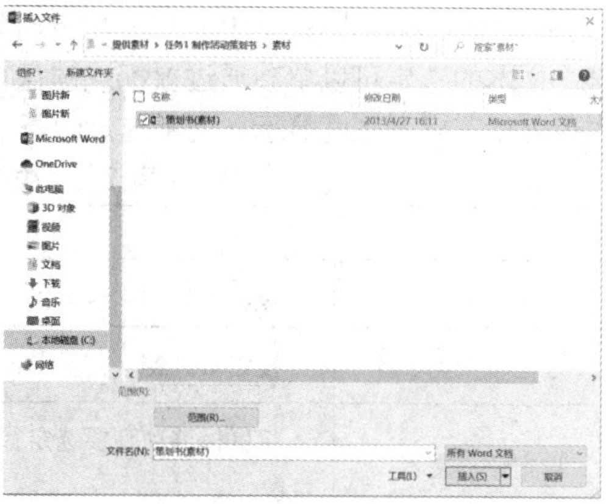

图 2-17　【插入文件】对话框

(5) 公式的输入。

Word 2016 支持公式的编辑，Word 2016 内置了一些常用公式，也可以根据需要输入自定义公式。

将光标定位到需要输入公式的位置，在【插入】选项卡的【符号】功能组中单击【公式】的下三角按钮，在弹出的列表中选择相应的内置公式，如图 2-18 所示。

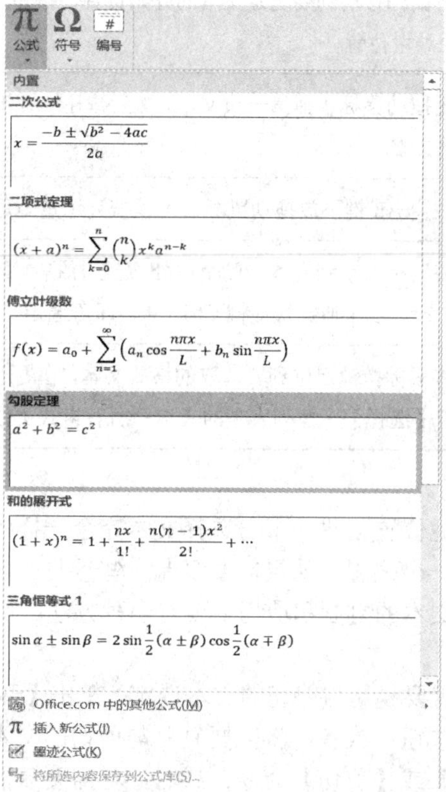

图 2-18　内置公式列表

2. 文本复制和粘贴

(1) 文本的选定。

Word 2016 对文本操作的原则是“先选择，后操作”，所以，文本的选定是文本操作的基础。文本的选定可以单独通过鼠标或键盘实现，也可以鼠标和键盘结合使用，选定后的文本内容以灰底高亮度显示。文本选定的基本方法如表 2-1 所示。

表 2-1　文本选定方法

选择样式	操 作 方 法
选定一个词语	将鼠标移动到要选定的词语上，快速双击鼠标左键
选定一个句子	按住 Ctrl 键，然后单击要选定的句子
选定一行文本	将鼠标移动到要选定行的左侧空白处，当鼠标指针变成↗形状时单击鼠标左键
选定整段文本	将鼠标移动到要选定行的左侧空白处，当鼠标指针变成↗形状时双击鼠标左键
选定任意连续的文本	将鼠标移动到要选定文本的开始位置，按住鼠标左键不放拖动到选择文本的结束位置
选定较大的文本块	将鼠标移动到要选定文本的开始位置，按住 Shift 键不放，再单击选择文本的结束位置
选定不连续的文本	先拖动鼠标选择第一块文本，然后按住 Ctrl 键，再依次拖动鼠标到选定的其他文本
选定纵向的文本	按住 Alt 键不放拖动鼠标，可以按列选定矩形区域的文本
选定整篇文本	将鼠标移动到文本左侧空白处，当鼠标指针变成↗形状时连续点击三次鼠标左键；或者通过快捷键 Ctrl + A，即可选定整篇文本
选定格式相近的文本	将鼠标指针定位到要选取的格式文本，在【开始】选项卡的【编辑】组中，单击【选择】下拉列表中的【选择所有格式类似的文本】按钮

(2) 文本的复制与剪切。

文本的复制是指在其他位置创建一个与选择文本完全一样的内容，文本的剪切是指把文本从当前位置移动到另一个位置。如果需要复制一些重复的内容，使用复制或剪切操作可以节省输入时间。实现文本的复制和剪切主要有两种方法：剪贴板操作、鼠标操作。

① 剪贴板操作。

复制或剪切方法：将需要复制与剪切的文本选定，单击【开始】选项卡中的【剪贴板】组的【复制】或【剪切】按钮；或者，将需要复制与剪切的文本选定，单击鼠标右键，从弹出的菜单中选择【复制】或【剪切】命令；或者，将需要复制与剪切的文本选定，使用组合键，Ctrl + X 为剪切，Ctrl + C 为复制。

粘贴方法：将光标定位到目标位置，点击【开始】选项卡中的【剪贴板】组的【粘贴】按钮；单击鼠标右键，从弹出的快捷菜单中选择【粘贴】按钮；使用组合键 Ctrl + V 进行粘贴。

② 鼠标操作。

首先用鼠标拖动选择文本，如果要进行剪切，按住鼠标左键不放拖动鼠标到目标位置；如果进行复制，先按住 Ctrl 键，再按住鼠标左键不放拖动鼠标到目标位置。

(3) 文本的删除。

如果输入错误，需要删除文本，删除的方式主要有：

① 选择需要删除的文本，按键盘上的 Back Space 键或者 Delete 键。

② 按键盘上的 Back Space 键删除光标前的字符，按键盘上的 Back Space + Ctrl 键删除光标前的一个单词。

③ 按 Delete 键删除光标后的字符，按 Delete + Ctrl 键删除光标后的一个单词。

任务实施

(1) 打开“图书漂流活动策划书”，单击【插入】选项卡【文本】组中的【对象】下拉按钮，在弹出的下拉列表中选择【文件中的文字…】选项，弹出【插入文件】对话框，如图 2-19 所示。

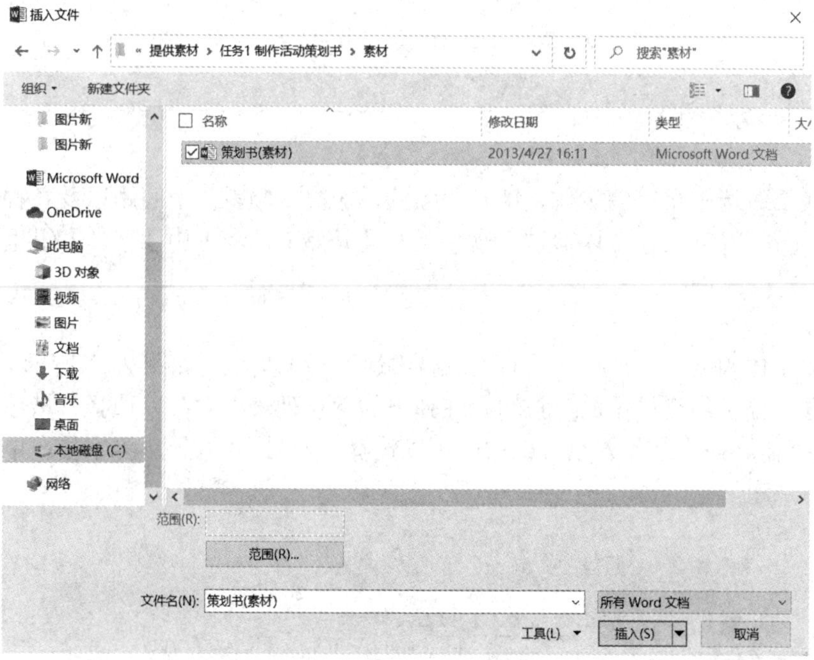

制作活动策划书

图 2-19　【插入文件】对话框

(2) 在右侧文件位置导航列表中选择文件路径，如“提供素材\任务 1 制作活动策划书\素材”，选中“策划书(素材).docx”文件，单击【插入】按钮，如图 2-19 所示，插入文字后的效果如图 2-20 所示。

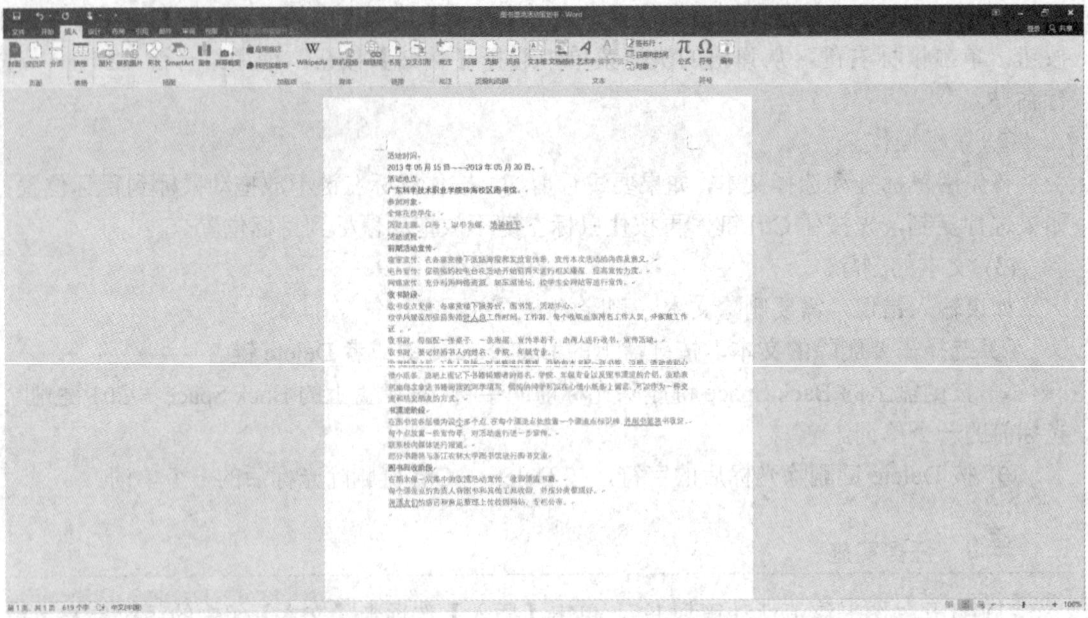

图 2-20　插入素材后的效果

2.1.3　文本和段落格式

相关知识

1．文本字体

字符格式的设置包括对选中字符的字体、字号、颜色、加粗、倾斜、字间距以及各种修饰效果的设置。在 Word 2016 中，可以通过浮动菜单和【开始】选项卡中【字体】组里的按钮设置文本字体。

(1) 浮动工具栏。

首先选中需要设置字体的文本，在指针的右上方会出现浮动工具栏，如图 2-21 所示。在该工具栏中，单击【字体】组合框中的按钮，在弹出的下拉列表框中可以选择“楷体_GB2312”“宋体”等字体。在【字号】组合框中，可以选择“一号”“五号”等字号；单击按钮，可设置字体加粗等。

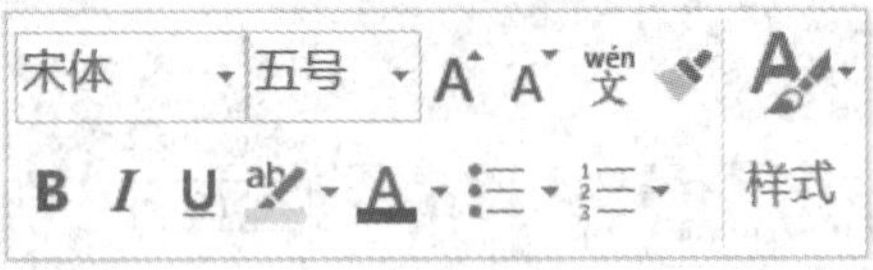

图 2-21　字体浮动工具栏

(2) 字体功能组。

另外一种字体格式的设置是通过【开始】选项卡中的【字体】功能组，如图 2-22 所示，选择需要设置的文本后，点击相应的按钮即可。

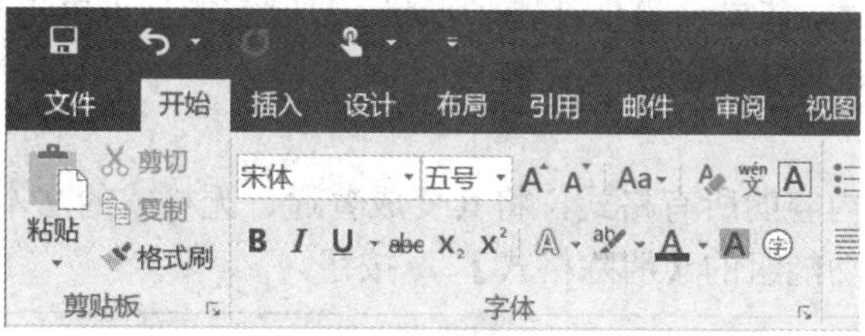

图 2-22　【字体】功能组

(3) 字体对话框。

选择需要设置字体格式的文本，点击【开始】选项卡中的【字体】功能组右下角的对话框启动器，弹出如图 2-23 所示的【字体】对话框；或者选择文本后单击鼠标右键，从弹出的快捷菜单中选择【字体】，也可以打开【字体】对话框。【字体】对话框相比浮动工具栏和【字体】功能组而言，所提供的格式设置更加全面。

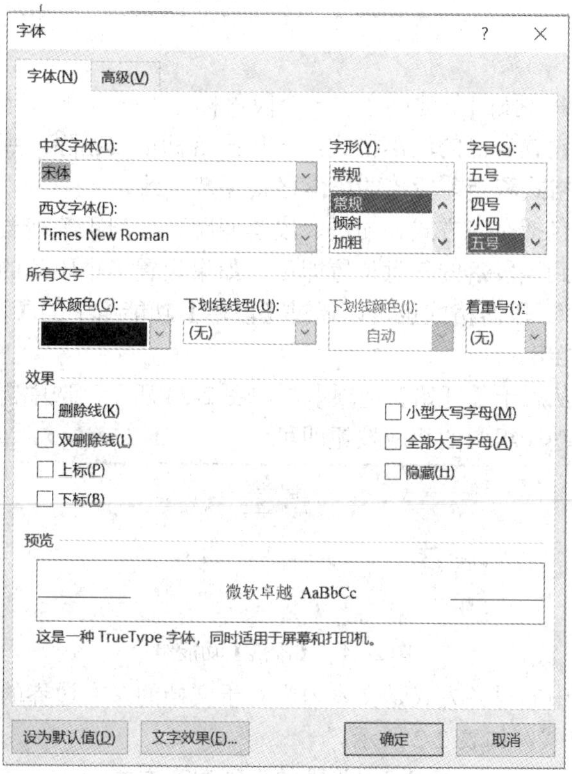

图 2-23　【字体】对话框

(4) 复制和清除格式。

① 复制格式。

在 Word 中也可以只复制文本的格式。首先选择已应用格式的文本，然后点击【开始】选项卡中的【剪贴板】功能组的【格式刷】格式刷按钮，这时指针将变成刷子的形状，再拖动鼠标，即用刷子覆盖要复制格式的文本即可。

如果要将同一格式复制到多处，则双击【格式刷】格式刷按钮，拖动鼠标即用刷子覆盖要复制格式的文本，指针一直保持刷子形状，复制完毕后再单击【格式刷】按钮或者按键盘上的 Esc 退出键退出格式刷。

② 清除格式。

如果要清除所选内容的所有格式，将其变成普通、无格式的文本，可以单击【开始】选项卡中的【字体】功能组的【清除格式】按钮。

技巧

(1) 如果要在一处复制格式，则只需单击【格式刷】按钮，当完成复制操作后，【格式刷】按钮自动弹起，表明格式复制功能自动关闭。

(2) 若选定的文本包括几种字符格式，则格式刷只复制选定的第一个字符的字符格式；若选定的文本范围中包含段落标记“↵”，则格式刷将复制段落格式和选定的第一个字符的字符格式；若只选定段落标记“↵”，则格式刷只复制该段落的段落格式。

2．段落格式

在输入文档时，每次按回车键便产生一个段落标记“↵”，预示着前一段结束，后一段开始。每一段都可以设置自己的段落格式，一旦段落标记被删除，那么后一段的段落格式消失，后一段的段落格式和当前段落的段落格式保持一致。

段落格式的设置包括对齐方式、缩进、段落间距、行间距等。要设置某个段落的段落格式，只需将光标移到该段落的任意位置即可，如果设置多个段落的格式，需选定这些段落以及段落标记“↵”。段落格式也可以通过【段落】功能组中的【段落】对话框设置。

(1) 【段落】功能组。

【段落】功能组从属于【开始】选项卡，如图 2-24 所示，选中需要设置段落格式的内容后，点击【段落】功能组中的相应按钮即可。

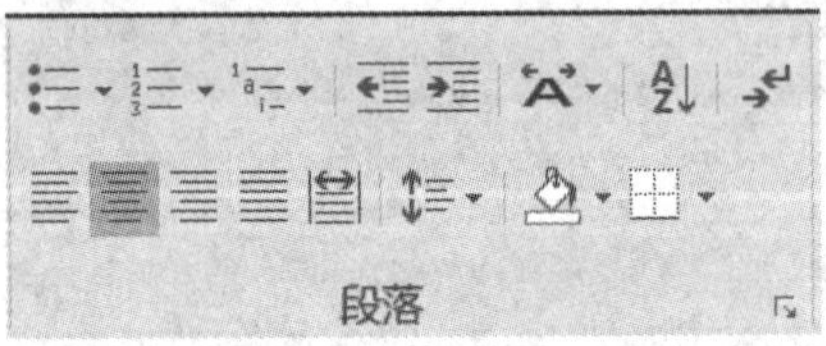

图 2-24　【段落】功能组

【段落】功能组中的对齐方式是文本内容对于文档的左右边界的横向排列方式，Word 2016 中有 5 种对齐方式，如表 2-2 所示。

表 2-2　段落的五种对齐方式

对齐方式	功 能 描 述
左对齐	文本左侧与左边缘对齐
右对齐	文本右侧与右边缘对齐
居中对齐	文本距离左右两边的边缘距离相等排列
两端对齐	文本左右两端的边缘都对齐，但段落的最后一行靠左对齐
分散对齐	文本左右两端的边缘都对齐，如果一行短，则在字符之间增加额外空格，使其与段落宽度匹配

(2) 【段落】对话框。

【段落】功能组包含的是比较常用的一些段落格式设置按钮，在【段落】对话框中包含所有的段落格式设置命令，如图 2-25 所示。选择需要设置段落格式的文本，单击鼠标右键，从弹出的快捷菜单中选择【段落】，可以打开【段落】对话框；或者通过【开始】选项卡中的【段落】功能组右下角的对话框启动器，也可以打开【段落】对话框。

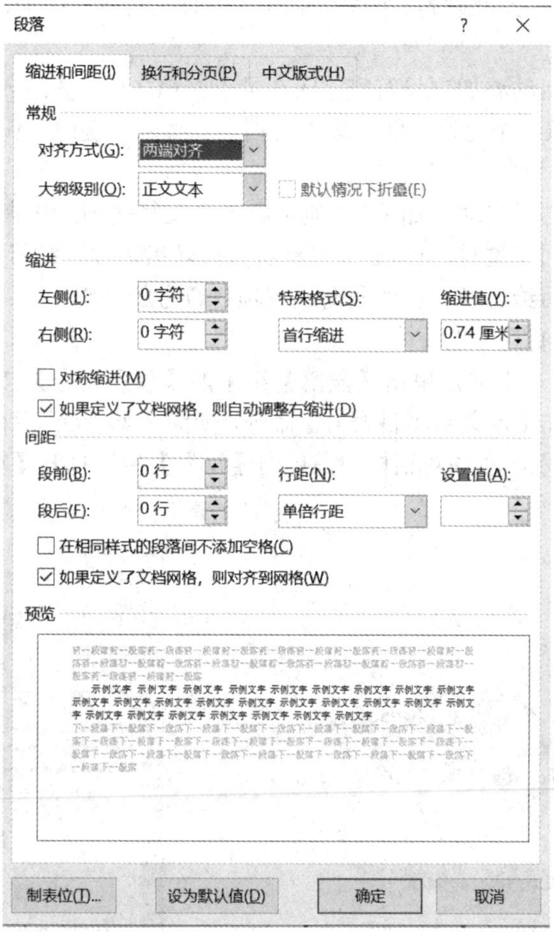

图 2-25　【段落】对话框

① 调整段落缩进。

缩进指的是文本和页面边界之间的距离。在 Word 中可以通过拖动标尺、【段落】功能组或者【段落】对话框调整缩进量，主要包括以下四种缩进方式。

左缩进：设置整个段落左端距离页面左边界的起始位置。

右缩进：设置整个段落右端距离页面右边界的起始位置。

悬挂缩进：设置整个段落除首行以外其他行的缩进。

首行缩进：段落首行从左向右缩进一定的距离，首行以外的各行都保持不变。

② 调整段落间距。

调整段落间距包括调整段落的行距和段前、段后距离，主要有两种方法：在【开始】

选项卡的【段落】组中，打开【行和段落间距】下拉列表，从中进行设置；在【段落】对话框的【缩进】和【间距】选项卡下进行设置。

(3) 设置项目符号和编号。

使用项目符号和编号来组织文档，可以使文档结构清晰、层次分明，尤其是对长文档的排版更是效果突出。

对文档设置项目符号和编号，可以在录入文档时让其自动添加，也可以在文档录入完毕后另外设置。

要在录入文档时自动添加项目符号，应在录入文档之前，先录入一个“*”或者一个或两个连字符“-”，后跟一个空格，然后录入文档。当按回车键时，Word 自动将该段转换为项目符号列表。

如果需在录入文档时自动添加编号，则应在录入文档之前，先录入数字或字母。如“1.”“A.”等格式，当按回车键时，Word 会自动将该段转换为项目编号列表。

在文档录入完毕后给已经存在的段落设置项目符号的步骤如下：

① 选择要设置项目符号的文本。

② 在【开始】选项卡中，单击【段落】组中的【项目符号】按钮右侧的▾按钮，在弹出的下拉菜单中单击【定义新项目符号】命令，如图 2-26 所示，弹出【定义新项目符号】对话框，如图 2-27 所示。在该对话框中，单击【符号】按钮打开【符号】对话框，可以选择所需的符号。

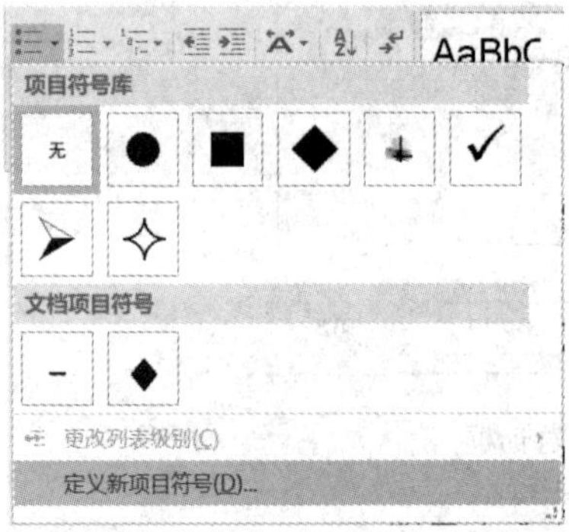

图 2-26　项目符号下拉菜单

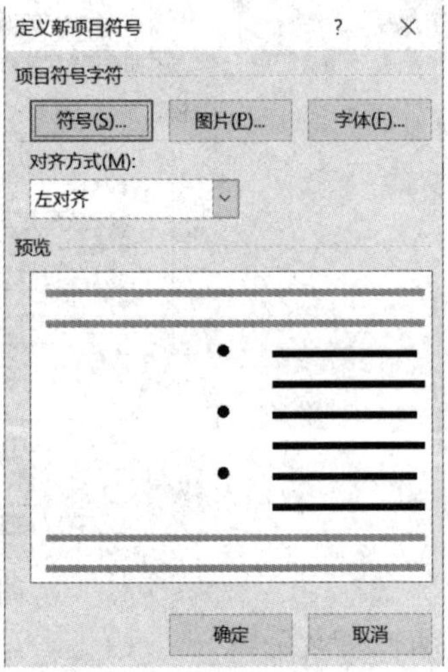

图 2-27　【定义新项目符号】对话框

③ 选择其中一个符号，单击【确定】按钮返回【定义新项目符号】对话框，再次单击【确定】按钮，完成项目符号的设置。

在文档录入完毕后给已经存在的段落设置编号的步骤如下：

① 选择要设置编号的文本。

② 切换到【开始】选项卡，单击【段落】组中的【编号】按钮右侧的▾按钮，在弹出的下拉菜单中选择需要的编号样式，如 1)、2)、3)，如图 2-28 所示。

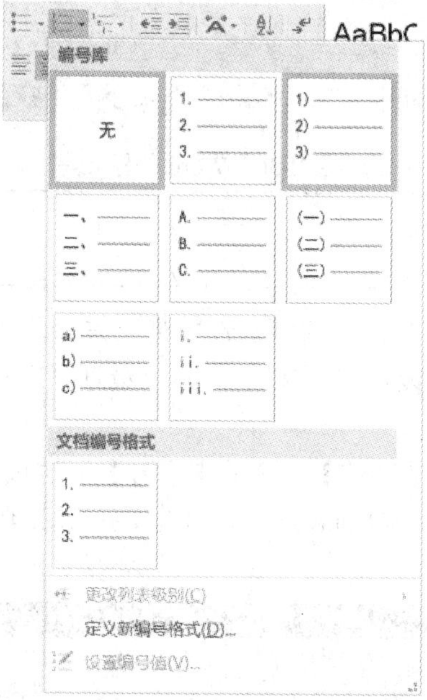

图 2-28 【编号】下拉菜单

技巧

(1) 有时设置好的项目符号或者编号距离正文的间距很大或者正文距离页边的距离不合适，如图 2-29 所示，可选中要设置项目符号或编号的段落，切换到【视图】选项卡，选中【显示】组中的【标尺】复选框，此时 Word 窗口的上方显示出水平标尺，水平标尺上有 4 个滑块，分别对应图 2-25【段落】对话框中的四种缩进方式，要修改各种缩进位置只需拖动相应的滑块即可，如图 2-30 所示。

(2) 如果调整文字和编号之间的距离，需在标尺上单击，此时标尺上显示制表符，移动制表符的位置即可调整编号和文字之间的距离。

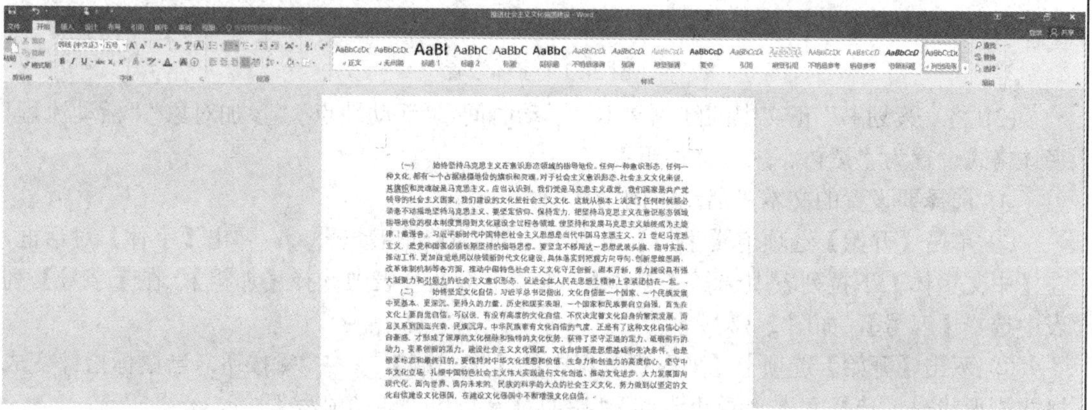

图 2-29 编号列表

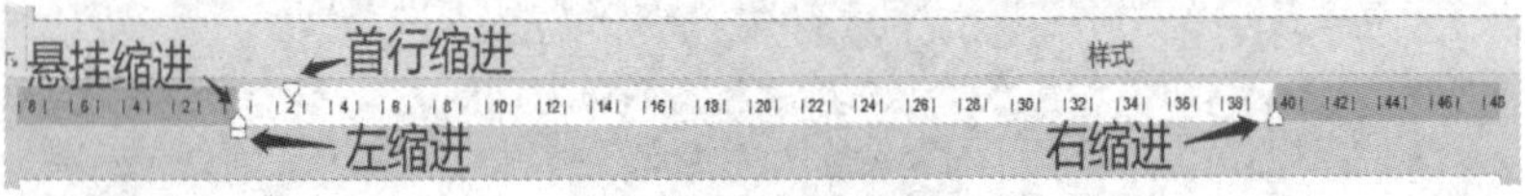

图 2-30　Word 的标尺

任务实施

(1) 设置字符格式：将所有正文的字号设置为“宋体、四号”。

① 打开“图书漂流活动策划书”(以下简称“策划书”)，按 Ctrl + A 组合键选择所有文本。

② 单击【开始】选项卡【字体】组中的【字号】下拉按钮，在弹出的下拉列表中选择【四号】选项，单击【字体】下拉列表，在弹出的下拉列表中选择【宋体】选项，如图 2-31 所示。

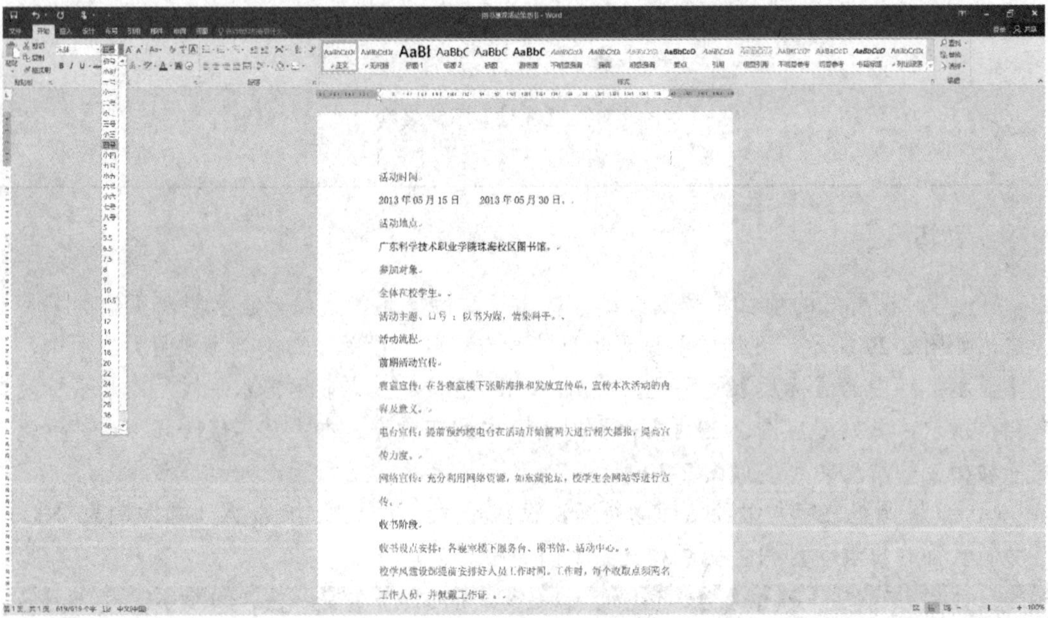

图 2-31　字体设置

(2) 将“策划书”正文中的红色文本“活动时间”“活动地点”“参加对象”“活动流程”字体格式设置为“黑体、三号、加粗”。

① 选择要设置的文本“活动时间”。

② 单击【开始】选项卡【字体】组右下角的对话框启动器，弹出【字体】对话框，在【中文字体】下拉列表中选择【黑体】；在【字形】列表中选择【加粗】；在【字号】列表中选择【三号】，如图 2-32 所示。

③ 双击【开始】选项卡【剪贴板】组中的【格式刷】 格式刷 按钮，当鼠标指针变成格式刷形状时，选择文本“活动地点”“参加对象”和“活动流程”。

④ 再次单击【开始】选项卡【剪贴板】组中的【格式刷】按钮，关闭复制格式功能。

(3) 为“策划书”中各一级标题(红色文字)段落添加“一.二.三.…”编号，为“策划书”

中各二级标题(蓝色文字)段落添加“(一)(二)(三)…”编号。

① 选择“活动时间”段落。

② 单击【开始】选项卡【段落】组中的【编号】下拉按钮，弹出【编号】下拉列表，选择【定义新编号格式】选项，弹出【定义新编号格式】对话框。

③ 在【编号样式】下拉列表中选择【一，二，三(简)…】选项，在【编号格式】文本框中输入“一.”，在【对齐方式】下拉列表选择【左对齐】选项，如图 2-33 所示。

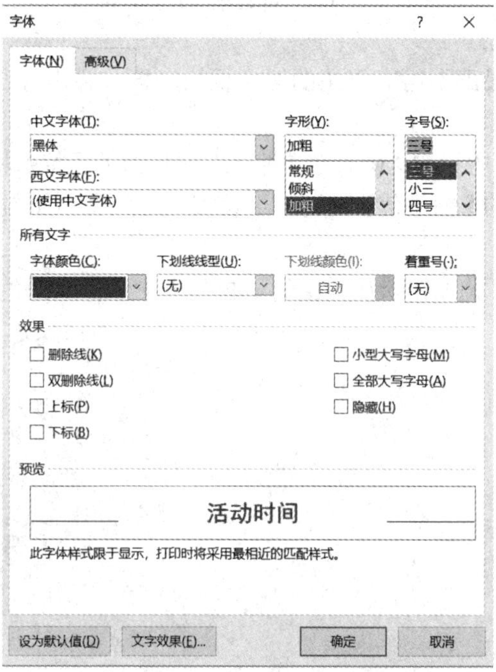

图 2-32　【字体】对话框

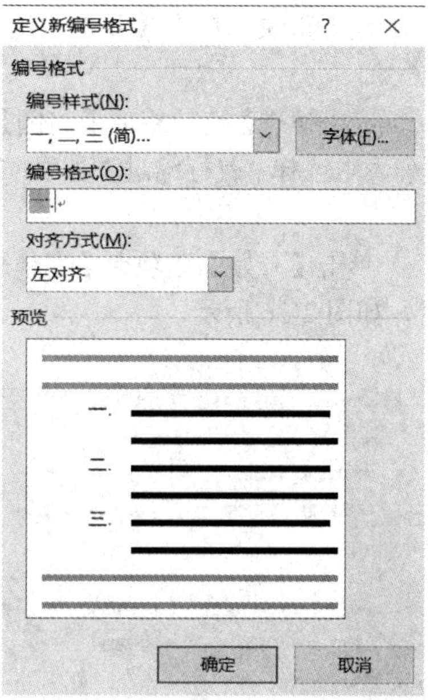

图 2-33　【定义新编号格式】对话框

④ 选择“活动时间”段落，双击格式刷，对“活动地点”“参加对象”和“活动流程”进行编号设置。

⑤ 利用同样的方式可以对各二级标题(蓝色文字)设置编号。

(4) 为“策划书”中绿色文字段落添加“1,2,3…”编号。

① 选择第一部分绿色文字，并添加“1,2,3…”编号，并用格式刷对所有绿色文字进行编号设置。

② 将光标定位于编号为“3.”的段落中，右击，在弹出的快捷菜单中选择【重新开始于 1】，如图 2-34 所示，此时该段落重新从 1 开始编号。重复此操作，将其他相应段落设置从 1 开始编号。

(5) 按 Ctrl + A 组合键选择所有文本，将文本颜色设置为“黑色”。

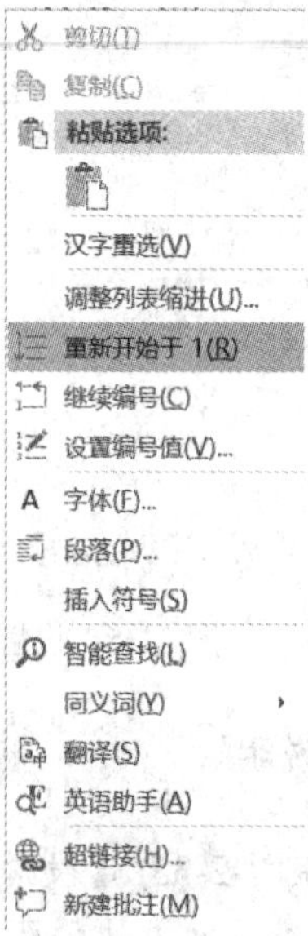

图 2-34　重新开始编号

技巧

添加自定义项目符号：当【项目符号】下拉列表中没有满意的项目符号时，还可以自定义项目符号，在【项目符号】下拉列表中选择【定义新项目符号】选项，弹出【定义新项目符号】对话框，在【符号】对话框中选择需要添加的项目符号类型。

(6) 将“策划书”中所有的段落设置为“左缩进 0 字符，首行缩进 2 字符”，所有正文的字体颜色设置为“黑色，文字 1”。

① 选择正文，单击【开始】选项卡【段落】组右下角的对话框启动器，弹出【段落】对话框。

② 在【缩进】选项组的【左侧】微调框中设置“0”，在【缩进】选项组的【特殊格式】下拉列表中选择“首行缩进”选项，在右侧的【缩进值】微调框中设置“2 字符”，如图 2-35 所示。

③ 单击【开始】选项卡【字体颜色】下拉按钮，从弹出的下拉列表中选择“黑色，文字 1”，如图 2-36 所示。

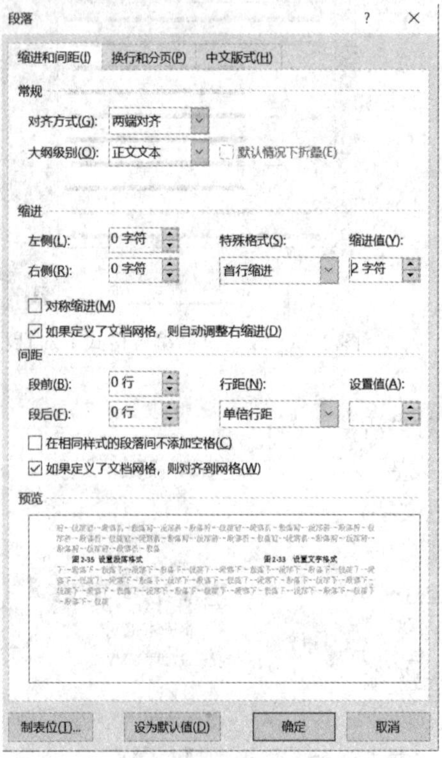

图 2-35　设置段落格式

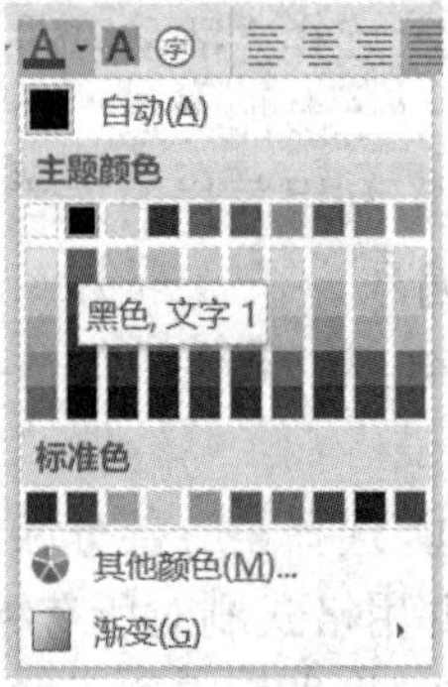

图 2-36　设置文字颜色

说明

① 在图 2-35【段落】对话框【缩进】选项组【左侧】数值框中输入的数值，表示段落左边界离页面左边的距离，对选定段落中的每一行文字都有效；【右侧】数值框中输入的数值，表示段落右边界离页面右边的距离，对选定段落中的每一行文字都有效。

② 在图 2-35【段落】对话框中，【缩进】选项组【特殊格式】下拉列表框有“首行缩进”和“悬挂缩进”两个常用选项，都配合右侧的【缩进值】一起使用。“首行缩进”指选定段落中第一行文字的起始位置相对于其他行的起始位置的距离，只对第一行文字有效；“悬挂缩进”指选定段落中除第一行外的所有行的起始位置相对于第一行起始位置的距离，悬挂缩进和首行缩进不能同时设置，只能选择其一。

任务 2.2　论 文 排 版

本任务将通过排版一篇论文，介绍长文档的排版方法和技巧，包括使用查找和替换功能、应用样式、添加目录等。

2.2.1　文本的查找与替换

相关知识

1. 文本的查找

通过查找功能，用户可以快速搜索并定位到需要的文本位置，查找分为“查找”和“高级查找”两种方式，其中“高级查找”可以设定详细的查找条件。

(1) 使用【导航】窗格。

在【开始】选项卡中的【编辑】功能组中，点击【查找】按钮，在文档的左边会打开一个用于输入查找内容的【导航】任务窗格，输入查找的内容后，如果文档中有匹配的内容，该内容以黄色高亮度显示。

(2) 使用【查找和替换】对话框。

单击【开始】选项卡中的【编辑】功能组中的【查找】按钮旁菜单下拉按钮ˇ，选择【高级查找】，弹出【查找和替换】对话框，在查找选项卡的“查找内容”文本框中可输入要查找的内容，如图 2-37 所示。如果需要查找相同的格式，可以点击该对话框中的【更多】按钮，展开后点击【格式】按钮，从弹出的下拉列表中选择查找某种字体或段落格式的内容。

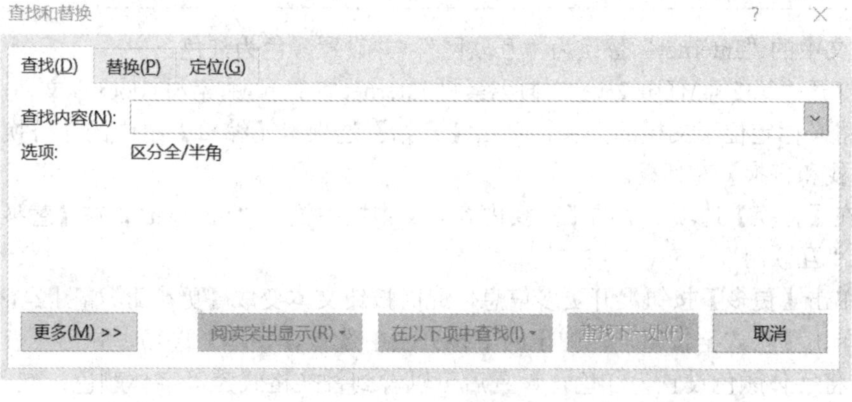

图 2-37　【查找和替换】对话框

2. 文本的替换

使用替换功能将查找到的文本或文本格式替换为新的文本或格式，且可进行部分替换或全部替换。

(1) 使用【查找和替换】对话框。

在【开始】选项卡中的【编辑】功能组中，点击【替换】按钮，打开【查找和替换】对话框，如图 2-38 所示。在【查找内容】文本框输入查找内容或替换内容，点击【替换】按钮进行单个替换，或者点击【全部替换】按钮一次性全部替换。点击【更多】按钮可将对话框展开，进行一些高级操作。

(2) 使用快捷键。

通过组合键 Ctrl + H，也可以打开如图 2-38 所示的对话框。

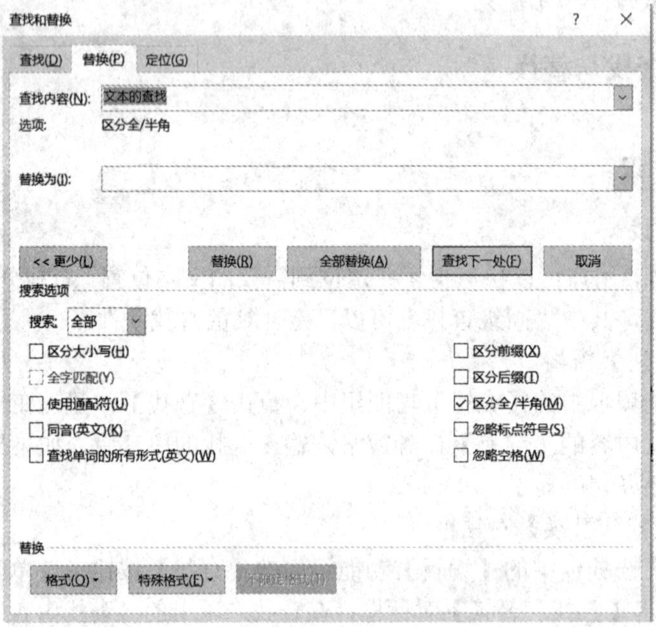

图 2-38　【替换】选项卡

任务实施

将论文中的“Internet”替换为“互联网”，并设置颜色为红色。

(1) 打开“第 2 章\任务 2 论文排版\素材\Internet 前景预测(素材).docx”文档。

(2) 将光标定位于文档的开头，单击【开始】选项卡【编辑】组中的【替换】按钮，弹出【查找和替换】对话框。

(3) 在【替换】选项卡中的【查找内容】文本框中输入“Internet”，在【替换为】文本框中输入“互联网”。

(4) 单击【更多】按钮展开更多信息，此时按钮文本变成【更少】，如图 2-38 所示。

(5) 单击【格式】按钮，在弹出的下拉列表中选择【字体】选项，弹出【查找字体】对话框，将字体颜色设置为红色，设置后可以看到替换格式为“字体颜色：红色”，如图 2-39 所示。

图 2-39 替换操作

论文排版

(6) 单击【全部替换】按钮，Word 会自动将文档中从光标所在处到文档结尾处所有查找到的“Internet”替换为“互联网”且为红色字体。

(7) 弹出替换完成对话框并显示完成替换的数量，单击【确定】按钮，完成文本的替换。

2.2.2 插入图表

相关知识

1. 插入图片

Word 2016 支持 emf、wmf、jpg、png、bmp 等十多种格式图片，如果需要将计算机中的图片插入文档中，可执行以下基本操作。

(1) 将鼠标移动到需要插入图片的位置。

(2) 切换到【插入】选项卡，单击【插图】功能区中【图片】按钮，打开【插入图片】对话框，如图 2-40 所示。

(3) 在查找范围下拉列表中选择要搜索的图片位置。

(4) 双击要插入的图像文件名，这时选取的图片便插入到插入点位置了。

2. 插入形状

在 Word 2016 中绘制图形时经常使用【绘图工具】，通过它可以在文档中绘制各种线条、图形、箭头、标注、形状、艺术字等，绘制一般图形的操作步骤如下：

(1) 单击【插入】标签选项卡中的【形状】下拉菜单按钮，弹出图形列表，如图 2-41 所示。

(2) 单击形状列表底部的【新建绘图画布】命令，会在光标处自动插入一个矩形空白画布，然后在形状列表中单击需要添加的图形。

(3) 空白画布并拖动鼠标，即可绘制出需要的图形。

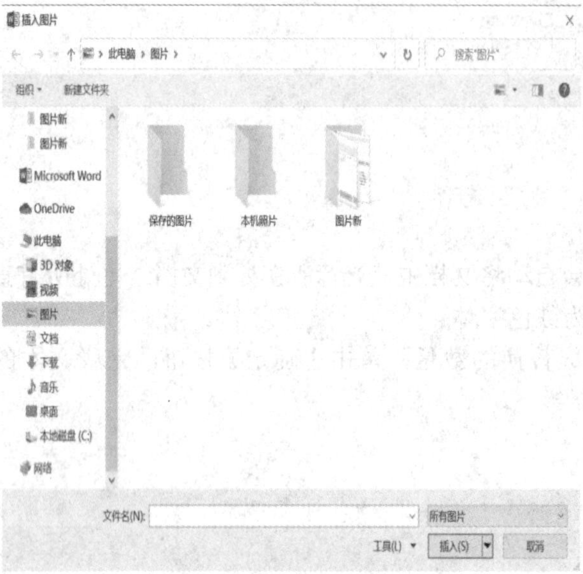

图 2-40　【插入图片】对话框

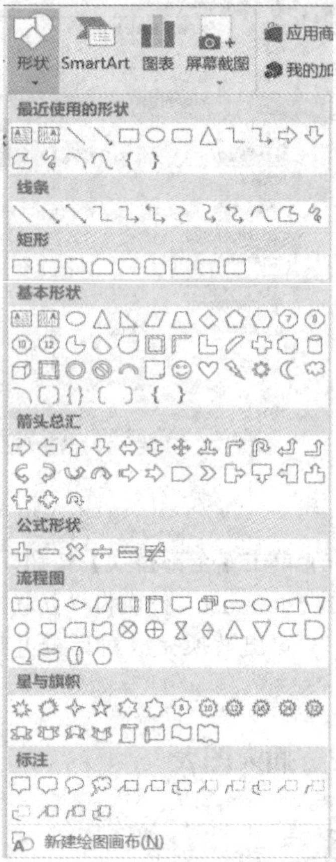

图 2-41　图形选项

3．插入 SmartArt 图形

SmartArt 图形是信息的视觉表示形式，使用 SmartArt 图形可以制作出流程、循环、关系等不同的布局图形。Word 2016 中预设了很多图表类型，从而可方便、快捷地制作出美观、专业的图形。

(1) 插入 SmartArt 图形。

在文档中插入 SmartArt 图形时，选择了图形的类别与布局后，程序会自动插入相应的图形，基本步骤如下：在【插入】选项卡点击【插图】功能区中的【SmartArt】按钮，从弹出的【选择 SmartArt 图形】对话框中选择要插入的图形，单击【确定】按钮，如图 2-42 所示。

(2) 为 SmartArt 图形添加文本。

SmartArt 图形是形状和文本框的结合，有两种添加文本的方法。

① 直接在图形中添加文字：插入 SmartArt 图形后，单击“文本”字样，输入相应的文字。

② 在图形的文本窗格中添加文本：插入 SmartArt 图形后，单击图形左侧的展开按钮，

弹出文本窗格，在其中的即可添加相应的文本内容。

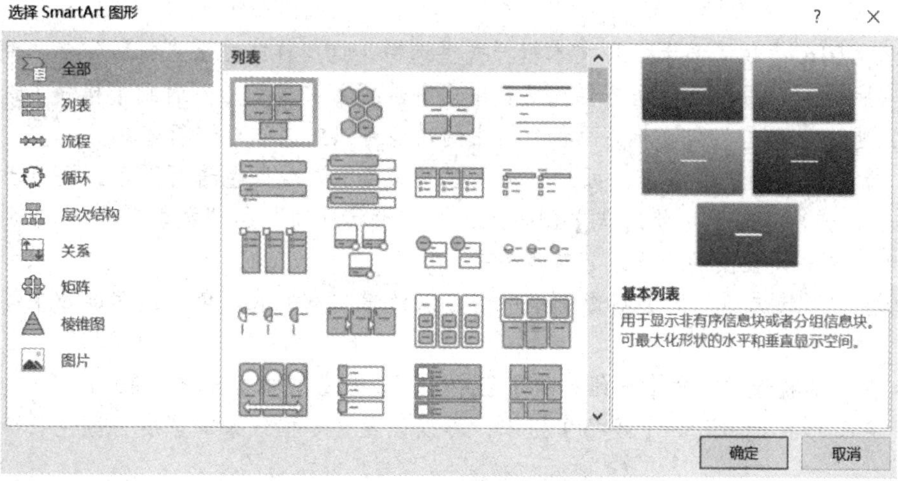

图 2-42　插入 SmartArt 图形

4．插入艺术字

艺术字是一些具有特效的文本，在艺术字样式中包括了字体的填充颜色、阴影、映像、发光、柔化边缘、棱台、旋转等，操作步骤如下：

(1) 在【插入】选项卡，单击【文本】功能区中的【艺术字】按钮，在弹出的列表中选择艺术字样式。

(2) 在编辑区输入艺术字内容，输入后程序将自动切换到【格式】选项卡。

(3) 在【格式】选项卡中设置文字发光效果、艺术字样式、文本框大小等，效果如图 2-43 所示。这样就完成了艺术字插入编辑操作。

图 2-43　插入艺术字

5．插入文本框

文本框是一种图形对象，是存放文本或图形的容器，可放置在页面的任何位置，并可以随意调整大小。文本框有横排和竖排两种。

在【插入】选项卡单击【文本】功能区中的【文本框】按钮，在下拉列表中选取【绘制文本框】或者【绘制竖排文本框】选项，单击后光标变成十字形状即可绘制文本框，如图 2-44 所示，绘制完后可在文本框输入文字和进行格式设置。

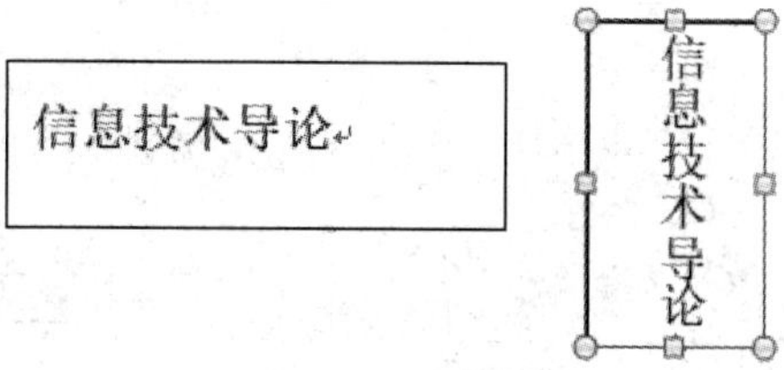

图 2-44　文本框

说明

Word 2016 提供了三十多种文本框样式供选择，这些样式主要在排版位置、颜色、大小方面有所区别，用户可根据需要选择其中一种。插入文本框后可看到【格式】选项卡已经弹出，通过【格式】选项卡下面各个组中的功能可以对文本框进行美化。

(1) 在【形状样式】组中，可对文本框填充颜色、外观颜色进行调整，还可单击右下角 按钮，弹出【设置形状格式】侧边栏，有“形状选项”和“文本选项”，分别对文本框和其中的文字设置阴影、三维旋转等效果。

(2) 在“形状选项”的【阴影】组中，可以设置文本框的颜色、透明度效果等，还可以移动文本框的阴影位置。

(3) 在“形状选项”的【三维格式】组中，可以设置文本框三维效果。

(4) 在“形状选项”的【线条】组中，可以设置文本框线条的宽度、颜色、透明度、类型等。

(5) 在“形状选项”的【发光】组中，可以设置文本框的发光效果。

任务实施

在论文中，根据素材“图表数据.xlsx”中给定的数据制作图表，要求图表类型为“簇状柱形图”，并应用“样式 27”。

(1) 在论文的最后一页将素材中的绿色文字“在此插入图表”删除。

(2) 单击【插入】选项卡【插图】组中的【图表】按钮，弹出【插入图表】对话框，在左侧的图表类型中选择“柱形图”选项，在右侧的图表样式中选择“簇状柱形图”图表样式，单击【确定】按钮，如图 2-45 所示。

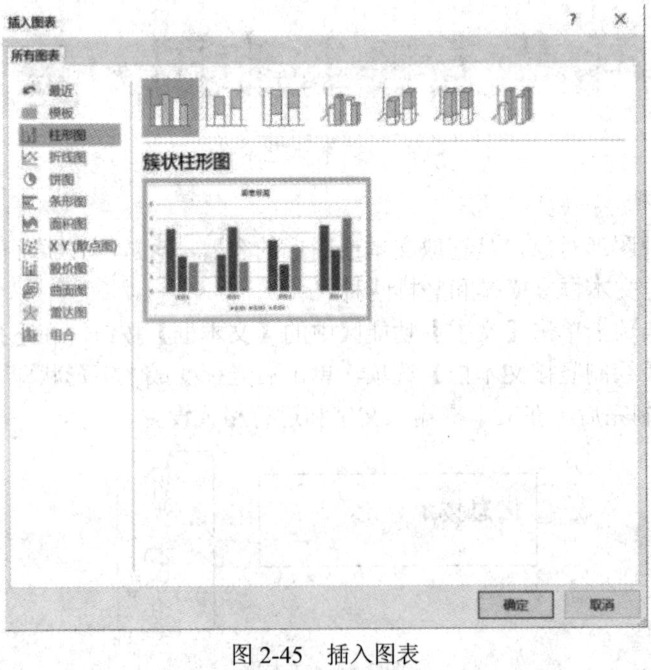

图 2-45　插入图表

(3) 在 Excel 表中删除示例数据，将“图表数据.xlsx”中的数据全部复制粘贴到 Excel 表示例数据显示位置。

(4) 单击【设计】选项卡【数据】组中的【选择数据】按钮，弹出【选择数据源】对话框，拖动鼠标选择 Excel 窗口的数据区域，如图 2-46 所示，完成图表数据源的选取。

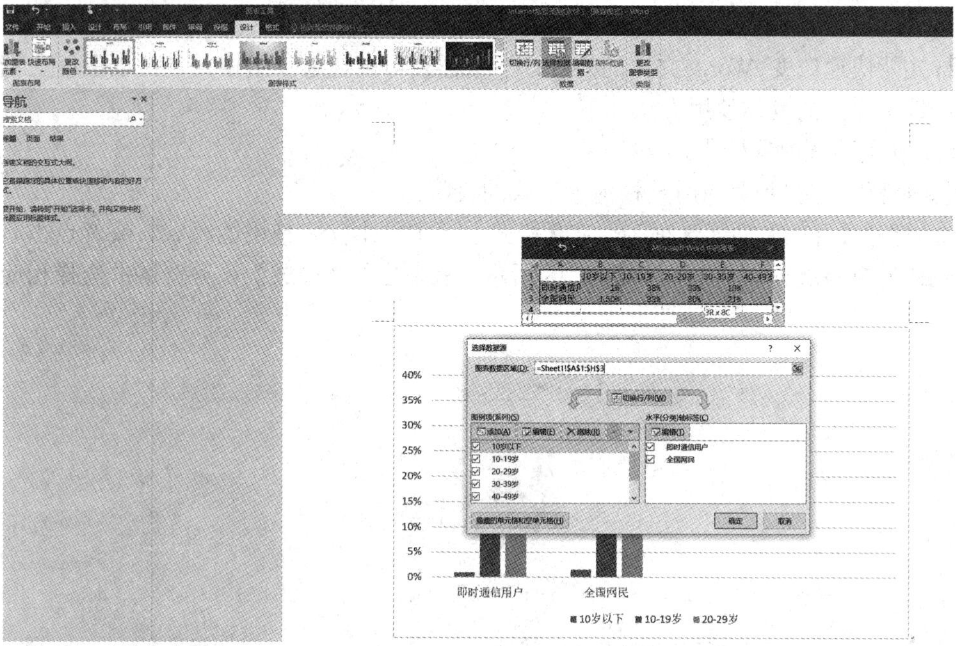

图 2-46　选择图表数据源

(5) 单击【切换行/列】按钮，切换图表中数据系列显示方式，单击【确定】按钮关闭 Excel 窗口图表。

(6) 单击【设计】选项卡【图表样式】组，在图表样式中选择“样式 6”，双击“图表标题”将其修改为“即时通信用户与全国网民数量对比表”，完成后的效果如图 2-47 所示。

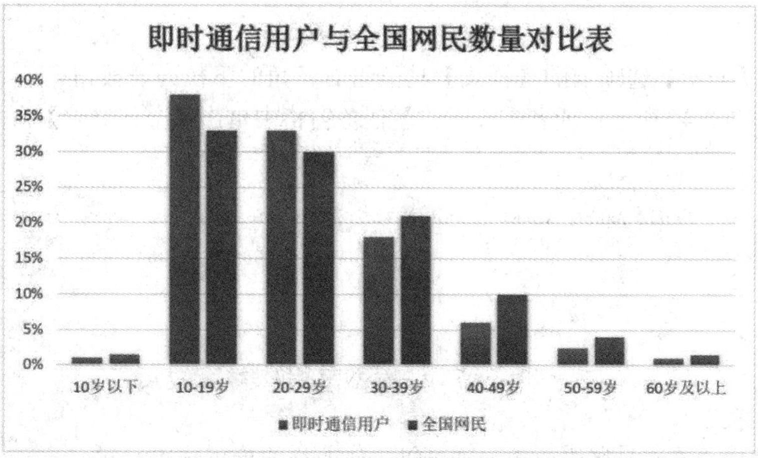

图 2-47　更改图表样式后的效果图

2.2.3　样式与目录

相关知识

1. 使用样式

样式能快速改变 Word 文档的外观，一个样式可以包含一组格式，可以保证文档格式的统一性，样式的具体使用方法如下：

(1) 使用系统内置样式。

① 将鼠标定位到要应用某种内置样式的段落。

② 打开【开始】功能选项卡，在【样式】组中单击需要使用的样式，或者点击右下角的样式任务窗格展开按钮，如图 2-48 所示，从弹出的【样式】任务窗格中选择相应样式即可。

图 2-48　样式任务窗格

③ 单击【开始】选项卡的【样式】功能组右下角的下拉列表按钮，选择【清除格式】命令，如图 2-49 所示；或者在【样式】任务窗格中单击【全部清除】命令，清除应用的样式格式。

图 2-49　快速样式库下拉列表

(2) 修改样式。

如果某些样式不满足格式要求，则可以先修改样式后再应用样式。

在【样式】中或者在【样式】任务窗格中选择某种样式，单击鼠标右键，从弹出的快捷菜单中选择【修改】命令，在打开的如图 2-50 所示的【修改样式】对话框中更改相应的选项，单击【确定】按钮完成修改。

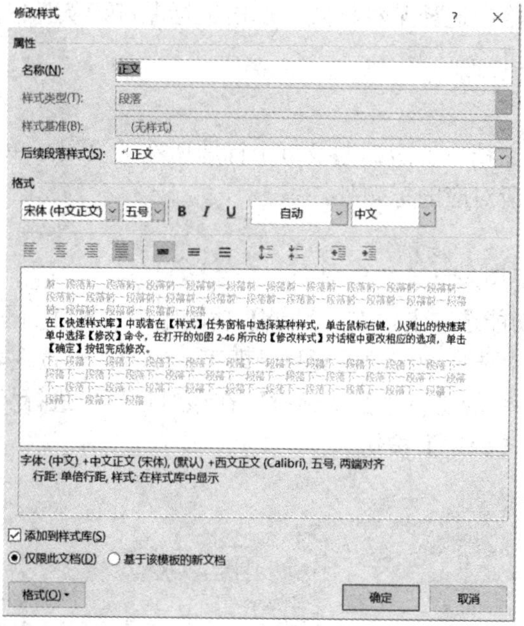

图 2-50 【修改样式】对话框

(3) 创建新样式。

在【样式】功能组的下拉列表中单击【创建样式】按钮，打开如图 2-51 所示的【根据格式设置创建新样式】对话框，在对话框中进行相应的设置即可。

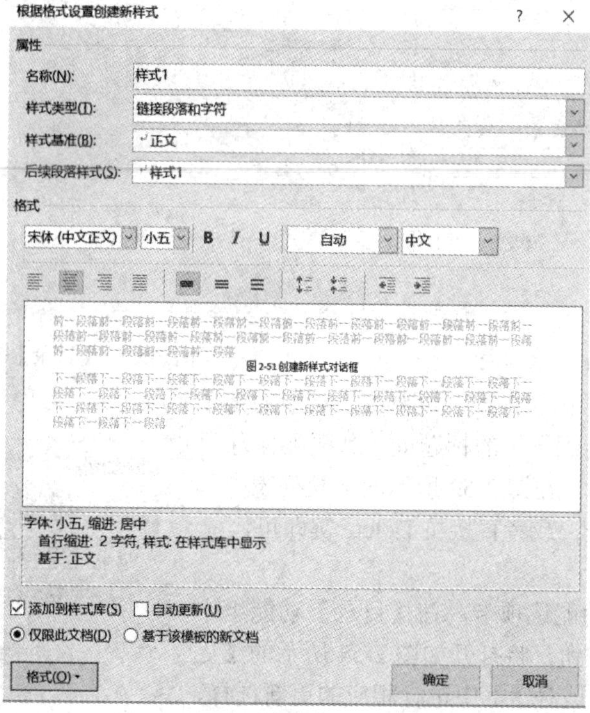

图 2-51 创建新样式对话框

(4) 删除样式。

在【样式】任务窗格中选择某种样式，单击鼠标左键，从弹出的快捷菜单中选择【从样式库中删除】命令即可。

2. 创建目录

目录清晰地列出了文档中各级标题及每个标题所在的页码。单击目录中的某个页码，可以快速跳转到该页码所对应的标题处。

(1) 插入目录。

① 将光标定位到要插入目录的位置。

② 打开【引用】功能选项卡，在【目录】功能组中单击【目录】按钮，如图 2-52 所示，从弹出的下拉列表中选择相应的内置目录即可；或者在下拉列表中单击【自定义目录】命令，打开如图 2-53 所示的【目录】对话框，在该对话框中进行标题显示级别、前导符、目录格式等设置，单击【确定】按钮。

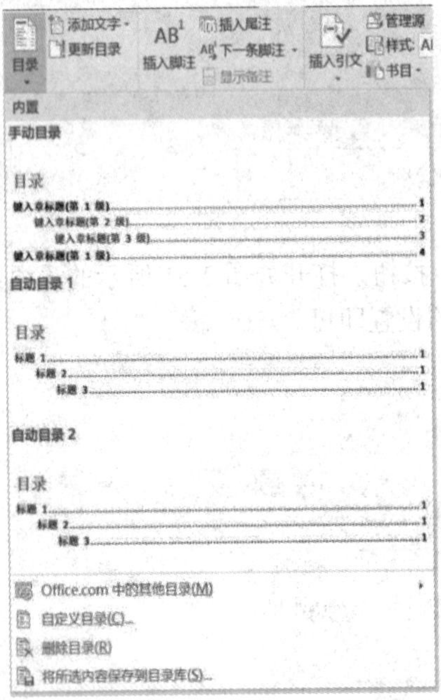

图 2-52　内置目录列表

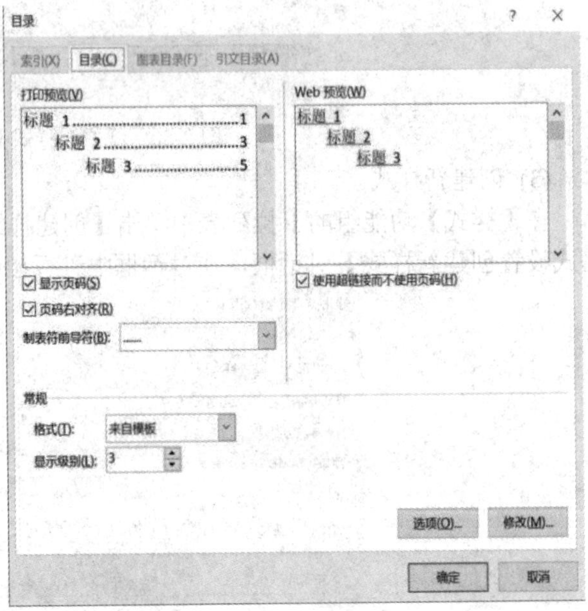

图 2-53　【目录】对话框

目录生成后，按下 Ctrl 键，再单击目录中的某个页码，即可自动跳转到该页的标题处。如果要删除目录，则可选中该目录，在图 2-52 所示的下拉列表中单击【删除目录】命令；或者直接按 Delete 键即可。

(2) 更新目录。

打开【引用】功能选项卡，在【目录】功能组中单击【更新目录】按钮，将打开如图 2-54 所示的【更新目录】对话框，在该对话框中进行相应的更新选择，单击【确定】按钮。

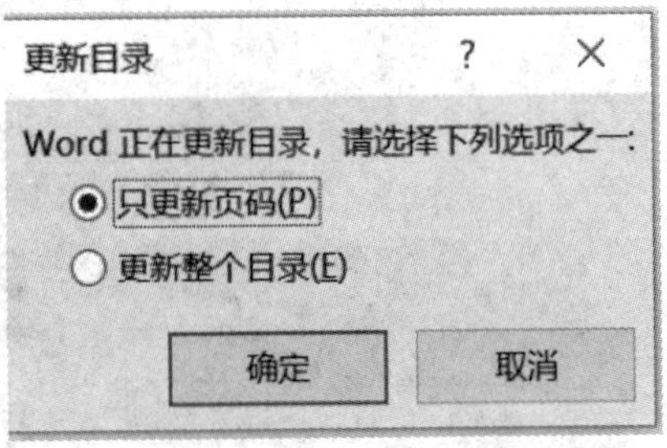

图 2-54　【更新目录】对话框

任务实施

(1) 将论文标题“互联网前景预测”应用“标题”样式，将文中所有红色文字应用“标题 1”样式，将文中所有蓝色文字应用“标题 2”样式。

① 移动光标到标题所在段落的任意位置，单击【样式】组中的【标题】样式，将标题“互联网前景预测”应用“标题”样式。

② 移动光标到红色文字所在段落的任意位置，打开【样式】任务窗格，单击“红色”样式右边的下拉按钮，在弹出的下拉列表中选择“选择所有 6 个实例”选项，如图 2-55 所示，此时所有的红色文字全部选中，再选择【样式】窗格中的“标题 1”样式，则所有红色文字应用“标题 1”样式。

③ 用相同的方法，将论文中所有蓝色文字全部应用为“标题 2”样式。

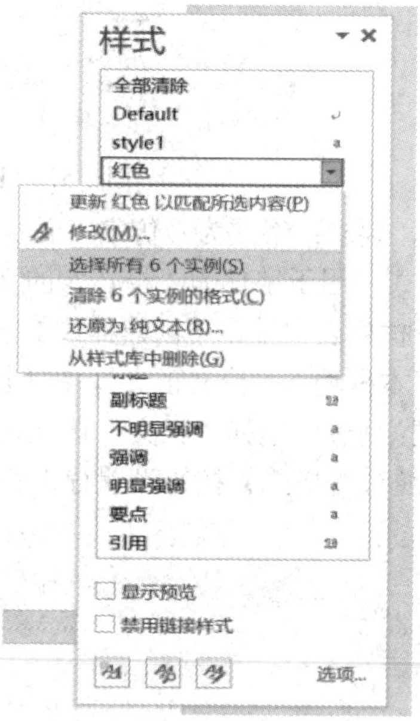

图 2-55 选中所有红色样式

(2) 按表 2-3 的要求，修改 Word 2016 的内置样式。

表 2-3 修改 Word 2016 的内置样式要求

样式名称	字体	字体大小	段落格式
标题	黑体	二号	段前，段后 1 行，单倍行距
标题 1	宋体	四号	段前，段后 13 磅，单倍行距
标题 2	华文新魏	四号	段前，段后 0 磅，1.5 倍行距

① 将光标定位于标题所在段落，在【样式】任务窗格中单击【标题】右边的下拉按钮，在弹出的快捷菜单中选择【修改】选项，如图 2-56 所示。

② 在弹出的图 2-57 所示的【修改样式】对话框中选择字体为“黑体，二号”。单击【格式】按钮，在弹出的下拉列表中选择【段落】选项，在弹出的【段落】对话框中设置段落格式为“段前，段后 1 行，单倍行距”。

③ 按照表 2-3 的要求，重复①～②步骤，修改“标题 1”和“标题 2”。

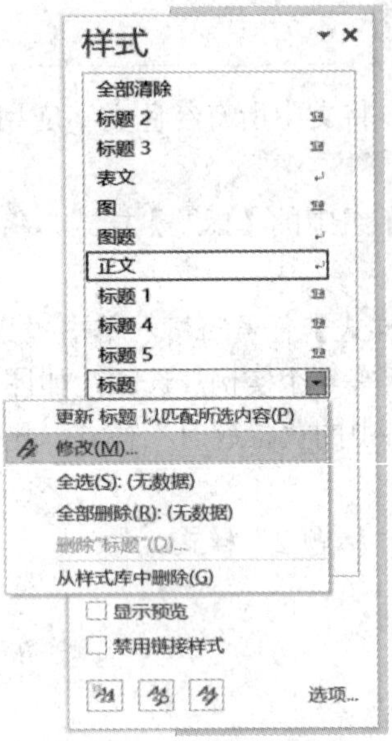

图 2-56　样式修改菜单

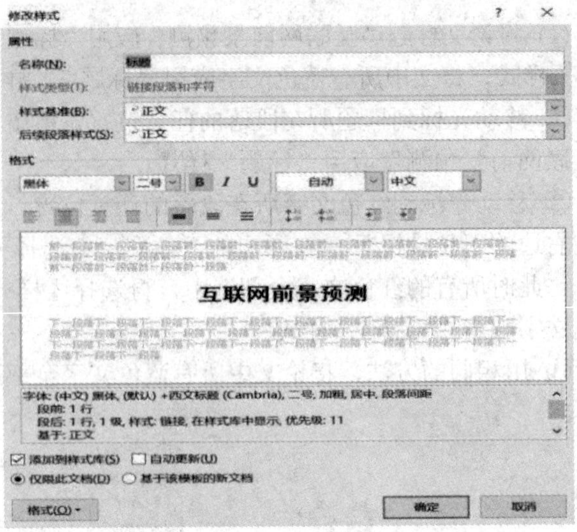

图 2-57　【修改样式】对话框

(3) 新建样式“论文正文”，要求：格式为“仿宋，五号，多倍行距 1.25 行，首行缩进 2 字符”，并将“论文正文”样式应用于字体为“楷体”的文本中。

① 在【样式】功能组的下拉列表中单击【创建样式】按钮，弹出【根据格式设置创建新样式】对话框，在【名称】文本框输入“论文正文”，在【样式类型】下拉列表中选择“段落”选项，在【样式基准】下拉列表中选择“正文”选项，在【后续段落样式】下拉列表中选择“论文正文”选项，再通过【格式】按钮设置行距和缩进，如图 2-58 所示。

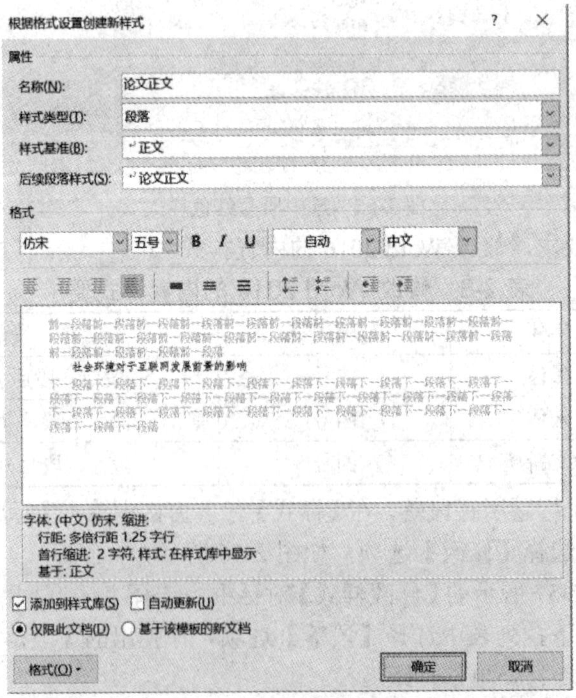

图 2-58　【根据格式设置创建新样式】对话框

② 将“论文正文”样式应用于“楷体”文本中。

(4) 设置多级编号：一级目录一、二、三，二级目录 1.1、1.2、…。

① 将光标定位于“标题 1”文本中，单击【开始】选项卡【段落】功能组中的【多级列表】下拉按钮，选择“定义新多级列表”选项，如图 2-59 所示。

图 2-59　【定义新多级列表】对话框

② 在弹出的【定义新多级列表】对话框中的【单击要修改的级别】列表中选择“1”级，并选择【此级别的编号样式】为“一，二，三(简)…”，在【输入编号的格式】文本框中输入“、”，使得一级编号变为“一、”。

③ 在【单击要修改的级别】列表中选择“2”级，并选择【此级别的编号样式】为“1，2，3…”，单击【更多】按钮，按钮变成【更少】，如图 2-59 所示，勾选【正规形式编号】复选框，【输入编号的格式】变为“1.1”，单击【确定】按钮完成设置。

(5) 利用标题样式生成毕业论文目录，要求目录中含有“标题 1”“标题 2”。

① 将光标定位于标题后面，单击【插入】选项卡【页】组中的【分页】按钮，将论文正文移动到下一页显示，同时将论文中一级标题“一、社会环境对于互联网发展前景的影响”前面的空白段删除。

② 将光标定位于标题“互联网前景预测”后面并按回车键。

③ 单击【引用】选项卡【目录】组中的【目录】按钮，从弹出的下拉列表中选择【自定义目录】选项，弹出【目录】对话框，如图 2-60 所示，对【格式】【显示级别】【制表符前导符】进行设置，单击【确定】按钮即可生成论文目录。

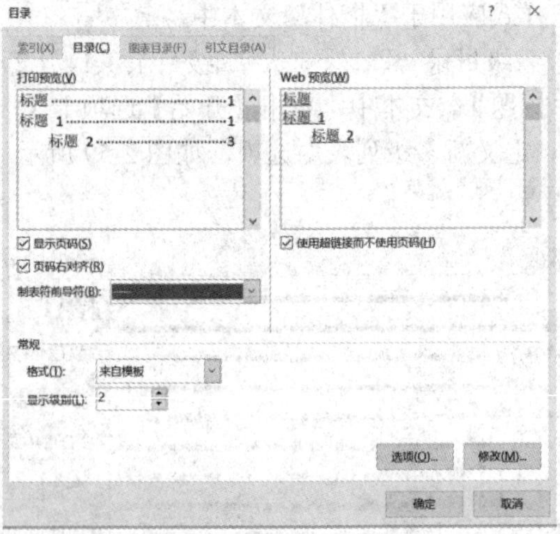

图 2-60　【目录】对话框

(6) 自定义目录，要求：“目录 1”修改为“黑体，四号”；“目录 2”修改为“华文新魏，小四”，标题不在目录中显示。

① 单击【引用】选项卡【目录】组中的【目录】按钮，从弹出的下拉列表中选择【自定义目录】选项，再次弹出【目录】对话框，单击【修改】按钮，弹出【样式】对话框，如图 2-61 所示。

② 在【样式】列表中选择“目录 1”选项，单击【修改】按钮，弹出“修改样式”对话框，按照要求进行相应修改，单击【确定】按钮回到【样式】对话框。用相同的方法修改“目录 2”的样式。

③ 连续单击【确定】按钮，退回到【目录】对话框，再单击【选项】按钮，弹出【目录选项】对话框，将“标题”样式后面文本框内的数字删除，如图 2-62 所示。

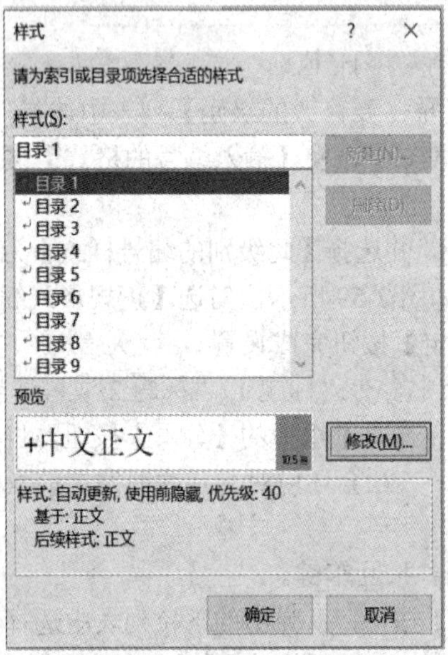

图 2-61　【样式】对话框

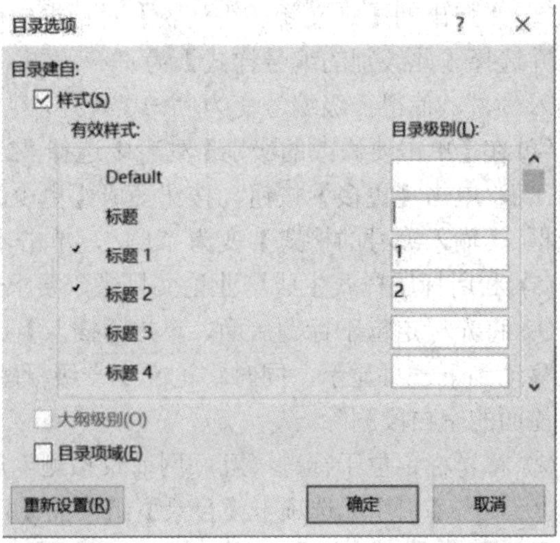

图 2-62　设置目录显示

④ 连续单击【确定】按钮，完成目录修改。

任务 2.3 个人简历制作

个人简历用来收集应聘者的信息，一般报名表里都包含个人概况、教育背景、外语水平、计算机水平、性格特点、业余爱好等内容，之所以用表格收集这些信息，是因为表格可以使信息显得清晰、整洁、有条理，节省阅读时间，帮助招聘单位从大量的应聘者信息库中排除明显不合格者，以提高面试效率，挑选优秀人才。本任务将制作一份求职简历，涉及的内容主要是表格的创建与设置等。

2.3.1 插入表格

相关知识

制作表格的方法主要有四种，一是插入表格，二是手动绘制，三是使用网格框，四是快速表格。对于单元格规则的表格一般使用第一种方法，对于单元格不规则的表格常用第二种方法制作，有时两种方法混合使用，另外还可以通过表格的拆分、合并功能达到需要的效果。

1．使用网格框

单击【插入】选项卡的【表格】功能组，打开如图 2-63 所示的 10 列 8 行组成的网格框，用鼠标直接在网格框上滑动，所选择的网格在网格框顶端显示行数和列数，单击鼠标则在页面插入一个表格。

图 2-63 使用网格框创建表格

当鼠标定位到表格中间时，系统将自动激活【表格工具】选项卡，如图 2-64 所示，包括【设计】和【布局】两个子选项卡，【设计】子选项卡主要包含表格的格式设置命令，【布局】子选项卡主要是设置表格的结构。

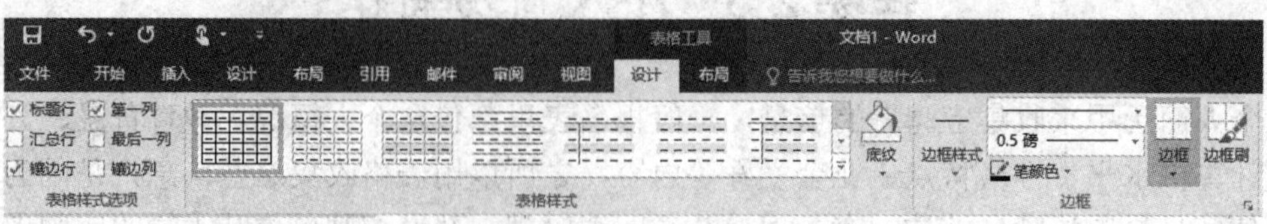

图 2-64　【表格工具】选项卡

2.【插入表格】对话框

单击【插入】选项卡的【表格】功能组，从弹出的列表中选择【插入表格】命令，弹出【插入表格】对话框，如图 2-65 所示，在该对话框中直接输入表格的列数和行数。

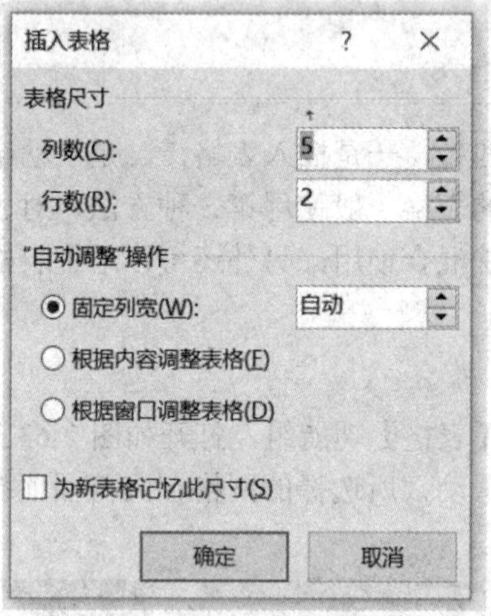

图 2-65　【插入表格】对话框

3．绘制表格

制作结构复杂的表格，可以通过【绘制表格】命令完成。

单击【插入】选项卡的【表格】功能组按钮，从弹出的下拉列表中选择【绘制表格】，在页面单击并拖动鼠标直接绘制表格即可。此时系统自动激活【表格工具】选项卡，在【表格工具】的【设计】子选项卡下，可以通过【边框】中的相应按钮设置线条的颜色和粗细，绘图结束后按 Esc 键退出绘制模式。

如果需要擦除表格中的某根线条，可以单击【表格工具】的【布局】子选项卡，在【绘图】功能组中单击【橡皮擦】命令。

4．快速表格

Word 2016 提供了多种内置表格，在【插入】功能选项卡的【表格】功能组中，单击【表格】按钮，从弹出的下拉列表中选择【快速表格】命令，根据需要在打开的子菜单中选择 Word 2016 提供的一种内置表格，如图 2-66 所示，即可快速插入具有特定样式和特定内容的表格。

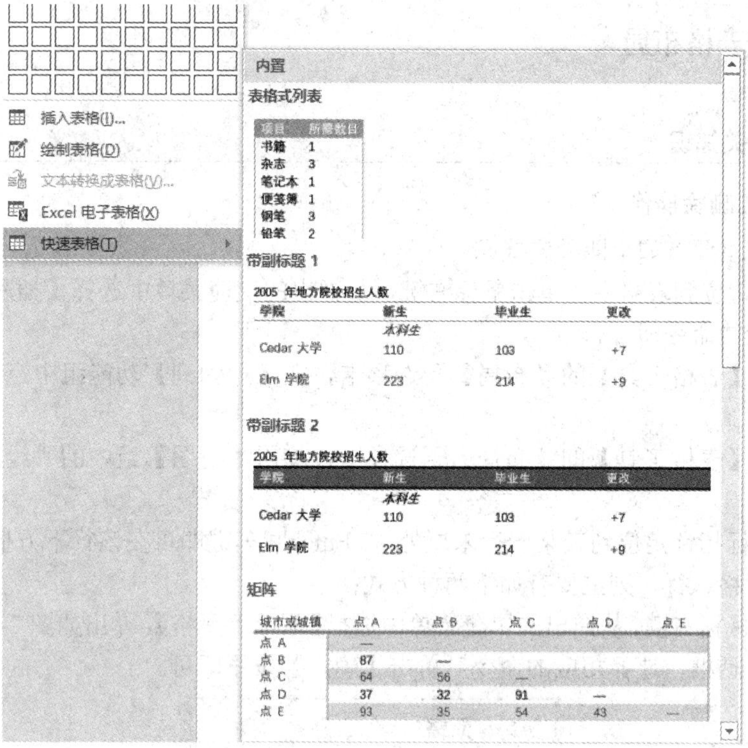

图 2-66　快速表格列表

任务实施

创建一个 7 行 2 列的表格：新建一个空白文档，保存为“求职简历.docx”，单击【插入】选项卡【表格】组中的【表格】按钮，在弹出的下拉列表中拖动鼠标选择 7 行 2 列，如图 2-67 所示，单击即可插入一个 7 行 2 列的表格。也可以选择【插入】选项卡【表格】组中的【插入表格】命令，弹出【插入表格】对话框，可自定义设置行数和列数，如图 2-68 所示。

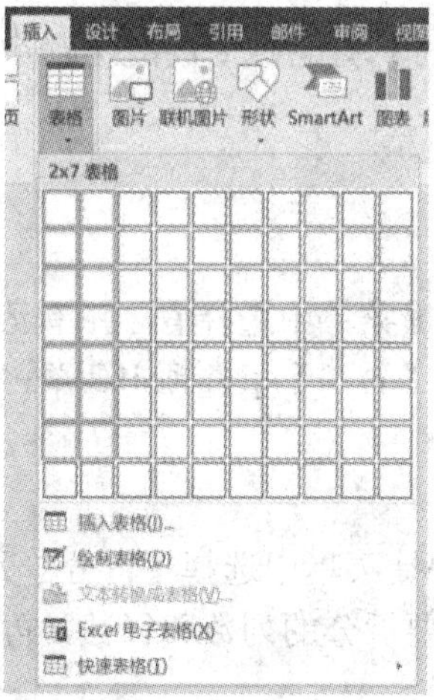

图 2-67　快速插入表格

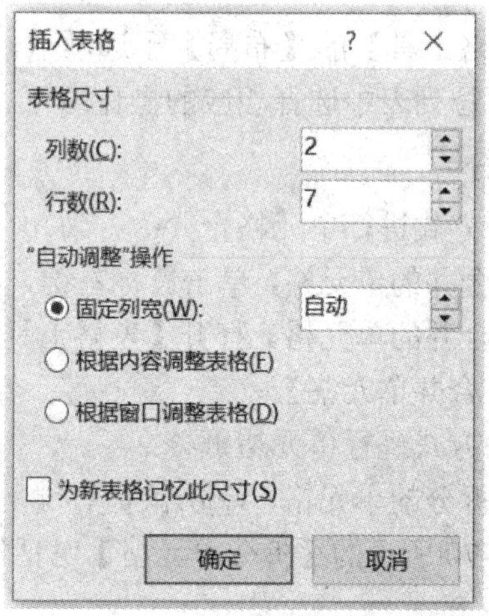

图 2-68　【插入表格】对话框

个人简历制作

2.3.2 调整表格布局

相关知识

1. 插入或删除操作

插入操作主要有如下四种方式：

(1) 鼠标定位到表格中，单击鼠标右键，从弹出的快捷菜单中选择【插入】，再在子菜单中选择相应的命令即可。

(2) 打开【表格工具】的【布局】子选项卡，在【行和列】功能组中点击相应的按钮即可。

(3) 打开【表格工具】的【布局】子选项卡，使用【绘图】组中的“绘制表格”工具绘制。

(4) 把鼠标指针定位到表某一行末尾处，按Enter回车键即可在该行下方插入新的一行。

删除单元格、行、列主要有如下两种方式：

(1) 单击鼠标右键，从弹出的快捷菜单中选择【删除单元格】，弹出如图2-69所示的【删除单元格】对话框，选择相应的命令后单击【确定】按钮即可。

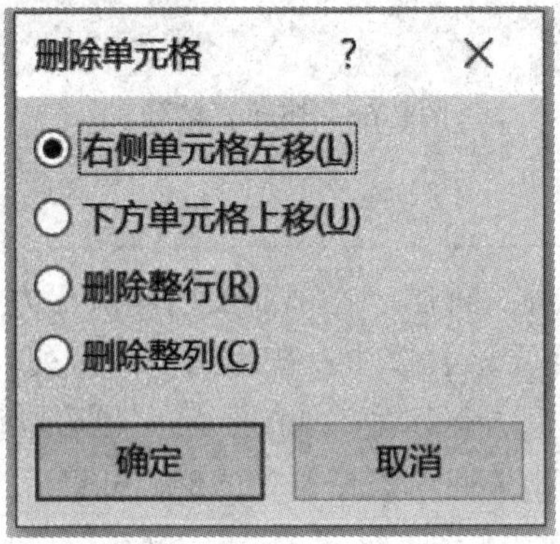

图2-69 【删除单元格】对话框

(2) 打开【表格工具】的【布局】子选项卡，在【行和列】功能组中点击【删除】按钮，再在打开的下拉列表中选择相应的操作即可。

2. 合并与拆分

通过下面两种方式进行单元格合并：

(1) 选中需要合并的单元格，单击鼠标右键，从弹出的快捷菜单中选择【合并单元格】。

(2) 选中需要合并的单元格，打开【表格工具】选项卡的【布局】子选项卡，单击【合并】功能组中的【合并单元格】。

通过下面两种方式进行单元格拆分：

(1) 选中需要拆分的单元格，单击鼠标右键，从弹出的快捷菜单中选择【拆分单元格】命令，打开如图2-70所示的【拆分单元格】对话框，输入将要拆分的列数和行数，再单击【确定】按钮。

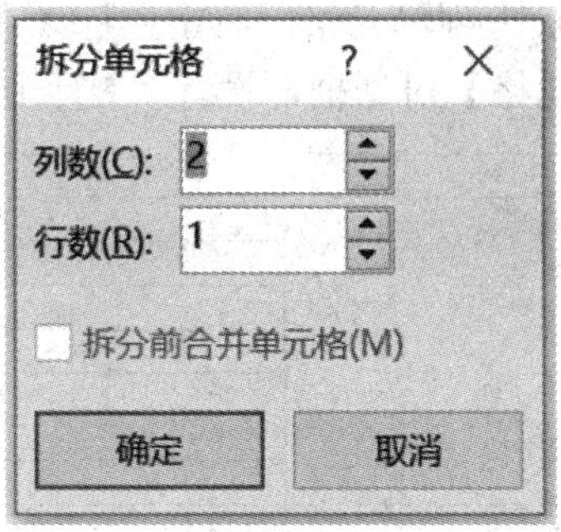

图 2-70 【拆分单元格】对话框

(2) 选中需要拆分的单元格，打开【表格工具】选项卡的【布局】子选项卡，单击【合并】功能组中的【拆分单元格】按钮，也可以打开【拆分单元格】对话框。

拆分表格：把光标定位到表格中需要拆分的位置，打开【表格工具】选项卡的【布局】子选项卡，单击【合并】功能组中的【拆分表格】按钮；或者将鼠标定位在表格拆分位置的行的末尾，按组合键 Ctrl + Shift + Enter 即可。

任务实施

按照图 2-71，将表格的相应单元格进行拆分。

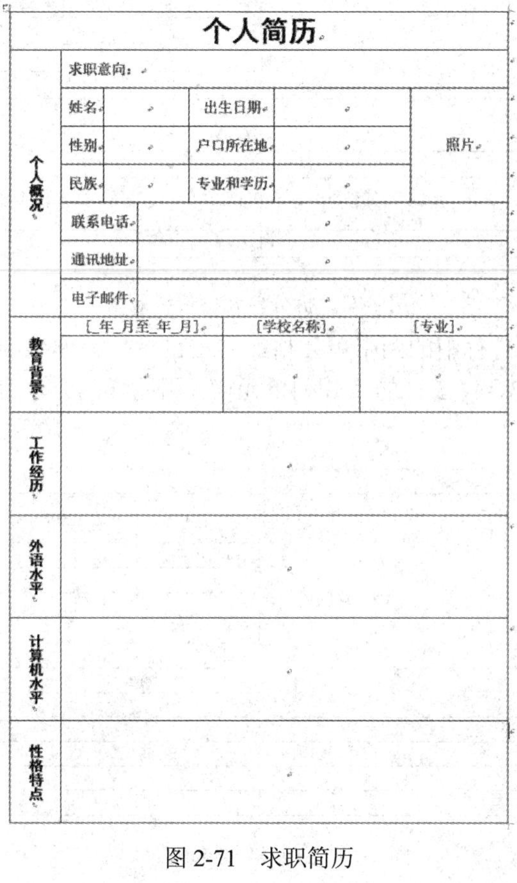

个人简历					
个人概况	求职意向：				
	姓名		出生日期		照片
	性别		户口所在地		
	民族		专业和学历		
	联系电话				
	通讯地址				
	电子邮件				
教育背景	[_年_月至_年_月]	[学校名称]	[专业]		
工作经历					
外语水平					
计算机水平					
性格特点					

图 2-71 求职简历

(1) 将光标定位在第 2 行第 2 列单元格，右击鼠标，在弹出的快捷菜单中选择【拆分单元格】命令，弹出【拆分单元格】对话框，设置“7 行 1 列”，效果如图 2-72 所示。

图 2-72　拆分单元格效果

(2) 按照相同的方法，将单元格进一步拆分、合并：选中第 3、4、5 行，拆分为 3 行 5 列；选中第 6、7、8 行，拆分为 3 行 2 列；第 9 行第 2 列拆分为 2 行 3 列，效果如图 2-73 所示。

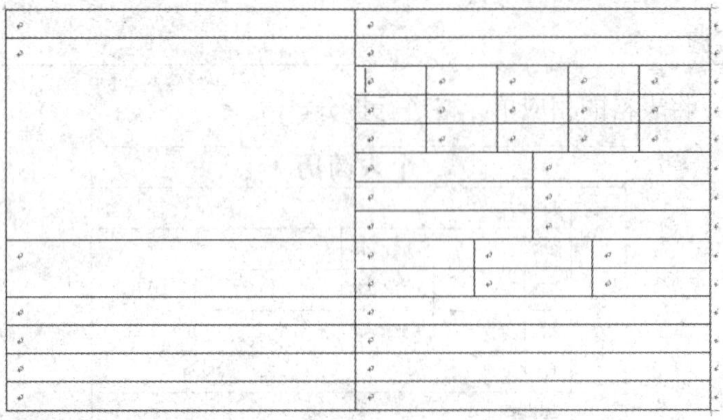

图 2-73　拆分单元格最终效果

(3) 选择表格中第 1 行中的两个单元格，右击鼠标，在弹出的快捷菜单中选择【合并单元格】命令；选中第 3、4、5 行的第 6 列单元格，用同样的方法合并，最终效果如图 2-74 所示。

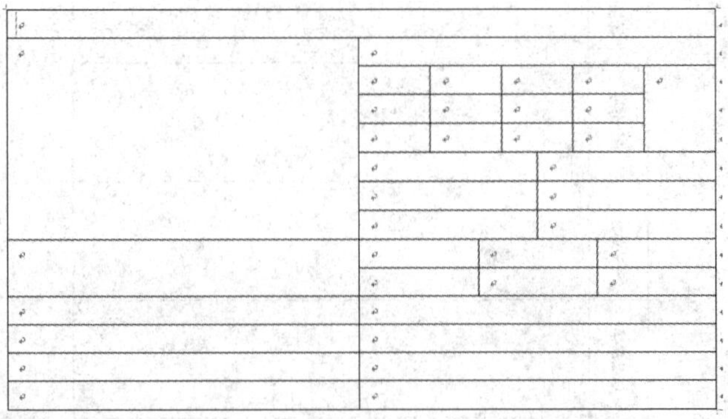

图 2-74　合并单元格最终效果

2.3.3　设置表格格式

相关知识

设置表格的格式主要包括表格的行高、列宽、底纹、边框等，还有字符在表格中的格式。调整表格的行高和列宽有精确和非精确两种方式。使用鼠标拖动的方式属于非精确调整，使用对话框设置具体的数字可以做到精确调整行高和列宽。

1．行高和列宽

将鼠标移到需要调整的单元的边框线上，当鼠标变成双箭头指针 或 时，按下鼠标左键上下或左右拖动，可以调整行高或列宽。选中表格的多行，切换到【布局】选项卡，单击【表】组中的【属性】按钮，弹出【表格属性】对话框，在【行】选项卡的【尺寸】区域，勾选【指定高度】复选框，在后面的数值框中输入长度，如“1 厘米”，如图 2-75 所示。

将光标置于需要调整列宽的单元格内，鼠标指针移到水平标尺的列标记 上，此时指针变成↔，按下鼠标左键左右拖动列标记，此时文档窗口里面出现垂直虚线随鼠标指针移动，如图 2-76 所示，拖动列标记到合适位置即可。

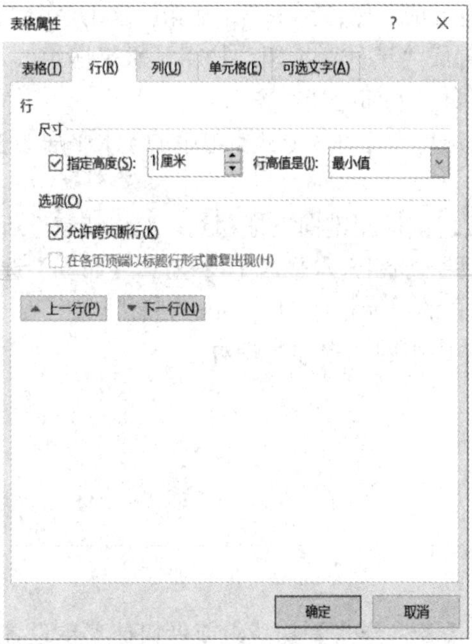

图 2-75　表格属性对话框

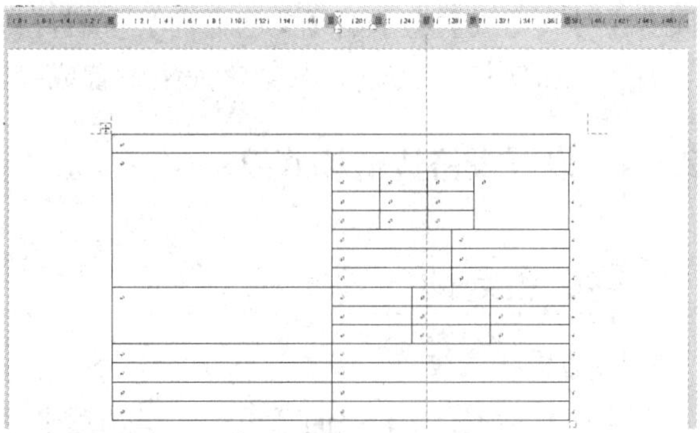

图 2-76　调整列宽

2．设置单元格对齐方式

把需要设置对齐方式的单元格选中，打开【表格工具】选项卡的【布局】子选项卡，在【对齐方式】功能组中点击相应按钮，即可设置内容相对于单元格的位置，如图 2-77 所示。

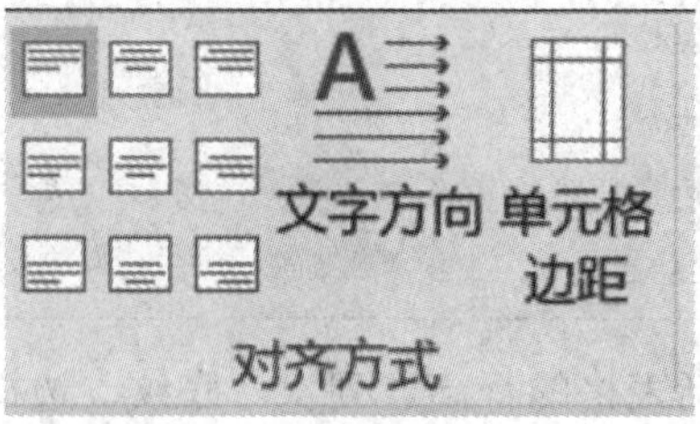

图 2-77　【对齐方式】功能组

在【对齐方式】功能组中，【文字方向】按钮可以让单元格内文字在横向和纵向间进行切换，【单元格边距】可以设置单元格内内容与单元格的上、下、左、右边框线之间的距离。

任务实施

(1) 参照图 2-71，调整各单元格的列宽和行高，同时在相应单元格输入“个人简历”“求职意向”等内容。

① 把光标移到第 1 行的边框线上，单击并拖动鼠标，在新位置将显示一条虚线，到合适的位置释放鼠标；按照相同的方法，设置其他单元格的行高和列宽。

② 将光标定位在第 1 行，输入“个人简历”，按 Tab 键，将光标移到下一个单元格，输入“个人概况”，参照图 2-71，按照同样的方法分别输入相应的内容。

(2) 参照图 2-71，将“个人简历”所在单元格设置成“黑体，小一，加粗，水平居中”；将“个人概况”“教育背景”等文字所在单元格设置成“黑体，小四，加粗，水平居中”，文字方向改为竖排；其他单元格设置成“宋体，小四，中部两端对齐”。

① 将光标定位在第 1 行单元格，单击【布局】选项卡【对齐方式】组中的【水平居中】对齐按钮，并设置字体为“黑体，小一，加粗”。

② 将光标定位在“个人概况”所在单元格，按住鼠标左键向下拖动到“性格特点”所在的单元格，并将单元格的格式设置为“黑体，小四，加粗，水平居中”；单击【布局】选项卡【对齐方式】组中的【文字方向】按钮，将选择的单元格中的文字改为竖排。

③ 按照同样的方法，其他单元格设置成“宋体，小四，中部两端对齐”。

2.3.4　设置表格边框和底纹

相关知识

1. 边框和底纹

通过【表格工具】中的【设计】子选项卡里的【表格样式】功能组或者快捷菜单设置表格边框和底纹。

(1) 通过【表格样式】功能组设置：选择要设置边框或底纹的单元格，在【表格样式】功能组中点击【边框】按钮旁边的黑色下三角形，从弹出的下拉列表中选择【边框和底纹】命令，打开如图 2-78 所示的【边框和底纹】对话框。在【边框和底纹】对话框中的【边框】选项卡可以设置表格边框；在【边框和底纹】对话框中的【底纹】选项卡中，可以设置表格底纹。

(2) 通过快捷菜单设置：选择要设置边框或底纹的单元格，单击鼠标右键，选择【边框和底纹】命令，打开如图 2-78 所示的【边框和底纹】对话框进行设置。

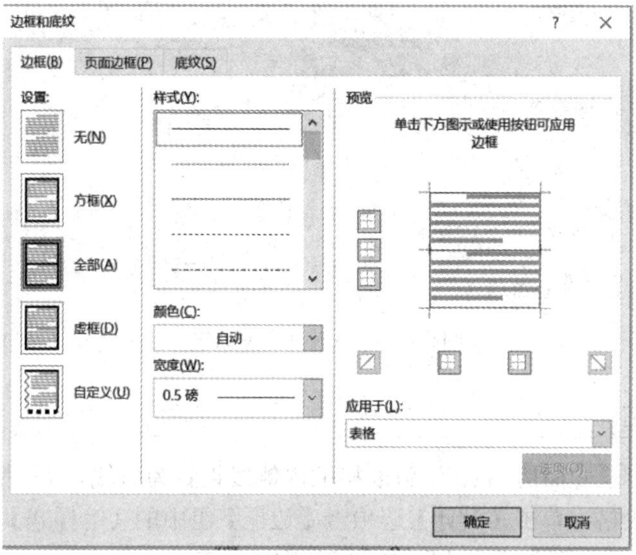

图 2-78　【边框和底纹】对话框

2．表格中函数的使用

Word 提供了计算的功能，打开【表格工具】中的【布局】选项卡，然后在【数据】功能区单击【公式】命令，弹出如图 2-79 所示的【公式】对话框，在等号后面输入运算公式或通过【粘贴函数】下拉菜单选择所需函数。计算公式可以引用单元格，表格中的列号用 A、B、C…来表示，行号用 1、2、3…表示。

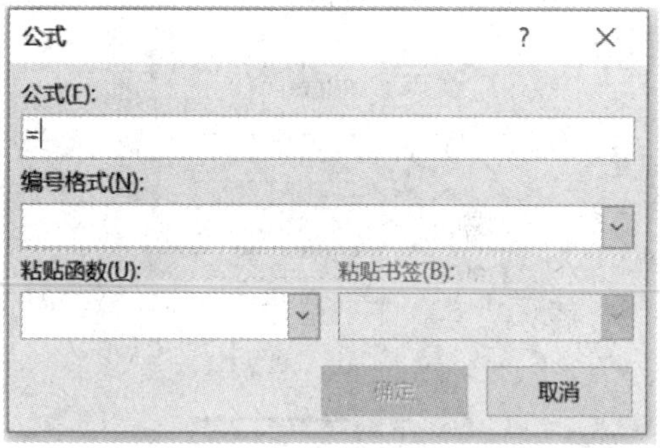

图 2-79　【公式】对话框

(1) 表格中数据的计算。

Word 提供了对表格数据求和、求平均值等常用的统计计算功能。

首先创建一个数字表格，注意求和、求平均值的位置为空白，打开【表格工具】中的【布局】选项卡，然后在【数据】功能区单击【公式】命令，从弹出的【公式】对话框设置公式。

(2) 表格中数据的排序。

Word 还能对表格中的数据进行简单排序，如计算成绩的总分，然后按总分排序。

选中区域后，打开【表格工具】中的【布局】选项卡，然后在【数据】功能区单击【排序】按钮，弹出如图 2-80 所示的【排序】对话框。选中要排序的列和排序的类型，再选择升序或降序方式。

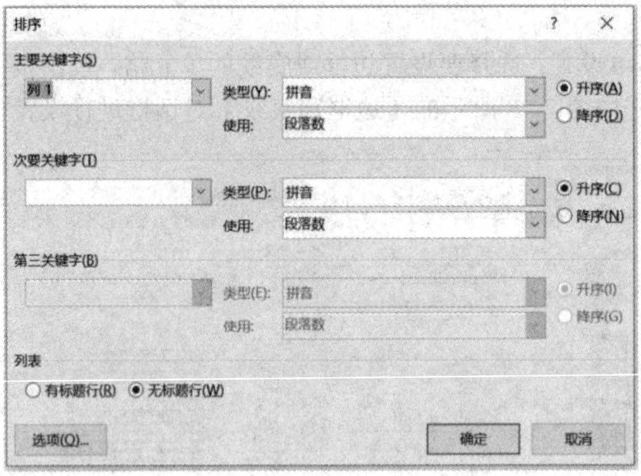

图 2-80　【排序】对话框

任务实施

(1) 打开文件“求职简历.docx”，将表格的内侧线设置为虚线，外侧框线设置为双细线。

① 选择整个表格，单击【设计】选项卡【边框】组中的【笔样式】下拉菜单，在弹出的下拉列表中选择“………..”线型，如图 2-81 所示。

② 单击【设计】选项卡【边框】组中的【边框】下拉按钮，在弹出的下拉列表中选择【内部框线】选项，如图 2-82 所示。

图 2-81　笔样式下拉列表

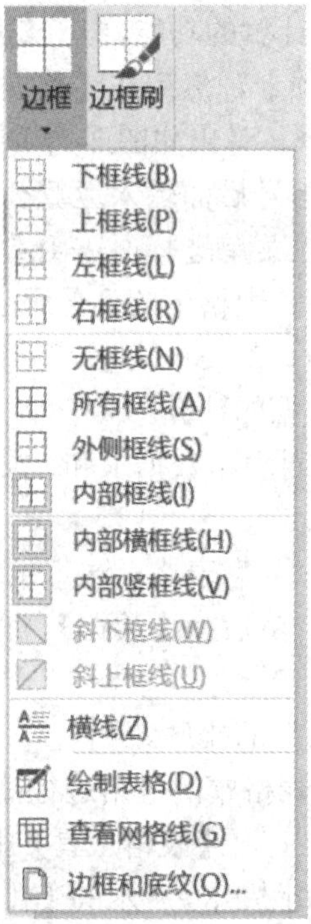

图 2-82　边框下拉列表

③ 单击【设计】选项卡【边框】组右下角的对话框启动器，弹出【边框和底纹】

对话框，在【边框】选项卡【设置】选项组中选择【自定义】选项，在【样式】列表中选择【双细线】选项，在【预览】区域单击如图 2-83 所示的上、下、左、右边框线按钮，最后单击【确认】按钮。

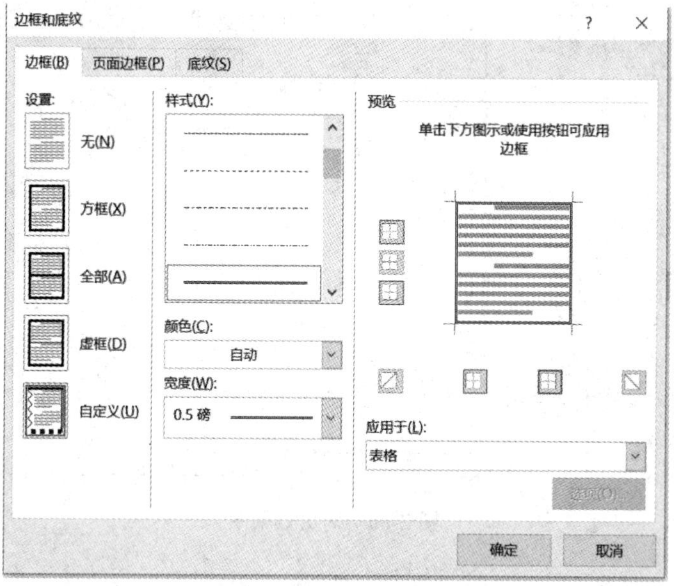

图 2-83　设置表格边框

(2) 为“照片”单元格添加“白色，背景 1，深色 15%”底纹。

将光标置于“照片”单元格，单击【设计】选项卡【边框】组右下角的对话框启动器，弹出【边框和底纹】对话框，选择【底纹】选项卡，在【填充】下拉列表中选择填充颜色“白色，背景 1，深色 15%”，在【应用于】下拉菜单中选择“单元格”，如图 2-84 所示。完成后的效果如图 2-85 所示。

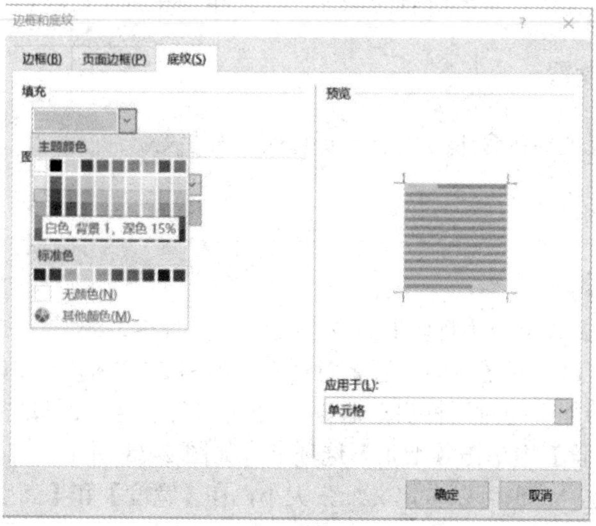

图 2-84　底纹设置

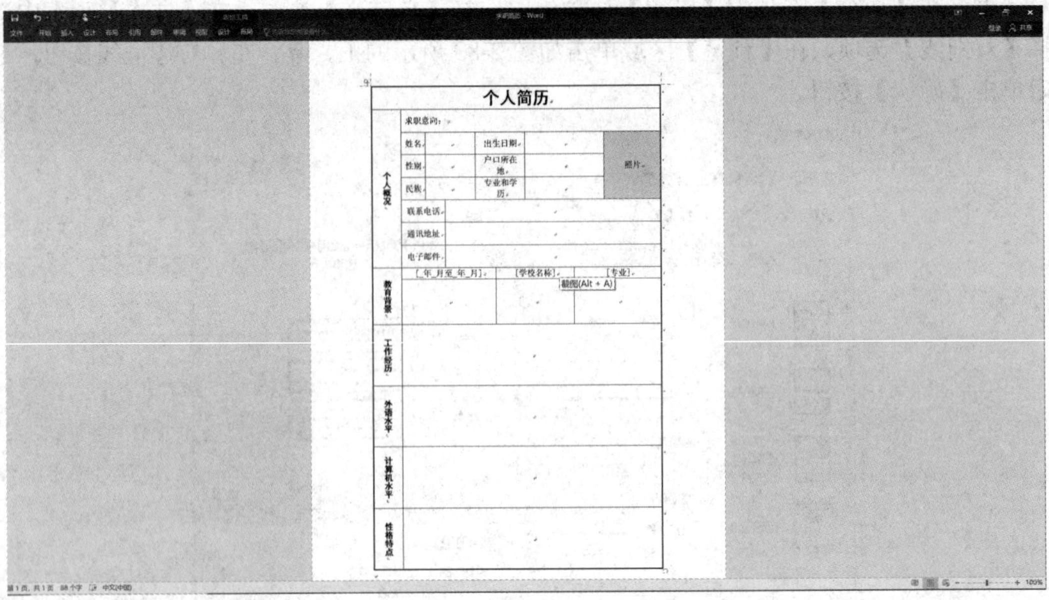

图 2-85　简历效果图

任务 2.4　制作家庭报告书

制作家庭报告书

有时候用户需要处理一批信函、邮件、工资单或录取通知书，它们之间都有一些相同的内容，但又存在差异的部分，此时可以使用邮件合并来简化操作。本任务将使用 Word 2016 的邮件合并功能制作出“家庭报告书”，涉及的内容主要是文档的排版、页眉页脚的增加、页面布局和背景设置、邮件合并。

2.4.1　页面布局设置

页面布局的设置主要包含纸张大小、页边距、分栏等。

相关知识

1．设置页面纸张

(1) 单击【文件】菜单中【打印】命令，可以打开如图 2-86 所示的【打印】设置页面，单击“页面设置”可以打开【页面设置】对话框，如图 2-87 所示；或者单击【布局】选项卡的【页面设置】功能组的对话框启动器，也可以打开【页面设置】对话框。

(2) 在【页面设置】中单击【纸张】选项卡，如图 2-88 所示，在【纸张大小】列表框中选择需要的纸张型号；也可以自定义纸张大小，在【宽度】和【高度】数值框输入数值，单击【确定】即可。

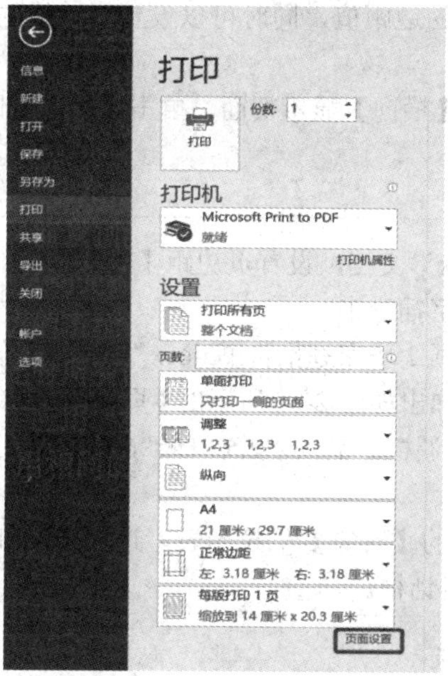

图 2-86　打印设置页面

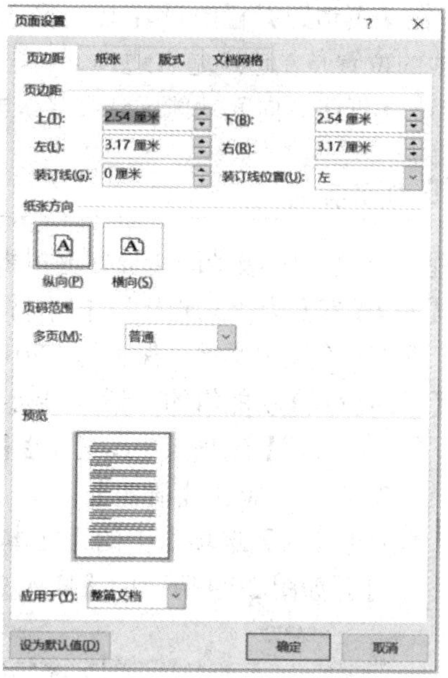

图 2-87　【页面设置】对话框

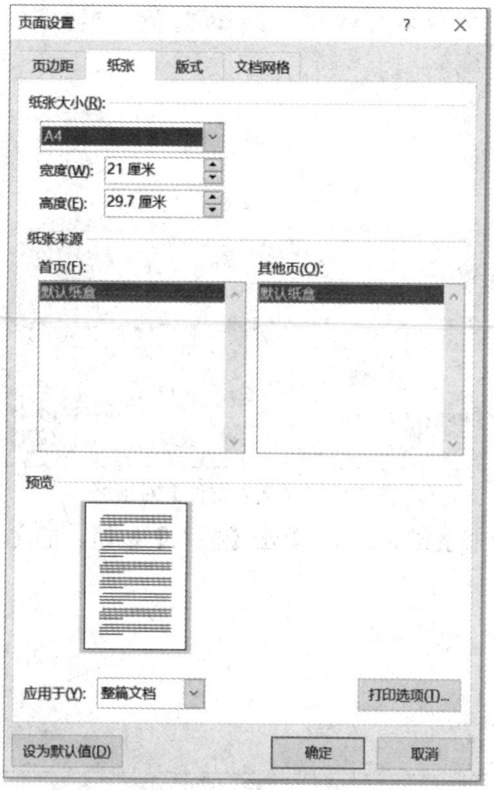

图 2-88　页面纸张设置对话框

2. 设置页边距

(1) 打开【页面设置】对话框后切换到【页边距】选项卡，如图 2-87 所示。

(2) 在【页边距】栏中设置上、下、左、右的边距值，同时可以设置装订线的宽度以及装订线的位置是左边还是右边。

(3) 在【纸张方向】功能区选择【纵向】或【横向】显示页面，单击【确定】即可。

任务实施

新建一个“2019 级动画 2 班家庭报告书.docx”文档，设置页边距【上】【下】为“2.5 厘米”,【左】【右】为“3 厘米”，把素材中的文字插进来。

(1) 新建一个空白文档，保存为“2019 级动画 2 班家庭报告书.docx”。单击【布局】选项卡的【页面设置】功能组的对话框启动器，弹出如图 2-87 所示的【页面设置】对话框。

(2) 在【页边距】选项组中的【上】【下】微调框中输入“2.5 厘米”,【左】【右】微调框中输入“3 厘米”，单击【确定】。

(3) 单击【插入】选项卡中的【文本】组中的【对象】下拉列表，选择【文件中的文字】命令，打开如图 2-89 所示的【插入文件】对话框。

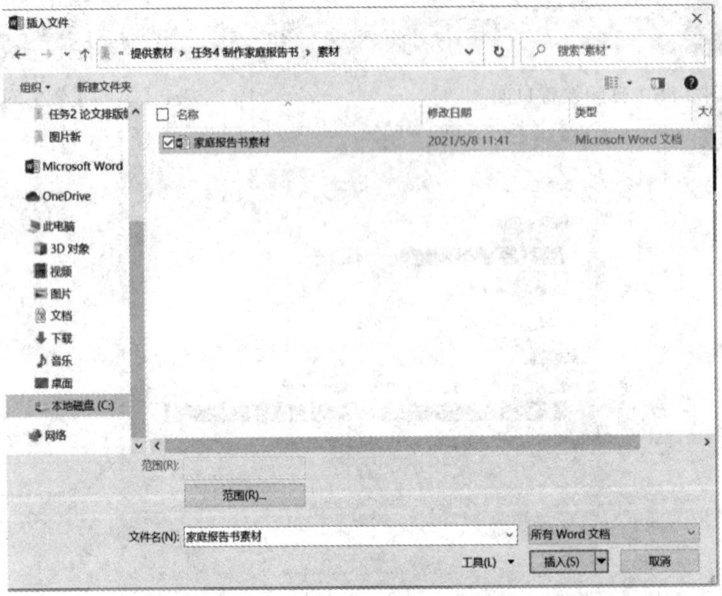

图 2-89　【插入文件】对话框

(4) 选择“家庭报告书素材.docx”，单击【插入】按钮，把文本插入到“2019 级动画 2 班家庭报告书.docx”。

2.4.2　页眉页脚

相关知识

1. 页眉、页脚和页码

单击【插入】选项卡，从【页眉和页脚】功能区(见图 2-90)选择页眉、页脚、页码命令。单击【切换页眉和页脚】按钮，插入点可在页眉和页脚区之间切换，如图 2-91 所示。

单击【页码】下拉菜单，选择【设置页码格式】命令，打开【页码格式】对话框，有多种表达式，如数字、字母等，如图 2-92 所示。要回到主文档，可选择【页眉和页脚】工具栏上的【关闭】或者双击主文本区。若要删除页眉和页脚，则在进入页眉和页脚区后删除所选内容即可。

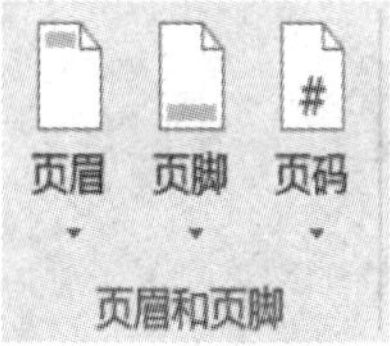

图 2-90　页眉和页脚功能组

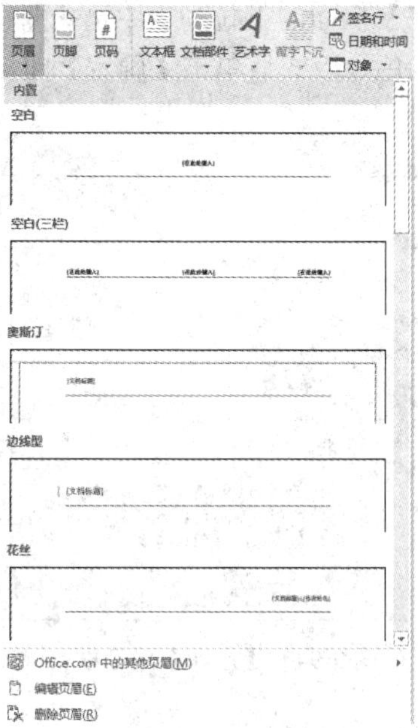

图 2-91　插入页眉

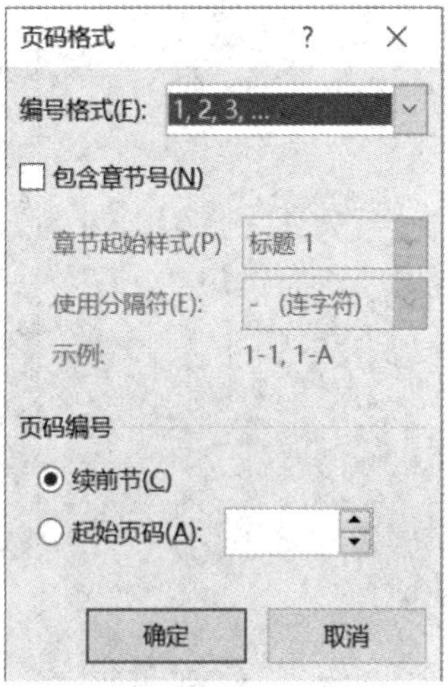

图 2-92　【页码格式】对话框

2. 页面背景设置

(1) 页面颜色。

默认情况下，Word 2016 的背景颜色为白色，可在【设计】选项卡的【页面背景】功能组中单击【页面颜色】按钮，在弹出的下拉列表中选择相应颜色块即可设置页面颜色，如图 2-93 所示。

图 2-93　页面颜色设置

(2) 水印。

水印是一种让文字和图片以透明或者半透明的方式呈现在正文下面的效果，如果想放一个图片在正文里面作为背景，则可以使用水印。

单击【设计】选项卡，选择【页面背景】功能区中的【水印】选项，打开【水印】对话框，如图 2-94 所示，默认为无水印。单击【图片水印】单选按钮，单击【选择图片】，选择一张你要用来做背景的图片，单击【确定】按钮。如果要使用文字水印就选择【文字水印】单选按钮，然后在【文字】后面的下拉列表中选择要使用的文字或者直接在里面输入文字，选择好字体、字号、颜色、版式后单击【确定】即可。

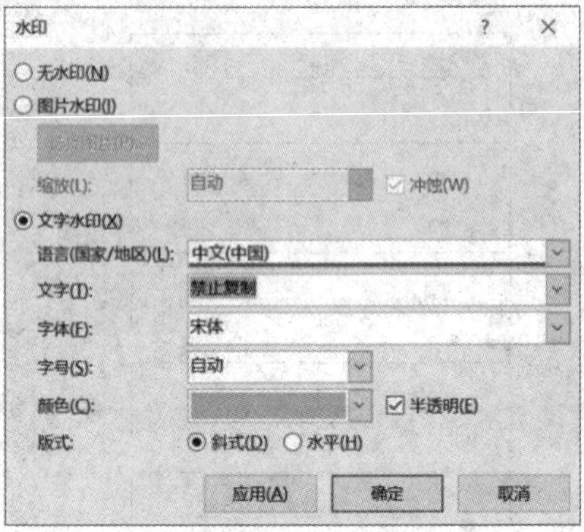

图 2-94　【水印】对话框

任务实施

为“2019 级动画 2 班家庭报告书.docx”文档添加页眉：“2019 级动画 2 班”；不需要页脚，页面背景设置一个自定义文字(“艺术学院”)水印。

(1) 打开“2019 级动画 2 班家庭报告书.docx”，单击【插入】选项卡【页眉和页脚】组中的【页眉】选项卡下的【编辑页眉】命令，在文档的最上方页眉处输入文本“2019 级动画 2 班”，再单击【页眉和页脚】选项卡中【关闭】组中的【关闭页眉和页脚】按钮。

(2) 单击【设计】标签选项卡，选择【页面背景】功能区中的【水印】选项，打开【自定义水印】对话框，选择【文字水印】单选按钮，然后在【文字】后面的下拉列表中输入文字“艺术学院”，背景设置为“白色，背景 1，深度 50%”，字体“华文行楷”，其他默认，单击【确定】按钮即可。

2.4.3　邮件合并

相关知识

同一种证书，在内容上除了证书编号、姓名等项目外，其他内容、格式都是一致的，如果需要批量制作校牌、证书、成绩单、录取通知书等，可以使用 Word 2016 中的邮件合并功能快速高效完成。

邮件合并需要在两个电子文档之间进行，一个叫主文档，一个叫数据源，主文档是一个样板，用来保存制作内容中相同的部分，在 Word 2016 中任何一个普通文档都可以作为主文档来使用。数据源用来保存制作内容中的不同部分，又叫收件人列表，一般用 Excel 表格保存数据源。

邮件合并的基本步骤为：创建主文档→准备数据源→选取数据源→插入合并域→合并。

任务实施

(1) 打开数据源“成绩表.xlsx”作为邮件合并的后台数据库。

① 打开“2019 级动画 2 班家庭报告书.docx”。

② 单击【邮件】选项卡下【开始邮件合并】组中的【选择收件人】按钮，在弹出的下拉列表中选择【使用现有列表】选项，如图 2-95 所示。

③ 弹出【选取数据源】对话框，如图 2-96 所示，找到并打开“成绩表.xlsx”，弹出【选择表格】对话框，如图 2-97 所示，选择“各科成绩表$”，单击【确定】按钮。

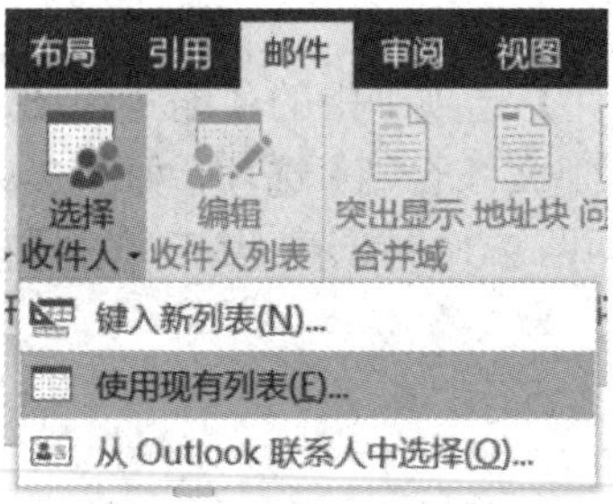

图 2-95　添加数据源

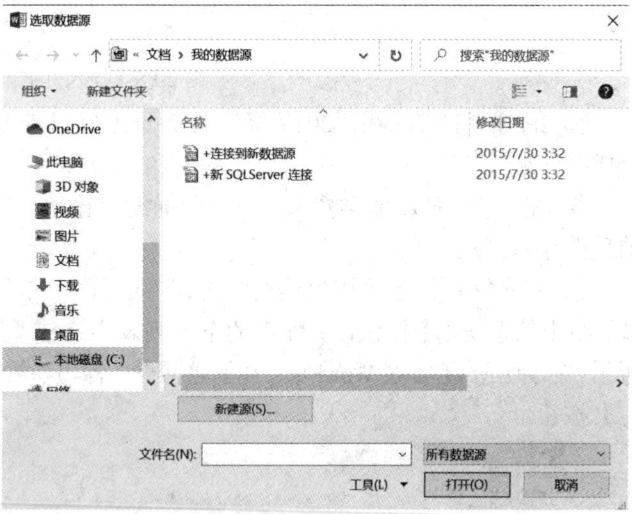

图 2-96　【选取数据源】对话框

图 2-97　【选择表格】对话框

(2) 插入合并域。

① 将光标定位到主文档中“__学生家长：”的横线上，单击【邮件】选项卡中的【编写和插入域】组中的【插入合并域】按钮，在弹出的下拉列表中选择【姓名】选项，如图 2-98 所示，此时在横线上会插入域“《姓名》”。

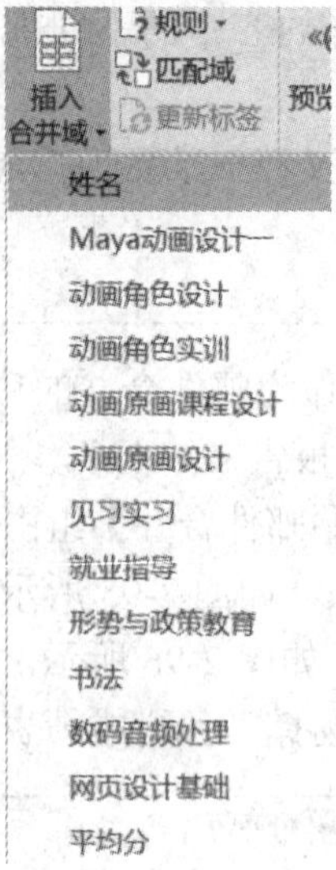

图 2-98　插入姓名

② 用同样的方法在“2019 级动画 2 班家庭报告书.docx”的对应位置一一插入其他科目成绩的域。

③ 在“下学期应缴学费____元”的横线上输入“7500”，将光标定位在“班主任签名：”的后面输入“刘三”。

④ 将光标定位于“该生获奖情况：”的后面，单击【邮件】选项卡中的【编写和插入域】组中的【规则】按钮，在弹出的下拉列表中选择【如果…那么…否则】选项，如图 2-99 所示。在弹出的【插入 Word 域：IF】对话框，各项参数设置如图 2-100 所示，最后单击【确定】按钮。

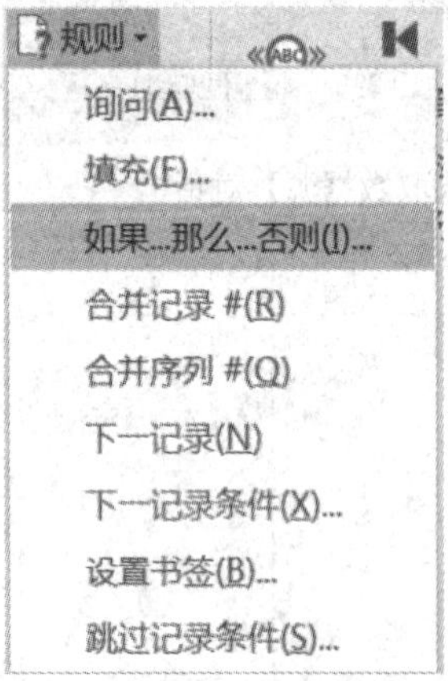

图 2-99　添加规则

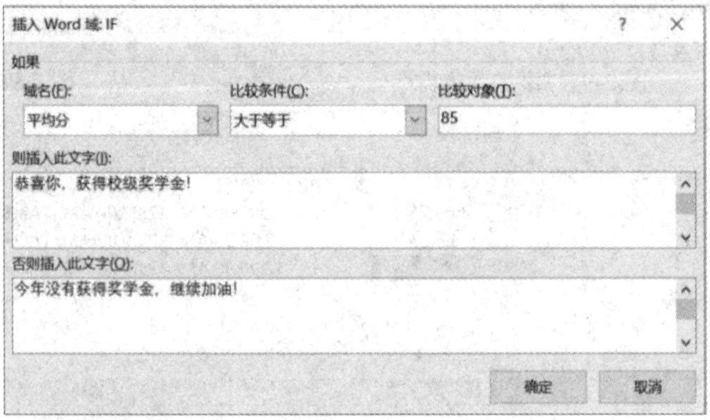

图 2-100　设置规则

(3) 运用“合并数据”命令生成全班的“家庭报告书”。

单击【邮件】选项卡，在【完成】功能组中单击【完成并合并】按钮，在弹出的下拉列表中选择【编辑单个文档】命令，打开【合并到新文档】对话框。在【合并到新文档】对话框中选择【全部】单选按钮，如图 2-101 所示，单击【确定】按钮，Word 2016 自动生成一个新文档“信函 1”，浏览该文档，可以看到共生成了 63 页，将“信函 1”另存为“艺术学院设计 19 级多媒体专业动画 2 班家庭报告书”。

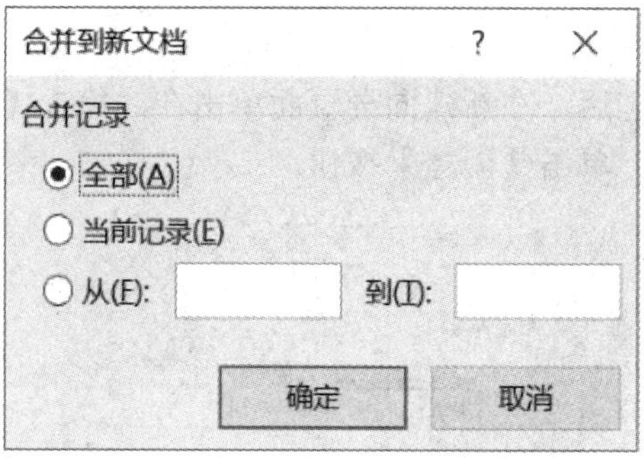

图 2-101　【合并到新文档】对话框

任务 2.5　任 务 体 验

任务体验

【体验目的】

(1) 掌握新建、保存、打开 Word 文档的方法。

(2) 掌握字符、段落的格式设置步骤。

(3) 掌握图片插入、页面背景设置、表格调整等方法。

【体验内容】

制作一份大学生“求职简历”，该简历的最终效果如图 2-102 所示。

自荐书

尊敬的贵公司总经理先生：

我是中北大学17届计算机专业的一名学生，冒昧的打扰并想表达自己的诚意，我怀揣对贵公司的仰慕，在这即将毕业之际，自荐成为贵公司的一员，全心为公司服务。

在四年的大学时间里，我通过自己的勤奋好学，掌握专业的各种技术，并取得优秀的成绩，英语已经通过六级，以及中级商用英语。熟练掌握专业技能和程序设计，如PLC、EDA、PROTEL、AUTOCAD、C(语言)、单片机等，并利用课余时间自学了PHOTOSHOP。

在校期间曾参加全国毛笔字规范比赛，并荣获了二等奖。在各方面积极向上，不断从各个方面来完善自己，全面提高自己的综合素质。我坚信，路是一步一步走出来的，只有脚踏实地，才能做出更出色的成绩，我希望贵公司能够给我一个学习的机会，我一定会加倍努力工作，勤奋学习专业知识，也请您相信我能为贵公司带来新的活力和新的业绩。

在假期实践工作中，学会了如何与人共事，锻炼了组织能力和沟通协调能力，培养了吃苦耐劳、乐于奉献、关心集体，务实求进的思想。

作为新世纪的大学生，我很注重培养各方面的才能和自身的修养，经常参加学校的社会实践，在广东原子商务科技有限公司进行了半年的岗位实习，也勤工俭学去建筑业、餐馆打工。我爱好广泛，吃苦耐劳，有责任心。

本人想成为贵公司的一名程序设计员，虽然自己缺乏经验，如果给我一次机会，我会将自己所有的热情和精力投入到自己的工作中，会用自己的勤奋，知识，能力来回报公司的赏识，期盼贵公司能给我一次面试的机会。

最后，衷心的祝愿贵公司的事业蒸蒸日上，再创佳绩，祝您的事业百尺竿头，更进一步！希望各位领导能够对我予以考虑，我殷切地期盼您的回音。谢谢！

此致

敬礼！

自荐人：李英子

2020年4月6日

李英子

应聘：程序设计员

广东 珠海

13800552222

13800552222@yy.com

工作经验

2020.12-2021.06

程序设计员 • 广东原子商务科技有限公司

教育背景

2017.09-2021.06, 中北大学, 计算机专业

- 主修课程：数据结构、操作系统、算法设计、C、PLC、EDA、PROTEL、AUTOCAD、计算机网络、单片机原理等
- 担任大一新生班主任助理
- 参加校文艺大赛，写作比赛荣获校二等奖
- 多次荣获校级奖学金，国家奖学金
- 全国毛笔字规范大赛二等奖

个人技能

大学英语六级

中级商务英语

普通话资格证

计算机二级

熟悉Office

熟悉C及ERP

自我评价

- 性格外向，喜欢与人互动交流，善于调动气氛。
- 有良好的沟通和表达能力，富有团队合作精神。
- 具有很强的领导、计划与执行和谈判能力。
- 有较强的逻辑思维能力。

图 2-102　个人简历效果图

【体验步骤】

1．制作个人简历

(1) 启动 Word 2016 之后，在新建向导页面单击在线模板【蓝色球简历】，如图 2-103 所示，弹出该简历的简介，单击【创建】按钮。

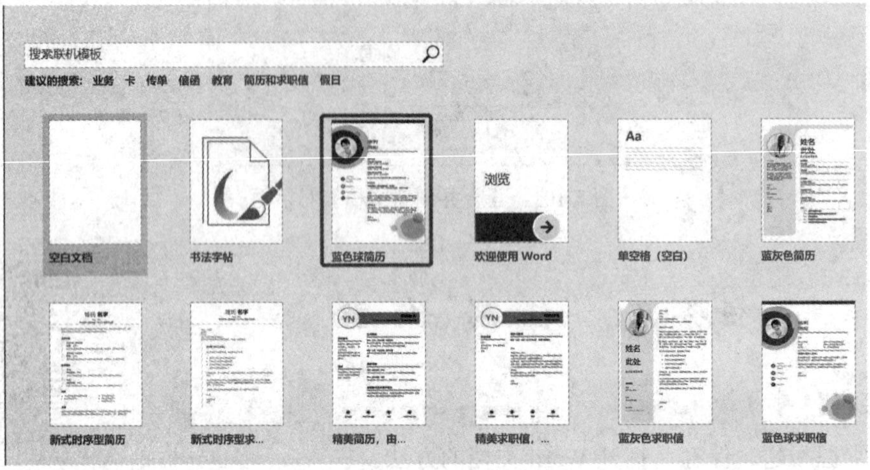

图 2-103　使用模板创建简历

(2) 下载完成后，自动生成一个“蓝色球简历”样式的文档，如图 2-104 所示。

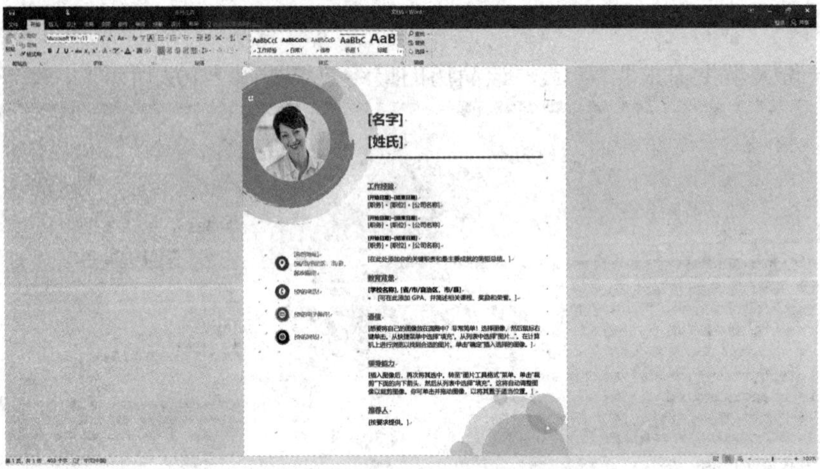

图 2-104　模板创建简历效果

下面修改简历模板文档，制作属于自己的简历。

(1) 将文档中的示例照片删除，插入自己的照片，并通过【格式】选项卡调整照片的格式，比如将照片设置为“柔化边缘椭圆”。

(2) 单击照片左上角的表格选中图标，选中隐藏的表格，单击【设计】选项卡中的【边框】功能组按钮【边框】下拉菜单，选择【所有框线】，将隐藏的表格框线显示出来，如图 2-105 所示。

(3) 将光标置于“你的网站”所在的行，右击鼠标，在快捷菜单【删除单元格】中选择【删除整行】即可删除该行，完成后的效果如图 2-106 所示。

图 2-105　显示表格边框

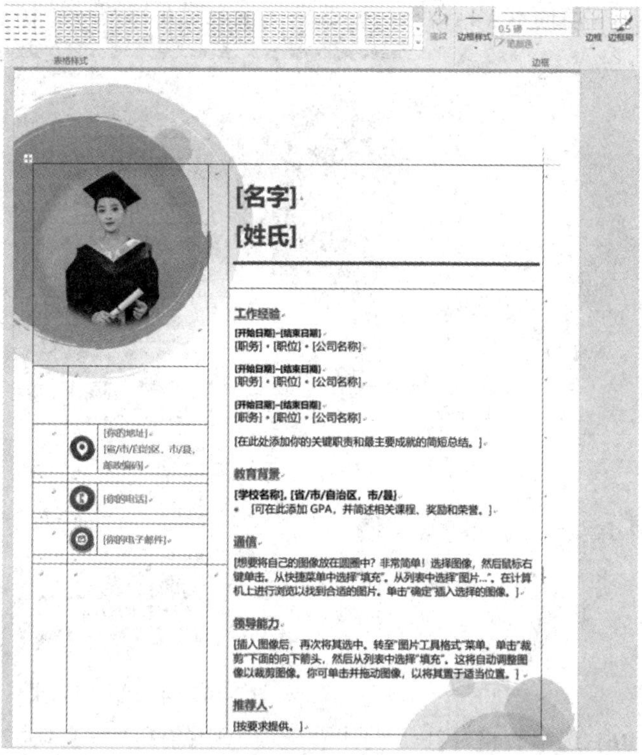

图 2-106　删除行后的效果

(4) 切换至【设计】选项卡的【页面背景】功能组，利用【水印】菜单中的【自定义水印】命令打开【水印】对话框，如图 2-107 所示，将选择的“背景图片”作为背景水印添加至文档中，效果如图 2-108 所示。

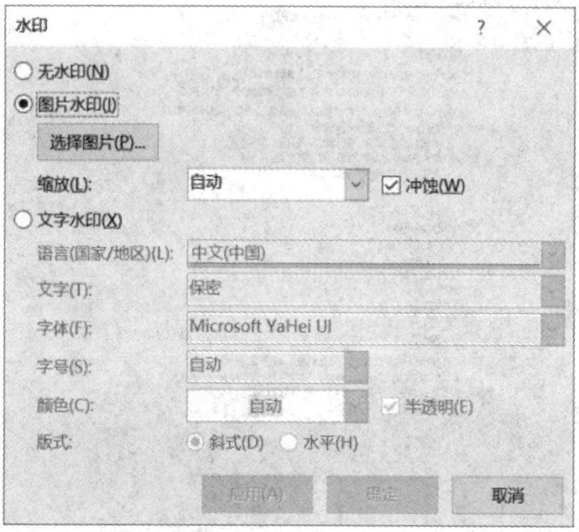

图 2-107　【水印】对话框

图 2-108　图片水印效果

(5) 根据个人情况，填写并适当调整模板中的文字内容与格式，效果如图 2-109 所示。

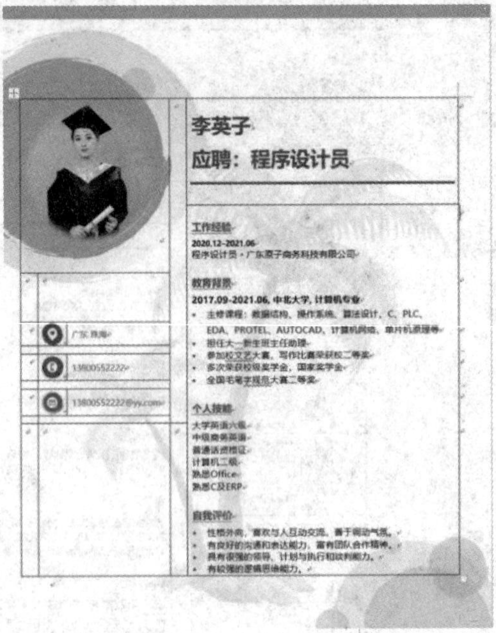

图 2-109　添加文字效果

(6) 选中表格，在【设计】选项卡中的【边框】功能组中单击【边框】下拉菜单，选择【无框线】，如图 2-110 所示，隐藏表格的所有框线，完成后的效果如图 2-111 所示。

图 2-110　隐藏表格框线

图 2-111　隐藏表格框线效果

2. 制作自荐书

(1) 选中表格，切换到【布局】选项卡，单击【页面设置】组中的【分隔符】按钮，在弹出的下拉列表中选择【分节符】类别中的【下一页】命令，在“个人简历”之前插入一个新页。

(2) 双击页面的页眉，激活页眉编辑状态，将光标置于“个人简历”页眉中，在【设计】选项卡的【导航】功能组中，单击【链接到前一条页眉】，取消两页面页眉之间的链接，如图 2-112 所示。

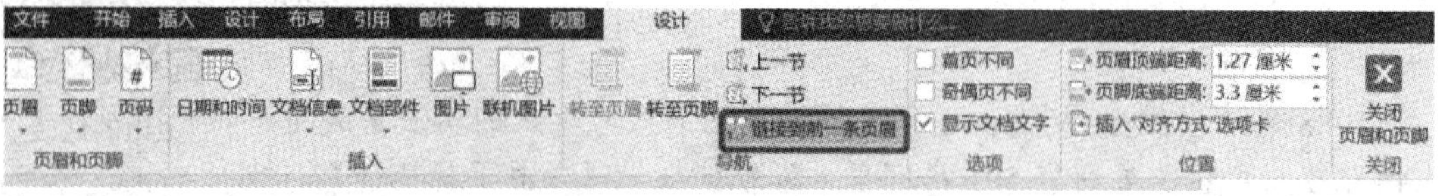

图 2-112　取消两页面页眉之间的链接

(3) 将光标置于第一页的页眉中，用鼠标选中页面左上角的圆形背景图片，按 Delete 键将其删除，然后关闭页眉和页脚，效果如图 2-113 所示。

图 2-113　删除圆形背景的效果

(4) 在第一页首行输入“自荐书”，并设置“自荐书”三个字的格式为“黑体，二号，字符间距加宽 3 磅，居中对齐，段后距 1 行”。

(5) 根据自身情况添加自荐书的内容，设置从“尊敬的……”到“××年××月××日”段落的格式为“宋体、小四、两端对齐、首行缩进 2 字符，段后距 0.5 行，1.5 倍行距”。

(6) 移动光标到“敬礼”所在的段落，调整首行缩进为 0 字符。

(7) 设置“自荐人：李英子”和时间日期所在段落的对齐方式为“右对齐”。

(8) 将该文档保存为“求职简历.docx”。

思政聚焦

金山的逆袭

“除非国家吹起了撤退集结号，否则金山决不退缩。”

——求伯君

金山的逆袭

1988 年，当推出 Windows 不久的微软正陷入与苹果的司法鏖战时，求伯君在深圳蔡围屋酒店 501 房间里，醒着就敲代码，困了就躺会儿，饿了吃泡面，他就这样把自己关起来，单枪匹马、夜以继日地开发 WPS。第二年初秋的一天，当求伯君从 501 房间内走出的时候，由十万行代码构建起来的 WPS 1.0 悄然面世。没有铺天盖地的广告、没有高规格的发布会，甚至连具体发售日期都没有，仅凭口口相传的美誉，横空出世的 WPS 就迅速风靡全国，拿下了 90%的市场份额。

这是中国软件行业最辉煌的一页，然而翻篇就是一败涂地。

1994 年，微软希望金山 WPS 在文档格式上能与自家 Word 互通，金山公司欣然答应了微软的要求并且一分钱都没要。金山以为这是橄榄枝，然而微软琢磨的却是“赢者通吃”，是如何通过捆绑销售挖走 WPS 的用户。在微软纵容下，国内盗版系统泛滥，个人电脑从 DOS 过渡到 Windows 平台，随之而来的是 WPS 用户短时间迅速流失。短短一两年，中国办公软件的格局就彻底变天，成为国产软件最痛苦的教训。到 1996 年，金山公司已经连工资都快发不出了。对此雷军后来检讨：我们上了微软的当。

1998 年，为了生存下去，WPS 苦苦挣扎，经过几年的拼搏，WPS 97 列入国家计算机模拟考试内容，彼时，有感于国产基础软件羸弱的柳传志出手注资重组了金山，并将其改造成了一只“正规军”。这次重组也被认为是中国信息技术行业的软硬强强联合，重组之后的金山趁热打铁不断推出新版本 WPS，以更高的性价比超越了微软同类产品，国人信心为之一振。

2001 年，为了维持垄断地位，微软竟然不惜将多年前的互通协定撕毁，抹去了 MS Office 兼容 WPS 的功能。这种封杀举动导致 WPS 一度在市场上销声匿迹。事实上，如同封杀 WPS 一样，微软一直以来都在配合美国政府，利用操作系统的垄断优势，充当随意制裁他国的工具。对于此间的种种磨难，用雷军的话说，金山开发 WPS 就是在微软的盐碱地里种草。

2011 年，金山没有倒下，它像一只打不死的小强，再一次崛起。金山开始了又一次移动互联网时代的内部创业，金山率先发布了安卓版 WPS，并以一个月一个版本的速度不断优化更新。接下来几年里的移动互联网时代，凭借“软件免费 + 服务增值”的策略，WPS 用户年增速超过 15%，移动端更是近乎 300%的爆发式增长。比起金山脱胎换骨的改革魄力，安于在 Windows 系统上“坐享金山”的微软两年后才发布 iOS 版 Office，安卓版更是推迟到了 2015 年 6 月。如今，WPS 在移动端市场份额已经高达 90%，遥遥领先于包含微软在内的其他对手，确立了国产办公软件的地位。此外，WPS 还覆盖所有主流操作系统，彻底突破了微软或者谷歌单一平台的限制。

2019 年 5 月 17 日，在媒体沟通会上，金山副总裁庄湧宣告：在办公软件这个跑道上，金山 WPS 已经从“追随者”转向“领跑者”。

“因为 WPS，微软在中国乃至世界办公软件市场才不敢掉以轻心；因为 WPS，让全世界了解到在中国还有一家公司能够和微软抗衡。”国内软件界人士曾如此评价。

如果说海思是华为应对封锁的“底气”，那几经生死考验的金山 WPS，也算是中国办公软件应对封锁的“底气”了。2019 年 5 月，上交所信息显示，金山办公科创板 IPO 申请已获受理。这意味着而立之年的 WPS 终于有望在资本市场敲响开盘的钟声了。截至目前，国内金山 WPS 注册用户已经达到 2.8 亿，占有了 42.75%的市场份额，与微软 Office 形成了两强垄断的局面。

金山不是个例，外来的打压同样出现在华为、中兴、大疆等企业身上。将来，还会有更多的企业受到打压。习近平主席说：关键核心技术是要不来、买不来、讨不来的。中国如何才能不被别人“卡脖子”呢？

第 3 章　Excel 2016 数据处理与分析

Microsoft Excel 是微软公司的办公软件 Microsoft Office 的组件之一，是由 Microsoft 为使用 Windows 和 Apple Macintosh 操作系统的计算机而编写的一款试算表软件。Excel 可以实现各种数据的处理、统计分析和辅助决策操作，广泛地应用于管理、统计、金融等众多领域。Excel 的计算统计功能十分强大，输入基本数据后，运用公式可以实现各种运算，同时 Excel 还可以绘制美观的图和表，为报告提供直观、有效的展示。

任务 3.1　员工信息表的制作

小李是某公司财务部员工，领导要求小李制作一份公司员工的信息表，效果图如图 3-1 所示。下面通过该任务介绍 Excel 2016 中工作簿、工作表和单元格的基本操作以及数据输入等内容。

汇通科技有限公司员工信息表

员工编号	姓名	性别	部门	职务	学历	工作日期
001	周明	男	办公室	总经理	研究生	2002/6/5
002	李青	男	销售部	经理	本科	2002/8/1
003	孙英楠	女	办公室	文员	大专	2011/6/1
004	张蕾	男	开发部	总工程师	研究生	2009/5/8
005	付翔	男	销售部	销售员	大专	2012/6/9
006	黄蕾蕾	女	办公室	文员	大专	2011/3/10
007	董一鸣	男	销售部	销售员	大专	2010/2/11
008	周丽丽	女	客服部	文员	中专	2008/9/12
009	吴清	男	开发部	经理	博士	2009/3/13
010	王春晓	女	销售部	销售员	大专	2009/6/14
011	赵秒	男	开发部	工程师	本科	2010/3/15
012	肖雷平	女	客服部	工程师	本科	2010/4/16
013	古明明	男	销售部	销售员	大专	2011/5/7
014	蒋小平	男	开发部	工程师	本科	2010/6/18

图 3-1　员工信息表效果图

3.1.1　数据的编辑

员工信息表的制作(1)

相关知识

1．启动 Excel 2016，并新建一个工作簿

(1) 启动 Excel 2016。

Excel 2016 的启动和 Office 2016 中其他组件的启动方法相似。常用的方法有以下两种。

① 单击【开始】|【所有程序】|【Microsoft Office】|【Microsoft Office Excel 2016】命令。Excel 2016 启动之后，会自动创建一个空的工作簿，默认文件名为“工作簿 1”。

② 打开一个现有的 Excel 工作簿也可以启动 Excel 2016。

(2) 熟悉 Excel 2016 窗口。

Excel 2016 的窗口和 Word 2016 的窗口大同小异，如图 3-2 所示。

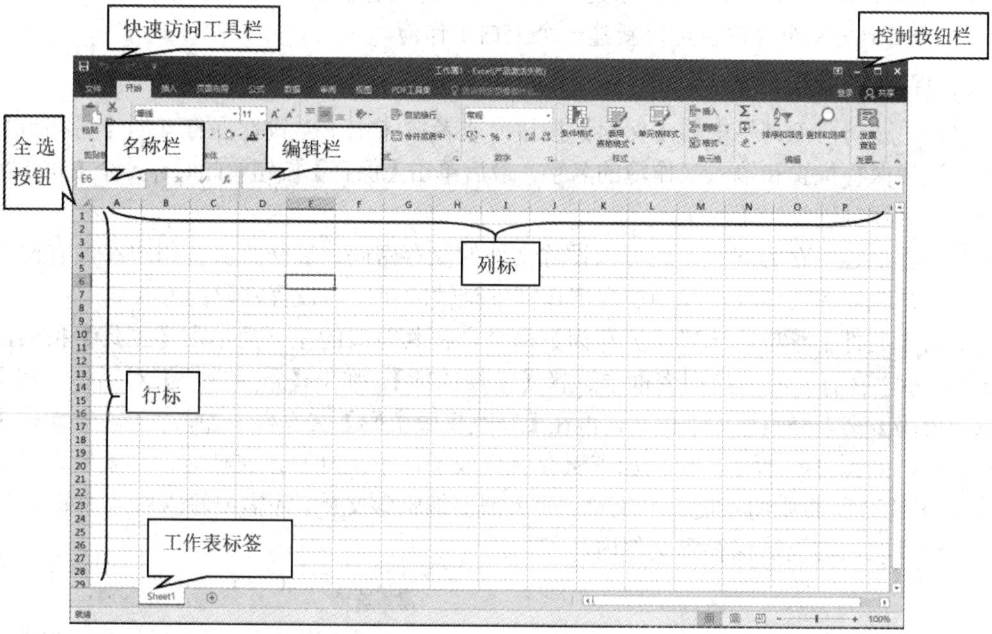

图 3-2　Excel 2016 窗口

下面仅介绍 Excel 2016 窗口与 Word 2016 的不同之处。Excel 2016 窗口元素的功能说明如表 3-1 所示。

表 3-1　Excel 2016 窗口元素的功能说明

窗口元素名称	功　能
全选按钮	单击可以选中当前工作表中的所有单元格
名称栏	显示当前活动单元格的地址或名称，如图 3-2 中的 E6 就是名称栏
编辑栏	用来显示或编辑当前单元格中的数据或公式等
行标	用数字表示。行标和列标一起用来表示单元格的地址

续表

窗口元素名称	功　能
列标	用字母表示
拆分条	分水平拆分条和垂直拆分条，拖动拆分条可以将窗口拆分成四个部分，在拆分线上双击鼠标可取消拆分
工作表标签	工作簿底端的标签，用于显示工作表的名称，在工作簿窗口中单击某个工作表标签，则该工作表成为当前工作表，可以对它进行编辑

(3) 创建工作簿。

使用 Excel 2016 工作之前，首先要创建一个工作簿。

启动 Excel 2016 时，选择“空白工作簿”，系统会创建一个 Excel 2016 文件，默认名称为“工作簿 1.xlsx”。另外还可以用下列的两种方式创建一个新的工作簿。

① 单击快速访问工具栏中“新建”按钮，将快速创建一个新的工作簿。

② 按 Ctrl + N 组合键也可以新建一个空白工作簿。

2. 保存工作簿

单击快速访问工具栏中的【保存】按钮，或者按 Ctrl + S 键，在打开的【另存为】对话框中选择保存位置和输入工作簿的名字，最后单击【保存】按钮。此时，一个 Excel 2016 工作簿就保存到硬盘中了。

在进行上述保存的同时，还可以设置文件的保存密码，以防止其他用户在没有密码的情况下打开或修改工作簿，起到加强工作簿安全性的作用。设置密码的方式如下：

单击【文件】菜单，选择【另存为】命令，在其窗口的左下角单击【工具】按钮，如图 3-3 所示，在打开的下拉列表框中选择【常规选项】。弹出【常规选项】对话框，在【打开权限密码】文本框中输入“123”，再在【修改权限密码】文本框中输入“456”，单击【确定】按钮，如图 3-4 所示。至此加密保存就完成了，下次打开该文档时，需要输入打开文件的密码“123”，否则将不能打开文档。如果需要编辑该文档，还需要输入修改密码“456”；否则，修改的内容无法保存到文件内。

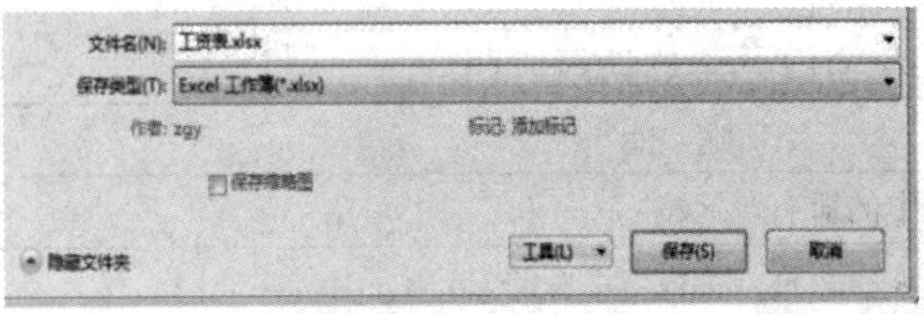

图 3-3　选择【工具】选项

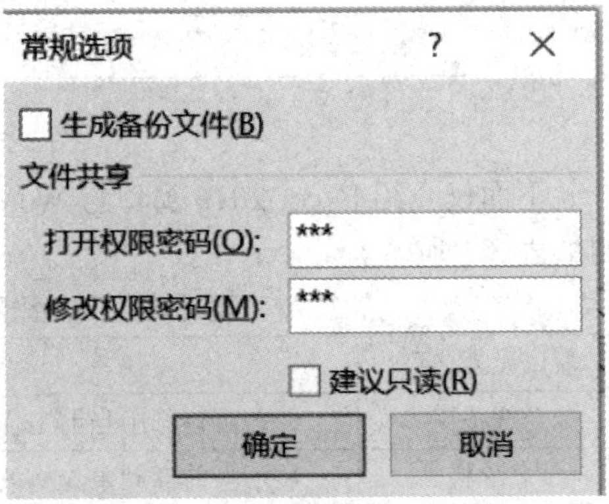

图 3-4　【常规选项】对话框

3. 打开工作簿

打开工作簿的常用方法有以下四种：

(1) 找到文件在资源管理器中的位置，选中 Excel 2016 文件双击鼠标左键，即可打开工作簿文件。

(2) 启动 Excel 2016 软件，单击【文件】菜单，选择【打开】命令，在弹出的【打开】对话框中找到文件所在的位置，选中文件然后单击【打开】按钮，即可打开已有的工作簿。

(3) 单击【快速访问工具栏】中的【打开】按钮。

(4) 使用 Ctrl+O 键。

4. 工作表的基本操作

工作表是 Excel 2016 存储和处理数据的最重要的部分，其中包含排列成行和列的单元格。它是工作簿的一部分，也称电子表格。使用工作表可以对数据进行存储和分析。工作表的基本操作包括创建、重命名、移动和复制工作表等。

(1) 创建、移动、复制工作表。

一个工作簿默认情况下包含一个名称为 Sheet1 的工作表，也可以通过其他方式创建新的工作表。

创建工作表有三种方式。

① 单击【开始】选项卡中【单元格】组的【插入】按钮右侧的▾按钮，在弹出的下拉菜单中选择【插入工作表】命令，如图 3-5 所示，即可在当前工作表的前面插入一个名为 Sheet2 的工作表。

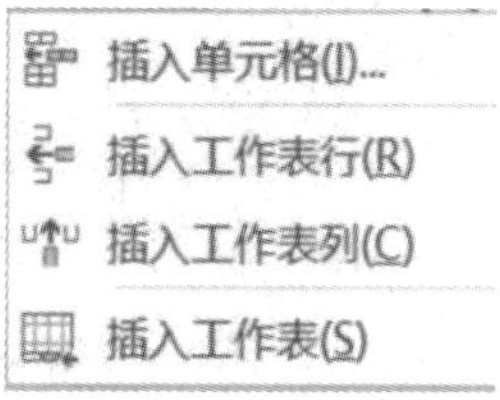

图 3-5　插入工作表

② 右击 Sheet1 工作表标签，在弹出的快捷菜单中选择【插入】命令，在弹出的【插入】对话框中选择“工作表”项，如图 3-6 所示，然后单击【确定】按钮，即可在 Sheet1 工作表前面插入工作表 Sheet2。

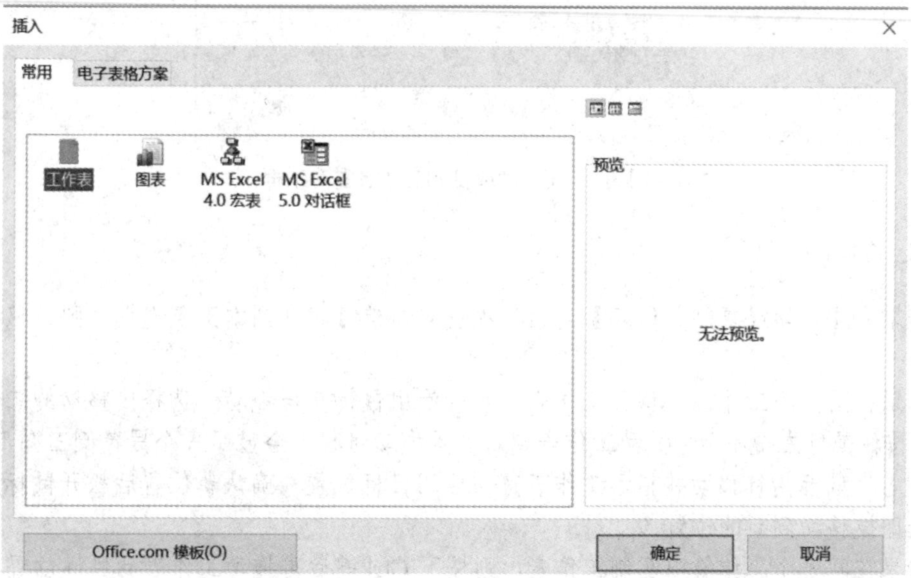

图 3-6　插入工作表

③ 按 Shift＋F11 键或用鼠标单击工作表最后的新建工作表的标志也可以插入一个新工作表，如图 3-7 所示。

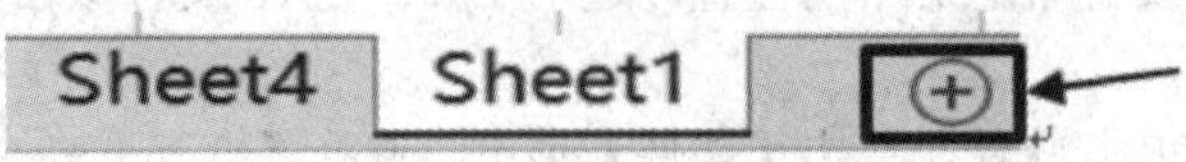

图 3-7　新建工作表

分别将第三章资源文件夹下的工资表(素材)中的“工资对照表.xlsx”“税率表.xlsx”“员工信息表.xlsx”工作簿中的工作表复制到“工资表.xlsx”工作簿中。

打开“工资表.xlsx”工作簿，右击“员工信息表”工作表标签，在弹出的快捷菜单中选择【复制或移动】命令，打开【移动或复制工作表】对话框，如图 3-8 所示。在【将选定工作表移至工作簿】列表框中选择“工资表.xlsx”；在【下列选定工作表之前】列表中选择“Sheet4”；勾选【建立副本】复选框。最后单击【确定】按钮，完成工作表的复制操作。按照相同的方法，将另两个工作簿中的工作表也复制到“工资表”工作簿中。

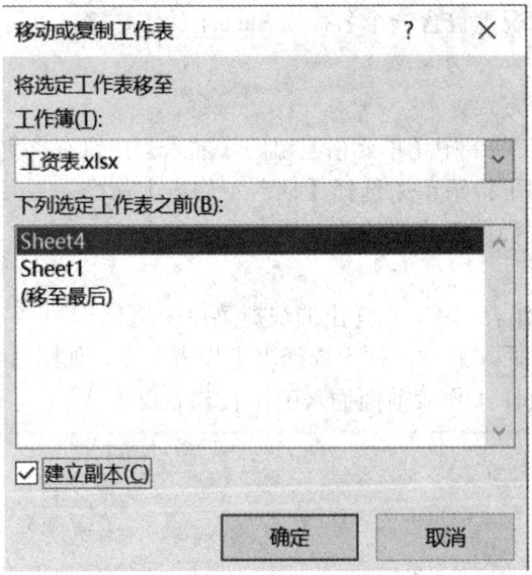

图 3-8　【移动或复制工作表】对话框

说明

如果在【移动或复制工作表】对话框中没有勾选【建立副本】复选框，则是移动工作表操作。

如果在同一个工作簿中移动工作表，可以使用鼠标直接拖动：选择要移动的工作表的标签，按住鼠标左键不放，拖动工作表到新位置拖动过程中会显示一个黑色倒三角形标志，这个标志随鼠标指针移动并指示工作表移动后的目标位置，确认新位置后松开鼠标左键，工作表即被移动到新的位置。

如果在同一个工作簿中复制工作表，则按下 Ctrl 键后再拖动工作表到目标位置即可。

(2) 重命名工作表。

用户可以更改当前工作表名称，双击“Sheet1”工作表标签使其呈可编辑状态，输入工作表名称，如“技术部”。

重命名工作表也可以右击要修改名称的工作表标签，在弹出的菜单中选择“重命名”命令，使名称呈编辑状态，输入新的工作表名称即可。

(3) 删除工作表。

在“Sheet4”工作表标签上右击鼠标，在弹出的快捷菜单中选择【删除】命令即可。按照相同的方法将“Sheet2”和“Sheet3”工作表删除。

说明

如果删除空白的工作表，则可以直接删除；如果工作表中有数据，删除时会弹出一个警告，选择“删除”按钮，数据将会丢失且不可恢复。

(4) 工作表的保护、隐藏和显示。

下面为“员工信息表”工作表设置“保护工作表”，其密码为“123”。

① 右击“员工信息表”工作表标签，在弹出的快捷菜单中选择【保护工作表】命令，打开【保护工作表】对话框，如图 3-9 所示。

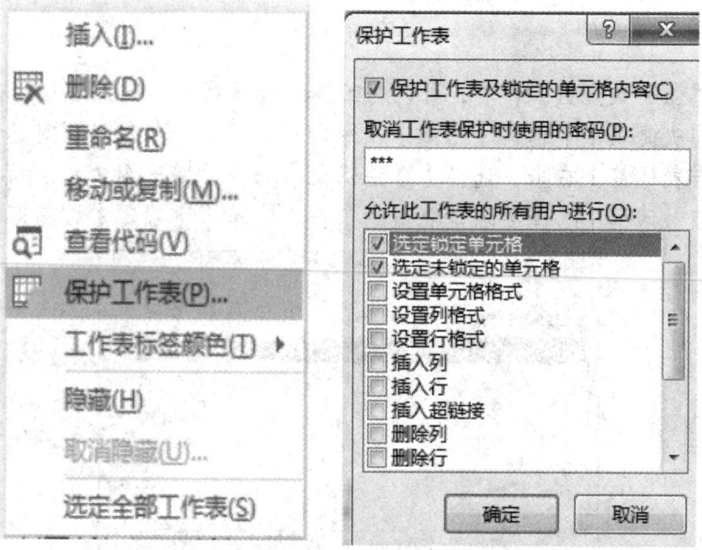

图 3-9　设置保护工作表

② 在【取消工作表保护时使用的密码】文本框中输入密码“123”，在【允许此工作表的所有用户进行】列表框中设置要保护的选项。

③ 单击【确定】按钮弹出【确认密码】对话框，再次输入相同的密码，单击【确定】按钮即可将工作表保护起来。

上述操作，在【保护工作表】对话框中没有选择【设置单元格格式】复选框，因此在“技术部”工作表中如果没有输入工作表保护密码将不能进行单元格格式的设置操作。

说明

如果要撤销工作表的保护，在已保护的工作表标签上右击，在弹出的快捷菜单中选择【撤销工作表保护】命令，弹出【撤销工作表保护】对话框，在【密码】文本框中输入密码，单击【确定】按钮即可，如图 3-10 所示。

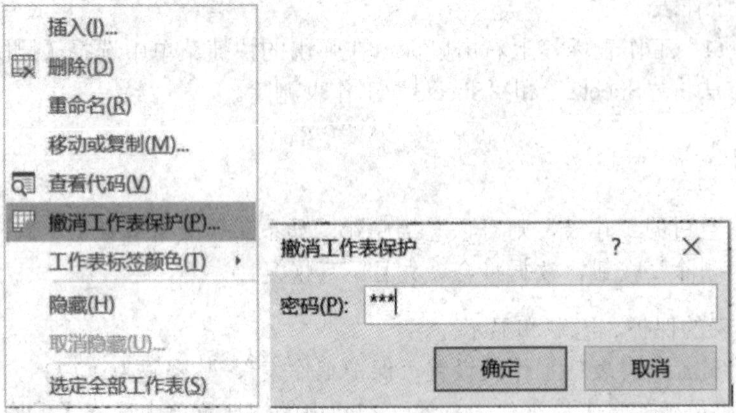

图 3-10　撤销工作表保护[①]

技巧

如果不想让别人查看工作表，可以将工作表隐藏起来。其方法是：右击工作表标签，在弹出的快捷菜单中选择【隐藏】命令即可；反之，若想取消对工作表的隐藏，可在任一工作表标签上右击，选择【取消隐藏】命令，弹出图 3-11 所示【取消隐藏】对话框，在该对话框中选择要取消隐藏的工作表，单击【确定】按钮即可。

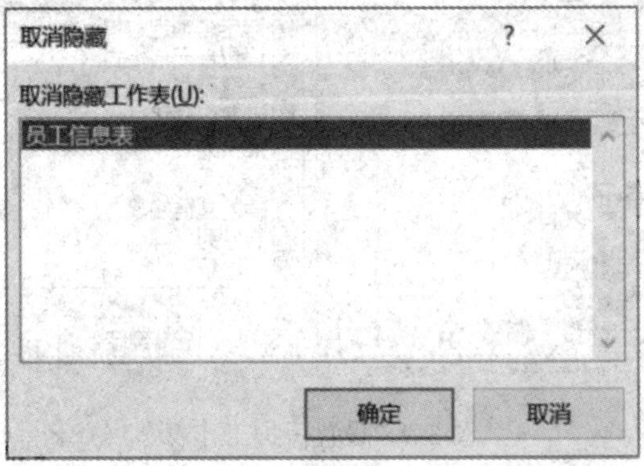

图 3-11　【取消隐藏】对话框

(5) 拆分和冻结窗口。

打开 Excel 2016，单击主界面中的【视图】选项卡，在工具栏中单击【拆分】命令按钮，工作表上会出现一个十字形拆分框，将鼠标放置到主界面右侧垂直滚动条上方的横向拆分框上，拖动鼠标到满意的位置后释放，此时工作表被拆分为两个完全相同的窗格，在

① 因软件汉化有误，图中“撤消”应为“撤销”，全书同。

一个窗格的单元格中选择，另一个窗格对应的单元格中将选择相同的单元格，如图 3-12 所示。

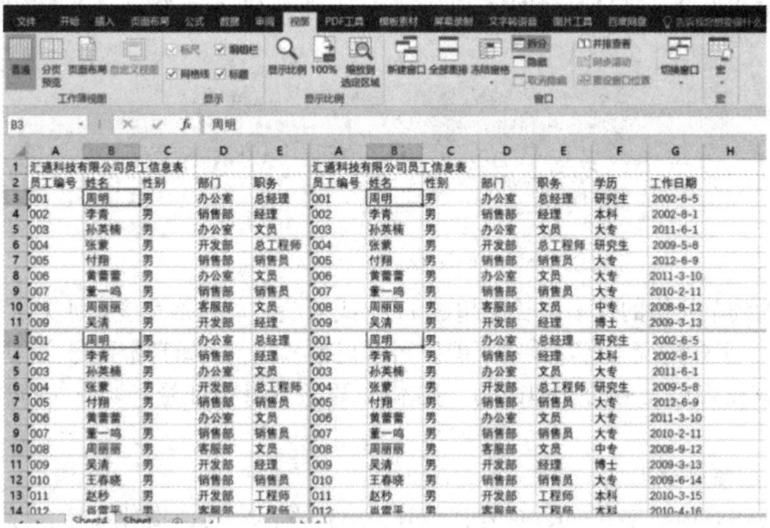

图 3-12　拆分窗口

比较复杂的大型表格常常超过一个屏幕显示，因此需要在滚动浏览表格时固定显示标题行(或标题列)，此时可以通过冻结标题行(标题列)来解决这个问题。将“员工信息表”工作表中的标题行冻结的步骤如下：

① 选择“员工信息表”工作表，单击【视图】选项卡中【窗口】组的【冻结窗格】按钮，弹出下拉列表，如图 3-13 所示。

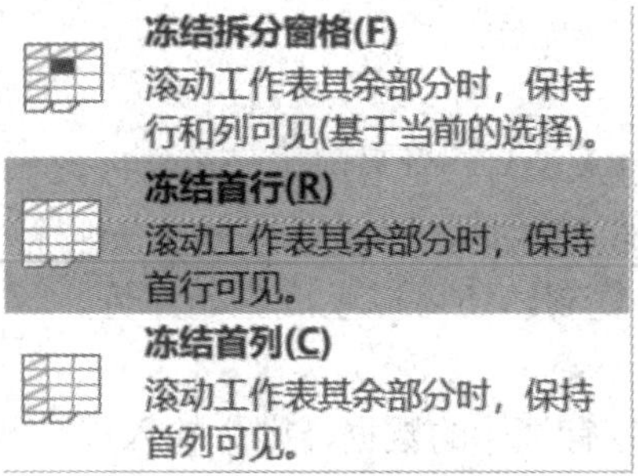

图 3-13　冻结窗格下拉列表

② 选择【冻结首行】命令。此时“员工信息表”工作表的第一行被冻结，当滚动垂直滚动条时，第一行数据将不会被窗口覆盖。

如果选择【冻结拆分窗格】命令，则将冻结活动单元格上方所有行和左侧所有列；选择“冻结首列”命令，将会冻结工作表中第一列。

5. 输入数据

Excel 2016 提供了 12 种数据类型(常规、数值、货币、分数、文本、时间、日期等)，最常用的是文本、数值、时间、日期、逻辑类型的数据。输入数据包括基本输入数据和自动填充数据。

(1) 输入文本型数据。

文本型数据是由汉字、字母、数字或其他字符组成的数据，如“汇通科技”。默认情况下，文本型数据输入后在单元格中自动左对齐。如果输入的是以“0”开头的数字字符串，需在输入数字前先输入“'”，如图 3-14 所示，否则“0”被自动去掉，数字字符串被当成数字处理。

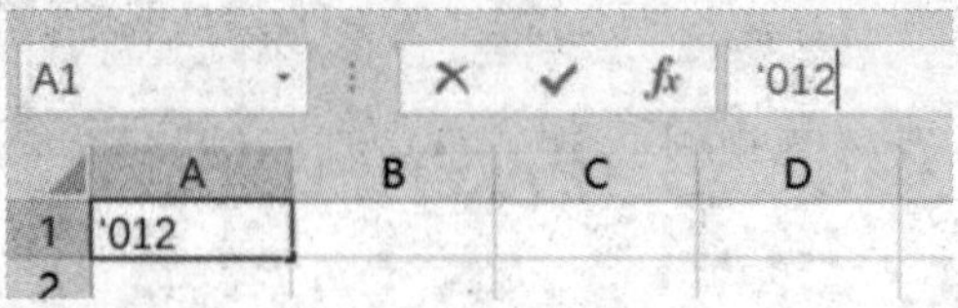

图 3-14　文本输入

如果输入到单元格的数字串长度超过 11 位或者超出单元格宽度，则以科学记数法显示如 1.345E+11。某些情况下，若数字不能以科学记数法显示，如身份证号，则应先输入一个半角单引号或先将单元格的类型改为“文本”，再输入身份证号，则输入的数字类型改为文本。

(2) 输入数值型数据。

数值型数据是由数字 0～9、正号、负号、小数点、/、%、指数符号 E 或 e、货币符号以及千位符号等组成，默认情况下，数值型的数据在输入后自动右对齐，注意，当输入分数时应先输入一个数字 0 和一个空格再输入分数，如“0 3/4”，否则会以日期格式显示。

(3) 输入时间和日期型数据。

当输入日期时，可以按照年、月、日的顺序输入，如“2011-11-12”或“2011/11/12”，或者日、月、年的顺序输入，如“12-Nove-2011”。按 Ctrl + ；组合键可以在活动单元格内输入当前日期，如按 Ctrl + Shift + ；组合键，可以输入当前时间。如果单元格的宽度不够，则单元格内的日期将显示为“######”。

(4) 自动填充数据。

在输入数据时，经常要输入编号、学号或工号等有序或相同的数据，这时可以用 Excel 2016 中的自动填充功能自动填充数据，不需要一个一个地输入。Excel 2016 的自动填充功能不仅能够自动完成数据的复制，还可以生成应用序列，这是 Excel 2016 中非常有用的功能。

如果要输入相同数据或者有规律的数据，则先输入一个数据后拖动填充柄即可，如图 3-15 所示。如果要输入一个等差数列，先输入前两个数据，然后拖动填充柄即可，如图所示 3-16 所示。

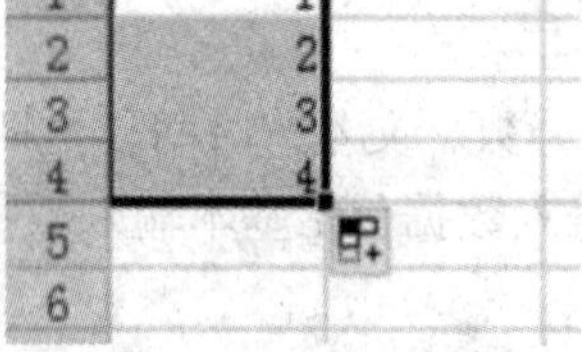

图 3-15　相同或有规律数据的填充

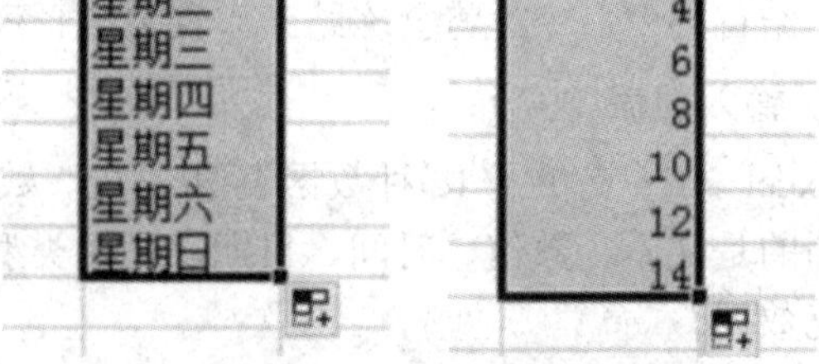

图 3-16　等差数列填充

任务实施

(1) 新建 Excel 工作簿，命名为“员工信息表.xlsx”。

(2) 在 Sheet1 工作表中，选择单元格 A1，输入标题“汇通科技有限公司员工信息表”，按回车键。

(3) 在单元格 A2 中，输入“员工编号”，按向右方向键→或 Tab 键，使 B2 单元格成为当前单元格，输入“姓名”。

(4) 用相同的方式依次输入其他列标题。

(5) 单击单元格 A3，输入“’001”，按回车后鼠标指针指向 A3 单元格的“填充柄”(位于单元格右下角的小黑块)，此时鼠标指针变为黑十字，按住鼠标向下拖动填充柄，拖动至目标单元格时释放鼠标，如图 3-17 所示。

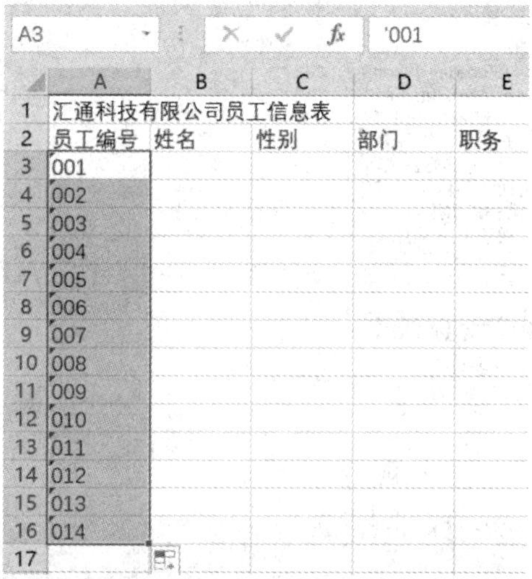

图 3-17　用填充柄填充数据

(6) 用相同的方式输入“姓名”“职务”“学历”列中的其他数据。

(7) 输入“性别”列，选中 C3 单元格，输入“男”，使用填充柄，将所有员工的性别都输入“男”，在按住 Ctrl 键的同时选中性别为“女”的单元格，输入一个“女”，同时按 Ctrl + Enter 组合键，那么选中的所有单元格中都输入“女”。

(8) 输入工作日期，选择单元格 G3，输入“2002/6/5”或“2002-6-5”，用相同的方式输入其他日期数据。

小贴士：

自定义填充序列：如果要经常用到一个序列，但这个序列又不是系统自带的可扩展序列，用户可以把该序列自定义为自动填充序列。方法如下：

(1) 单击【文件】选项卡中的【选项】命令，弹出【选项】对话框，单击【高级】选项，在【常规】区域中单击【编辑自定义列表】，弹出【自定义序列】对话框，如图 3-18 所示，在右侧的【输入序列】列表框中输入自定义的序列。

(2) 单击【添加】按钮，下次再输入该序列时，只需要输入序列中的第一个数据，然后拖动填充柄即可输入序列中的其他数据。

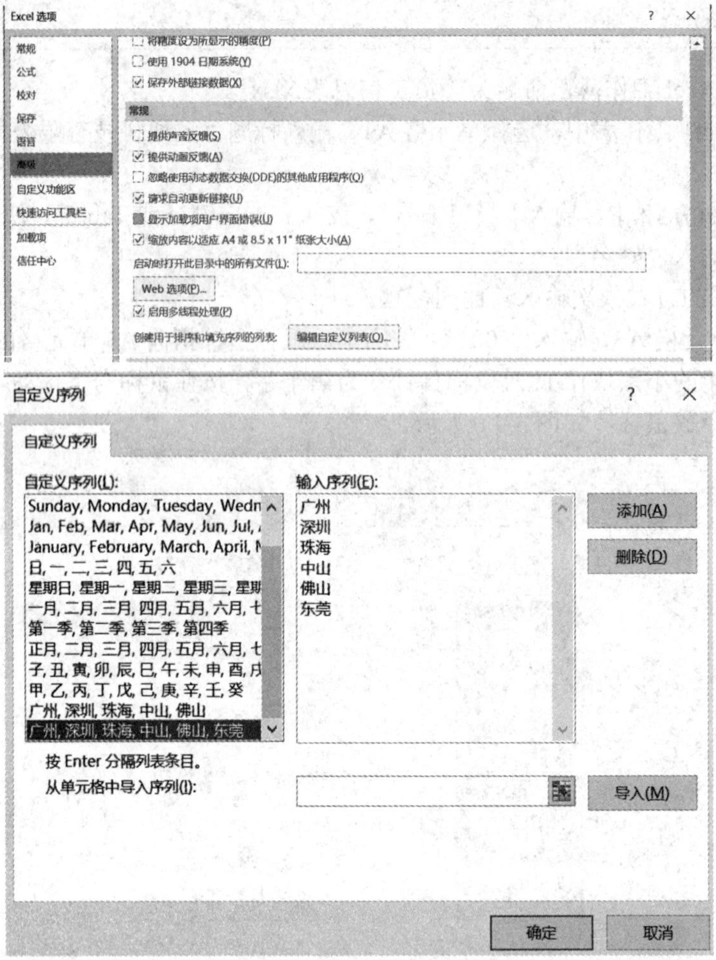

图 3-18　自定义填充序列

3.1.2　数据的修饰

相关知识

员工信息表的制作(2)

在 Excel 2016 工作表中输入数据后，还需要进一步对工作表进行格式化操作，如突出显示某些特定含义的单元格或者数据，使工作表更易于阅读。

1. 设置数字格式

要设置单元格或区域的数据类型，可以在【开始】选项卡【数字】组中进行如下操作，如图 3-19 所示。

(1) 单击【数字格式】列表框，从下拉列表框中选择所需要的数据类型。

(2) 单击【会计数字格式】按钮右侧的下三角符号，选择所需货币格式，将数据显示为会计数字样式。

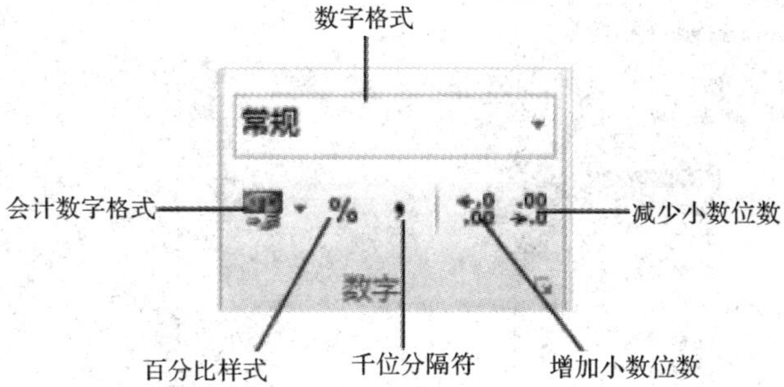

图 3-19　数字类型格式

(3) 单击【百分比样式】按钮，将数据显示为百分比样式。

(4) 单击【千位分隔符】按钮，将数据显示为千位分隔符样式。

(5) 单击【增加小数位数】按钮，将以较高精度显示数据。

(6) 单击【减少小数位数】按钮，将以较低精度显示数据。

也可以选中需要设置的单元格，右击鼠标，在弹出的快捷菜单中选择【设置单元格格式】命令，弹出【设置单元格格式】对话框，选择【数字】选项卡，如图 3-20 所示。

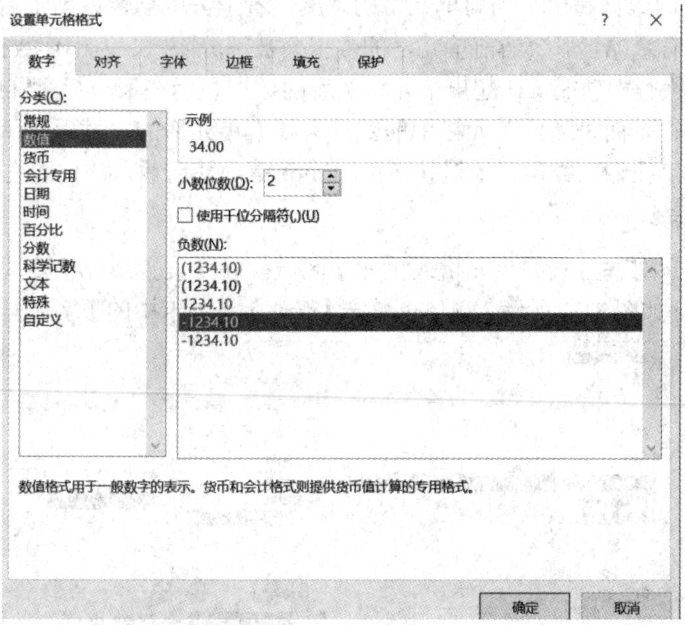

图 3-20　【设置单元格格式】对话框

2. 设置对齐方式

在 Excel 2016 中，默认情况下单元格中文本左对齐，数字右对齐，可以通过设置来改变单元格内文本或者数字的对齐方式，操作步骤如下：

(1) 选中需要设置对齐方式的单元格或单元格区域，在【设置单元格格式】对话框中选择【对齐】选项卡，如图 3-21 所示。

(2) 在【文本对齐方式】选项组的【水平对齐】和【垂直对齐】下拉列表框中选择水平方向和垂直方向上的对齐方式，在【方向】选项组中可以拖动指针进行旋转或者单击下面的微调按钮来精确设置旋转的度数。

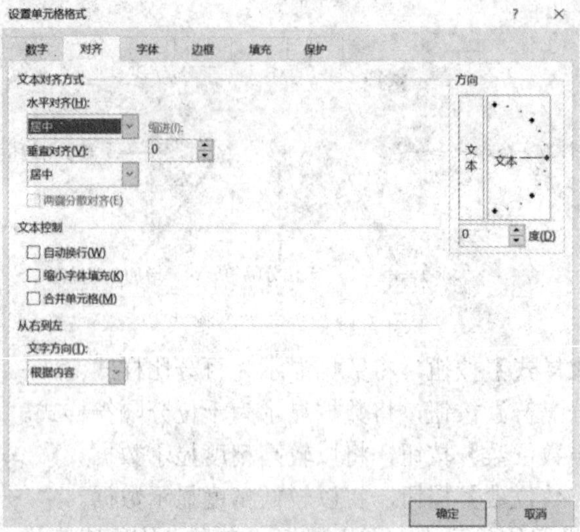

图 3-21　【对齐】选项卡

(3) 当输入的数据超出了当前单元格的宽度，看上去就会像占据了后面的单元格，如果后面的单元格有数据，那么当前单元格的数据会被部分隐藏。为了使数据能够完全显示，可以使用“自动换行”功能，让超出单元格宽度的数据显示在下一行。“自动换行”并不是真正意义上的换行，而是当前单元格中的数据会随着单元格的宽度而显示。要实现真正意义上的换行，可以在输入数据时通过按 Alt + Enter 键，使已输入的内容在光标处换行。

3. 设置字体格式

选中需要设置对齐方式的单元格或单元格区域，在【设置单元格格式】对话框中选择【字体】选项卡，如图 3-22 所示。也可以单击【开始】选项卡中的【字体】进行字体的设置。

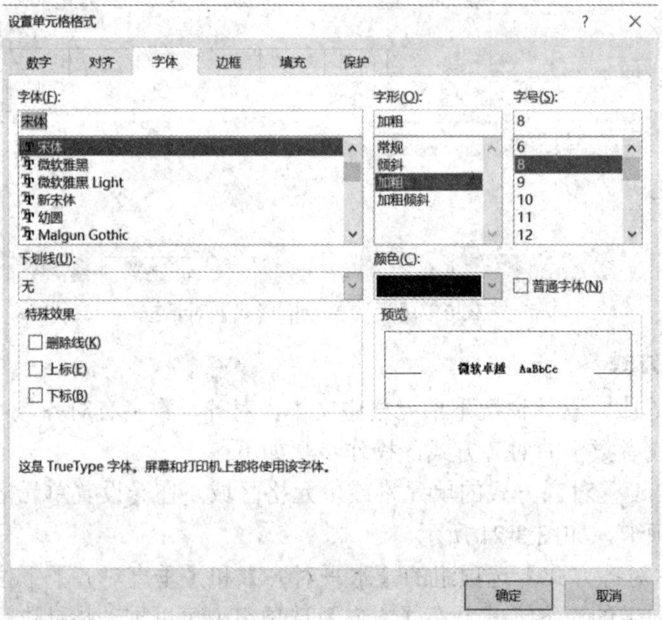

图 3-22　【字体】选项卡

4. 设置边框

在 Excel 2016 中，默认情况下单元格周围都围绕着网格线。这些网格线在打印时通常是打印不出来的，若用户想要打印网格线，可以为选中的单元格添加边框，具体操作步骤如下：

(1) 打开【设置单元格格式】对话框，切换到【边框】选项卡，如图 3-23 所示。

(2) 在【颜色】区域选择“红色”，在【线条】区域选择线条样式- - - - - - -，在【预置】区选择边框的【内部】样式；在【线条】区域选择线条样式━━━━━，在【预置】区选择边框的【外边框】样式，在【边框】区预览效果，单击【确定】按钮即完成边框的设置。

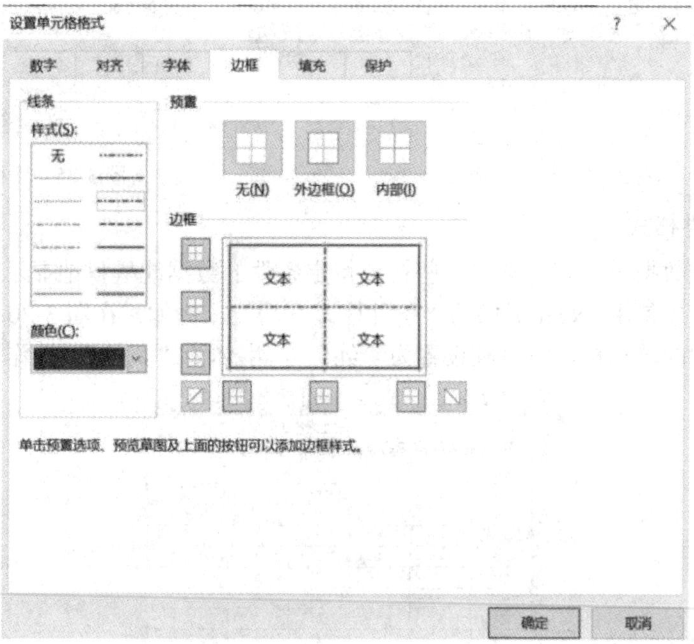

图 3-23　设置边框

5. 调整行高和列宽

单击【开始】选项卡【单元格】组中的【格式】按钮右侧的下三角符号，从弹出的菜单中选择【行高】命令，弹出【行高】对话框，在文本框中输入“30”，单击【确定】按钮即可设置行高。在某行的下边框线上按下鼠标左键，显示出第 1 行的高度值 30(40 像素)。列宽的设置方法和行高类似。

6. 自动套用单元格样式

使用单元格样式可以快速地为单元格区域设置完全相同的格式，包括字体格式、数字格式、对齐方式、边框和底纹等。套用单元格样式的操作步骤如下：

(1) 选中要格式化的单元格或者单元格区域。

(2) 单击【开始】选项卡【样式】组中的【单元格样式】右侧的下三角符号，在弹出的下拉列表中选择需要的样式就会应用到单元格中，如图 3-24 所示。

(3) 如果在内置的样式中没有合适的样式，则可以单击下拉列表框中的【新建单元格样式】，弹出【样式】对话框，如图 3-25 所示。

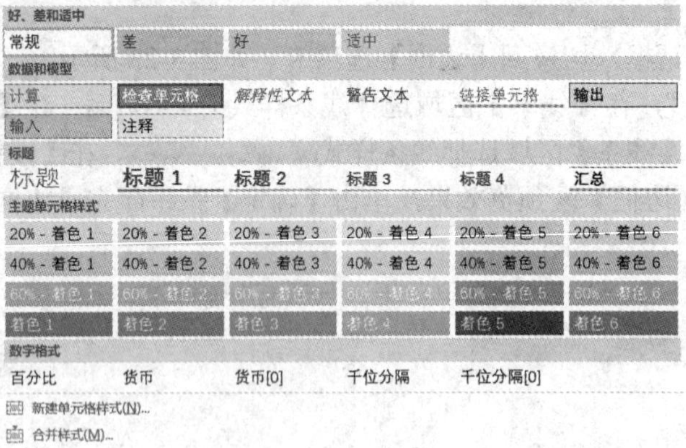

图 3-24　单元格样式

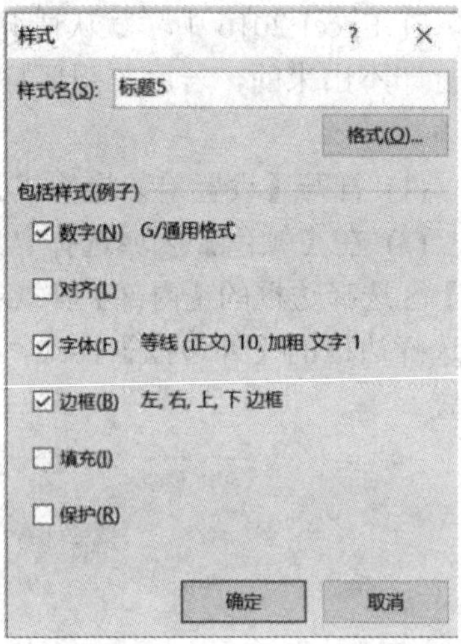

图 3-25　【样式】对话框

7. 设置条件格式

当处理大量数据时，有时希望某些符合特定条件的数据能醒目地显示出来，方便人们查看，此时就可以使用 Excel 提供的“条件格式”功能。例如，在图 3-26 中，突出显示迟到次数大于 1 次的单元格，将底纹设置为“红色”，字体为“黄色”，操作步骤如下。

员工考勤表

员工编号	迟到(次数)	早退(次数)	加班天数	请假天数	奖金
001	2	1	5	0	
002	1	1	6	0	
003	1	1	2	2	
004	0	0	0	0	
005	1	1	5	0	
006	2	3	0	0	
007	0	1	0	0	
008	1	2	0	2	
009	1	1	8	0	
010	1	1	0	0	
011	3	1	8	0	
012	1	3	0	0	
013	0	1	0	0	
014	1	1	0	0	
015	1	1	4	1	
016	2	0	0	0	
017	1	1	0	0	
018	1	0	5	3	
019	1	0	3	1	
020	1	0	5	0	
021	1	0	5	0	
022	1	0	5	0	
023	1	1	5	0	
024	0	0	4	1	
025	0	0	3	1	
026	1	1	3	0	
027	0	0	2	1	
028	1	1	5	1	
029	0	0	4	2	

图 3-26　员工考勤表

(1) 选择“员工考勤”工作表。

(2) 选择 B3:B34 区域“月份奖金表”，单击【开始】选项卡【样式】组中的【条件格式】下方的小三角符号，从弹出的下拉列表中选择【新建规则】命令，弹出【新建格式规则】对话框。

(3) 在【选择规则类型】框中选择【只为包含以下内容的单元格设置格式】项。

(4) 在【编辑规则说明】中进行设置，如图 3-27 所示。单击【格式】按钮设置单元格底纹为“红色”，字体为“黄色”。

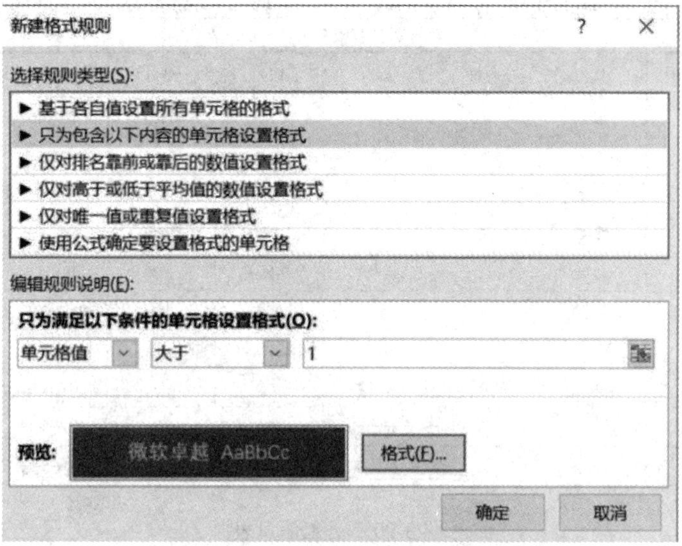

图 3-27　【新建格式规则】对话框

(5) 单击【确定】按钮完成条件格式设置，效果如图 3-28 所示。

员工考勤表					
员工编号	迟到(次数)	早退(次数)	加班天数	请假天数	奖金
001	2	1	5	0	
002	1	1	6	0	
003	1	1	2	2	
004	0	0	0	0	
005	1	1	5	0	
006	2	3	0	0	
007	0	1	0	0	
008	1	2	0	2	
009	1	1	8	0	
010	1	1	0	0	
011	3	1	8	0	
012	1	3	0	0	
013	0	1	0	0	
014	1	1	0	0	
015	1	1	4	1	
016	2	0	0	0	

图 3-28　员工考勤表效果

说明

Excel 2016 增强了条件格式的功能，提供了大量直接可用的内置条件格式选项。如在图 3-29 中，突出显示工龄小于 10 的单元格，设置步骤如下。

	A	B	C	D	E	F	G	H
1	汇通科技有限公司员工信息表							
2	员工编号	姓名	性别	部门	职务	学历	工作日期	工龄(年)
3	001	周明	男	办公室	总经理	研究生	2002-6-5	19
4	002	李青	男	销售部	经理	本科	2002-8-1	19
5	003	孙英楠	女	办公室	文员	大专	2011-6-1	10
6	004	张蒙	男	开发部	总工程师	研究生	2009-5-8	12
7	005	付翔	男	销售部	销售员	大专	2012-6-9	9
8	006	黄蕾蕾	女	办公室	文员	大专	2011-3-10	10
9	007	董一鸣	男	销售部	销售员	大专	2010-2-11	11
10	008	周丽丽	女	客服部	文员	中专	2008-9-12	8
11	009	吴清	男	开发部	经理	博士	2009-3-13	12
12	010	王春晓	女	销售部	销售员	大专	2009-6-14	12

图 3-29　员工信息表

(1) 选择 H3:H12 区域。

(2) 单击【开始】选项卡【样式】组中的【条件格式】按钮，弹出【条件格式】下拉列表，如图 3-30 所示。

图 3-30　【条件格式】下拉列表

(3) 选择【突出显示单元格规则】子菜单中的【小于】命令，弹出【小于】对话框，如图 3-31 所示。

图 3-31 【小于】对话框

(4) 在【设置为】下拉列表中，选择一种格式应用到满足条件的单元格中，可以看到 H3:H12 区域已经呈现填充后的效果，单击【确定】按钮应用条件格式，效果如图 3-32 所示。

	A	B	C	D	E	F	G	H
1	汇通科技有限公司员工信息表							
2	员工编号	姓名	性别	部门	职务	学历	工作日期	工龄(年)
3	001	周明	男	办公室	总经理	研究生	2002-6-5	19
4	002	李青	男	销售部	经理	本科	2002-8-1	19
5	003	孙英楠	女	办公室	文员	大专	2011-6-1	10
6	004	张蒙	男	开发部	总工程师	研究生	2009-5-8	12
7	005	付翔	男	销售部	销售员	大专	2012-6-9	9
8	006	黄蕾蕾	女	办公室	文员	大专	2011-3-10	10
9	007	董一鸣	男	销售部	销售员	大专	2010-2-11	11
10	008	周丽丽	女	客服部	文员	中专	2008-9-12	8
11	009	吴浩	男	开发部	经理	博士	2009-3-13	12
12	010	王春晓	女	销售部	销售员	大专	2009-6-14	12

图 3-32 应用条件格式

除了上面这种以填充单元格底纹来显示满足条件的数据外，条件格式还有其他很多类型，如以数据条的长度来表示单元格中数据的大小，如图 3-33 所示。

A	B	C	D	E
分店 月份	一分店	二分店	三分店	四分店
一月份	13102	18567	24586	15962
二月份	12365	16452	25698	15896
三月份	12845	20145	31243	18521
四月份	18265	19876	15230	20420
五月份	16326	12989	15896	25390

图 3-33 使用数据条表示数据的大小

如果内置的条件格式不能满足需要，则可以修改内置条件格式规则或新建规则。在图 3-30 中，单击【新建规则】命令，弹出【新建格式规则】对话框，如图 3-34 所示。

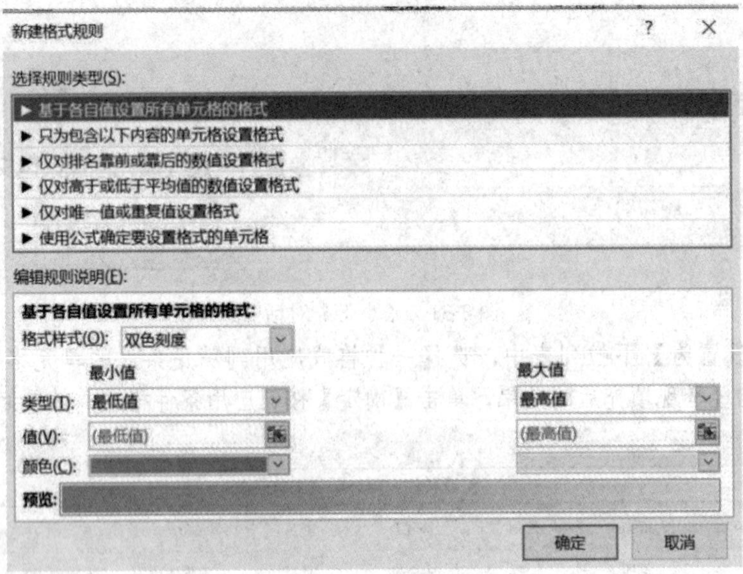

图 3-34　【新建格式规则】对话框

在【选择规则类型】列表中选择一种条件格式类型；在【编辑规则说明】区域中设置条件格式选项。

要取消条件格式，选择使用了条件格式的数据区域，然后单击图 3-30 中的【清除规则】中的相应子命令即可。

任务实施

(1) 选中 A1:G1 区域。

(2) 单击【开始】选项卡的【对齐方式】组中的【合并后居中】按钮，然后单击【开始】选项卡的【样式】组中的【单元格样式】按钮

，在打开的下拉列表框中选择“标题”样式。

(3) 选中 A2:G2 区域，单击【开始】选项卡的【字体】组中的【字体】按钮，在打开的下拉列表框中选择“楷体”；单击【字号】下拉列表按钮选择“10”，对齐方式为“居中对齐”，填充颜色为“绿色”。

(4) 选中 A2:G34 单元格区域，单击【开始】选项卡的【样式】组中的【套用表格】按钮，在打开的列表框中选择“表样式浅色 16”样式。

(5) 单击【数据】选项卡的【排序和筛选】组中的【筛选】按钮，关闭单元格筛选。

(6) 单击【开始】选项卡的【对齐方式】组中的【居中】按钮，设置水平和垂直居中对齐。

(7) 选中 F3:F34 单元格区域。

(8) 单击【开始】选项卡【样式】组中的【条件格式】按钮，弹出【条件格式】下拉列表，选择【突出显示单元格规则】子菜单中的【文本包含】命令，弹出【文本中包含】对话框，如图 3-35 所示。选择【设置为】下拉列表中的自定义格式，设置字体为“红色”，填充效果为“黄色”。

图 3-35　条件样式设置

(9) 选中 A2:G34 单元格区域，右键单击选择【设置单元格样式】，然后单击【边框】选项卡，选择【线条】组中【样式】为实线，【预置】为【外边框】，然后选择【样式】为虚线，预置为“内部”，效果如图 3-36 所示。

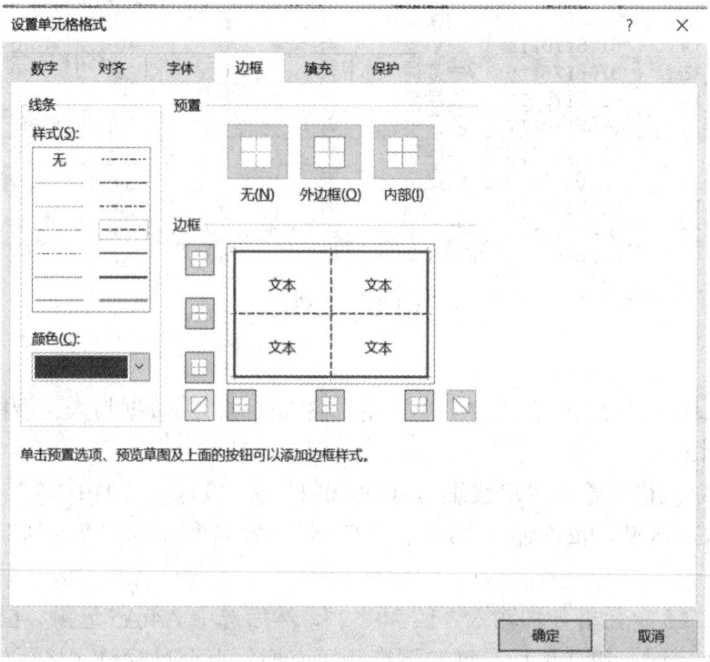

图 3-36　边框选择

(10) 双击工作表“Sheet1”的标签，标签出现反白(黑底白字)时，输入新的工作表名称“员工信息表”。

3.1.3　任务拓展：制作考勤表

【拓展目的】

(1) 掌握工作表的基本操作方法，掌握数据的输入格式。

(2) 掌握工作表中文本的修饰。

【拓展内容】

制作“考勤表”，效果如图 3-37 所示。

大数据与人工智能学院学生考勤信息

班级编号:G080001　　日期：2019-3-8

序号	学号	姓名	性别	迟到	旷课	请假
1	0105170101	蔡喜珊	男	0	1	0
2	0105170102	陈聚将	男	5	0	0
3	0105170103	陈丽芳	男	0	0	0
4	0105170104	吴锐周	男	0	0	4
5	0105170105	郝家源	女	0	0	0
6	0105170106	黄文力	女	0	2	0
7	0105170107	简宇翔	女	0	0	0
8	0105170108	柯钦华	男	2	0	8
9	0105170109	梁建飞	男	0	0	0
10	0105170110	梁仕桉	男	0	0	0
11	0105170111	林洁伟	男	0	0	9
12	0105170112	林伟光	男	0	5	0
13	0105170113	刘国森	男	0	0	0
14	0105170114	吕小龙	男	0	0	0
15	0105170115	罗森河	男	0	0	0
16	0105170116	莫国杰	男	3	0	0
17	0105170117	欧日平	男	0	0	7
18	0105170118	叶晓	男	0	6	0
19	0105170119	张金海	男	0	0	0
20	0105170120	张志强	男	0	0	0
21	0105170121	[illegible]号军	男	0	0	0
22	0105170122	[illegible]	男	0	0	6

图 3-37　考勤表

【实施步骤】

(1) 在 Sheet1 工作表中，选中 A1 单元格，输入标题“大数据与人工智能学院学生考勤信息”，按回车键。

(2) 在 A2 单元格中输入“班级编号: G080001”和“日期：2019-3-8”。

(3) 在 A3:G3 区域，依次输入“序号”“学号”“姓名”“性别”“迟到”“旷课”“请假”等列标题。

(4) 在 A4、A5 单元格分别输入“1”和“2”，然后选中 A4:A5 区域，鼠标指向填充柄，当鼠标变成黑十字时，按住鼠标左键向下拖动填充柄，直至目标单元格释放鼠标。

(5) 在 B4 单元格中输入第 1 个学生的学号“’0105170101”，按回车键，然后再次选中 B4 单元格，使用填充柄向下拖动，输入其他学生的学号。

(6) 选中 C4 单元格，在 C4 单元格中输入“蔡喜珊”，按回车键。

(7) 选中 A1:G1 区域，单击【开始】选项卡【对齐方式】组中的【合并后居中】按钮，然后单击【开始】选项卡【样式】组中的【单元格样式】按钮，在弹出的下拉列表中，选择“标题 1”样式。

(8) 选中 A2:G2 区域，单击【合并后居中】按钮，然后单击【开始】选项卡【字体】组中的【字体】列表框，从中选择“楷体”；单击【字号】列表框，选择“10”。

(9) 选中 A3:G66 区域，单击【开始】选项卡【样式】组中的【套用表格格式】按钮，从弹出的下拉列表中选择【表样式浅色 16】样式。

(10) 单击【数据】选项卡【排序和筛选】组中的【筛选】按钮，关闭单元格筛选。

(11) 单击【开始】选项卡【对齐方式】组中的【居中】按钮，设置选中区域水平方向居中对齐；单击【对齐方式】组中的【垂直居中】按钮，设置选中区域垂直方向居中对齐。

(12) 选中 E4:G66 区域，单击【开始】选项卡【样式】组中的【条件格式】按钮，选择【突出显示单元格规则】子菜单中的【大于】命令，弹出【大于】对话框，设置参数。

(13) 双击工作表“Sheet1”的标签，标签出现反白(黑底白字)时，输入新的工作表名称“考勤表”。

任务 3.2　工资表的计算

3.2.1　任务描述

本任务主要是通过 Excel 自带的计算功能，计算出每个员工的相应数据，如工龄、奖金、应发工资、实发工资等各项数据，效果如图 3-38～图 3-42 所示。

员工考勤表

员工编号	迟到(次数)	早退(次数)	加班天数	请假天数	奖金	名次
001	2	1	5	0	¥ 2,200.00	11
002	1	1	6	0	¥ 2,800.00	3
003	1	1	2	2	¥ 700.00	22
004	0	0	0	0	¥ -	23
005	1	1	5	0	¥ 2,300.00	7
006	2	3	0	0	¥ -500.00	32
007	0	1	0	0	¥ -100.00	24
008	1	2	0	2	¥ -400.00	30
009	1	1	8	0	¥ 3,800.00	1
010	1	1	0	0	¥ -200.00	26

奖金统计表

最高奖金额	¥ 3,800.00
最低奖金额	¥ -500.00
总奖金额	¥40,700.00
平均奖金额	¥ 1,271.88

图 3-38　一月份奖金表效果图

汇通科技有限公司员工信息表

员工编号	姓名	性别	部门	职务	学历	工作日期	工龄(年)
001	周明	男	办公室	总经理	研究生	2002-6-5	19
002	李青	男	销售部	经理	本科	2002-8-1	19
003	孙英楠	女	办公室	文员	大专	2011-6-1	10
004	张蒙	男	开发部	总工程师	研究生	2009-5-8	12
005	付翔	男	销售部	销售员	大专	2012-6-9	9
006	黄蕾蕾	女	办公室	文员	大专	2011-3-10	10
007	董一鸣	男	销售部	销售员	大专	2010-2-11	11
008	周丽丽	女	客服部	文员	中专	2008-9-12	13
009	吴清	男	开发部	经理	博士	2009-3-13	12

图 3-39　员工信息表效果图

汇通科技有限公司应发工资总表

职位	工龄(年)	工龄工资	职位工资	奖金	应发工资
总经理	19	¥ 2,500.00	¥ 10,000.00	¥ 2,200.00	¥ 14,700.00
经理	19	¥ 2,500.00	¥ 8,500.00	¥ 2,800.00	¥ 13,800.00
文员	10	¥ 2,500.00	¥ 5,300.00	¥ 700.00	¥ 8,500.00
总工程师	12	¥ 2,500.00	¥ 8,000.00	¥ -	¥ 10,500.00
销售员	9	¥ 2,000.00	¥ 5,500.00	¥ 2,300.00	¥ 9,800.00
文员	10	¥ 2,500.00	¥ 5,300.00	¥ -500.00	¥ 7,300.00
销售员	11	¥ 2,500.00	¥ 5,500.00	¥ -100.00	¥ 7,900.00
文员	13	¥ 2,500.00	¥ 5,300.00	¥ -400.00	¥ 7,400.00
经理	12	¥ 2,500.00	¥ 8,500.00	¥ 3,800.00	¥ 14,800.00
销售员	12	¥ 2,500.00	¥ 5,500.00	¥ -200.00	¥ 7,800.00
工程师	11	¥ 2,500.00	¥ 7,000.00	¥ 3,600.00	¥ 13,100.00
工程师	11	¥ 2,500.00	¥ 7,000.00	¥ -400.00	¥ 9,100.00

图 3-40　一月份应发工资表效果图

汇通科技有限公司实发工资总表

员工编号	姓名	性别	部门	应发工资	养老保险	医疗保险	失业保险	住房公积金	应纳税额
001	周明	男	办公室	¥ 14,700.00	¥ 1,000.00	¥ 250.00	¥ 125.00	¥ 1,250.00	¥ 8,575.00
002	李青	男	销售部	¥ 13,800.00	¥ 880.00	¥ 220.00	¥ 110.00	¥ 1,100.00	¥ 7,990.00
003	孙英楠	女	办公室	¥ 7,700.00	¥ 624.00	¥ 156.00	¥ 78.00	¥ 780.00	¥ 2,562.00
004	张蒙	男	开发部	¥ 10,000.00	¥ 840.00	¥ 210.00	¥ 105.00	¥ 1,050.00	¥ 4,295.00
005	付翔	男	销售部	¥ 9,500.00	¥ 600.00	¥ 150.00	¥ 75.00	¥ 750.00	¥ 4,425.00
006	黄蕾蕾	女	办公室	¥ 6,500.00	¥ 624.00	¥ 156.00	¥ 78.00	¥ 780.00	¥ 1,362.00
007	董一鸣	男	销售部	¥ 7,400.00	¥ 640.00	¥ 160.00	¥ 80.00	¥ 800.00	¥ 2,220.00
008	周丽丽	女	客服部	¥ 6,900.00	¥ 624.00	¥ 156.00	¥ 78.00	¥ 780.00	¥ 1,762.00
009	吴清	男	开发部	¥ 14,300.00	¥ 880.00	¥ 220.00	¥ 110.00	¥ 1,100.00	¥ 8,490.00
010	王春晓	女	销售部	¥ 7,300.00	¥ 640.00	¥ 160.00	¥ 80.00	¥ 800.00	¥ 2,120.00

图 3-41　一月份实发工资总表效果图

实发工资各工资段人数分布

范围（实发工资）	人数
总人数	32
0-4999	0
5000-6999	2
7000-8999	13
9000-9999	5
10000以上	12

图 3-42　一月份工资统计表效果图

3.2.2　使用公式

工资表的计算(1)

相关知识

1. 运算符

运算符是一个标记或符号，指定表达式内执行的运算的类型。常用的算术运算符有加(+)、减(–)、乘(*)、除(/)等；比较运算符有等于(=)、小于(<)、大于(>)等；文本运算符有连接(&)，如公式“= Hello & World!”的结果为“Hello World!”。

2. 公式

公式是 Excel 中进行数值计算的等式。在单元格或编辑栏中输入公式时，以“=”开始，然后输入由运算数和运算符组成的公式表达式。运算数是参与运算的数据，可以是常量、单元格引用、单元格名称和工作表函数等。

3. 使用公式

在单元格中使用公式须按下面形式输入：

=公式表达式

任务实施

打开“工资表(素材).xlsx”工作簿，在“一月份奖金表”中，使用区域 L2:M8 中给定的条件计算每位员工的奖金。

计算奖金的步骤如下：

(1) 打开“工资表(素材).xlsx”工作簿，切换到“一月份奖金表”。

(2) 选择单元格 F3，输入公式“=(B3+C3)*(-100)+D3*500+E3*(-50)”，按回车键或单击【输入】按钮 确认。F3 单元格中显示出计算结果。

(3) 鼠标指向单元格 F3 右下角的填充柄，当鼠标指针变成“+”时，双击填充柄，计算出每位员工的奖金。效果如图 3-43 所示。

F3　fx　=(B3+C3)*(-100)+D3*500+E3*(-50)

	A	B	C	D	E	F	G
1	员工考勤表						
2	员工编号	迟到(次数)	早退(次数)	加班天数	请假天数	奖金	名次
3	001	2	1	5	0	¥ 2,200.00	
4	002	1	1	6	0	¥ 2,800.00	
5	003	1	1	2	2	¥ 700.00	
6	004	0	0	0	0	¥ -	
7	005	1	1	5	0	¥ 2,300.00	
8	006	2	3	0	0	¥ -500.00	
9	007	0	1	0	0	¥ -100.00	
10	008	1	2	0	2	¥ -400.00	
11	009	1	1	8	0	¥ 3,800.00	
12	010	1	1	0	0	¥ -200.00	

图 3-43　奖金计算

说明

此处双击填充柄的作用是对公式进行复制，且 Excel 自动将粘贴区域的公式调整为与该区域有关的相对位置。

在进行公式计算时，很可能由于公式的错误导致计算结果出现某些意外的数值，常见错误信息如表 3-2 所示。

表 3-2　常见的错误值

错误值	错误的原因
#####	单元格的列宽不够，或者是使用了负的日期或负的时间
#DIV/0!	除数为 0
#N/A	函数或公式中没有可用的数值
#NAME?	Excel 2016 不能识别公式中的文本
#NULL	使用了不正确的单元格或单元格区域进行运算
#NUM!	公式或函数中使用了无效数字
#REF	单元格引用无效
#VALUE!	使用的参数或操作数类型错误

3.2.3　使用函数和引用单元格

工资表的计算(2)

相关知识

1. 函数

函数是预先编写的公式，可以对一个或多个值执行运算，并返回一个或多个值。由于函数的名字与形式难以记住，因此可以通过在单元格中插入函数来完成输入。与直接使用公式进行计算相比较，使用函数进行计算的速度更快，同时也减少了输入上的错误。例如，求单元格 E3 到 I3 中的数字之和，如果用公式计算是“=E3+F3+G3+H3+I3”，而用函数可以简化为“=SUM(E3:I3)”。

(1) 函数的输入。函数的输入方法有两种，使用函数向导输入和手工输入。

(2) 常用函数。Excel 2016 内置的工作表函数包括财务函数、日期与时间函数、数学与三角函数、统计函数、数据库函数、外部函数、工程函数、逻辑函数、文本与数据函数等。

2. 单元格的引用

单元格引用是指引用某一单元格或单元格区域中的数据，可以是当前工作表的单元格或单元格区域、同一工作簿中其他工作表中的单元格或单元格区域、其他工作簿中工作表中的单元格或单元格区域。在 Excel 2016 中，单元格引用或单元格区域引用有相对引用和绝对引用两种方式，默认情况下为相对引用。

相对引用：指单元格或区域地址随公式所在位置变化而变化。如公式“=B2+C2”就表示相对引用，当公式在复制或移动时，公式中引用单元格的地址会发生改变。

绝对引用：指单元格或区域地址不随公式所在位置变化而变化。如公式“=$C$2”，就表示绝对引用，当公式在复制或移动时，公式中引用单元格的地址不会发生改变。

混合引用：指将相对引用与绝对引用混合使用。如公式“=B2+$C$2”，将该公式复制到其他单元格时，“$C$2”保持不变，而“B2”将会发生相应变化。

3. 单元格和单元格区域名称

在 Excel 2016 的数据计算与统计过程中，有时需要引用大量的单元格和单元格区域。虽然直接引用单元格或单元格区域比较简单，但是不利于后期的维护和修改，因此，可以为这些单元格或单元格区域定义一个有意义的名称。

4. 使用函数

函数的结构也是从“=”开始，然后是函数名称和用括号括起来的参数，如图 3-44 所示。参数可以是数字、文本、逻辑值、数组、错误值或单元格引用，也可以是常量、公式或函数。指定的参数都必须为有效参数值。

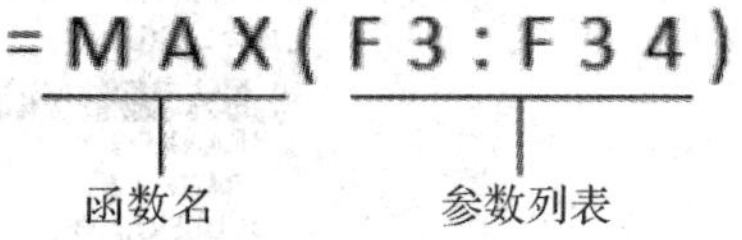

图 3-44　函数

所有函数都由 3 部分组成：函数名、参数和圆括号。

函数名是函数的标识，从函数名一般能够确定函数的功能。

参数是函数不可缺少的一部分，如果有多个参数，需用逗号隔开，形成参数列表。

圆括号用来将参数括起来，即使没有参数，括号也不可省略。

3.2.4　统计工资

工资表的计算(3)

任务实施

(1) 在“一月份奖金表”中用最大值函数 MAX 计算公司员工所得的“最高奖金额”。

① 选择单元格 J2。

② 单击【开始】选项卡【编辑】组中的【自动求和】按钮 Σ· 右侧的下三角符号，从弹出的下拉菜单中选择【最大值】命令。此时单元格中出现了求最大值函数“MAX()”，并用鼠标在工作表选择参数范围 F3:F34，单击回车键或单击编辑栏的【输入】按钮 ✓ 确认。在单元格 J2 中显示出计算结果。

(2) 在“一月份奖金表”中用最小值函数 MIN、求和函数 SUM、求平均值函数 AVERAGE 计算出公司员工的“最低奖金额”“总奖金额”“平均奖金额”。

① 选择单元格 J3。

② 单击【开始】选项卡【编辑】组中的【自动求和】按钮 Σ· 右侧的下三角符号，从弹出的下拉菜单中选择【最小值】命令，直接用鼠标在工作表中重新选择参数范围“F3:F34”，单击回车键，在 J3 单元格中显示计算结果。

③ 选择单元格 J4，重复步骤②，注意将【最小值】命令改为【求和】，就可以计算出“总奖金额”。

④ 选择单元格 J5，重复步骤②，注意将【最小值】命令改为【平均值】，就可以计算出“平均奖金额”。

(3) 用排序函数 RANK 计算出公司员工所得奖金的“名次”。

① 选中 G3 单元格。

② 单击编辑栏左侧的【插入函数】按钮 *fx*，弹出【插入函数】对话框，在【搜索函数】框中输入“rank”，单击【转到】按钮，Excel 2016 自动搜索相关函数，如图 3-45 所示。选择【RANK】函数，单击【确定】按钮，打开【函数参数】对话框。

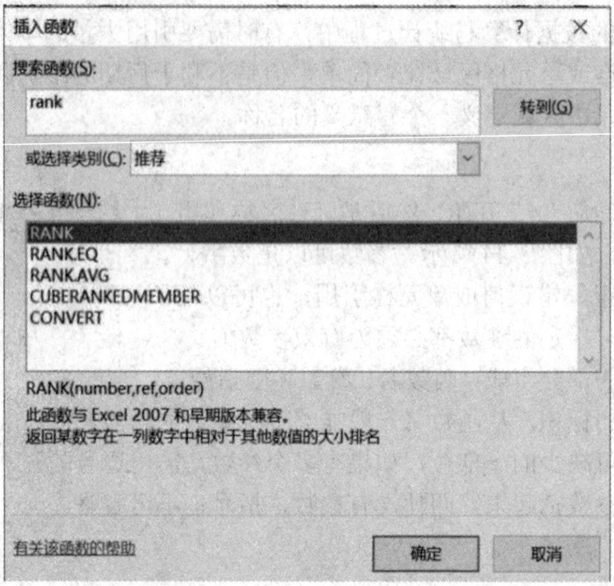

图 3-45　插入函数

③ 定位到第一个参数【Number】框，选择 F3 单元格；定位到第二个参数【Ref】框，选择区域“F3:F34”，如图 3-46 所示。

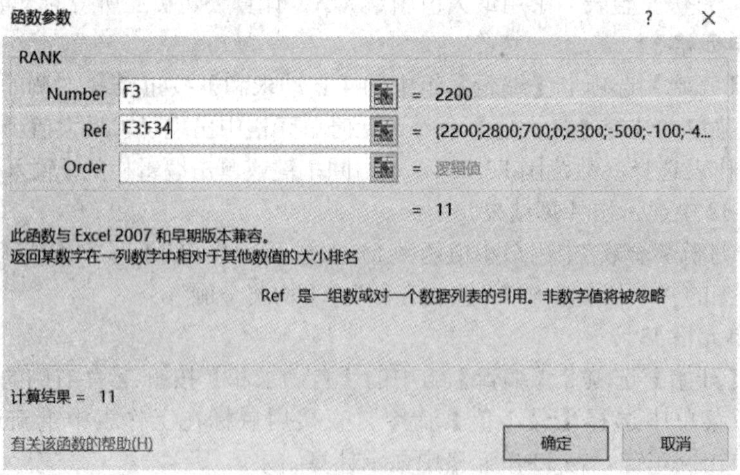

图 3-46　【函数参数】对话框

④ 单击【确定】按钮，在 G3 单元格中，计算出第 1 个员工的“名次”。拖动 G3 单元格中的填充柄至单元格 G34，计算出所有员工所获奖金的名次。

说明

RANK 函数对重复数的排位相同。但重复数的存在将影响后续数值的排位。例如序列“2,2,7,4”，整数 2 出现两次，其排位都为 1，则 4 的排位为 3(没有排位为 2 的数值)。

此时，发现员工的奖金排序出错，出现多个第 1 名、多个第 20 名、多个第 17 名，如图 3-47 所示。这是因为在用填充柄对函数进行复制时，函数里面的参数会随函数位置的变化而变化，如 G3 单元格中的函数为“=RANK(F3,F3:F34)”，填充柄复制到 G34 单元格，函数变为“=RANK(F34,F34:F65)”，这就是相对引用。

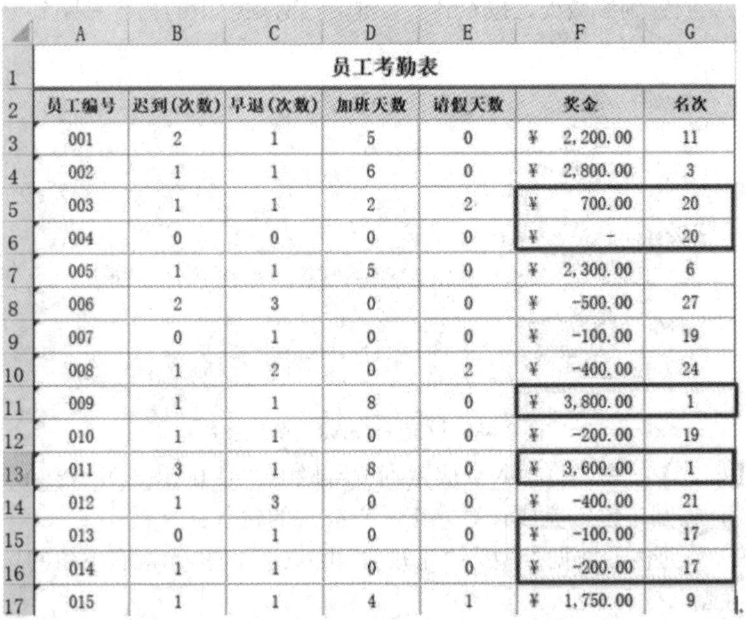

	A	B	C	D	E	F	G
1	员工考勤表						
2	员工编号	迟到(次数)	早退(次数)	加班天数	请假天数	奖金	名次
3	001	2	1	5	0	¥ 2,200.00	11
4	002	1	1	6	0	¥ 2,800.00	3
5	003	1	1	2	2	¥ 700.00	20
6	004	0	0	0	0	¥ -	20
7	005	1	1	5	0	¥ 2,300.00	6
8	006	2	3	0	0	¥ -500.00	27
9	007	0	1	0	0	¥ -100.00	19
10	008	1	2	0	2	¥ -400.00	24
11	009	1	1	8	0	¥ 3,800.00	1
12	010	1	1	0	0	¥ -200.00	19
13	011	3	1	8	0	¥ 3,600.00	1
14	012	1	3	0	0	¥ -400.00	21
15	013	0	1	0	0	¥ -100.00	17
16	014	1	1	0	0	¥ -200.00	17
17	015	1	1	4	1	¥ 1,750.00	9

图 3-47　“排序”结果

RANK 函数的第二个参数代表所有员工的奖金，它不应该随着函数位置的变化而变化，因此，此处不能使用相对引用，而使用绝对引用。变成绝对引用的方法是：选中第二个参数，按下 F4 键，自动在列标和行标前面加上“$”符号即可。如将“F3:F34”变成“$F$3:$F$34”。具体操作步骤如下。

- 选择 G3 单元格。
- 在编辑栏中选中第二个参数“F3:F34”，按 F4 键，将第二个参数变成“$F$3:$F$34”，单击编辑栏左侧的【输入】按钮 ✓ 确认修改，再双击 G3 单元格中的填充柄，计算出所有员工的名次。

由此可见，当公式或者函数中单元格的引用需要随所在位置的不同而改变时，应使用相对引用；相反，则使用绝对引用。绝对引用总是指定固定的单元格或单元格区域，无论公式怎么复制也不会改变引用地址。

(4) 使用日期函数 TODAY、YEAR 计算出每个员工的“工龄”。

计算“工龄”的公式为：工龄＝当前年份-参加工作年份。其中在计算“当前年份”时，先使用 TODAY 函数获取系统日期，再用 YEAR 函数获取当年的年份，即当前年份=YEAR(TODAY());

参加工作年份=YEAR(工作日期)。

① 切换到“员工信息”表。

② 单击单元格 H3。

③ 单击【公式】选项卡【函数库】组中【日期和时间】按钮右侧的下三角符号，从弹出的下拉菜单中选择【TODAY】命令，此时 H3 单元格中显示当前系统的日期，编辑栏中显示“=TODAY()”。

④ 选中“TODAY()”，按 Ctrl + X 键，将选定内容剪切到剪贴板上。

⑤ 在【日期和时间】按钮的下拉列表中选择【YEAR】命令，打开【函数参数】对话框。

⑥ 将插入点放置到参数处，按 Ctrl + V 键，将剪贴板中的内容粘贴到该处，如图 3-48 所示。

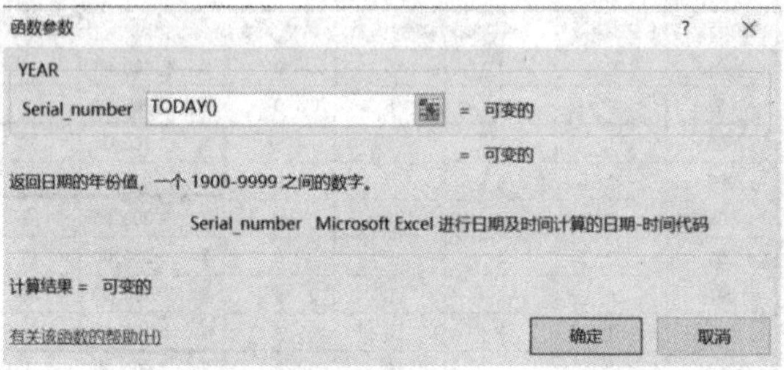

图 3-48　设置“YEAR”函数参数

⑦ 单击【确定】按钮，将插入点放置到编辑栏中“=YEAR(TODAY())”的后面，输入“-YEAR(G3)”，按回车键，完成计算“工龄”公式的输入。

⑧ 设置 H3 单元格的数据类型为“常规”，再双击 H3 单元格右下角的填充柄，计算出其他员工的“工龄”。

(5) 在“一月份应发工资表”的“工龄(年)”列引入“员工信息”表中的工龄，并显示。

① 选择“一月份应发工资表”的 F3 单元格，并输入“=”，再单击“员工信息”工作表标签。

② 在“员工信息”表中，单击第一名员工对应的工龄单元格“H3”，此时编辑栏中提示“=员工信息!H3”。

③ 按回车键，返回到“一月份应发工资表”。

④ 拖动填充柄到 F34，得出其余员工的工龄。

(6) 使用“VLOOKUP”函数查找“一月份应发工资表”中的“职位工资”，并显示。

VLOOKUP 函数：按列查找，最终返回该列所需查询列序所对应的值。其格式如下：

VLOOKUP(Lookup_value,Table_array,Col_index_num,Range_lookup)

其中，Lookup_value——需要在数据表第一列中进行查找的数值，可以为数值、引用或文本字符串。

Table_array——需要在其中查找数据的数据表。

Col_index_num——Table_array 中待返回的匹配值的列序号。Col_index_num 为 1 时，返回 Table_array 第一列的数值，依此类推。

Range_lookup——一个逻辑值，指明函数 VLOOKUP 查找时是精确匹配还是近似匹配。如果为 false 或 0，则返回精确匹配，如果找不到，则返回错误值#N/A。

① 选择“一月份应发工资表”中单元格 H3。

② 打开 VLOOKUP 函数的【函数参数】对话框。因为是按照“职位”查找，因此在【Lookup_value】编辑框中选择单元格 E3；单击【Table_array】编辑框，然后切换到【工资对照表】选择区域“A3:B12”，此时编辑框中显示“工资对照表!$A$3:$B$12”，选择该内容按 F4 键，变为绝对引用；单击【Col_index_num】编辑框，并输入“2”；在【Range_lookup】中输入“false”，如图 3-49 所示。单击【确定】按钮即可计算出 H3 单元格的值 10000。

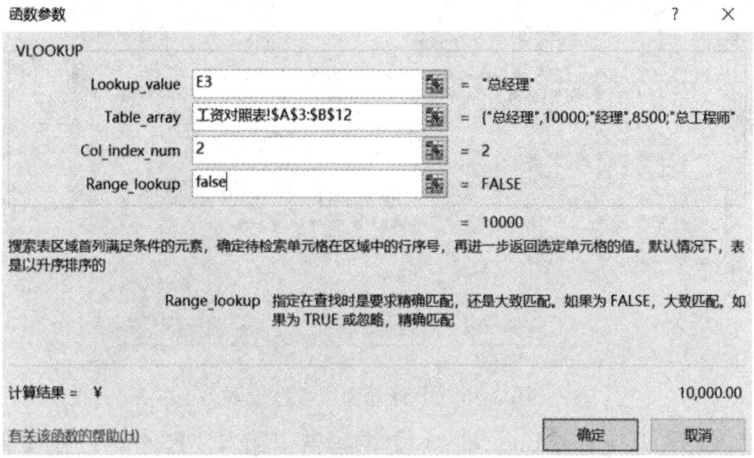

图 3-49　使用 VLOOKUP 查找“职位工资”

③ 拖动 H3 单元格的填充柄，查找出其他员工的职位工资。

(7) 使用相同方法，在“一月份奖金表”中查询出员工的奖金，并显示在“一月份应发工资表”的“奖金”列。

(8) 使用逻辑判断函数 IF，实现在“一月份应发工资表”中计算出“工龄工资”列。

IF 函数的功能是执行真假判断，根据逻辑计算的真假值，返回不同结果。其表达式为

IF(Logical_test, Value_if_true, Value_if_false)

其中：“Logical_test”表示计算结果为 True 或 False 的任意值或表达式。“Value_if_true”表示“logical_test”结果为 True 时的值。“Value_if_false”表示“logical_test”结果为 False 时的值。

如 IF(3>=4,"我的天啊，3>=4 这不科学","3<4 这才是真理")，因为表达式“3>=4”的结果为 False，因此该 IF 函数的返回结果为“3<4 这才是真理”。

IF 函数还可以用“Value_if_true”及“Value_if_false”参数构造复杂的判断条件，形成函数的多层嵌套。

① 在“一月应发工资表”中，选择单元格 G3。

② 单击【公式】选项卡【函数库】组中的【逻辑】下方的三角符号，从弹出的下拉菜单中选择【IF】命令。

③ 在【Logical_test】编辑框中，先选择单元格 F3，再输入“>=10”。

④ 在【Value_if_true】编辑框中，输入“2500”。

⑤ 将插入点定位在【Value_if_false】编辑框中，然后单击编辑栏左边的 IF 函数，第 2 次打开【函数参数】对话框，如图 3-50 所示。在【Logical_test】编辑框中输入“F3>=6”，在【Value_if_true】编辑框中输入“2000”。

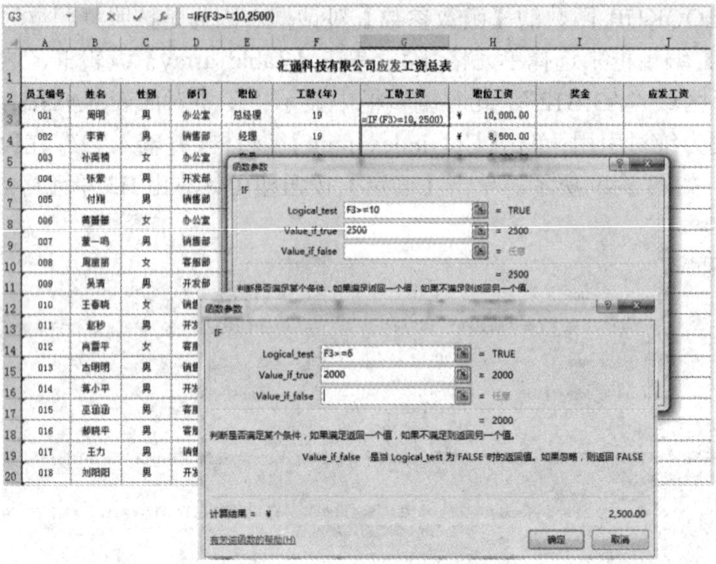

图 3-50　IF 嵌套函数参数设置

⑥ 重复步骤⑤，其中在【Logical_test】编辑框中输入“F3>=3”，在【Value_if_true】编辑框中输入“1700”，在【Value_if_false】编辑框中输入“1300”。

⑦ 单击【确定】按钮，在单元格 G3 的编辑栏中显示的最终公式为

=IF(F3>=10,2500, IF(F3>=6,2000,IF(F3>=3,1700,1300)))

⑧ 在单元格 G3 中，向下拖动填充柄，计算出所有员工的“工龄工资”。

说明

在 G3 单元格中的公式为“=IF(F3>=10,2500,IF(F3>=6,2000,IF(F3>=3,1700,1300)))”，各部分的含义如下:

➢ IF(F3>=10,2500,IF(…))，表示如果 F3 单元格的值大于等于 10，则 G3 单元格的值为 2500，否则执行里层的 IF 函数。

➢ IF(F3>=6,2000,IF(…))，表示如果 F3 单元格的值大于等于 6，且小于 10，则 G3 单元格的值为 2000，否则执行里层的 IF 函数。

➢ IF(F3>=3,1700,1300)，表示如果 F3 单元格的值大于等于 3，且小于 6，则 G3 单元格的值为 1700，否则 G3 单元格的值为 1300。

(9) 计算应发工资。

① 在“一月份应发工资表”中，计算出员工的“应发工资”，计算方法为:

应发工资 = 工龄工资 + 职位工资 + 奖金

选中“J3”单元格，输入“=G3+H3+I3”按下回车键，使用填充柄填充剩下的单元格。

② 复制“一月份应发工资表”中的 J3:J34 区域，在“一月份实发工资总表”的 E3 单

元格中右击，从弹出的快捷菜单中选择【粘贴选项】中的【值】命令。

(10) 计算养老保险、医疗保险等。

三险一金一般包括养老保险、医疗保险、失业保险和住房公积金，其中个人缴纳部分的计算方法如下：

养老保险 = 基本工资 × 8%，　　医疗保险 = 基本工资 × 2%

失业保险 = 基本工资 × 1%，　　住房公积金 = 基本工资 × 10%

其中：基本工资 = 工龄工资 + 职位工资。

下面以计算“养老保险”为例，步骤如下。

选中“一月份实发工资总表”中的“F3”输入“=”，在单击“一月份应发工资表”中的“G3”之后输入“+”，再点击“一月份应发工资表”中的“H3”，将两者用括号括起来，在后面乘以 0.08，按回车键，使用填充柄填充剩下的单元格，其余医疗保险、失业保险、住房公积金方法类似。

(11) 根据“税率”，计算“应纳税额”和“个税”。

应纳税额是对月收入超过 3500 以上的部分进行征税，计算方法为：

应纳税额 = 每月工资(薪金)所得 − 三险一金 − 起征点(3500)

其中“每月工资(薪金)所得”为每月的“应发工资”。

因此应纳税额可以使用 IF 函数计算，公式为

IF(E3>=3500, E3-F3-G3-H3-I3-3500, 0)

个税的计算方法为

个税 = 应纳税额(月) × 适用税率 − 速算扣除数

假设该公司的应纳税额最高不超过 10 000，则 K3 单元格的计算公式为

IF(J3<=1500,J3*3%,IF(J3<=4500,J3*10%-105,IF(J3<=9000,J3*20%-555,J3*25%-1005)))

(12) 计算“一月份实发工资总表”中的“实发工资”。

“实发工资”的计算方法如下：

实发工资 = 应发工资 − 个税

将光标定位在 L3 单元格并输入公式“=E3-K3”后按回车键，使用填充柄计算所有员工的实发工资。

(13) 用统计函数 COUNTA 及 COUNT 统计“一月份实发工资总表”中实发工资的总人数。

① 在“一月份工资统计表”中，选择单元格 B3。

② 单击【公式】选项卡【函数库】组中【其他函数】按钮右侧的下三角符号，从弹出的下拉菜单中选择【统计】中的【COUNTA】命令，打开【函数参数】对话框。

③ 将光标定位在“Value1”编辑框处，删除默认参数，再单击“一月份实发工资总表”的标签，在“一月份实发工资总表”中选择 L3:L34 区域，此时编辑栏中的函数为“=COUNTA(一月份实发工资总表!L3:L34)”，单击【函数参数】对话框中的【确定】按钮，在 B3 单元格中显示出计算结果。

说明

在第②步中选择【统计】中的【COUNT】命令，其计算结果一样。这是因为 COUNT

与 COUNTA 函数的功能类似，都是返回指定范围内单元格的个数。其不同点如下：

COUNTA 函数返回参数列表中非空值的单元格个数，单元格的类型不限。

COUNT 函数返回包含数字及参数列表中数字类型的单元格个数。

虽然在“一月份实发工资总表”中“实发工资”列的数据属于会计专用类型，但也属于数字类型，因此使用 COUNT 和 COUNTA 统计的总人数一样。

(14) 用条件统计函数 COUNTIF，将“一月份实发工资总表”中各实发工资段的人数统计到“一月份工资统计表”的相应单元格中。

① 在“一月份工资统计表”中，选择单元格 B4。

② 单击编辑栏左边的插入函数按钮 *fx* ，打开【插入函数】对话框，在【或选择类别】下拉列表中选择【统计】，在【选择函数】列表框中选择【COUNTIF】，如图 3-51 所示。

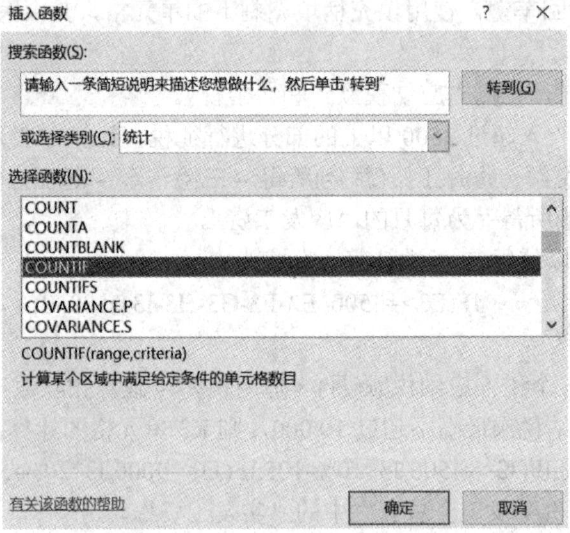

图 3-51　【插入函数】对话框

③ 单击【确定】按钮，打开【函数参数】对话框。将插入点定位在【Range】编辑框中，再单击“一月份实发工资总表”的工作表标签，并在“一月份实发工资总表”中选择参数范围 L3:L34；将插入点定位在【Criteria】编辑框中，输入“<=4999”，如图 3-52 所示，单击【确定】按钮。此时编辑栏中的函数为“=COUNTIF(一月份实发工资总表!L3:L34,"<=4999")”。

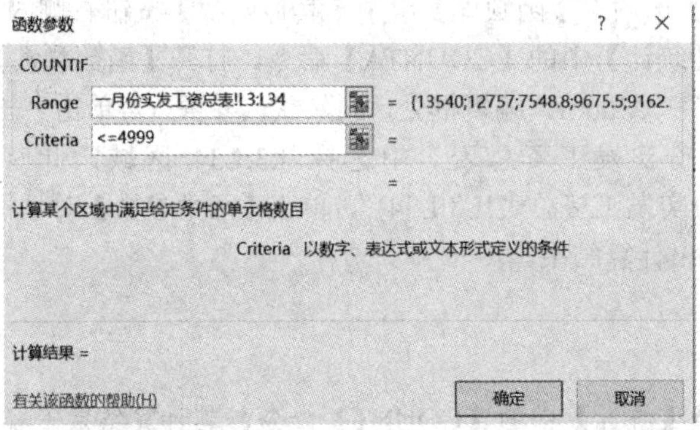

图 3-52　COUNTIF 函数的【函数参数】对话框

④ 在“一月份工资统计表”中，选择单元格 B5，直接在编辑栏中输入“=COUNTIF(一月份实发工资总表!L3:L34,"<=6999")”，按回车键确认。

⑤ 在“一月份工资统计表”中，选择单元格 B6，直接在编辑栏中输入“=COUNTIF(一月份实发工资总表!L3:L34,"<=8999")”，按回车键确认。查看结果发现计算结果中包含“5000～6999”工资段的人数(0～4999 工资段的人数为 0，不需要减去)，因此需要减去这部分人数，所以编辑栏中的公式改为“=COUNTIF(一月份实发工资总表!L3:L34,"<=8999")-B5”。

⑥ 单元格 B7 中的公式为“=COUNTIF(一月份实发工资总表!L3:L34,"<=9999")-B5-B6”。

⑦ 单元格 B8 中的公式为“=COUNTIF(一月份实发工资总表!L3:L34,">10000")”。

(15) 用 COUNTIF 函数，将“一月份实发工资总表”中各部门的人数统计到“一月份工资统计表”的相应单元格中。

① 在“一月份工资统计表”中，选择单元格 F3。

② 在编辑栏中输入公式“=COUNTIF(一月份实发工资总表!$D$3:$D$34,E3)”，拖动 F3 单元格的填充柄到单元格 F7，计算出每个部门的人数。

③ 在单元格 F8 中的公式为“=SUM(F3:F7)”，计算出所有部门人数的总和。

任务 3.3　管理与分析工资表

上一个任务已经针对工资表做了统计工作，还需要对数据进行管理，并进行分类汇总，效果如图 3-53 所示。通过该任务介绍排序、筛选、分类汇总和数据透视表等内容。

汇通科技有限公司应发工资总表

员工编号	姓名	性别	部门	职位	工龄(年)	工龄工资	职位工资	奖金
006	黄蕾蕾	女	办公室	文员	8	¥ 2,000.00	¥ 5,300.00	¥ -500.00
003	孙英祺	女	办公室	文员	8	¥ 2,000.00	¥ 5,300.00	¥ 700.00
		女 最大值				¥ 2,000.00		¥ 700.00
		女 最大值				¥ 2,000.00		¥ 700.00
001	周明	男	办公室	总经理	17	¥ 2,500.00	¥ 10,000.00	¥ 2,200.00
		男 最大值				¥ 2,500.00		¥ 2,200.00
		男 最大值				¥ 2,500.00		¥ 2,200.00
		办公室 最大值				¥ 2,500.00		¥ 2,200.00
014	蒋小平	男	开发部	工程师	9	¥ 2,000.00	¥ 7,000.00	¥ -200.00
011	赵秒	男	开发部	工程师	9	¥ 2,000.00	¥ 7,000.00	¥ 3,600.00
018	刘阳阳	男	开发部	工程师	8	¥ 2,000.00	¥ 7,000.00	¥ 2,250.00
023	吴晓明	男	开发部	工程师	7	¥ 2,000.00	¥ 7,000.00	¥ 2,300.00
020	李昊清	男	开发部	工程师	7	¥ 2,000.00	¥ 7,000.00	¥ 2,400.00
021	郝大鹏	男	开发部	工程师	7	¥ 2,000.00	¥ 7,000.00	¥ 2,400.00
022	张鸣东	男	开发部	工程师	7	¥ 2,000.00	¥ 7,000.00	¥ 2,400.00
009	吴清	男	开发部	经理	10	¥ 2,500.00	¥ 8,500.00	¥ 3,800.00
		男 最大值				¥ 2,500.00		¥ 3,800.00
		男 最大值				¥ 2,500.00		¥ 3,800.00
024	吴丽	女	开发部	文员	10	¥ 2,500.00	¥ 5,300.00	¥ 1,950.00
		女 最大值				¥ 2,500.00		¥ 1,950.00

图 3-53　效果图

管理与分析工资表(1)

3.3.1　排序

相关知识

数据排序可以是工作表的数据记录按照规定的顺序排序，分简单排序和多关键字排序。

1. 简单排序

数据按照某一列排序，称为简单排序。下面以“一月份应发工资”表中按照“工龄”升序排序为例，讲解操作步骤。

将鼠标定位于“工龄(年)”列中的任一单元格，单击【开始】选项卡的【编辑】组中的【排序和筛选】按钮，在打开的下拉列表框中选择【升序】选项，所有的数据将按“工龄”列由低到高进行排序，如图 3-54 所示。

员工编号	姓名	性别	部门	职位	工龄(年)
031	郝鸣东	男	市场部	设计	6
005	付翔	男	销售部	销售员	7
020	李吴青	男	开发部	工程师	7
021	郝大鹏	男	开发部	工程师	7
022	张鸣东	男	开发部	工程师	7
023	吴晓明	男	开发部	工程师	7
003	孙英楠	女	办公室	文员	8
006	黄蕃蕃	女	办公室	文员	8
013	古明明	男	销售部	销售员	8
018	刘阳阳	男	开发部	工程师	8
026	李青青	女	销售部	销售员	8
007	董一鸣	男	销售部	销售员	9
011	赵秒	男	开发部	工程师	9

员工编号	姓名	性别	部门	职位	工龄(年)
001	周明	男	办公室	总经理	17
002	李青	男	销售部	经理	17
003	孙英楠	女	办公室	文员	8
004	张蒙	男	开发部	总工程师	10
005	付翔	男	销售部	销售员	7
006	黄蕃蕃	女	办公室	文员	8
007	董一鸣	男	销售部	销售员	9
008	周丽丽	女	客服部	文员	11
009	吴清	男	开发部	经理	10
010	王春晓	女	销售部	销售员	10
011	赵秒	男	开发部	工程师	9

图 3-54　简单排序

2. 多关键字排序

多关键字排序是指对选定的数据区域按照两个或者以上的排序关键字进行排序。下面以“一月份应发工资表”中的“工龄”降序排序，“工龄”相同的按照“奖金”升序排序为例，介绍多关键字排序的操作步骤。

选中 A2:J34，单击【数据】选项卡的【排序和筛选】组中的【排序】按钮，弹出【排序】对话框，如图 3-55 所示。

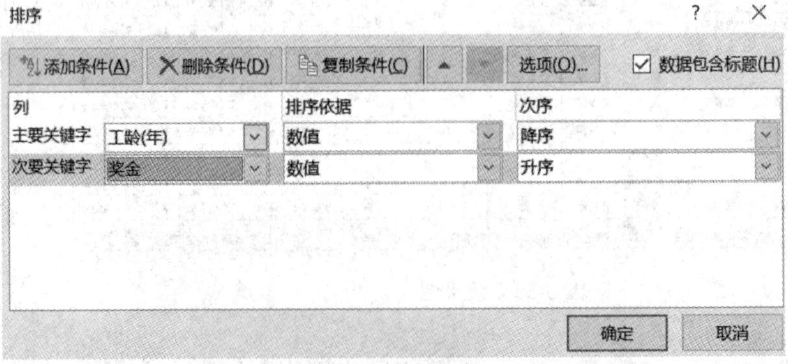

图 3-55　多关键字排序

在【主要关键字】下拉列表中选择“工龄(年)”,【次序】为“降序”，单击左上角的【添加条件】，添加【次要关键字】为“奖金”,【次序】为“升序”，单击【确定】按钮即可看到最终的效果。

3.3.2　筛选

相关知识

筛选是指将数据区域中满足条件的记录显示出来，不满足条件的记录隐藏起来。在 Excel 2016 中，筛选分为自动筛选和高级筛选。

1. 自动筛选

自动筛选是指按照某一条件进行的数据筛选。如在“一月份应发工资”表中筛选“销售部”员工信息，具体步骤如下。

(1) 选中数据区域的任一单元格，单击【数据】选项卡的【排序和筛选】组中的“筛选”按钮，在数据区域的每个标题右侧将显示一个下拉按钮。

(2) 单击【部门】右侧的下拉按钮，将【全选】按钮前面的钩去掉，取消全选，选中【销售部】复选框。

(3) 单击【确定】按钮即可显示符合条件的数据，如图 3-56 所示。

汇通科技有限公司应发工资总表

员工编	姓名	性别	部门	职位	工龄(年)	工龄工资	职位工资
002	李青	男	销售部	经理	17	¥ 2,500.00	¥ 8,500.00
010	王春晓	女	销售部	销售员	10	¥ 2,500.00	¥ 5,500.00
017	王力	男	销售部	销售员	10	¥ 2,500.00	¥ 5,500.00
007	董一鸣	男	销售部	销售员	9	¥ 2,000.00	¥ 5,500.00
025	张晓燕	女	销售部	工程师	9	¥ 2,000.00	¥ 7,000.00
013	古明明	男	销售部	销售员	8	¥ 2,000.00	¥ 5,500.00
026	李青青	女	销售部	销售员	8	¥ 2,000.00	¥ 5,500.00
005	付翔	男	销售部	销售员	7	¥ 2,000.00	¥ 5,500.00

图 3-56　自动筛选

对于某些特殊的筛选也可以自定义筛选条件进行筛选，如在“一月份应发工资”表中筛选出“销售部”“工龄”超过 10 年的员工信息，操作步骤如下。

在图 3-56 的基础上，单击“工龄(年)”右侧的下拉框，单击【数字筛选】下的【大于...】命令，出现【自定义自动筛选方式】对话框，在【工龄(年)】下可以选择条件，这里选“大于”，在文本框中输入 10，如图 3-57 所示，单击【确定】完成筛选。

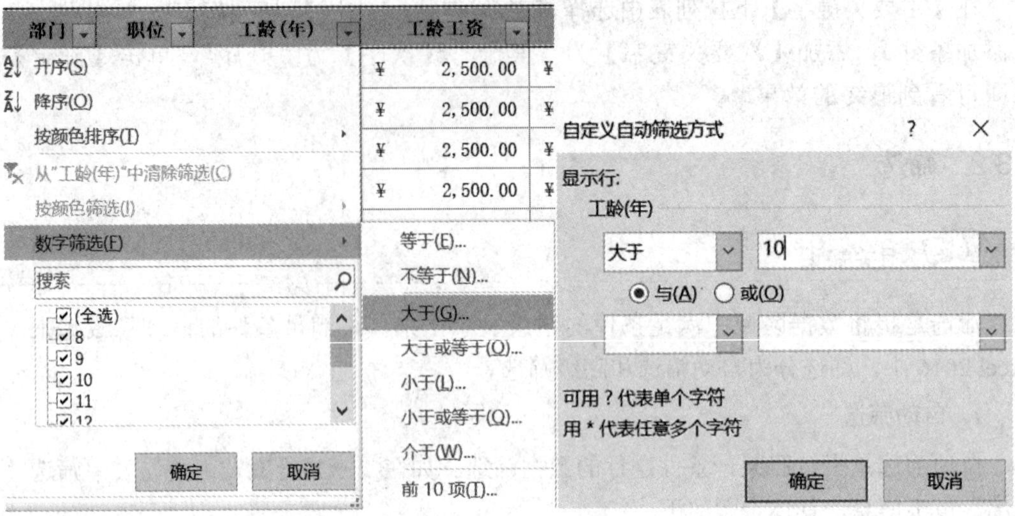

图 3-57　自定义自动筛选

2. 高级筛选

自动筛选可以实现同字段之间的“或”“与”运算，也可以实现不同字段之间的“与”运算，但是不能实现多字段之间的“或”运算。当筛选出满足字段间条件为“或”关系的记录时，必须使用高级筛选才能实现。

高级筛选是指根据条件区域设置的筛选条件而进行的筛选，使用高级筛选时需设置数据区域、条件区域和筛选结果存放区域三个区域。其中在设置条件区域时需遵循以下原则。

(1) 条件区域必须与原数据区域至少隔开一行或一列。

(2) 条件区域至少有两行，第一行放置字段名，下面的行放置筛选条件。其中字段名一定要和原数据区域的字段名保持一致。

(3) “与”关系的条件必须在同一行，“或”关系的条件必须在不同行。

使用“高级筛选”从“一月份应发工资”中筛选出部门为“开发部”或者“奖金”大于 2000 的员工信息，步骤如下：

(1) 在与数据区域至少间隔一行或一列的位置，设置条件区域，如图 3-58 所示。

部门	奖金
开发部	
	>=2000

图 3-58　条件区域

(2) 单击【数据】选项卡的【排序和筛选】组中的【高级】按钮，弹出如图 3-59 所示的【高级筛选】对话框。图中，【列表区域】为数据区域，【条件区域】为选择的条件区域；【方式】选择“将筛选结果复制到其他位置”，【复制到】为显示筛选结果的左上角的单元格的地址。

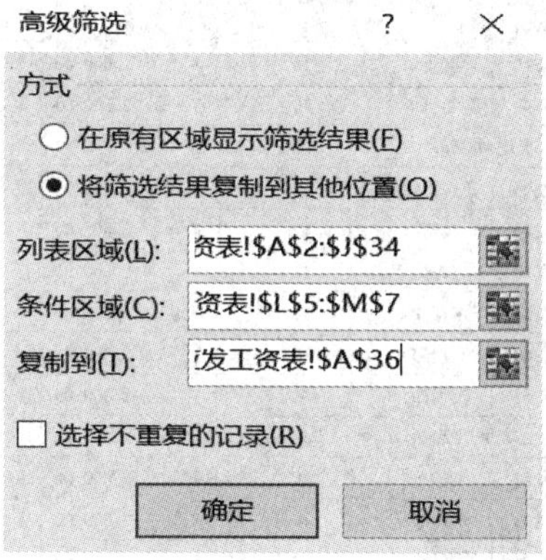

图 3-59　【高级筛选】对话框

3.3.3　分类汇总

相关知识

1. 分类汇总

在做分类汇总之前，需先按照某个关键字排序，然后按照该字段进行分类汇总。下面以根据“一月份应发工资”表统计各部门的平均应发工资为例，介绍分类汇总的操作步骤。

(1) 按照“部门”进行升序排序。

(2) 将光标置于数据区域，单击【数据】选项卡的【分级显示】组中的【分类汇总】按钮，弹出【分类汇总】对话框。

(3) 在【分类字段】中选择“部门”，在【汇总方式】中选择“平均值”，在【选定汇总项】中选中“应发工资”，如图 3-60 所示。

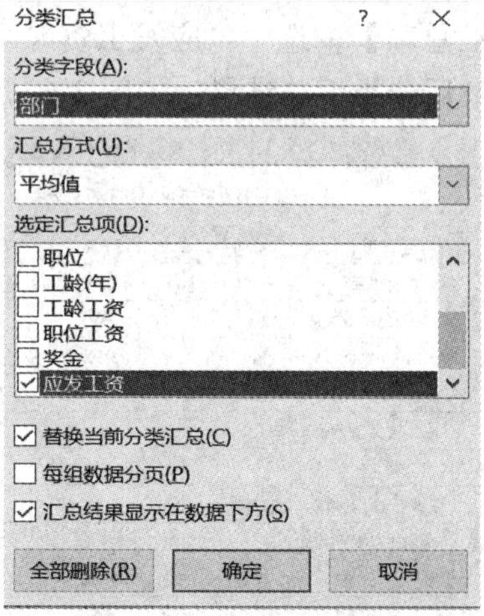

图 3-60　【分类汇总】对话框

(4) 单击【确定】按钮即可得到分类汇总结果，如图 3-61 所示。

	A	B	C	D	E	F	G	H	I	J
4	003	孙英楠	女	办公室	文员	10	¥ 2,500.00	¥ 5,300.00	¥ 700.00	¥ 8,500.00
5	006	黄蕾蕾	女	办公室	文员	10	¥ 2,500.00	¥ 5,300.00	¥ -500.00	¥ 7,300.00
6				办公室 平均值						¥ 10,166.67
7	004	张蒙	男	开发部	总工程师	12	¥ 2,500.00	¥ 8,000.00	¥ -	¥ 10,500.00
8	009	吴清	男	开发部	经理	12	¥ 2,500.00	¥ 8,500.00	¥ 3,800.00	¥ 14,800.00
9	011	赵秒	男	开发部	工程师	11	¥ 2,500.00	¥ 7,000.00	¥ 3,600.00	¥ 13,100.00
10	014	蒋小平	男	开发部	工程师	11	¥ 2,500.00	¥ 7,000.00	¥ -200.00	¥ 9,300.00
11	018	刘阳阳	男	开发部	工程师	10	¥ 2,500.00	¥ 7,000.00	¥ 2,250.00	¥ 11,750.00
12	020	李昊清	男	开发部	工程师	9	¥ 2,000.00	¥ 7,000.00	¥ 2,400.00	¥ 11,400.00
13	021	郝大鹏	男	开发部	工程师	9	¥ 2,000.00	¥ 7,000.00	¥ 2,400.00	¥ 11,400.00
14	022	张曦东	男	开发部	工程师	9	¥ 2,000.00	¥ 7,000.00	¥ 2,400.00	¥ 11,400.00
15	023	吴晓明	男	开发部	工程师	9	¥ 2,000.00	¥ 7,000.00	¥ 2,300.00	¥ 11,300.00
16	024	吴丽	女	开发部	文员	12	¥ 2,500.00	¥ 5,300.00	¥ 1,950.00	¥ 9,750.00
17				开发部 平均值						¥ 11,470.00
18	008	周丽丽	女	客服部	文员	13	¥ 2,500.00	¥ 5,300.00	¥ -400.00	¥ 7,400.00

图 3-61　【分类汇总】结果

2. 嵌套分类汇总

所谓嵌套分类汇总，是指用两个或两个以上关键字段作为分类字段的多次汇总方式。下面以根据“汇通科技有限公司应发工资总表”统计各部门各职位的应发平均工资为例，介绍嵌套分类汇总的步骤。

(1) 对分类字段“部门”和“职位”进行排序，先按“部门”升序，再按“职位”降序排序。

(2) 将光标置于数据区域，单击【数据】选项卡的【分级显示】组中的【分类汇总】按钮，弹出【分类汇总】对话框。

(3) 在【分类字段】中选择“部门”，在【汇总方式】中选择“平均值”，在【选定汇总项】中选中“应发工资”，单击【确定】按钮。

(4) 再次打开【分类汇总】对话框，在【分类字段】中选择“职位”，在【汇总方式】中选择“平均值”，在【选定汇总项】中选中“应发工资”，取消选中的【替换当前分类汇总】，单击【确定】按钮得出最后分类汇总结果，如图 3-62 所示。

	A	B	C	D	E	F	G	H	I	J
1	汇通科技有限公司应发工资总表									
2	员工编号	姓名	性别	部门	职位	工龄(年)	工龄工资	职位工资	奖金	应发工资
3	001	周明	男	办公室	总经理	19	¥ 2,500.00	¥ 10,000.00	¥ 2,200.00	¥ 14,700.00
4					总经理 平均值					¥ 14,700.00
5	003	孙英楠	女	办公室	文员	10	¥ 2,500.00	¥ 5,300.00	¥ 700.00	¥ 8,500.00
6	006	黄蕾蕾	女	办公室	文员	10	¥ 2,500.00	¥ 5,300.00	¥ -500.00	¥ 7,300.00
7					文员 平均值					¥ 7,900.00
8				办公室 平均值						¥ 10,166.67
9	004	张蒙	男	开发部	总工程师	12	¥ 2,500.00	¥ 8,000.00	¥ -	¥ 10,500.00
10					总工程师 平均值					¥ 10,500.00
11	024	吴丽	女	开发部	文员	12	¥ 2,500.00	¥ 5,300.00	¥ 1,950.00	¥ 9,750.00
12					文员 平均值					¥ 9,750.00
13	009	吴清	男	开发部	经理	12	¥ 2,500.00	¥ 8,500.00	¥ 3,800.00	¥ 14,800.00
14					经理 平均值					¥ 14,800.00

图 3-62　嵌套分类汇总

3.3.4　数据透视表

相关知识

数据透视表是一种交互式的数据表，可以对工作表中的数据进行汇总和分析，主要用于深入分析数据。这里以“一月份应发工资表”中每个部门男女职工奖金为例，介绍数据透视表的操作步骤。

(1) 将鼠标光标置于数据清单中任一单元格，单击【插入】选项卡【表格】组中的【数据透视表】按钮下侧的下三角符号，在弹出的列表中选择【数据透视表】命令，打开【创建数据透视表】对话框，如图 3-63 所示，保持默认设置不变，单击【确定】按钮，创建一个空白数据透视表，并在窗口右侧打开“数据透视表字段”窗格，进入数据透视表设计视图。

(2) 从【选择要添加到报表的字段】列表框中，将“性别”拖入“列”标签，将“部门”拖入“行”标签，将“奖金”拖入“值”列表框中，如图 3-64 所示。

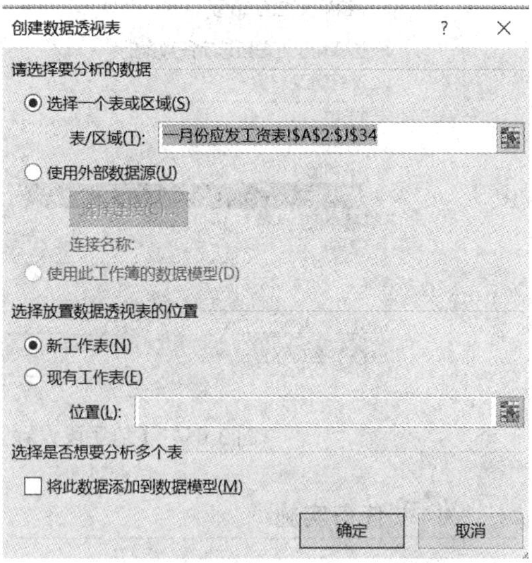

图 3-63　【创建数据透视表】对话框

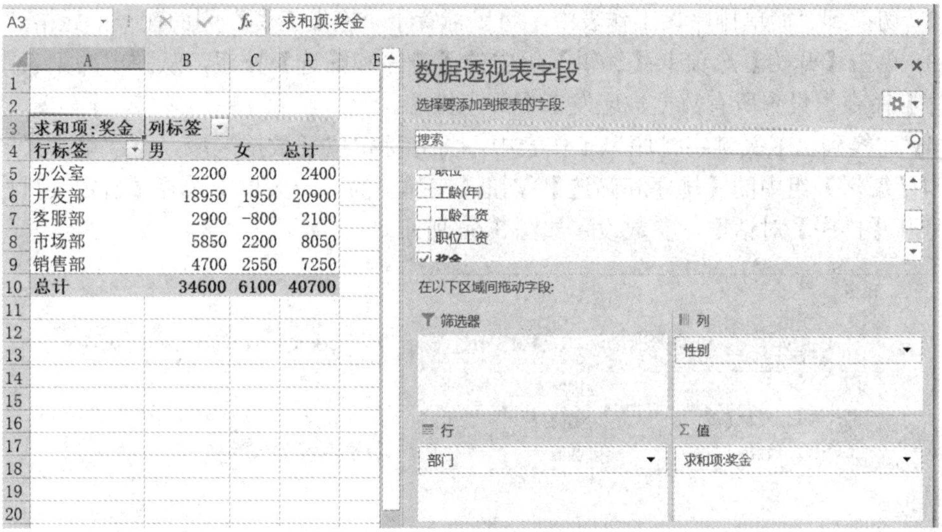

图 3-64　数据透视表设计

(3) 如果不想统计奖金的和，可以单击【值】下面【求和项：奖金】下拉列表框，选择【值字段设置】对话框，如图 3-65 所示，在【计算类型】下列列表框中选择“最大值”，单击【确定】即可计算出每个部门男女职工奖金的最大值。

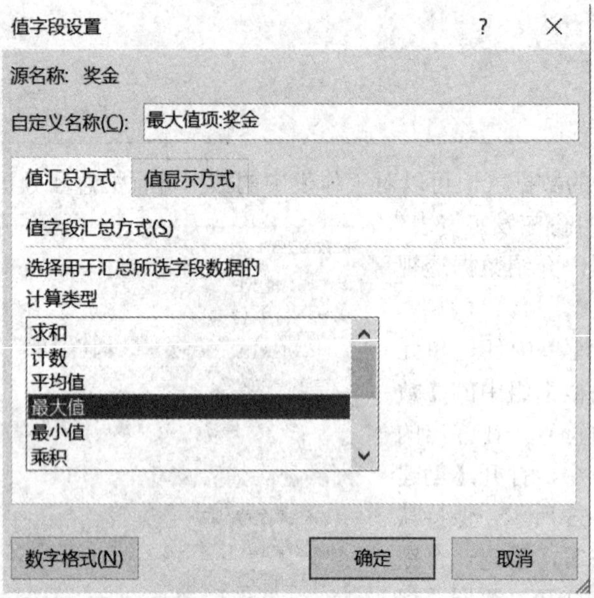

图 3-65　【值字段设置】对话框

管理与分析工资表(2)

任务实施

(1) 将“一月份应发工资表”创建 6 个副本，分别重命名为“简单排序”“多关键字排序”“自动筛选”“高级筛选”“分类汇总”和“嵌套分类汇总”。

(2) 切换到“简单排序”工作表中，将鼠标置于“应发工资”列的任一单元格。

(3) 单击【开始】选项卡【编辑】组中的【排序和筛选】按钮，从弹出的列表中选择【降序】命令，设置所有数据按应发工资降序排序。

(4) 切换到“多关键字排序”工作表中，将光标定位于数据区域，再次单击【开始】选项卡【编辑】组中的【排序和筛选】按钮，在弹出的下拉菜单中选择【自定义排序】命令，打开【排序】对话框，参数设置如图 3-66 所示。

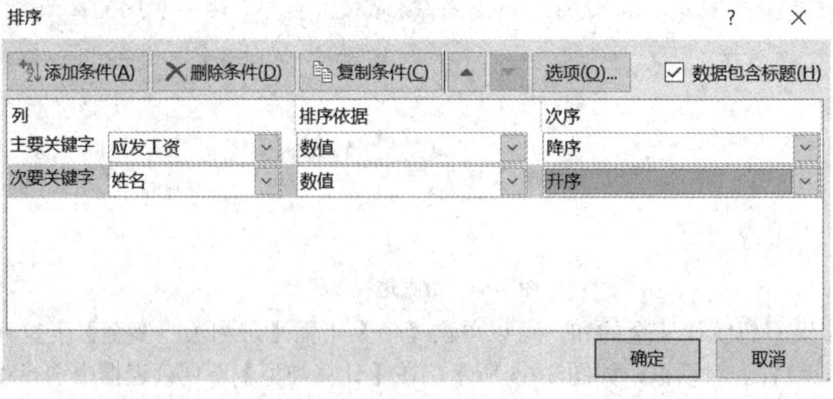

图 3-66　设置排序关键字

(5) 切换到“自动筛选”表中，定位数字区域，单击【数据】选项卡【排序和筛选】

组中的【筛选】按钮，单击“姓名”列标题旁的下拉箭头，在弹出的下拉框中选择【文本筛选】子列表中的【开头是】命令，弹出【自定义自动筛选方式】对话框，参数设置如图 3-67 所示。

(6) 在“工龄”列标题的下拉列表中选择“数字筛选”子列表中的【小于或等于】命令，参数设置如图 3-68 所示。

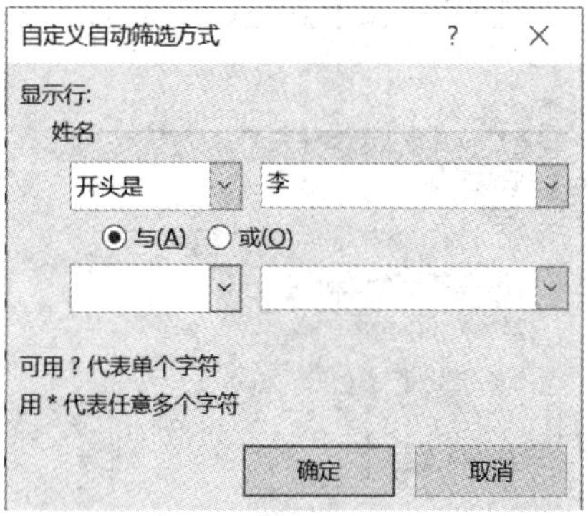

图 3-67　设置“姓名”字段筛选条件

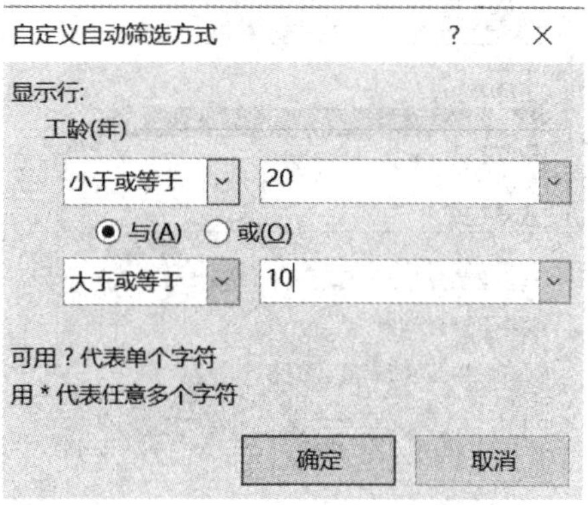

图 3-68　设置参数

(7) 切换到“高级筛选”工作表中，筛选出“开发部”奖金大于等于 500 或者“客服部”的“应发工资”大于等于 10 000，具体的条件设置如图 3-69 所示，【高级筛选】对话框如图 3-70 所示。

部门	奖金	应发工资
开发部	>=500	
客服部		>=10000

图 3-69　条件区域

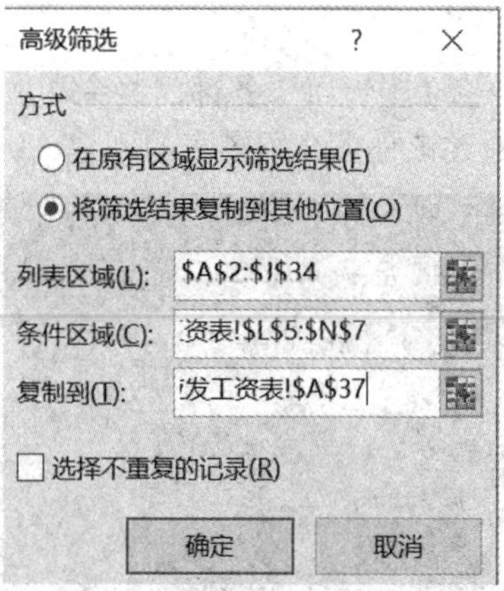

图 3-70　【高级筛选】对话框

(8) 切换到“分类汇总”工作表中，使用分类汇总求出各部门“工龄工资”“奖金”的最大值。将光标定位于数字区域，单击【数据】选项卡【分级显示】组中的【分类汇总】按钮，打开【分类汇总】对话框，参数设置如图 3-71 所示。

(9) 切换到“嵌套分类汇总”工作表，汇总各部门男女职工的工龄工资和奖金的最小值。先按“部门”和“性别”排序，“部门”的分类和图 3-71 一样，再次单击【分类汇总】按钮，打开【分类汇总】对话框，参数设置如图 3-72 所示。

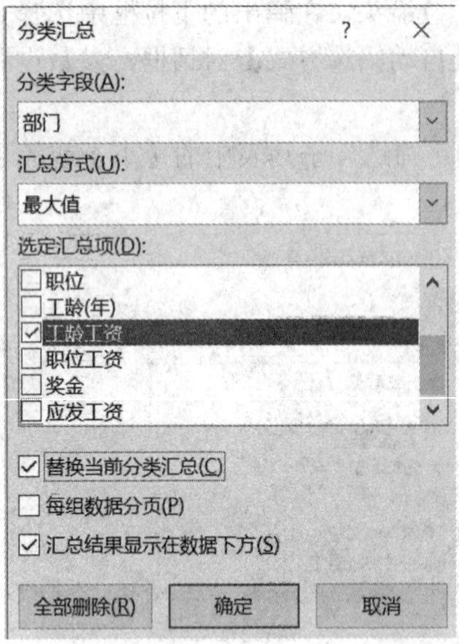

图 3-71　【分类汇总】对话框

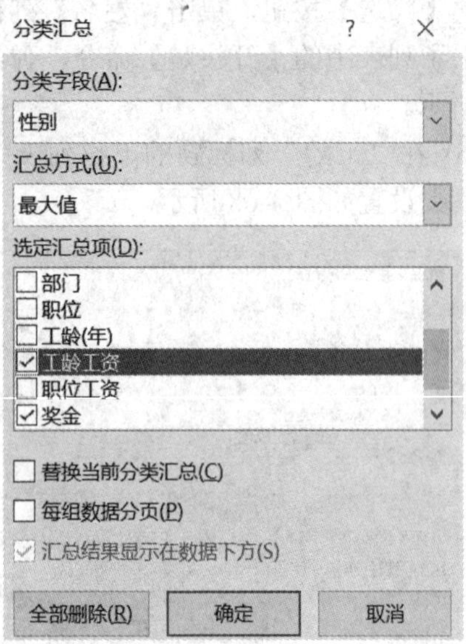

图 3-72　按“性别”分类汇总

任务 3.4　工资图表设计

工资图表设计(1)

本任务制作一个“各部门奖金和应发工资对比”图表，效果如图 3-73 所示。通过该任务介绍图表的创建、编辑和美化等操作。

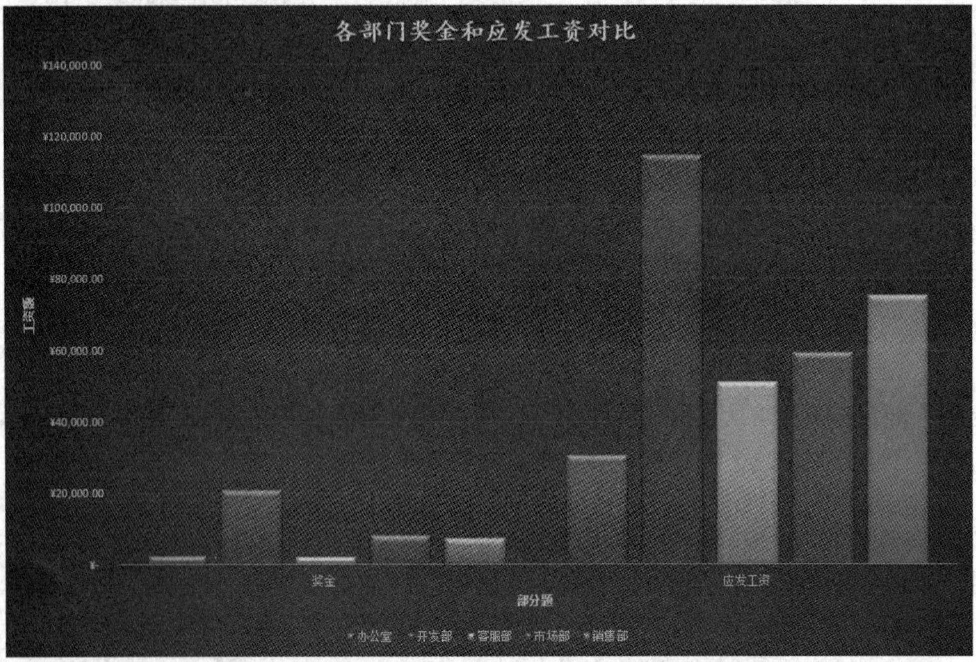

图 3-73　“各部门奖金和应发工资对比”效果图

3.4.1　创建图表

相关知识

1. 图表

图表可以更加直观、生动、清晰地显示不同数据间的差异，更好地显示出发展趋势和分布状况，便于用户更好地理解各种数据之间的相互关系，使用户一目了然地看清数据的大小、差异和变化趋势。同时当工作表区域的数据发生变化时，图表中对应的数据也自动更新，可以同步显示数据。Excel 2016 提供了约 100 种不同格式的图表，其中包括二维图表和三维图表。图表一般由数据系列、网格线、分类名称、图例、坐标轴、标题等几部分组成，如图 3-74 所示。

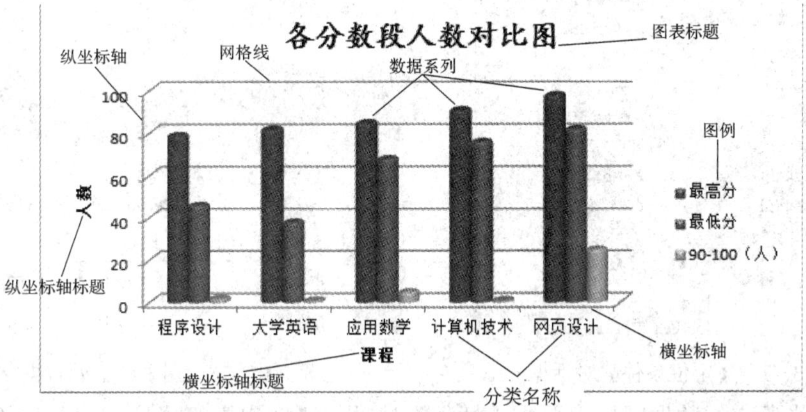

图 3-74　图表组成

2. 创建图表

Excel 2016 中的图表有两种放置方式，一种是嵌入图，即将数据和图表显示在一张工作表中；另外一种是将图表单独放置在一张工作表中。创建图表的具体步骤如下：

(1) 将光标定位到要创建图表的位置。

(2) 单击【插入】选项卡的【图表】组中的图表类型按钮，如图 3-75 所示。

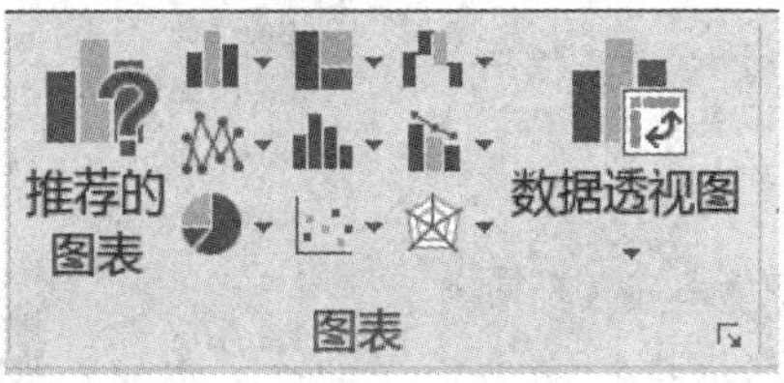

图 3-75　【图表】组

(3) 在打开的下拉列表中选择需要的柱形图类型，即可在工作表中创建图表。

任务实施

(1) 使用分类汇总统计各部门的奖金和应发工资总和，如图 3-76 所示，按 Ctrl + G 键打开【定位】对话框，单击【定位条件】按钮打开【定位条件】对话框，选中【可见单元格】单选钮，单击【确定】按钮，如图 3-77 所示。

(2) 按下 Ctrl + C 键，在新的工作表进行粘贴，最终数据如图 3-78 所示。

A	B	C	D	E	F	G	H	I	J
汇通科技有限公司应发工资总表									
员工编号	姓名	性别	部门	职位	工龄(年)	工龄工资	职位工资	奖金	应发工资
			办公室 汇总					¥ 2,400.00	¥ 30,500.00
			开发部 汇总					¥ 20,900.00	¥ 114,700.00
			客服部 汇总					¥ 2,100.00	¥ 50,900.00
			市场部 汇总					¥ 8,050.00	¥ 59,350.00
			销售部 汇总					¥ 7,250.00	¥ 75,250.00

图 3-76　分类汇总统计各部门奖金和应发工资

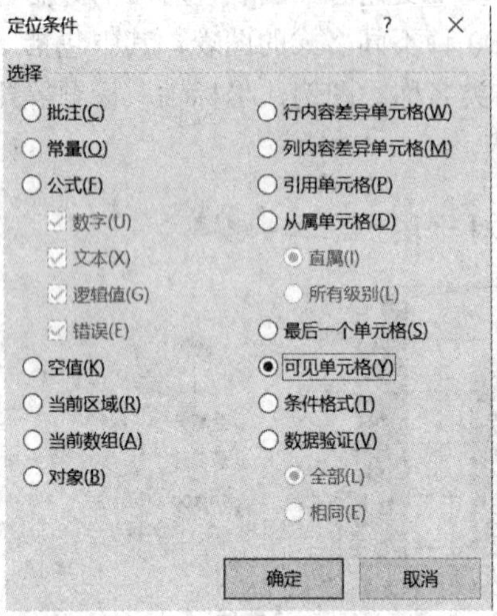

图 3-77　【定位条件】对话框

	A	B	C
1	部门	奖金	应发工资
2	办公室	¥ 2,400.00	¥ 30,500.00
3	开发部	¥ 20,900.00	¥ 114,700.00
4	客服部	¥ 2,100.00	¥ 50,900.00
5	市场部	¥ 8,050.00	¥ 59,350.00
6	销售部	¥ 7,250.00	¥ 75,250.00

图 3-78　图表的原始数据

(3) 在光标定位数据区域，单击【插入】选项卡【图表】组【柱形图】下的【圆柱形】组的第一个，出现如图 3-79 所示的部门柱形图，并命名为“工资分析表”，完成图表的创建。

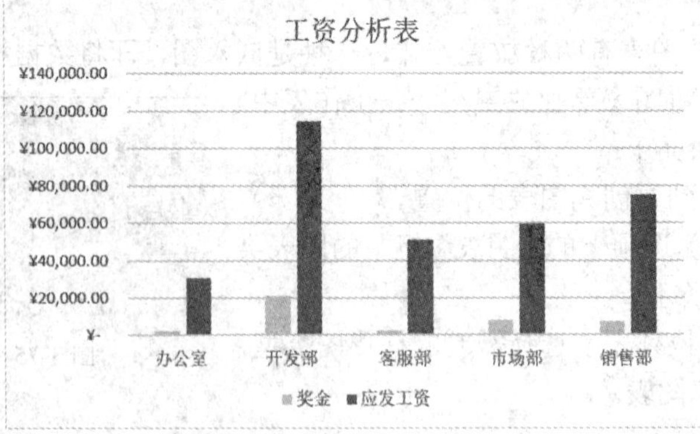

图 3-79　部门柱形图

3.4.2　修改图表

相关知识

修改图表包括选定图表项、调整图表大小和位置、更改图表类型、编辑图表数据源、交换图表的行与列、添加和修饰图表标题、设置坐标轴及标题、设置图表样式、设置图表区与绘图区的格式等操作。

1. 调整图表的大小和位置

要调整图表的大小，先选中图表，然后将鼠标光标移到图表的浅蓝色边框的控制点上，当鼠标光标变成可调整形状时，拖动鼠标左键即可调整图表的大小。

要在不同工作表之间调整图表的位置，首先右击图表，在弹出的快捷菜单中选择【移动图表】命令，弹出【移动图表】对话框，如图 3-80 所示。选择【新工作表】按钮，或者选择【对象位于】单选按钮，并在右侧的下拉列表选择目标工作表，然后单击【确定】按钮。

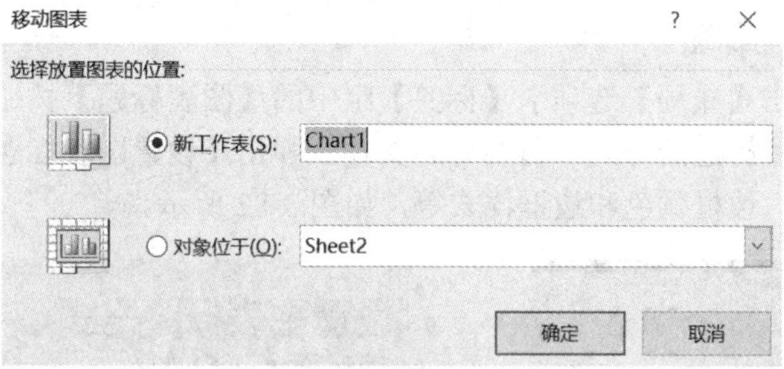

图 3-80　【移动图表】对话框

2. 更改图表类型

如果用户需要更改已经创建好的图表的类型，则可以单击【设计】选项卡【类型】组中的【更改图表类型】按钮，弹出【更改图表类型】对话框，如图 3-81 所示。在该对话框的左边选择图表类型，在右侧选择子类型。

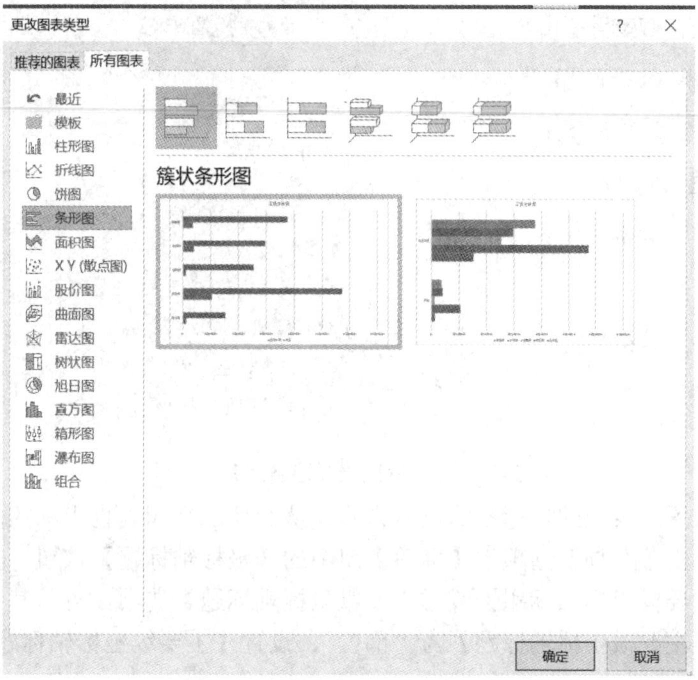

图 3-81　【更改图表类型】对话框

3. 编辑图表数据源

图表创建后可以根据需要随时更新图表所使用的数据源。选中图表，单击【设计】选项卡的【数据】组中的【选择数据】按钮，弹出【选择数据源】对话框，单击【图表数据区域】右侧的折叠按钮，返回到工作表中重新选择数据源区域，选择完毕确认无误后单击【确定】按钮，即可完成数据源的更新。

4. 交换图表的行与列

创建图表后，横坐标和纵坐标可以通过单击【数据】选项卡的【切换行/列】按钮进行调整。

5. 设置坐标轴与标题

选中图表，单击【布局】选项卡【标签】组中的【图表标题】按钮，在打开的下拉列表框中选择一种放置标题的方式，右击标题文本，弹出【设置图表标题格式】对话框，可以为标题设置填充、边框颜色和边框样式等，如图 3-82 所示。

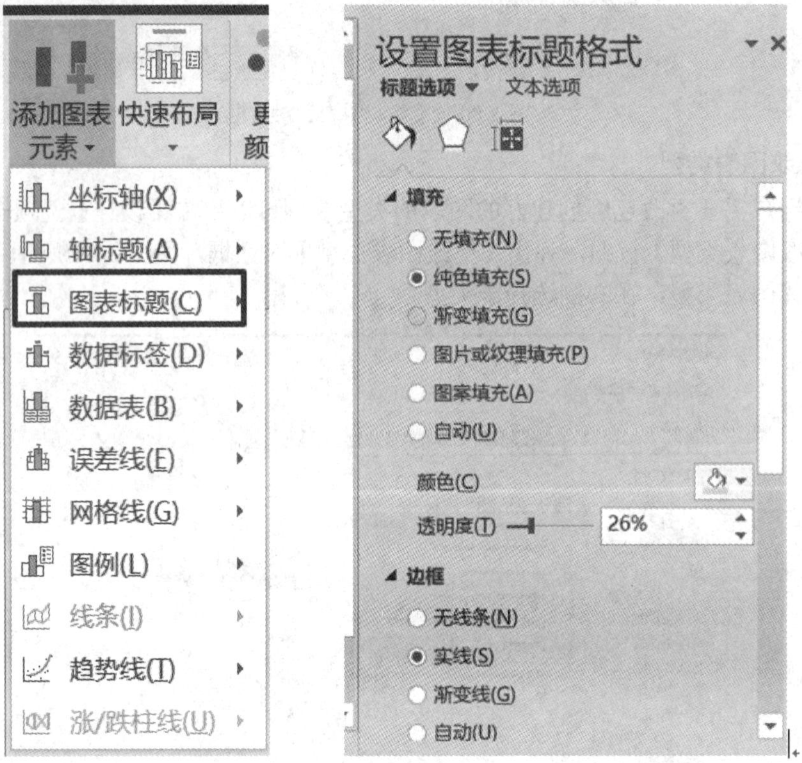

图 3-82　【设置图表标题格式】对话框

用户可以设置图表中的坐标轴的显示方式，从而使水平和垂直坐标的内容更加丰富，其步骤如下：单击【布局】选项卡【标签】组中的【坐标轴标题】按钮，在打开的下拉列表框中选择【主要横坐标轴标题】或【主要纵坐标轴标题】选项，再从其子菜单中选择设置项。如设置【主要横坐标轴标题】为“部门”，设置【主要纵坐标轴标题】为“人数”，效果如图 3-83 所示。

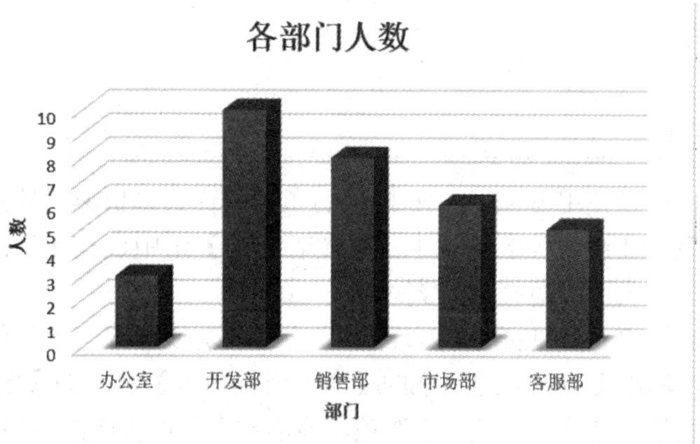

图 3-83　设置坐标轴标题后效果

任务实施

(1) 右键单击图 3-79 的图表，选择“移动图表”，选择【新工作表】按钮，并将新的工作表重命名为“各部门应发工资和奖金”。

(2) 选中图表。单击【设计】选项卡的【数据】组中的【切换行/列】按钮，调整数据显示。

(3) 单击【布局】选项卡【标签】组中的【坐标轴标题】按钮，在弹出的菜单中选择【主要横坐标轴标题】子菜单中的【坐标轴下方标题】按钮，在生成的文本框中输入“部门”；选择【主要纵坐标轴标题】子菜单中的【旋转过的标题】命令，在生成的文本框中输入“工资额”。

(4) 单击【布局】选项卡【标签】组中的【图表标题】按钮，在弹出的菜单中选择【图表上方】命令，在生成的文本框中输入“各部门奖金和应发工资对比”，如图 3-84 所示。

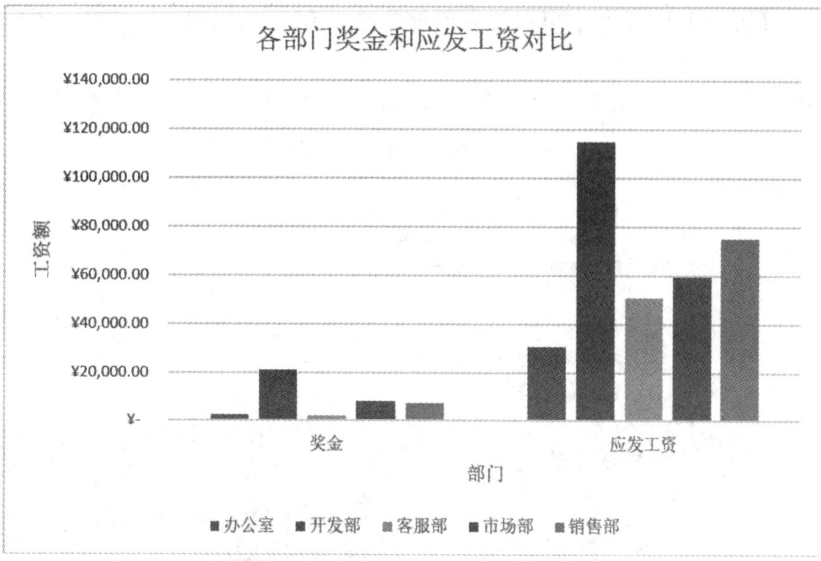

图 3-84　设置坐标轴标题后效果图

3.4.3　美化图表

相关知识

创建图表后，可以使用 Excel 2016 提供的布局和样式来快速设置图表外观，其设置步骤如下：选中图表，在【设计】选项卡的【图表布局】组中选择图表的布局类型，在【图表样式】组中选择图表的颜色搭配方案。

图表区是放置图表及其他元素的大背景，绘图区是放置图表主体的背景，其设置步骤如下：选中图表，单击【布局】选项卡的【当前所选内容】组中的【图表元素】下拉按钮，在打开的下拉列表框中选择“图表区”选项，再单击【设置所选内容格式】按钮，弹出【设置绘图区格式】对话框，在该对话框中设置绘画区。

任务实施

(1) 选中图 3-84 所示的图表，选择【设计】选项卡，选择【图表样式】组中的“样式 42”。

(2) 选择图表标题，单击【开始】选项卡的【字体】组中的相应按钮，修改标题的字符格式为“楷体、18 号、加粗”，最终效果如图 3-73 所示。

3.4.4　页面设置

相关知识

页面设置包括设置工作表的打印方向，页面宽度和高度、打印纸张的大小和打印页码等。

1. 设置纸张

单击【页面布局】选项卡的【页面设置】组中的【页面设置】按钮，弹出如图 3-85 所示对话框。在【页面】选项卡中可以设置纸张方向、纸张大小等。

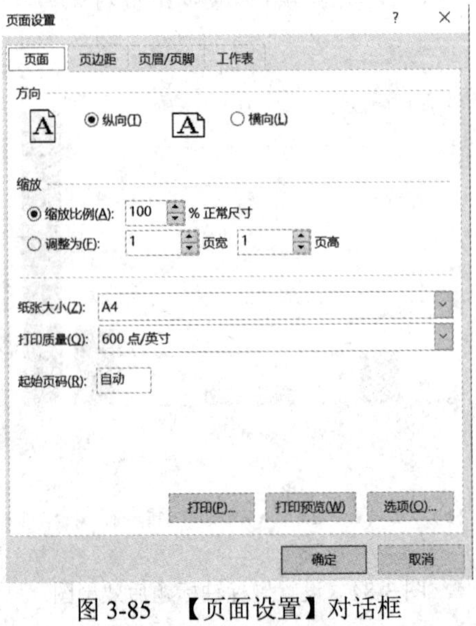

图 3-85　【页面设置】对话框

2. 设置页边距

在【页面设置】对话框中选择【页边距】选项卡，从中可以设置四个方向上的边距以及页眉和页脚的位置，如图 3-86 所示。

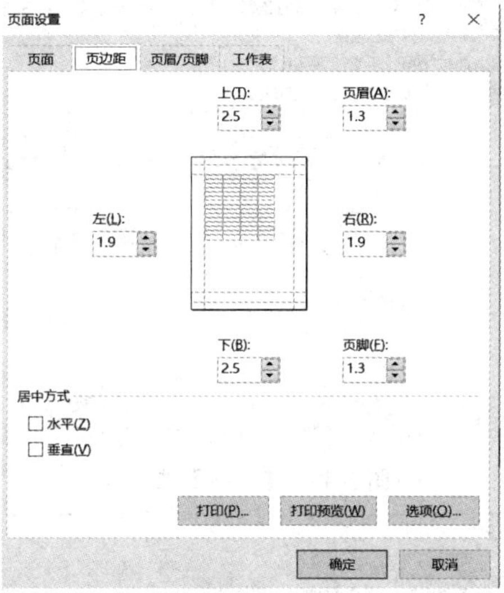

图 3-86　【页边距】选项卡

3. 页眉和页脚设置

在【页面设置】对话框中选择【页眉/页脚】选项卡。在【页眉】列表框中选择一种页眉样式；或者单击【自定义页眉】按钮，弹出【页眉】对话框，如图 3-87 示。如这里设置页面左边显示“日期”，中间输入“计算机工程技术学院”，页眉右边显示“总页数”。单击【确定】按钮返回到【页面设置】对话框，在【页眉预览区】将显示页眉效果。在【页脚】对话框选择一种页脚样式；或者单击【自定义页脚】按钮，弹出【页脚】对话框，进一步设置页脚，如图 3-88 所示。设置完毕后返回到【页面设置】对话框，在【页脚】将显示页脚效果。若这里我们选择页脚样式为“第 1 页，共？页”，效果如图 3-89 所示。

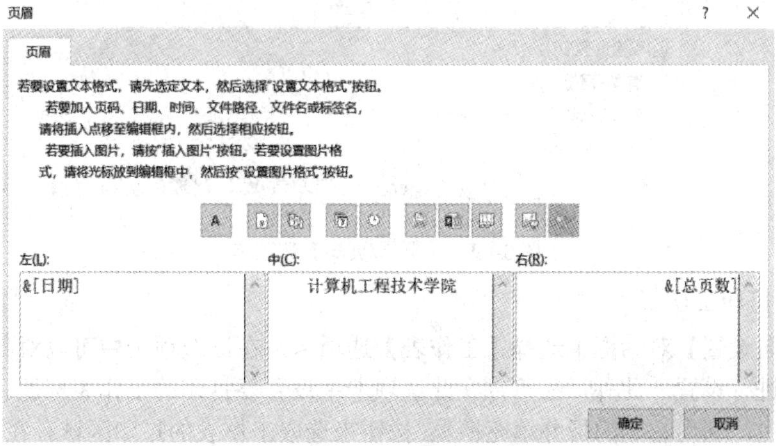

图 3-87　【页眉】对话框

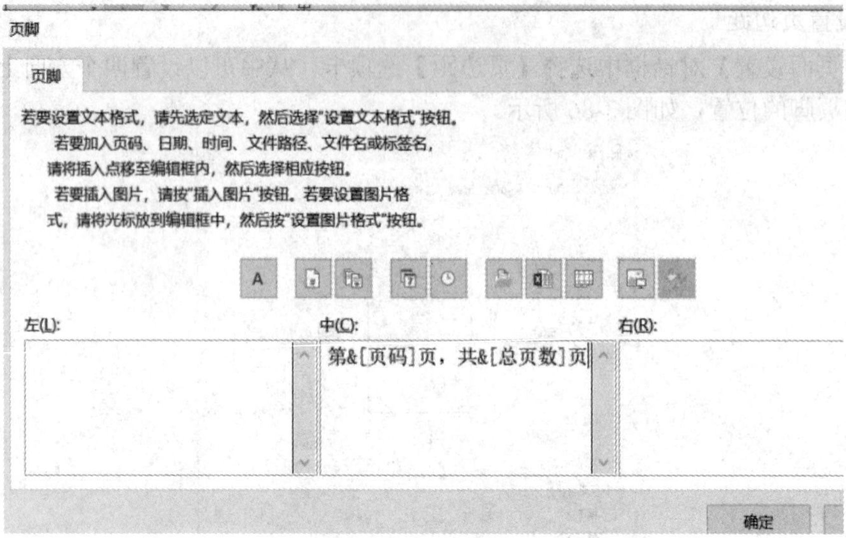

图 3-88　【页脚】选项卡

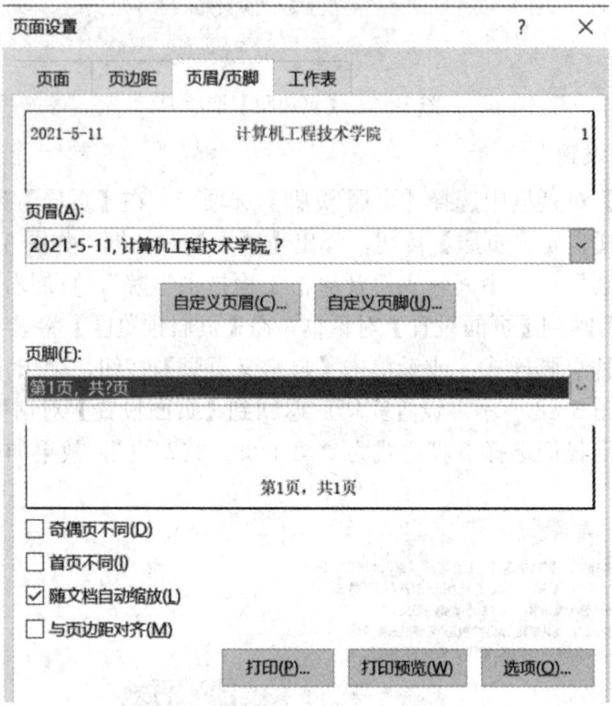

图 3-89　【页眉/页脚】选项卡

4. 设置打印工作表

在【页面设置】对话框中选择【工作表】选项卡，在该选项卡中可以对打印区域和一些打印格式进行设置。此外，还可以在此选项卡中设置要打印的工作表标题。在【打印区域】文本框中，利用右侧的折叠填充柄 按钮来选取工作表的打印区域。在【打印标题】选项组中可以为要打的工作表添加行标题和列标题，如图 3-90 示。

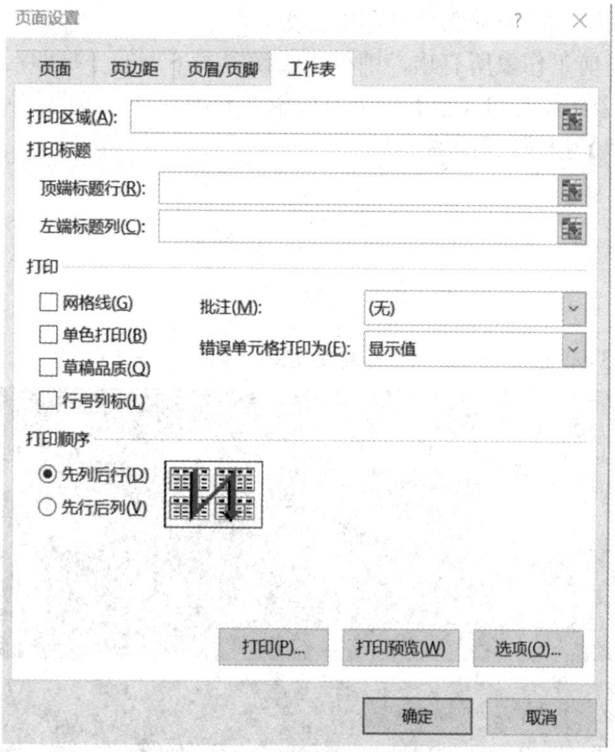

图 3-90　【工作表】选项卡

任务实施

(1) 选择【文件】|【打印】菜单命令，打开【打印】面板，右侧为预览窗口，如图 3-91 所示。

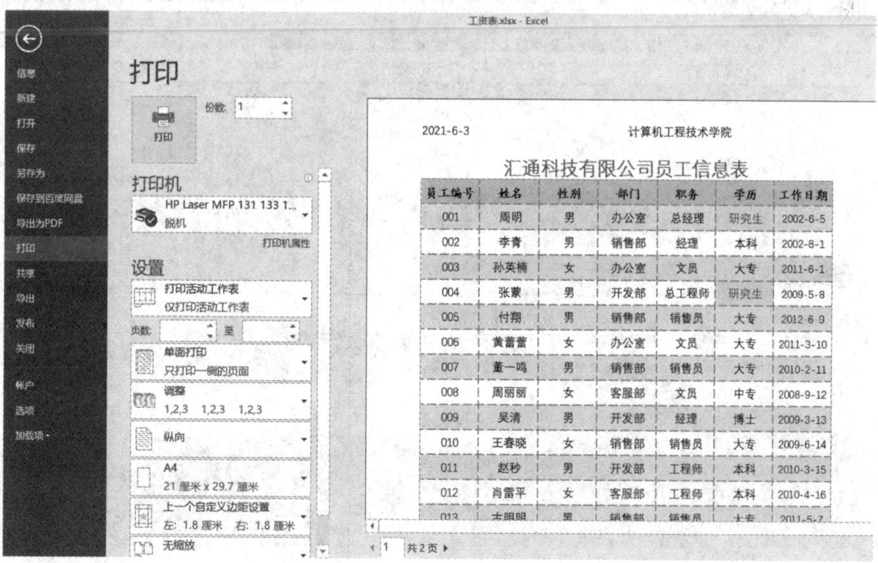

图 3-91　【打印】面板

(2) 在【份数】数值框中输入要打印的份数。

(3) 如果打印当前工作表所有项，则单击【设置】下方的【打印活动工作表】，如果仅打印部分页，则在【页数】和【至】微调框中输入起始和终止页码。

(4) 单击【打印】按钮，开始打印。

思政聚焦

“认真”二字

“认真”二字

你相信吗？图 3-92 这些画是一位老人用 Excel 创作出来的！

图 3-92　Excel 创作的系列图画

这位传奇人物就是堀内辰男，今年已经 77 岁了，在日本长野生活。他 60 岁退休后闲在家里，想起自己热爱了一辈子却从未有过交集的画画。苦于经济不宽裕，难以参加培训，有人向他推荐用电脑画画，于是他便开始刻苦学习之前从没用过的 Excel。Excel 作画非常艰难，但老人家却乐在其中。第一次参加艺术展览并没有人被他的作品惊艳到。日本是一个追求精益求精的民族，这也使堀内辰男下定决心要把这件事做精。他开始挑战更有难度的画，加图层，调整透明度……再用喷墨机打印出来，以便更直观地发现问题，再重新在电脑上调整。他描绘心中的风景，细腻柔和，情感丰富，密密麻麻的线段，没有一条是复制的，放大看来不难发现，它们都有自己的灵性。要完成这样一幅画，短则几个月，多则半年之久。他说："画画，就是用笔创造出一个世界。"功夫不负有心人，如今，他的作品一经亮相就会引来一群人惊叹，"用 Excel 还能画成如此惊艳的作品"，后来他参加了"Excel 自动图形艺术大赛"，不出所料老人家一举夺冠，作品被"群马美术馆"收藏。

像这样"认真"的人物还有很多，我们身边也有一位"认真"的朋友李子柒。李子柒，本名李佳佳，1990 年出生于四川省绵阳市，自 2004 年初中毕业起到城里漂泊，在公园的椅子上睡过，啃过两个月的馒头，当服务员的时候一个月 300 元工资。后来李子柒找了师父学音乐，之后去酒吧打碟。2012 年，因为奶奶生病回到四川老家，开过淘宝店，做过一段小生意，勉强度日。2016 年，她为了提高淘宝店的生意，在弟弟的鼓励下涉足短视频领域，3 月，在美拍上发布短视频《桃花酒》。2018 年，她的原创短视频在海外运营 3 个月后获得 YouTube 银牌奖。2019 年，获人民日报、共青团中央、央视新闻、新华社等多家媒体点赞；8 月，获得超级红人节最具人气博主奖、年度最具商业价值红人奖；9 月 14 日，她创作的短视频《水稻的一生》播出，她从播种到收获，耙田、抛秧、插秧、守水、巡水，全程亲力亲为；12 月 14 日，获得由中国新闻周刊主办的"年度影响力人物"荣誉盛典年度文化传播人物奖。

央视新闻这样评论：李子柒的视频，没有一个字夸中国好，但她讲好了中国文化，讲好了中国故事。她只是默默地在那里干着农活，偶尔地跟奶奶说几句四川方言，但全世界各地的人，却开始了解"有趣好看"的中国传统文化，并纷纷夸赞中国人的勤奋、聪慧，进而开始喜欢中国人，喜欢这个国家。不得不说，李子柒是个奇迹，一颗平常心做出了国际文化传播的奇迹。

毛泽东说："世界上怕就怕'认真'二字，共产党就最讲认真。"你懂得"认真"二字了吗？

第 4 章　PowerPoint 2016 演示文稿制作

Microsoft Office PowerPoint 2016 是美国微软公司的演示文稿软件。用户可以在投影仪或计算机上进行演示，也可以将演示文稿打印出来，制作成胶片，以便应用到更广泛的领域中。利用 Microsoft Office PowerPoint 2016 软件做出来的文件叫演示文稿(简称 PPT)，其扩展名为 .pptx；或者也可以保存为 .pdf、图片格式等。演示文稿中的每张幻灯片的内容既相互独立又相互联系，它能从静态和动态两个方面让所展示的内容更加美观生动，以增强视觉感受。

任务 4.1　制作家乡文化宣传稿

制作家乡文化宣传稿

小李同学是大一新生，在一次新生主题班会上，班主任要每位同学介绍自己的家乡。小李认为口述不能生动地呈现家乡的景色和地域文化，于是她在班会前制作了一个演示文稿。班会上小李图文并茂地向大家讲解了她家乡的特色，令其他同学印象深刻。

4.1.1　演示文稿的基本操作

相关知识

1．启动 PowerPoint 2016，并新建一个演示文稿

1) *启动* PowerPoint 2016

在【开始】菜单中，单击【PowerPoint 2016】，打开软件启动界面，如图 4-1 所示。

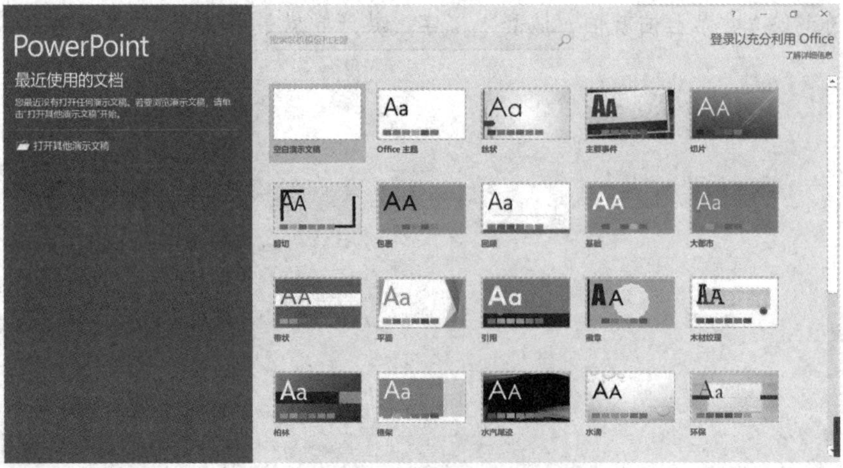

图 4-1　PowerPoint 2016 启动窗口

2) 创建空演示文稿

在图 4-1 中点击“空白演示文稿”，即可打开 PowerPoint 2016 的主窗口，同时创建一个名为“演示文稿 1”的空演示文稿，如图 4-2 所示。

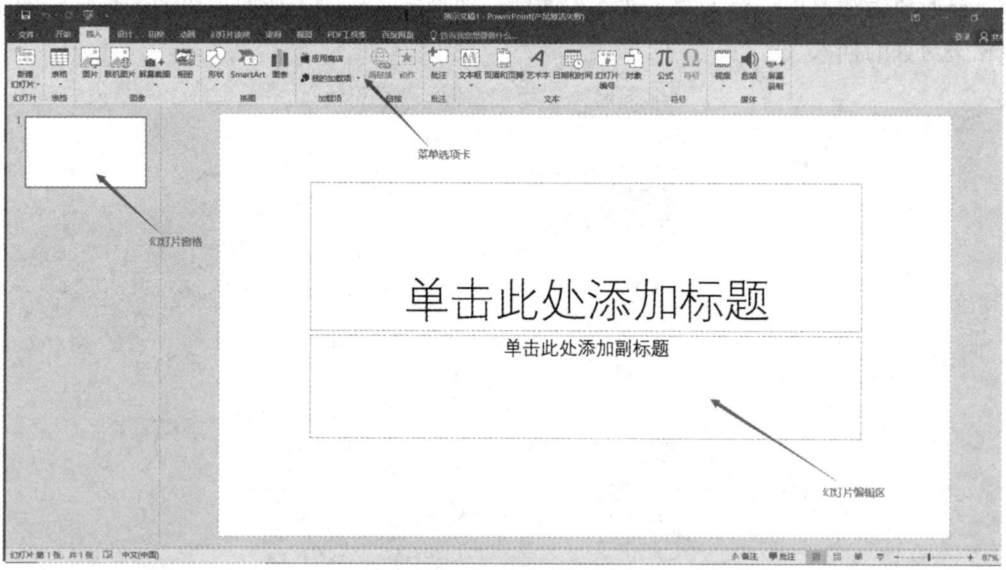

图 4-2　PowerPoint 2016 的主窗口

2．保存演示文稿

单击快速访问工具栏中的【保存】按钮，或者按 Ctrl + S 组合键，打开【文件】信息栏，在其中点击【另存为】|【浏览】，在打开的【另存为】对话框中选择保存位置和输入演示文稿的名字，最后单击【保存】按钮，如图 4-3 所示。

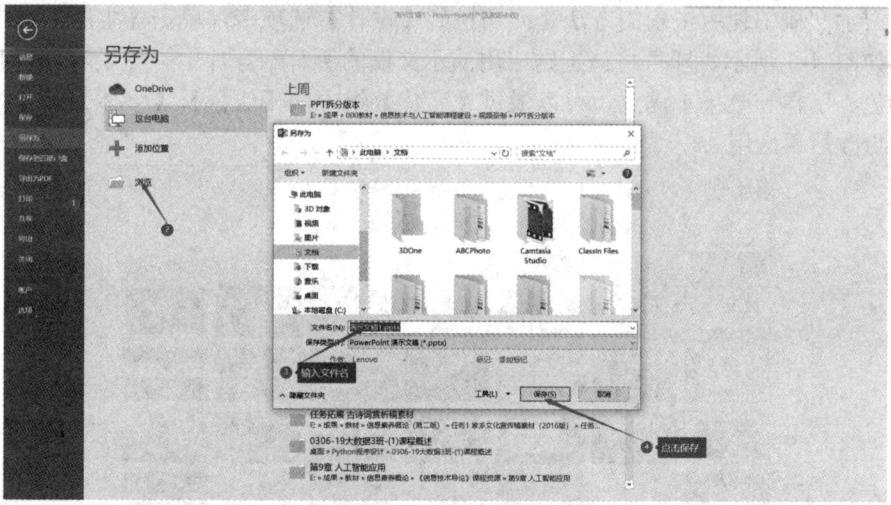

图 4-3　保存演示文稿文件

3．幻灯片版式设置

幻灯片版式是 PowerPoint 软件提供的对幻灯片内容的常规排版格式，通过幻灯片版式的应用可以实现对文字、图片、表格等更加合理的布局。用户在制作幻灯片时，可以通过

【开始】选项卡中【幻灯片】功能组的【版式】工具为新幻灯片提供了可输入不同信息内容的占位符，不同的版式拥有不同的占位符，如图 4-4 所示。PowerPoint 2016 中的占位符包括标题占位符、副标题占位符和对象的占位符 3 类。前两种占位符用于输入标题和副标题，而对象占位符用于输入文本或插入图表、图形等，单击占位符框内的图标按钮即可实现相关对象的插入。

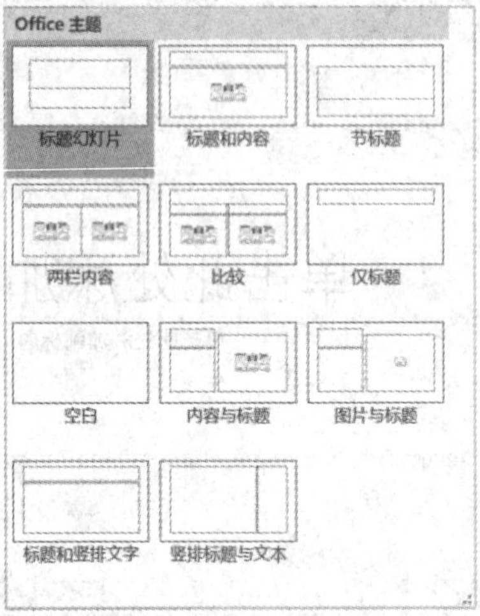

图 4-4　幻灯片版式设置

4. 幻灯片主题设置

幻灯片的主题就是指将一组设置好的颜色、字体和图形外观效果整合到一起，即一个主题中结合了这三个部分的设置结果。这些主题都是由专业人员设计出来供用户使用的，它不仅制作美观，而且具有专业水平，使用主题可以大大方便用户的操作。

在演示文稿中使用主题的方法是：切换到【设计】选项卡，单击【主题】组中的某个主题，如图 4-5 所示，即可将该主题应用演示文稿的所有幻灯片上。如果对已有的某个主题的颜色、字体和效果不满意，可以通过【变体】组中的【颜色】、【字体】和【效果】菜单进行更改后再应用。

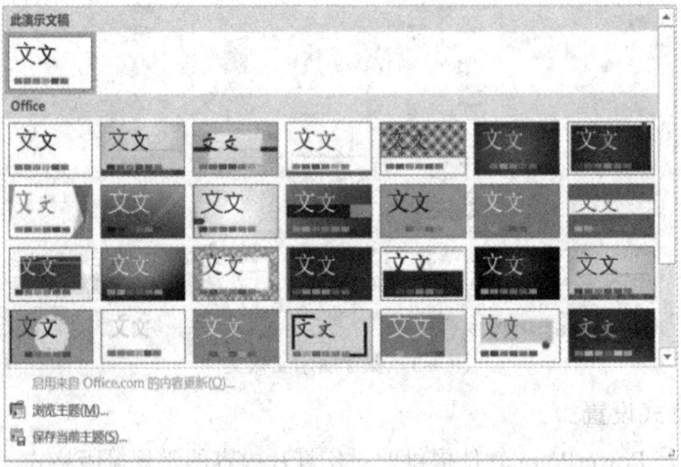

图 4-5　幻灯片主题设置

5. 幻灯片中文本的输入与编辑

在幻灯片中输入文本，可以采用以下三种方法。

(1) 通过文本占位符输入。如果幻灯片版式中包含文本占位符，则将光标插入点置于占位符内即可输入和编辑文本。

(2) 通过文本输入框输入。如果版式结构不符合用户要求，可以自行插入文本框，然后直接在文本框中进行文本的输入和编辑，具体方法与 Word 文档的文本框类似。

(3) 通过 Word 文档素材导入文本。先在 Word 里设置好文本大纲内容，单击【新建幻灯片】下拉按钮，选择【幻灯片从大纲】命令，导入事先准备好的 Word 文字内容。

小贴士：

通过 Word 文档导入文本到 PowerPoint 演示文稿中，要求先在 Word 文档中对需要导入的文本设置好大纲格式，否则无法顺利地将文本以【幻灯片从大纲】方式导入 PowerPoint 中。

任务实施

(1) 新建 PowerPoint 文档，在首页幻灯片中添加文档标题，在标题占位符中输入“我的家乡文化”，在副标题占位符中输入“潮汕文化”。

(2) 单击【新建幻灯片】下拉按钮，选择【幻灯片从大纲】命令，导入“家乡文化宣传稿提纲.docx”，作为 PPT 的大纲。

(3) 单击【设计】选项卡，点击【主题】组中的“水滴”主题，应用到全部幻灯片。

(4) 以文件名为“家乡文化宣传稿.pptx”保存 PowerPoint 文档。单击【视图】|【幻灯片浏览】工具按钮，可以浏览演示文稿的效果，如图 4-6 所示。

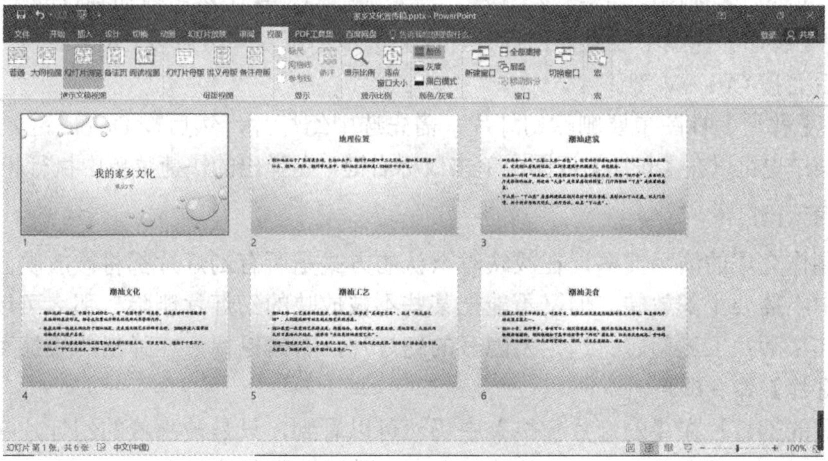

图 4-6　幻灯片浏览效果图

4.1.2　管理幻灯片

相关知识

对幻灯片的管理主要包括选定、插入、复制、移动、删除、隐藏幻灯片等。这些操作一般都是在【普通】视图下左边的【幻灯片窗格】中进行的。

1. 选定幻灯片

在演示文稿的操作中经常涉及幻灯片的选定操作，它也是插入、复制、移动、删除、隐藏等操作的前提。选定幻灯片的操作可通过在【普通】视图下左边的【幻灯片窗格】中单击某张幻灯片或按住 Ctrl 键的同时单击多张幻灯片进行选取。

2. 插入幻灯片

为了制作内容丰富的演示文稿，我们往往需要插入多张幻灯片。插入幻灯片主要分为以下两种情况。

(1) 插入新幻灯片。首先选定一张幻灯片，然后选择【开始】选项卡，在功能区的【幻灯片】工具组中单击【新建幻灯片】，在弹出的下拉列表框中选择需要的版式，一张新幻灯片就插入在刚选定的幻灯片之后了，原选定幻灯片之后的幻灯片按顺序依此后移。此外，还可以使用鼠标单击两张幻灯片之间的区域，出现提示线后右击，在弹出的快捷菜单中执行【新建幻灯片】命令即可，或可以直接按 Ctrl + M 组合键实现新幻灯片的插入。

(2) 插入一张已存在的幻灯片。首先单击【开始】选项卡，在功能区的【幻灯片】工具组中单击【新建幻灯片】，在弹出的下拉列表框中选择【重用幻灯片】选项，即可打开【重用幻灯片】窗格。在【重用幻灯片】窗格中单击【浏览】按钮，在下拉列表中选择【浏览文件】，打开【浏览】对话框，选择需要使用的演示文稿文件并单击【打开】按钮，然后返回【重用幻灯片】窗格，即可见到源演示文稿的幻灯片内容，最后再单击需要插入的幻灯片，即可将源演示文稿中的幻灯片插入到当前演示文稿中。

3. 移动、复制和删除幻灯片

(1) 在【普通】视图中要移动幻灯片，需先选中幻灯片，然后拖动到目的位置即可。

(2) 在【普通】视图中要复制幻灯片，需先选中幻灯片，然后按 Ctrl + C 键，最后在指定幻灯片后面按 Ctrl + V 键。

(3) 在【普通】视图中要删除幻灯片，需先选中幻灯片，然后按 Delete 键。

上述操作也可以在【普通】视图中单击鼠标右键，在弹出的快捷菜单中执行相应的命令。

4. 隐藏幻灯片

用户制作完成的演示文稿，在放映时默认的方式是所有幻灯片都将被放映。如果在实际的操作中不需要全部放映，但又不能把某些不被放映的幻灯片删除，那么可以通过隐藏幻灯片操作来解决上述问题。选定要隐藏的幻灯片，右击鼠标，在弹出的快捷菜单中选择【隐藏幻灯片】命令即可。

被隐藏的幻灯片在【幻灯片窗格】中仍然可以看到，只是被隐藏的幻灯片在编号上多了一个隐藏标记，意味着在幻灯片放映时会自动跳过被隐藏的幻灯片。

任务实施

为“家乡文化宣传稿.pptx”添加新的幻灯片：

(1) 打开“家乡文化宣传稿.pptx”，选中第 1 张幻灯片，单击【开始】选项卡中【新建幻灯片】中的【空白版式】，在第 1 张幻灯片的后面新建一张空白幻灯片。

(2) 按 Ctrl + C 键复制刚才新建的空白版式幻灯片，再按 Ctrl + V 键将其分别粘贴到第 4、第 6、第 8、第 10、第 11 张幻灯片后面，如图 4-7 所示。

(3) 保存演示文稿。

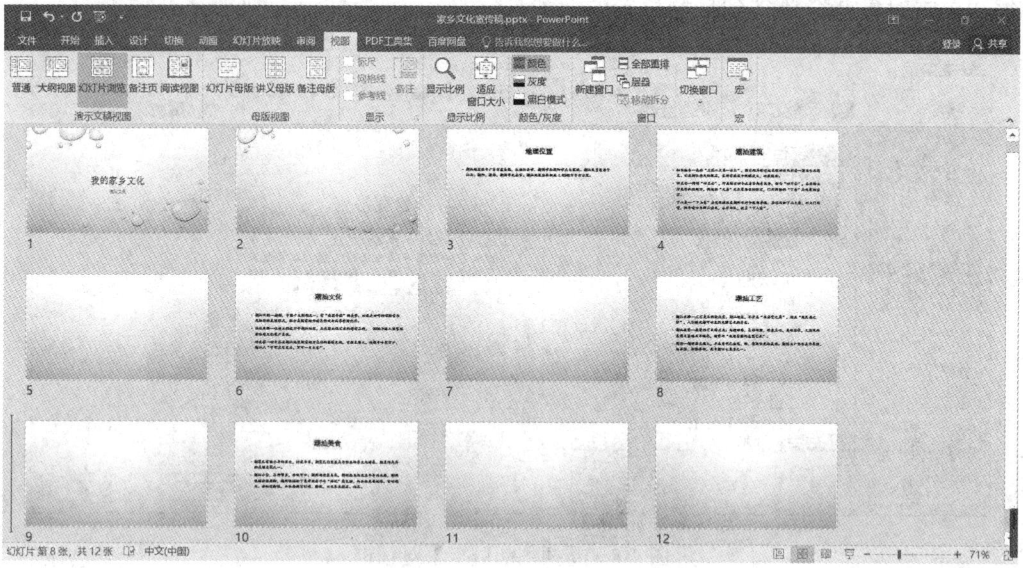

图 4-7　管理幻灯片

4.1.3　插入对象

相关知识

演示文稿的内容架构已经搭建完成了，但目前只有文字内容，小李希望它能更加美观，内容更丰富，能吸引更多人关注，于是她在新建的空白幻灯片上插入了 SmartArt 图、链接、图片、动作按钮等元素。

1. 插入 SmartArt 图形

插入 SmartArt 图形的步骤：选择一张需要插入 SmartArt 图形的幻灯片；单击【插入】选项卡【插图】工具组中的【SmartArt】按钮，打开【选择 SmartArt 图形】对话框；在对话框中，根据用户需要选择相应的图示，然后单击【确定】按钮即可在幻灯片中插入 SmartArt 图形；单击插入的 SmartArt 图形中的每一个小图框，即可输入相应的文字。

格式化 SmartArt 图形的步骤：选中 SmartArt 图形，将鼠标指针移至 SmartArt 图形的边框上，按下鼠标拖动边框，可以调整图形的位置；按下鼠标拖动边框的四角处，可以调整图形的大小；选中 SmartArt 图形时，在【加载】选项卡右边会出现【设计】和【格式】两个子选项卡，通过【设计】选项卡可以设置 SmartArt 图形的布局、样式、颜色等，通过【格式】选项卡可以设置 SmartArt 图形的艺术字样式、形状样式等。

2. 插入超链接

在制作 PPT 演示文稿的过程中经常遇到具有逻辑关系的幻灯片之间的跳转，这种跳转一般是通过超链接或动作按钮来实现的。插入超链接的具体方法是：先选中要插入超链接的对象，然后选择【插入】选项卡中【链接】工具组的【超链接】，在弹出的【插入超链接】对话框中，可以设置链接到的目标位置，如图 4-8 所示。最后单击【确定】按钮，即可实现每次单击对象就会跳转到目标位置的功能。

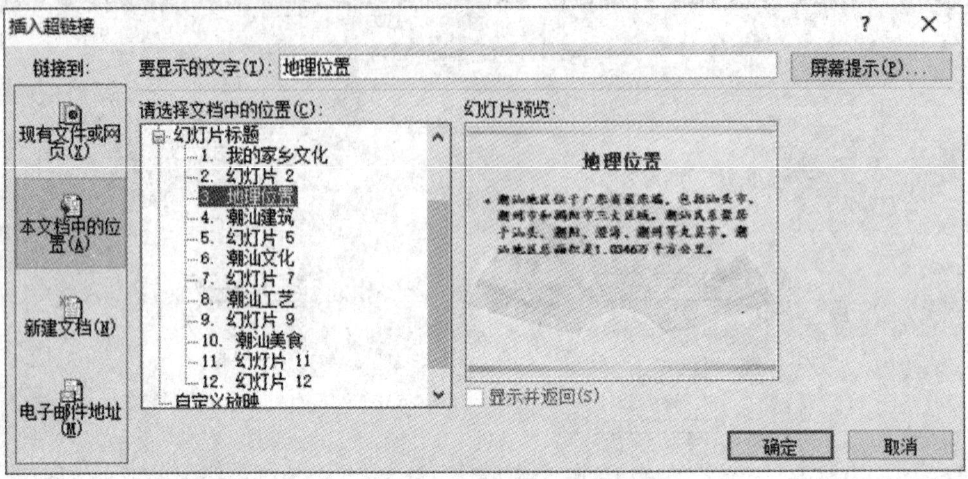

图 4-8　【插入超链接】对话框

3. 插入动作按钮

通过动作按钮可以方便地实现前后幻灯片之间的跳转，也可实现快速跳转到首页或末页。单击【插入】选项卡【插图】工具组中的【形状】下拉列表按钮，在形状列表框的最底端可以找到动作按钮组 ，单击某个动作按钮，然后到幻灯片中合适位置单击鼠标，就会打开【动作设置】对话框，如图 4-9 所示。这些动作按钮自带相应的功能，也可单击【超链接到】单选按钮下列表框里的“幻灯片…”项，打开【超链接到幻灯片】对话框，如图 4-10 所示，在对话框中可修改链接目标位置。

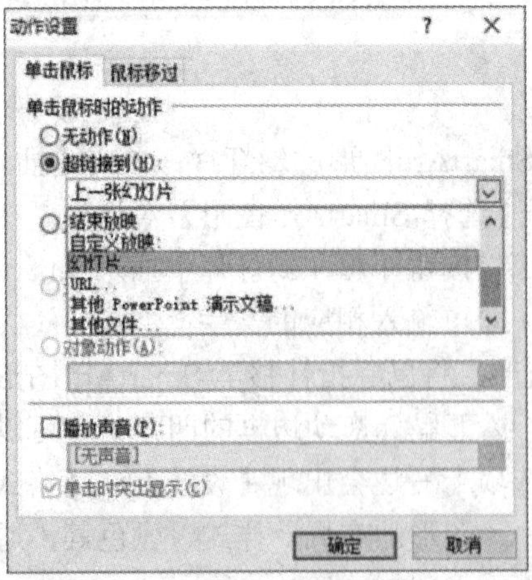

图 4-9　【动作设置】对话框

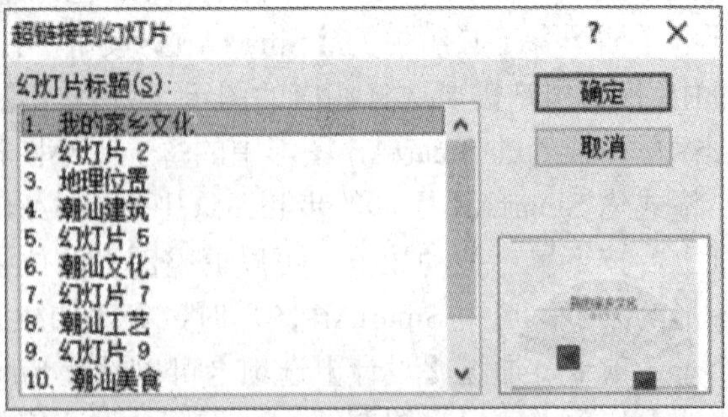

图 4-10　链接位置设定

4. 插入图像

PowerPoint 2016 中的图像可以来自图片、剪贴画、屏幕截图和相册。常用的是插入图片功能，其步骤为：选择【插入】选项卡中【图像】工具组里的【图片】，就会弹出【插入图片】对话框，在该对话框中选择将要插入的图片所在的文件夹位置以及图片名，单击【打开】按钮即可将选定图片插入到幻灯片中。

修改插入的图片格式：在幻灯片中选中要修改的图片，在选项卡中会增加图片工具的【格式】选项卡，可以通过该选项卡修改图片的艺术效果、图片样式、大小、边框等。

在 PowerPoint 2016 中的插入图表、表格、艺术字、形状、公式等操作与 Word 相似，本节不再赘述。

任务实施

(1) 打开“家乡文化宣传稿.pptx”，在第 2 张幻灯片上插入一个【垂直曲形列表】形状的 SmartArt 图形。选中刚插入的图形，单击【设计】|【更改颜色】，选择【彩色范围-个性色 5 至 6】；在【SmartArt 样式】中选择【三维】|【嵌入】。在 SmartArt 图的文字键入框内依次输入“地理位置”“潮汕建筑”“潮汕文化”“潮汕工艺”“潮汕美食”，如图 4-11 所示。

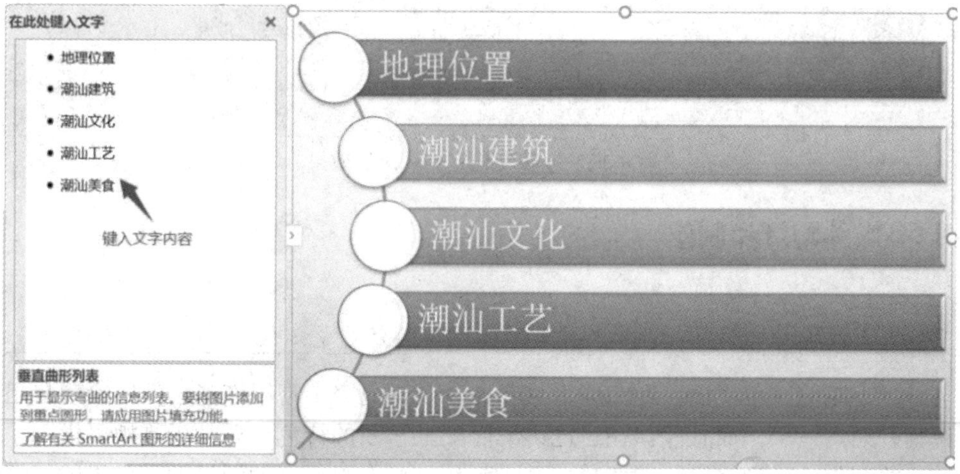

图 4-11　插入 SmartArt 图形

(2) 修改【垂直曲形列表】中的重点圆形的填充效果：选中“地理位置”前的圆形，单击【格式】选项卡中的【形状填充】，执行【渐变】|【其他渐变】，在弹出的【设置形状格式】对话框中的【填充】选项卡里设置【渐变填充】，预设颜色为【浅色渐变-个性色 1】，重复同样操作，将其余 4 个空白圆形也设置相同填充效果。

(3) 在第 5 张幻灯片上插入“驷马拖车.jpg”“四点金.jpg”“下山虎.jpg”三张图片，调整图片的大小和位置，在幻灯片空白处插入艺术字“潮汕建筑”。选中艺术字，在【格式】选项卡中设置艺术字的样式为“填充-蓝色，着色 1，阴影”。

(4) 在第 7 张幻灯片上插入“潮剧.jpg”“铁枝木偶.jpg”“功夫茶.jpg”三张图片，在第 9 张幻灯片上插入“木雕.jpg”“潮绣.jpg”“嵌瓷.jpg”三张图片，在第 11 张幻灯片上插入“潮汕小食 1.jpg”“潮汕小食 2.jpg”“潮汕牛肉丸.jpg”三张图片，调整图片的大小和位置。复制第 5 张幻灯片中的艺术字“潮汕建筑”到第 7、9、11 张，分别改成“潮汕文化”“潮汕工艺”“潮汕美食”。

(5) 在第 12 张幻灯片中，单击【设计】选项卡中【自定义】工具组的【设置背景格式】，在【设置背景格式】窗格中选择【图片或纹理填充】，单击【文件...】按钮，选择“结束页.jpg”，单击“打开”按钮，最后确定，将“结束页.jpg”图片设置为第 12 张幻灯片的背景。保存文稿，最终效果如图 4-12 所示。

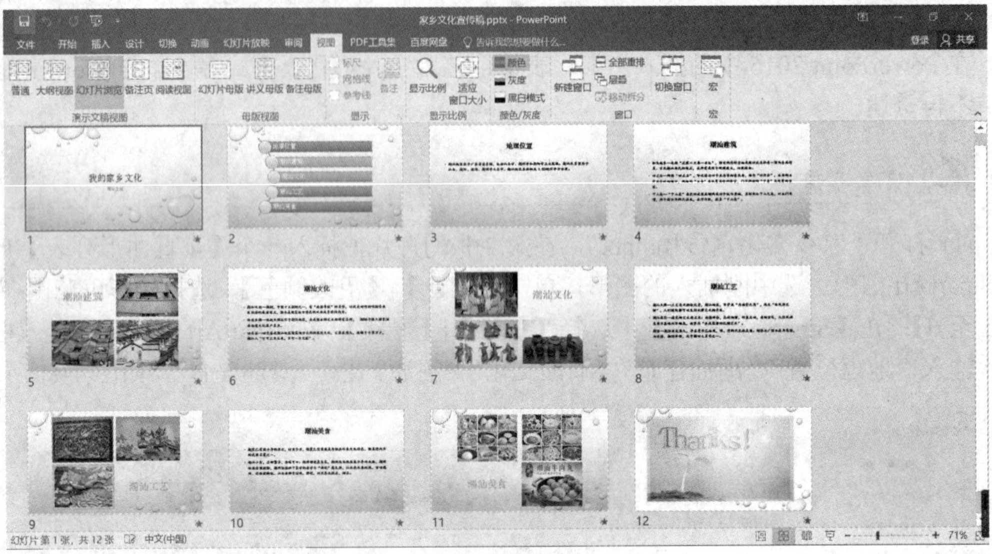

图 4-12　家乡文化宣传稿最终效果

4.1.4　多媒体幻灯片制作

相关知识

至此，小李的演示文稿已经完成，且图文并茂，内容丰富了许多。但她希望自己的演示文稿具有动态效果，而且能够在自己讲解时配上家乡的特色音乐，于是她又学习了多媒体幻灯片的制作。所谓多媒体幻灯片，是指具有声音、视频、动画等动态效果的幻灯片，适当地运用动态效果和音视频效果会为演示文稿起到画龙点睛的作用，从而更好地吸引观众的注意力。

1. 制作幻灯片切换动画

幻灯片的切换动画是指在幻灯片的放映过程中，播放完的幻灯片如何消失、下一张幻灯片如何显示，使用幻灯片的切换可以增加幻灯片放映的趣味性。具体操作方法如下：

(1) 在普视图下，选中需要设置切换效果的幻灯片。

(2) 单击【切换】选项卡中【切换到此幻灯片】工具组右边的下拉按钮，在弹出的下拉列表框中选择需要的切换方式。

(3) 可以通过工具组中的【效果选项】按钮、【计时】工具组中的相关按钮分别设置切换效果、切换时间、声音、换片方式等。

2. 制作对象动画

为幻灯片中的对象设置动画效果，可以使原本生硬的幻灯片展示变得生动，幻灯片画面变得千变万化。幻灯片对象的动画设置主要包括动画效果选择、动画顺序调整、启动控制等，同时 PowerPoint 2016 还有动画触发和动画刷功能。

(1) 应用动画方案。

在普通视图下，首先选中幻灯片中需要应用动画的对象，然后单击【动画】选项卡中【动画】工具组右边的下拉按钮，在弹出的下拉列表框中有四种类型的动画效果，分别是进入动画、强调动画、退出动画、动作路径动画，可以根据需要选择某一种动画效果。每一种动画自带多种效果，可以通过工具组中的【效果选项】按钮更改动画演示效果。

可以对同一个对象应用多种不同的动画，即动画叠加。恰当、精彩的 PPT 叠加动画能为演示带来意想不到的助推力，让人眼前一亮。选中对象，单击【动画】选项卡中【高级动画】工具组里的【添加动画】按钮，即可实现对同一对象增加动画效果。

如需取消刚设置好的动画，可在【动画】工具组里选择“无”命令即可。

(2) 自定义动画。

在应用了某种动画方案后，用户若不满意还可以对其进行修改。单击【动画】选项卡中【高级动画】工具组里的【动画窗格】按钮，在窗口右侧会出现“动画窗格”，如图 4-13 所示。选中【动画窗格】里需要修改的项目，单击右侧的按钮，在弹出的下拉菜单中，选择相应的命令即可对动画重新进行自定义。比如选择【效果选项】命令，就会打开如图 4-14 所示的对话框，在该对话框里可以详细设置对象的动画效果。选择【效果】选项卡，可以设置对象进入幻灯片的方向、为对象添加声音等；选择【计时】选项卡，可以设置对象的开始时间、延迟时间、播放速度、重复次数等。

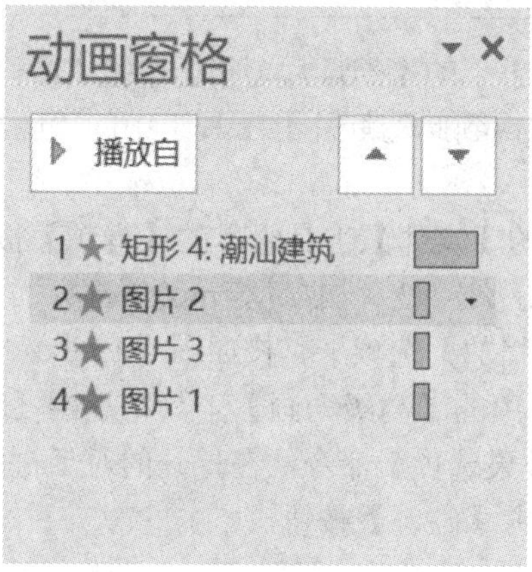

图 4-13　【动画窗格】对话框

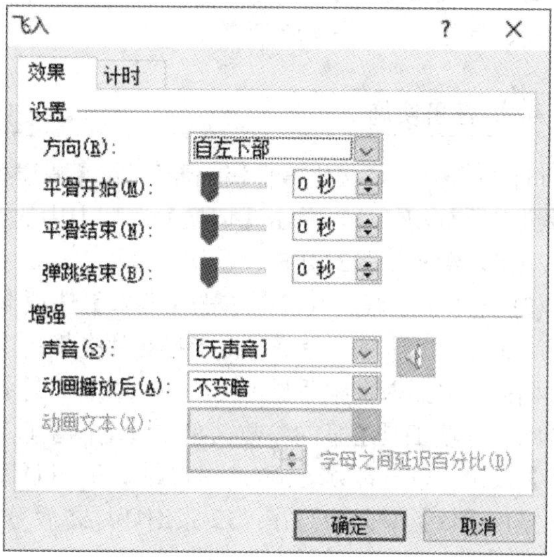

图 4-14　【效果】选项卡

(3) 设置触发动画。

所谓触发动画，是指这种动画需要别的条件满足才会被触发演示，比如当点击了幻灯片上的 A 对象，就触发 B 对象的进入动画，具体操作方法如下：

① 单击【动画】选项卡中【动画】工具组的“飞入”效果，为 B 对象设置好进入动画。

② 选中 B 对象，单击【动画】选项卡中【高级动画】工具组里的【触发】按钮，在

弹出的下拉菜单中选择【单击】命令，然后在弹出的子菜单中选择需要触发的条件对象，这里选择 A 对象的标识符即可。

(4) 应用动画刷。

如果需要对多个对象设置同样的动画效果，则可以通过动画刷来实现。首先选中需要复制动画效果的对象，单击【动画】选项卡中【高级动画】工具组里的【动画刷】按钮，即可复制当前对象的动画，然后单击需要设置此动画的对象，即可将该动画运用于该对象。

3. 插入音频和视频

在幻灯片中添加声音效果或影片可以使演示文稿有声有色，插入音频和视频的方法类似，以添加音频为例，其具体操作方法如下：

(1) 选中需要插入声音效果的幻灯片，单击【插入】选项卡中【媒体】工具组里的【音频】按钮，会出现两种音频来源的选择项：PC 上的音频、录制音频。如果选择的是“PC 上的音频”，就会打开【插入音频】对话框，选择需要插入的音频文件，单击【确定】按钮即可。

(2) 插入音频文件后在幻灯片上会出现一个小喇叭图标，选中该图标，在 PowerPoint 里会多出【音频工具】选项卡组，在其中的【播放】选项卡里，可以更改音频的播放方式、淡入淡出效果、音量，也可以剪裁音频。

(3) 选中幻灯片上音频小喇叭图标，单击【动画】选项卡中【高级动画】工具组里的【动画窗格】按钮，可以在弹出的【动画窗格】里面设置音频的播放属性，点击【效果选项】命令，就会打开【播放音频】对话框。在该对话框中可以设置声音播放开始时间、结束时间、重复次数、开始条件等。

任务实施

(1) 打开“家乡文化宣传稿.pptx”，在【普通视图】下的【幻灯片窗格】中按 Ctrl+A 组合键全选所有幻灯片，单击【切换】选项卡中的【切换到此幻灯片】工具组中的“随机线条”效果，给每一张幻灯片设置切换效果。

(2) 选中第 1 张幻灯片，单击【插入】选项卡中的【媒体】工具组里的【音频】按钮，执行“文件中的音频”命令，将素材文件夹里的“潮州大锣鼓_唢呐演奏.mp3”音频插入演示文稿；选中插入音频后显示的小喇叭图标，选择【播放】选项卡，按如图 4-15 所示设置“音频”选项工具组里的参数。单击【动画】选项卡中的【高级动画】工具组里的【动画窗格】按钮，单击音频动画右边的按钮，执行【效果选项】命令，在打开的对话框中设置【停止播放】时间为“在：12 张幻灯片之后”，单击【确定】按钮。

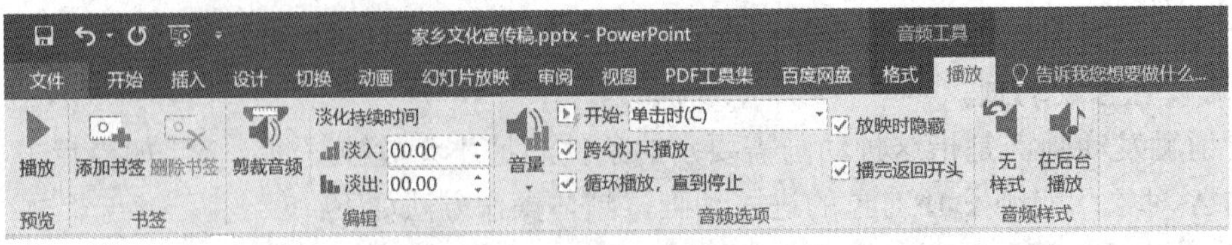

图 4-15 “音频”选项工具组

(3) 在第 5 张幻灯片中，设置艺术字“潮汕建筑”的动画效果为“形状”；三张图片的动画效果为“飞入”，效果选项分别设置为：“自右上部”“自右下部”“自左下部”。用“动画刷”工具复制第 5 张幻灯片中的动画效果到第 7、9、11 张幻灯片中的各对象。

(4) 按 Ctrl + S 组合键保存“家乡文化宣传稿.pptx”演示文稿。

4.1.5　任务拓展：制作古诗词赏析稿

【拓展目的】

(1) 掌握幻灯片的基本操作方法，掌握编辑幻灯片和美化幻灯片的方法。

(2) 掌握在幻灯片中设置动画、切换动画、设置背景音乐等方法。

【拓展内容】

制作“古诗词赏析稿”演示文稿，效果如图 4-16 所示。

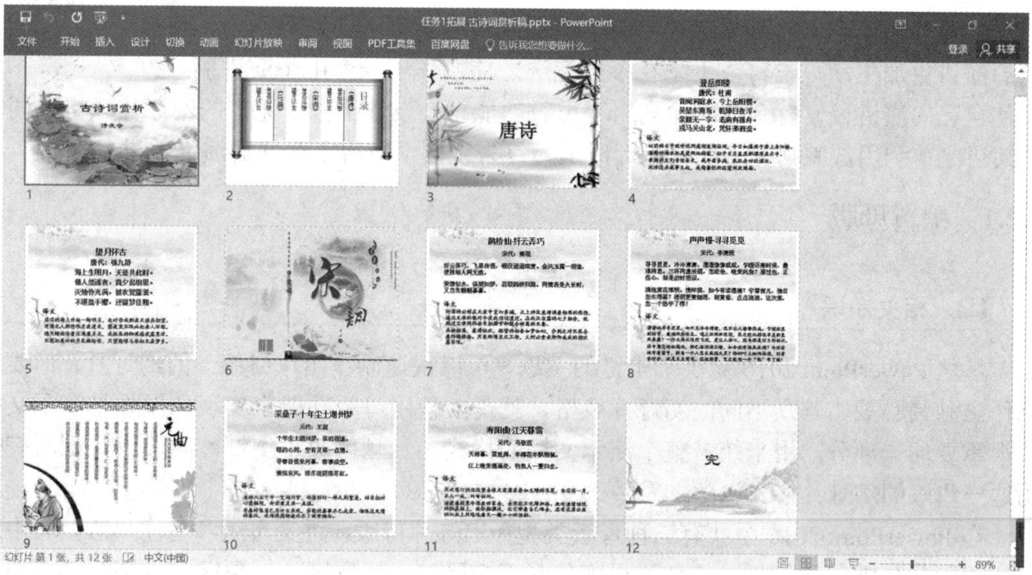

图 4-16　古诗词赏析文稿效果图

【实施步骤】

(1) 新建一个演示文稿，并保存为“古诗词赏析稿.pptx”。在标题占位符中输入“古诗词赏析”，54 号隶书字体；在副标题中输入“诗友会”，32 号隶书字体。单击【设计】选项卡中【自定义】工具组里的【设置背景格式】，在窗口右边的【设置背景格式】窗格中，选择【填充】里的【图片或纹理填充】，单击【文件】按钮，插入“封面.jpg”图片作为背景图片效果。

(2) 新建一张幻灯片，单击【插入】选项组里的【图片】按钮，选择“画轴.jpg”文件，在第 2 张幻灯片合适位置插入“画轴”图片。单击【插入】选项组里【文本框】下的【竖排文本框】，依次输入“画轴”图片内的文字内容。单击【插入】下的【形状】，选择直线工具绘制三条一样长的直线，按住 Shift 键同时点选三条直线，执行【格式】选项卡下的【对齐】里的【顶端对齐】。

(3) 添加第 3 张新幻灯片，并将“唐诗.jpg”图片设置为幻灯片的背景。

(4) 添加第 4、5 张幻灯片，设置幻灯片的背景为“背景 1.jpg”，并设置其透明度为 50%。单击【插入】选项组里【文本框】下的【横排文本框】，将“古诗词赏析稿提纲.docx”里的两首唐诗分别放于第 4 和第 5 张幻灯片，设置古诗标题文字为 32 号宋体，其余文字为 28 号宋体，居中对齐；设置古诗译文文字为：22 号楷体，左对齐。

(5) 按照第(3)和第(4)步的方法添加第 6～11 张幻灯片，完成宋词和元曲内容的添加。

(6) 添加第 12 张新幻灯片，设置幻灯片的背景为“背景 2.jpg”，并设置其透明度为 50%。单击【插入】选项组里【文本框】下的【横排文本框】，在其中输入“完”，隶书，72 号。

(7) 按 Ctrl + S 组合键保存“古诗词赏析稿.pptx”。

任务 4.2　制作竞选班干部演讲稿

制作竞选班干部演讲稿

朱锐参加了本班的班委竞选，为了能在众多的竞争者中脱颖而出，使自己的演讲更加生动、丰富，于是在参加竞选之前制作了一个电子演讲稿。为了使自己的演讲稿富有个性，他利用了母版功能精心设计了独一无二的幻灯片风格，同时在演讲之前利用放映功能多次排练计时，最终朱锐同学取得了很好的演说效果。

4.2.1　编辑母版

相关知识

虽然 PowerPoint 2016 提供了丰富的主题，可以快速制作出风格统一的幻灯片，但要想制作出独具心裁、与众不同的幻灯片风格，就需要使用母版功能来实现。母版是演示文稿中很重要的一部分，用来统一整个演示文稿的格式，一旦修改了幻灯片的母版，则所有采用这一母版的幻灯片格式也随之发生改变。

在 PowerPoint 2016 中共有三种母版类型：幻灯片母版、讲义母版和备注母版，其中幻灯片母版是最常用的母版。幻灯片母版包含五个区域：标题区、对象区、日期区、页眉页脚区和数字区。这些区域就是占位符，其中的文字并不会显示在幻灯片中，只是起到一种提示作用，它可以控制演示文稿中所有幻灯片，从而保证整个演示文稿具有统一风格，并且能将每张幻灯片中固定出现的内容进行一次编辑。一个母版包括 11 个版式，用户可以根据自己的需要设置母版中某些版式的统一风格。

在母版中设置背景、插入对象、添加动画等操作和在幻灯片中的操作一样，只不过母版中设置好的效果会统一应用在对应的幻灯片上。

任务实施

(1) 打开素材中的“竞选班干部演讲稿.pptx”，切换到【视图】选项卡，单击【演示文稿视图】组中的【幻灯片母版】按钮，进入幻灯片的母版视图。

(2) 设置母版背景：在左侧窗口中选择“标题和内容”版式的幻灯片，在幻灯片背景上右击，在弹出的菜单中选择【设置背景格式】命令，打开【设置背景格式】窗格；在【设置背景格式】窗格中选择【填充】里面的【渐变填充】单选按钮，在【预设渐变】中选择

“中等渐变-个性色 5”，在【类型】框中选择“线性”项，在【方向】框中选择“线性向下”。

(3) 设置母版文本字体：选中文本“单击此处编辑母版标题样式”，设置格式为“华文隶书，36 号，加粗，白色，居中对齐”；添加【进入】动画为“细微型：淡出”；选中文本“单击此处编辑母版文本样式”，设置格式为“华文中宋，32 号，红色”，添加项目符号“ ❖ ”(字符代码：118)。选中文本“第二级”，设置字符格式为“楷体，24 号，白色，背景 1，深色 5%”，项目符号为“ ➢ ”，段落格式为“段前 10 磅”，添加【进入】动画为“基本型：棋盘”；删除文本“第三级、第四级、第五级”。

(4) 在母版中添加动作按钮：删除幻灯片底端的“日期”“页脚”和“页码”，切换到【插入】选项卡，单击【插图】组中的【形状】按钮，在弹出的列表中选择【动作按钮】类别中的“动作按钮：第一张”，然后在幻灯片的底端拖动，绘制一个按钮，在弹出的【动作设置】对话框中单击【确定】按钮。按照上述方法，再绘制并设置其他动作按钮，效果如图 4-17 所示。

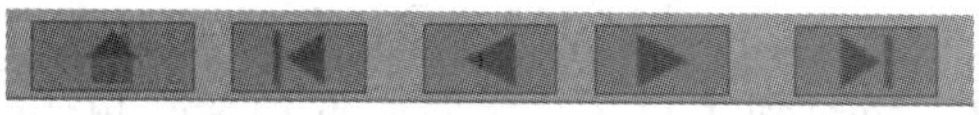

图 4-17　动作按钮的初始效果

(5) 修改母版中动作按钮的效果：按下 Shift 键，分别单击这几个按钮，选中所有按钮；切换到【格式】选项卡，在【大小】组中设置 5 个按钮的高为“1 厘米”、宽为“3 厘米”；单击【排列】组中的【对齐】按钮，在弹出的列表中分别单击【顶端对齐】和【横向分布】命令，调整这些按钮的位置和对齐方式；在【形状样式】组中，设置按钮的“形状填充”颜色为“橄榄色，个性色 3，淡色 40%”，形状效果为【预设】类别中的“预设 2”，最终效果如图 4-18 所示。

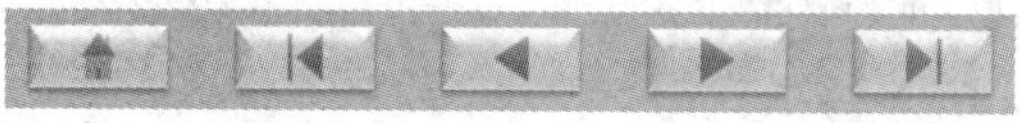

图 4-18　动作按钮的最终效果

(6) 添加箭头图形：切换到【插入】选项卡，单击【插图】组中的【形状】按钮，在弹出的列表中选择【箭头总会】类别中的“右箭头”，然后在幻灯片上拖动绘制一个箭头；切换到【格式】选项卡，设置箭头的高为“0.3 厘米”、宽为“25.4 厘米”，形状填充为【渐变】类别中的“线性向右”，形状轮廓为“无轮廓”；右击右箭头，在弹出的菜单中选择【设置形状格式】命令，在打开的【设置形状格式】对话框中拖动【透明度】上的滑块到右侧，设置右箭头的透明度为“100%”；按下 Ctrl 键并拖动箭头图形可复制一个箭头，然后切换到【格式】选项卡，单击【排列】组中的【旋转】按钮，在弹出的列表中选择【水平翻转】命令，将新复制的箭头变成一个左箭头，调整这两根箭头到合适的位置。

(7) 添加箭头图形的动画效果：选中左箭头，添加【飞入】动画，在窗格中设置参数【开始】为“之后”、【方向】为“自右侧”、【速度】为“快速”；添加【飞出】动画，设置【方向】为“到左侧”，其他参数同前。用同样的方法添加右箭头的【飞入】和【飞出】效果，设置飞入方向为“自左侧”，飞出方向为“到右侧”，调整各动画的播放顺序，使所有动画同时自动播放，如图 4-19(a)(b)所示。

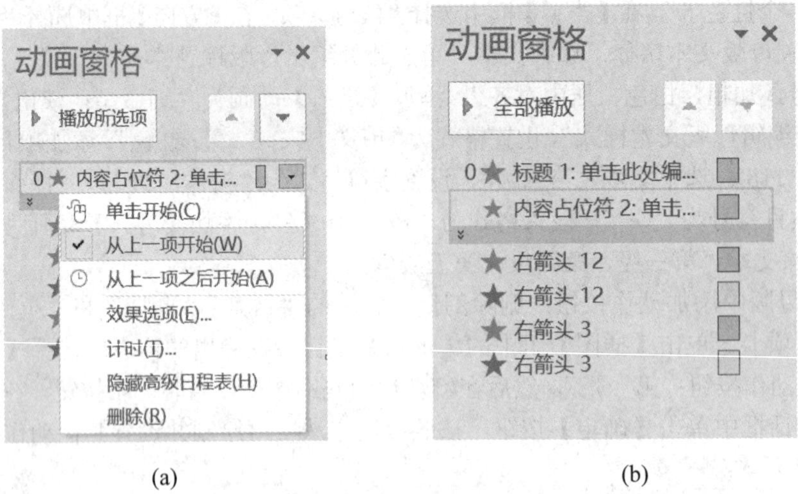

图 4-19　动画设置

(8) 退出幻灯片母版：切换到【幻灯片母版】选项卡，单击【关闭】组中的【关闭母版视图】按钮，退出幻灯片的母版，可以发现母版中的效果已经自动应用到“标题和内容”版式的幻灯片，即第 2～7 张幻灯片。

演示文稿的最终效果如图 4-20 所示。

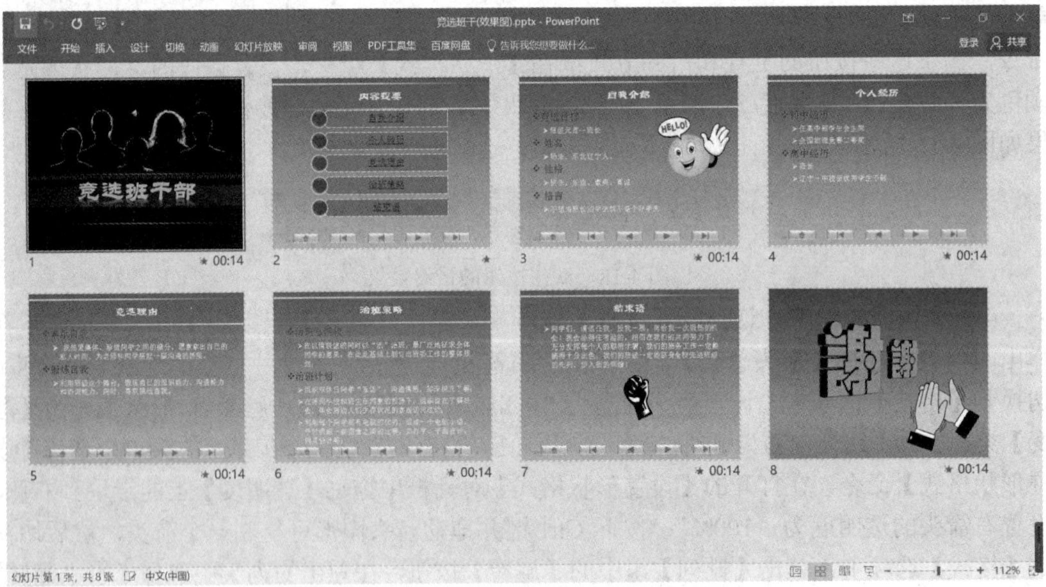

图 4-20　“竞选班干部”演示文稿效果图

4.2.2　放映演示文稿

相关知识

1. 放映控制

完成幻灯片的制作后，就可以开始放映演示文稿了。步骤如下：

(1) 切换到【幻灯片放映】选项卡。

(2) 单击【开始放映幻灯片】组中的【从头开始】按钮或者按 F5 键，即不管当前选定的是第几张幻灯片，都将从演示文稿的第 1 张幻灯片开始依次放映。

(3) 单击【开始放映幻灯片】组中的【从当前幻灯片开始】按钮或者按 Shift + F5 组合键，即从当前选定的幻灯片开始放映。

(4) 开始放映后，可以按键盘上的“↑”“↓”“←”“→”方向键进行幻灯片的切换。也可以点击右键，在弹出的快捷菜单中实现幻灯片的跳转。

2. 排练计时

排练计时就是将每张幻灯片播放的时间记录下来，在自动放映演示文稿时，将重现演示文稿的播放过程。为幻灯片添加排练计时的演示文稿常用于在展台以浏览方式放映，步骤如下：

(1) 切换到【幻灯片放映】选项卡，单击【设置】组中的【排练计时】按钮。

(2) 进入幻灯片放映视图，从第 1 张幻灯片开始放映并弹出【录制】工具栏，在【计时】文本框中自动记录进入幻灯片放映视图后幻灯片在屏幕上停留的时间，在该工具栏的右侧累计演示文稿中所有幻灯片的时间，如图 4-21 所示。

图 4-21　【录制】工具栏

(3) 若要播放幻灯片中下一个动画或幻灯片，单击【录制】工具栏中的【下一项】按钮，或者单击幻灯片即可。

(4) 将所有幻灯片及动画播放完后，弹出【Microsoft PowerPoint】对话框，提示幻灯片放映共需要多少时间，以及是否保留新的幻灯片排练时间，如图 4-22 所示，单击【是】按钮。

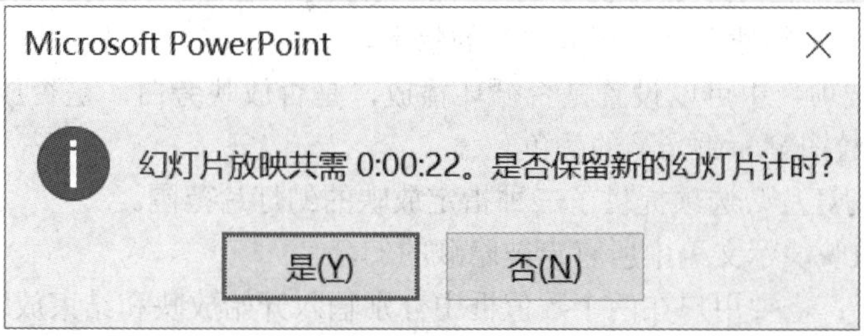

图 4-22　排练计时

此时，演示文稿自动切换到幻灯片的浏览视图，并在幻灯片缩略图下方显示每张幻灯片的时间。

3. 设置放映方式

精心制作的演示文稿若要给观众留下深刻的印象，设置合适的幻灯片放映方式是非常关键的一个环节。在正式放映之前，可以根据用户的具体需求来设置一些参数即可控制放映过程。

单击【幻灯片放映】选项卡【设置】工具组中的【设置幻灯片放映】按钮，打开【设置放映方式】对话框，包括放映类型、放映范围、换片方式、放映选项，如图 4-23 所示。

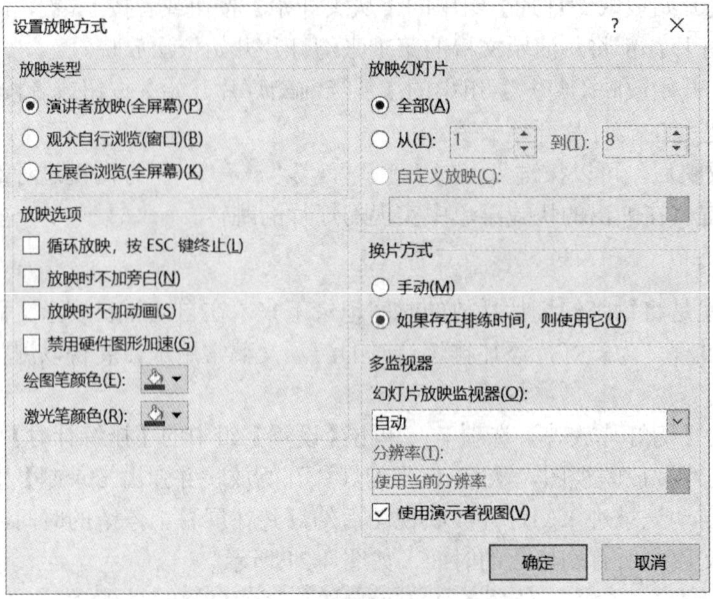

图 4-23　设置放映方式

(1) “放映类型”提供了三种放映方式，每一种方式都有各自的应用范围和特点，用户可以根据需要选择任意一种方式放映。

“演讲者放映(全屏幕)”：一种比较常用的放映方式，演讲者可以控制放映的整个过程，适用于需要将幻灯片投射到大屏幕或利用演示文稿进行讨论发言的场合，如会议、上课等。

“观众自行浏览(窗口)”：以窗口的形式放映幻灯片，并在窗口中提供了响应的菜单命令，可供用户进行翻页、编辑、复制幻灯片等，适用于人数少的场合进行小规模演示。

“在展台浏览(全屏幕)”：最简单的一种放映方式，适用于展台无人管理的情况下自动放映演示文稿，它始终处于“循环放映”的状态。

(2) “放映选项”中可以设置是否循环播放，是否放映旁白，是否放映动画，同时还可以设置放映时绘图笔和激光笔的颜色。

(3) “放映幻灯片”选项提供了三种指定放映的幻灯片范围。

“全部”：放映演示文稿中所有未被隐藏的幻灯片。

“从…到…”：需要用户在两个数值框中分别输入开始放映和结束放映的幻灯片编号，即可放映指定范围中未被隐藏的所有幻灯片。

“自定义放映”：需要用户在下拉列表框中选择一个自定义放映的名称，即可放映其中未被隐藏的幻灯片。

(4) “换片方式”选项中，用户可以根据需要选择手动切换或是采用排练计时自动进行。

(5) “多监视器”选项可以用于设定在多个监视器的情况下幻灯片显示的位置。

4．观看放映

启动演示文稿放映，可以通过单击【幻灯片放映】选项卡中【开始放映幻灯片】工具组的某一按钮放映。放映方式有“从头开始”“从当前幻灯片开始”“广播幻灯片放映”“自定义放映”四种。

“从头开始放映”：不管当前幻灯片在什么位置，放映时都将从第 1 张幻灯片开始。

“从当前幻灯片开始”：放映从当前所在的位置开始。

“广播幻灯片放映”：利用该功能，用户可以在任何位置通过 Web 与任何人共享幻灯片放映。

“自定义放映”：可以放映用户自己选定的幻灯片范围。打开图 4-24 所示“自定义放映”对话框，单击【新建】按钮，打开【定义自定义放映】对话框(见图 4-25)，在该对话框中选择要放映的幻灯片并单击【添加】按钮，单击【确定】按钮返回到【自定义放映】对话框，单击【关闭】按钮即可保存该自定义放映。

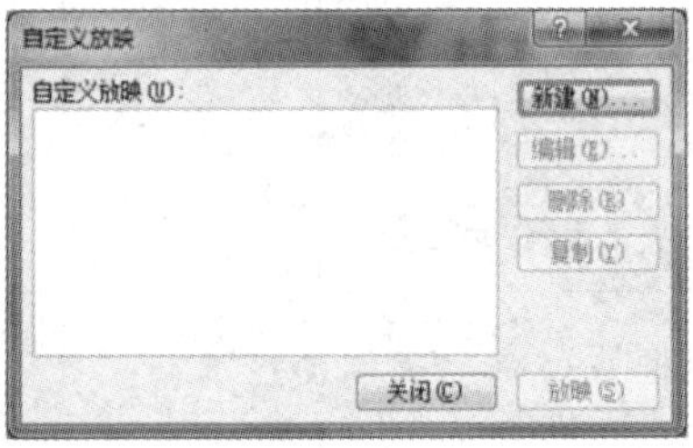

图 4-24 【自定义放映】对话框

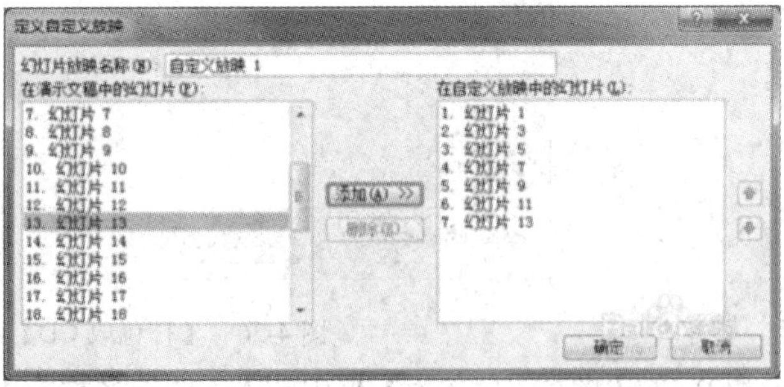

图 4-25 【定义自定义放映】对话框

任务实施

(1) 打开“竞选班干部演讲稿.pptx”，单击【幻灯片放映】选项卡【设置幻灯片放映】按钮，打开【设置放映方式】对话框。

(2) 选择【放映类型】为“演讲者放映”，【放映幻灯片】为“全部”，【换片方式】为“如果存在排练时间，则使用它”，设置结束后单击【确定】按钮。

(3) 通过鼠标或键盘方向键控制幻灯片放映时的切换。

4.2.3 打包演示文稿

相关知识

1. 演示文稿的打包

在现实工作中经常遇到精心准备的演示文稿因为播放环境的改变或相关支持文件的丢失而无法播放的问题，比如演讲环境的计算机缺少演示文稿制作时的背景音频文件而导致演示文稿的背景音乐无法播放等，利用 PowerPoint 中的“将演示文稿打包成 CD”功能，可以实现演示文稿的独立播放，有效解决了实际工作中遇到的这类麻烦。

此外，如果要在没有安装 PowerPoint 2016 的计算机上播放演示文稿，需要利用 PowerPoint 2016 的“打包 CD”功能，将演示文稿的播放工具“Microsoft Office PowerPoint Viewer”添加进来。

(1) 在【文件】选项卡中选择【导出】选项，在弹出的列表中选择【将演示文稿打包成 CD】选项，单击【打包成 CD】按钮，弹出【打包成 CD】对话框，如图 4-26 所示。

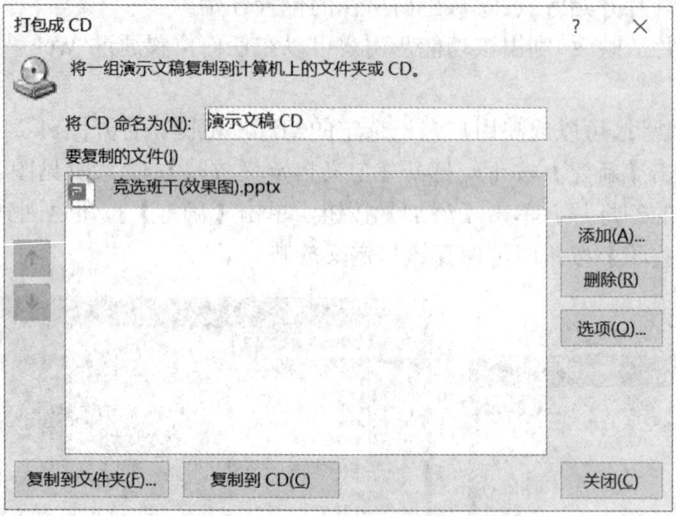

图 4-26　【打包成 CD】对话框

(2) 在【将 CD 命名为】框中输入 CD 的名称。

(3) 单击【添加…】按钮，打开【添加文件】对话框，选择要打包的演示文稿以及与演示文稿相关的音视频素材文件，单击【确定】按钮返回到【打包成 CD】对话框。

(4) 单击【复制到文件夹】按钮，打开【复制到文件夹】窗口，选择要将 CD 文件夹存放的位置及名称，单击【确定】按钮开始打包，打包完成后返回到【打包成 CD】对话框。

(5) 单击【关闭】按钮。

2. 演示文稿的打印

制作好的演示文稿不仅可以在计算机上演示，还可以将其打印出来浏览、阅读，但打印之前需进行页面设置及打印设置。

(1) 页面设置：单击【设计】选项卡【页面设置】工具组中的【页面设置】按钮，可以完成打印页面的大小、幻灯片编号、方向等设置。

(2) 打印设置：选择【文件】选项卡中的【打印】选项，可以设置打印份数、范围、内容，调整颜色，编辑页眉页脚，并可预览打印效果。

(3) 单击【打印设置】中的【整页幻灯片】按钮，在弹出的列表框中可以设置打印版式为【整页幻灯片】【备注页】【大纲】中的某一选项。【整页幻灯片】选项中，一页纸只能打印一张幻灯片；【备注页】选项中，每一页纸除了打印一张幻灯片外，还可以包括该幻灯片的备注信息；【大纲】选项中，只能打印出幻灯片中的文本内容。如果需要在一页纸上打印多张幻灯片，则可以选择打印幻灯片的【讲义】。

任务实施

(1) 打开“竞选班干部演讲稿.pptx”，在【文件】选项卡中单击【导出】选项，在弹出的列表中选择【将演示文稿打包成 CD】选项。

(2) 单击【打包成 CD】按钮打开【打包成 CD】对话框，在【将 CD 命名为】文本框中输入文本“竞选班干部演讲稿”并单击【复制到文件夹…】按钮。

(3) 打开【复制到文件夹…】对话框，在【文件夹名称】对话框中输入文本“竞选班干部演讲稿”，然后单击【浏览…】按钮，设置文件夹保存位置，完成后单击【确定】按钮开始打包演示文稿。打包成功后关闭演示文稿。

4.2.4　任务拓展：制作个人简历演示文稿

【拓展目的】

(1) 掌握幻灯片母版中各对象的设计。

(2) 掌握演示文稿的放映、排练计时以及打包演示文稿等操作。

【拓展内容】

制作“个人简历”演示文稿，效果如图 4-27 所示。

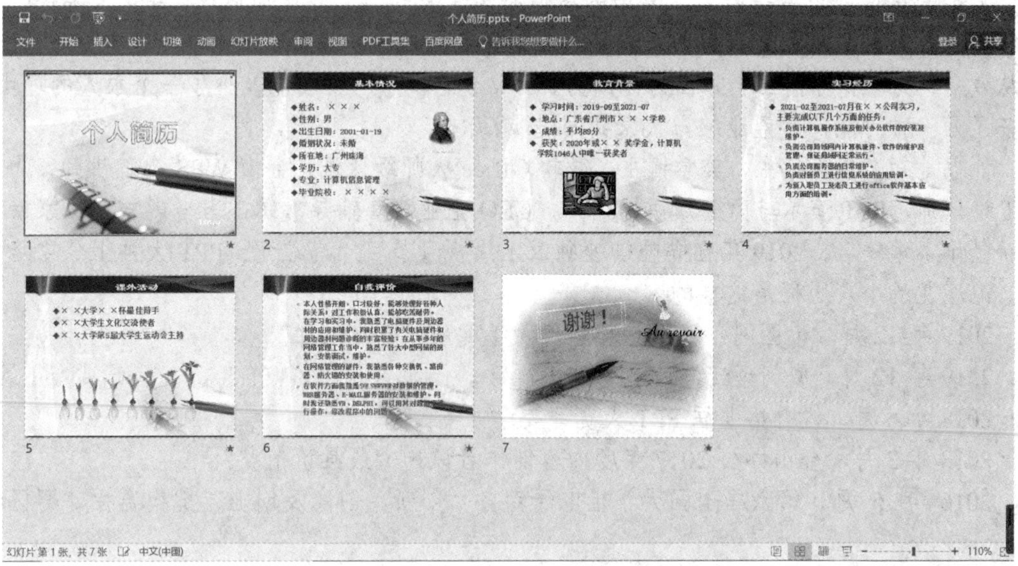

图 4-27　“个人简历”效果图

【实施步骤】

(1) 新建一个演示文稿，并保存为“个人简历.pptx”。

(2) 切换到【设计】选项卡，单击【主题】组中的【其他】按钮，在弹出的列表中单击【浏览主题】命令，在打开的【选择主题或主题文档】对话框中选中素材中的“个人简历模板.potx”文件，将选中的主题应用到当前演示文稿。

(3) 添加 6 张新幻灯片。选中第 1 张幻灯片，右击鼠标，在弹出的快捷菜单中单击【版式】，在弹出的选项框中选择【标题幻灯片】；用同样的方法将第 2～6 张幻灯片的版式改为【标题和内容】版式，将第 7 张幻灯片的版式改为【空白】版式。将“素材.docx”文件中提供的文字复制到相应幻灯片。

(4) 在第 1 张幻灯片中插入效果为【填充-白色，轮廓-着色 1，阴影】的艺术字“个人简历”，设置字号为 80；在第 7 张幻灯片中插入效果为【填充-黑色，文本 1，阴影】的艺术字“谢谢!”，在【格式】选项卡中点击【形状效果】，选择【预设】里面的【预设 9】。

(5) 单击【插入】选项卡中的【图片】，将素材文件夹里面的图片插入到各个幻灯片中。

(6) 在【动画】选项卡中设置幻灯片中各对象的动画效果。

(7) 在【切换】选项卡中设置幻灯片的切换效果。

(8) 单击【幻灯片放映】|【从头开始】命令按钮，放映演示文稿。

思政聚焦

PPT 之光

PPT 之光

“Hello 大家好，我是冯注龙，我是向天歌教育创始人，我是一名培训师，同时也是一名创业者。我毕业于厦门理工学院，同时，我也是图书《PPT 之光》《Excel 之光》《Word 之光》的作者，我一直坚持复杂的事情复杂做是压力，复杂的事情简单做是能力，复杂的事情有趣说是魅力。我认为职场人需要掌握高效办公、实用设计和动人演讲这三个方面的能力，因为这三个能力，能从效率、美感和传播三个方面为你助力。我常说，多学一个技能就少了一个求人的理由，就多了另一种可能，希望能够与大家共同进步。”

他也是知名教育博主，美学博主，微软 Office 大师级认证，金山 WPS 金牌讲师，知名 PPT 设计师，PPT 演示与商务演讲培训师，CEO 企业路演辅导教练，当当影响力作家榜科技新星作家第一名。2019 年在哔哩哔哩独家上线视频节目“冯注龙：PPT 大神上分攻略”。

冯注龙的个人历程是这样的：

2019 年 12 月，千图网年度设计师盛典“年度最佳合作伙伴”；

2019 年 12 月，厦门理工学院“青创榜样”；

2018 年 6 月，锐普第七届 PPT 大赛评委；

2018 年 3 月，金山办公 2017 年度内容创作者评选“最具价值奖”；

2016 年 5 月，第六届全国大学生电子商务“创新、创意及创业”挑战赛福建赛区特等奖；

2016 年 1 月，金山 WPS 2015 年度“十佳设计师”称号；

2015 年 8 月，成立向天歌演示；

2015 年 01 月，演界网年度贡献设计师；

2014 年 12 月，WPS 稻壳儿年度最佳设计师。

这么辉煌的人生，他是如何开始的呢？从他受 WPS 邀请，参加 2018 年内容创作者大会，并成为“年度最有价值”获奖者做的 10 分钟的《从 PPT 走向内容付费》主题演讲来了解一下：

“Hello，大家好，两岸猿声啼不住，都说我像吴彦祖。我是向天歌 PPT 的创始人冯注龙。非常荣幸今天能给大家进行一个简短的分享，主要说说我从 0 开始创业并逐渐变好的过程和经验，希望能帮到小伙伴们。

大学毕业后，我进入了一家管理培训公司，因为兴趣原因，我过得其实不大开心，一个月工资只有 1800 元。我想我不能一直这样下去啊，于是开始思考，我擅长什么呢？好像我 PPT 做得不错，于是就做了一些免费 PPT 模板到网上免费分享。没想到引起了稻壳儿华姐的注意，于是邀请我入驻了稻壳儿。

一开始，我就上传了十来份党政 PPT 模板，一个月后，华姐打电话给我，说销售额 3800 元，我一听吓坏了，心想，我去传几个作品，平台还要收我费用啊？没想到，是我能拿到 3800 元，这太让我激动了。

当我得知 PPT 模板能给我收入后，我辞职了，开始每日每夜钻研 PPT 技术，付出总是有收获的，我连续三年成为了 WPS 十佳设计师，销售额也经常名列前茅，我还组织了一群小伙伴入驻稻壳儿，我负责提供培训和验收 PPT 作品。在第一届中国演示峰会上稻壳儿的华姐也把我们当作标杆向外推广。

正是因为有了 WPS 稻壳儿的帮助，才有了现在的向天歌……”

冯注龙还曾为章子怡、谢霆锋、鹿晗、杨幂、赵又廷、成龙、刘亦菲等一线明星大咖的节目制作 PPT，他用一份 PPT，换回一辆牧马人越野车，中国石油、戴尔电脑、百威啤酒、可口可乐等全球 500 强企业邀请他担任 PPT 内训讲师，为超过 40 000 名员工，做过 1000 多场内部培训，《新闻联播》也常邀他制作栏目 PPT，各大综艺节目也与他强强联手……

是冯注龙开创了崭新的 PPT，还是 PPT 成就了冯注龙，这些都不重要，重要的是 PPT 太重要了。

第5章 信息检索技术

随着计算机的普及，网络越来越成为人们获取信息的最主要的来源之一。如何从大量复杂的网页中找寻自己需要的信息，又如何在浩瀚的网络信息中让自己网站中的内容被更多的人搜索到且成为目前网络中最关心的话题之一，这些都需要越来越多的网络信息检索技术人才。

目前，几乎绝大部分公司都需要在网上通过各种渠道搜集潜在客户信息以及同类公司相关技术、产品等数据，所以网络信息检索员在绝大部分公司都是需要的。

什么是信息检索？信息检索(Information Retrieval)是指信息按一定的方式组织起来，并根据用户的需要找出有关信息的过程和技术。狭义的信息检索就是信息检索过程的后半部分，即从信息集合中找出所需信息的过程，也就是人们常说的信息查询(Information Search 或 Information Seek)。

信息检索技术概述

任务 5.1 城市全景搜索

网络信息检索就是根据用户的需要，在网络上通过一定的技巧，检索出有用信息的过程和技术。如果没有特别规定，下文提到的信息检索，均指网络信息检索。

5.1.1 任务分析

有时网友们虽然知道上网，可是上网找需要的东西还是有些不得心应手，甚至因为网络资源太多而不知从何下手。学生张某是来北京上大学的外地人，刚到北京，人生地不熟，对北京的饮食文化、交通旅游等都一无所知。如何能够在短时间内让张某对北京的整体情况有个相对全面的了解，以便今后更好地在北京学习和生活呢？通过网络解决这个问题既实惠又省时。下面通过介绍如何进行北京全景搜索来学习信息搜索的一般方法。

北京的全景搜索的基本步骤如下：

(1) 认识搜索网络信息的常用工具——搜索引擎。

(2) 选取搜索关键词，利用搜索引擎进行合理检索。

(3) 从搜索结果中选取并整合有用信息。

5.1.2 认识搜索引擎

相关知识

搜索引擎(Search Engine)是指根据一定的策略、运用特定的计算机程序从因特网上搜集信息，在对信息进行组织和处理后，为用户提供检索服务，将用户检索相关的信息展示给用户的系统。

要选择合适的检索工具时，就要先了解所要使用的搜索引擎。下面简单介绍几种常见的搜索引擎。

1. 谷歌(Google)搜索引擎

谷歌(Google)搜索引擎(网址为 www.google.cn，见图 5-1)拥有庞大的数据库，提供全面的结果信息，例如文章的日期、大小等，可搜索所有网站，能快速、有效地搜索到自己所需的内容，是一个快速、强大的搜索引擎，它具有足够的响应能力来处理任何极度复杂的搜索，用户界面简洁美观，并且具有一定的大写、名词识别能力的快速搜索引擎，因为它的数据库是最大的，所以能找到别的搜索引擎所不能找到的东西。

图 5-1 谷歌搜索引擎

2. 百度搜索引擎

百度搜索引擎(网址为 www.baidu.com，见图 5-2)拥有目前世界上最大的中文搜索引擎，总量超过 3 亿页以上，并且还在保持快速的增长。百度搜索引擎具有高准确性、高查全率、更新快以及服务稳定的特点，在中文搜索方面，甚至比 Google 更胜一筹。

图 5-2 百度搜索引擎

3. 搜狗搜索引擎

搜狗搜索引擎(网址为 https://www.sogou.com/，见图 5-3)是搜狐公司于 2004 年 8 月 3 日推出的全球首个第三代互动式中文搜索引擎。搜狗搜索是中国领先的中文搜索引擎，致力于中文互联网信息的深度挖掘，帮助中国上亿网民加快信息获取速度，为用户创造价值。

搜狗的其他搜索产品各有特色。音乐搜索小于 2%的死链率，图片搜索具有独特的组图浏览功能，新闻搜索具有及时反映互联网热点事件的首页，地图搜索具有全国无缝漫游功能，使得搜狗的搜索产品线极大地满足了用户的日常需求，体现了搜狗的研发能力。

搜狗搜索引擎是全球第三代互动式搜索引擎，支持微信公众号和文章搜索、知乎搜索、英文搜索及翻译等，通过自主研发的人工智能算法为用户提供专业、精准、便捷的搜索服务。

图 5-3　搜狗搜索引擎

4．其他搜索引擎

除了上述三种搜索引擎外，还有许多其他国内外优秀的搜索引擎，例如 Ask(网址为 www.ask.com，又名 askjeeves)、dmoz(网址为 www.dmoz.org，又名 ODP)、search(网址为 www.search.com)等都是不错的搜索引擎。由于搜索领域潜在的巨大利益，国内很多大型门户也都在建立自己的搜索引擎，例如搜狐的 sougou.com、腾讯的 soso.com 等。

认识了常用的搜索引擎后，可以根据需要选择合适的搜索引擎。本任务是搜索北京的全景，对北京的旅游、饮食、文化等各个方面有个较全面的认识，那么可以选择目前流行的中文搜索引擎——百度。

5.1.3　关键词的选取与检索

相关知识

在因特网上使用搜索引擎时，经常遇到搜索结果一大堆也没有真正需要的资料，为什么会造成这种大海捞针的现象呢？主要是因为没有写好搜索式。什么是搜索式？搜索式就是指搜索引擎理解和运算的查词串。简单地说，搜索式就是在搜索引擎的搜索栏中输入的内容。关键词是检索式的主体，关键词的选取好坏直接影响到搜索的结果。那么如何选取关键词呢？以下是抽取关键词的五个基本原则。

原则 1：通常情况下，使用名词做关键词；

原则 2：搜索式中可以使用 2～3 个关键词；

原则 3：搜索式中可以使用同义词、近义词或相关词；

原则 4：根据搜索结果，及时调整检索策略；

原则 5：搜索通常不是一蹴而就的，而是一个多步骤的过程，需要逐步接近目标。

参照以上规则来制定搜索式搜索北京全景的方法。根据用户的要求程度，关键词的选取和搜索都会有不同。下面分别讨论两种情况。

(1) 信息用户张某只想对北京的全景如旅游、交通、饮食、文化等有个很粗略的了解。

① 可以选择“北京”作为第一个考虑的关键词，然后考虑“全景”作为第二个关键词。此时把“北京+全景”作为搜索式。在百度搜索引擎搜索栏中输入“北京　全景”，如图 5-4 所示。

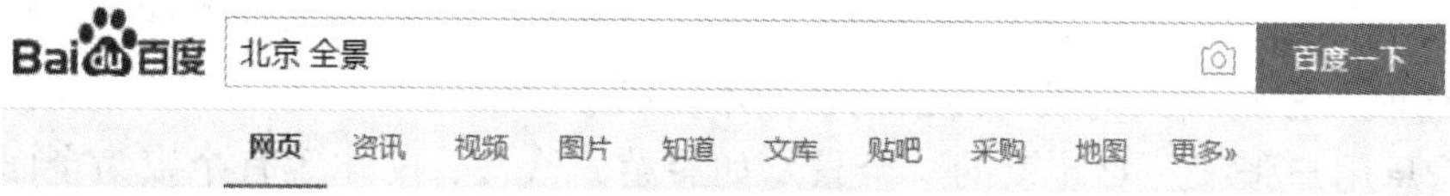

图 5-4　百度搜索“北京　全景”

② 单击【百度一下】按钮，搜索结果如图 5-5 所示。

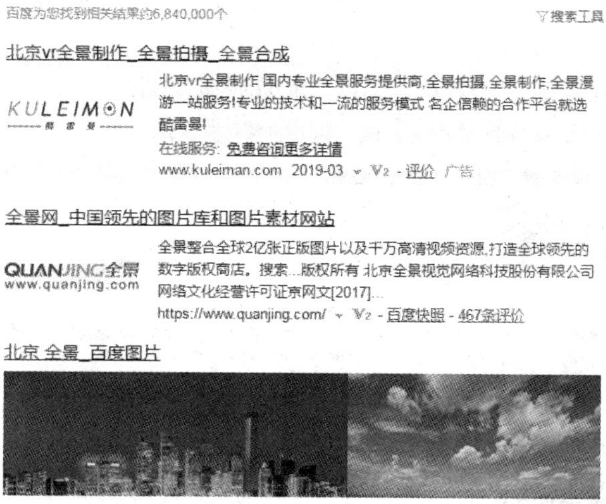

图 5-5　百度搜索“北京　全景”结果

搜索结果并没有如期待的那样搜索出北京的旅游、文化等全景介绍，绝大多数网页都是其他的信息。这时根据原则四调整搜索策略，把“全景”这个关键词换成它的近义词“概况”试试。搜索结果如图 5-6 所示。

图 5-6　百度搜索“北京　概况”结果

可以看到，此时的结果就大不相同了。绝大部分搜索结果都是贴近搜索任务的。那么关键词的选取、搜索式的构成和搜索就算基本完成了。

(2) 信息用户张某想对北京的“全景”如旅游、饮食、文化等有个较为全面和详细的了解和认识。

① 根据原则五，此时搜索任务分步骤进行。北京的“全景”主要分为旅游、美景、饮食、文化等几个方面，分为三个子任务进行搜索。确定三个子任务的关键式分别为“北京旅游”“北京饮食”“北京文化”。

② 在百度搜索引擎搜索栏中分别搜索“北京旅游”“北京饮食”“北京文化”三个搜索式，得到搜索结果为图 5-7～图 5-9 所示。

图 5-7　百度搜索“北京旅游”结果

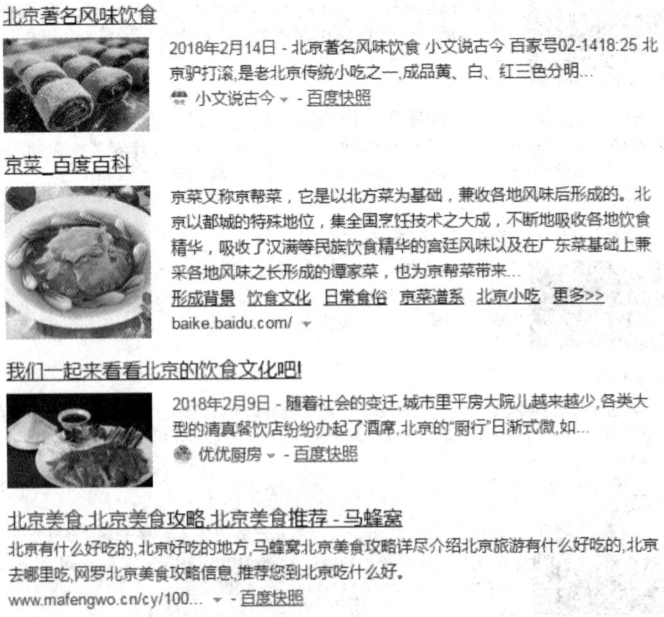

图 5-8　百度搜索“北京饮食”结果

图 5-9　百度搜索“北京文化”结果

搜索关键词和搜索式的构成决定了搜索的基本结果。也可以根据实际需要对上述三组关键词进行一些调整。例如把“北京饮食”改成“北京餐饮”试试搜索结果；还可以针对文化类型不同把“北京文化”再细分后进行搜索等。文中提到的关键词的选取原则也只是一个针对大多数查询任务的指导性参考意见，在实际操作时不一定每个查询任务都要严格遵循每一条选取原则，还是要具体问题具体分析。

说明

什么是关键词?

在搜索引擎中，关键词是用户在搜索引擎上寻找内容时输入的词语、词组，是搜索应用的重要因素。这些关键词是用户认为与其搜索信息相关的短语，往往是产品相关词、主题相关词，最能体现所寻找信息的词语。简单地说，关键词就是网站中出现频率较高，与网站主题最相关的词语。关键词可以使用单个词，也可以是由几个词语组成的词组。用户寻找信息搜索的词、公司的产品信息相关的词，这些都可以说是关键词。

5.1.4　信息的选取与整合

确定了某个搜索式后搜索出来的结果也是数不胜数，动辄千万或更多的搜索结果不足为怪。搜索结果并不是每条都是所需要的。那如何从这些搜索结果中选取信息，整合成最终的搜索结果呢？

下面是信息的选取和整合的基本原则。

原则 1：信息的相关性。

信息的相关性指该信息和搜索任务的相关程度。

搜索式构造得再好，在上千万条搜索结果中肯定存在许多与搜索任务无关和关系不大的信息。信息的相关性是选取信息的首要原则。例如在百度搜索栏中输入“北京文化”时，出现的百度文库中的北京文化介绍和搜索任务贴近，因此可以选取，如图 5-10 所示。

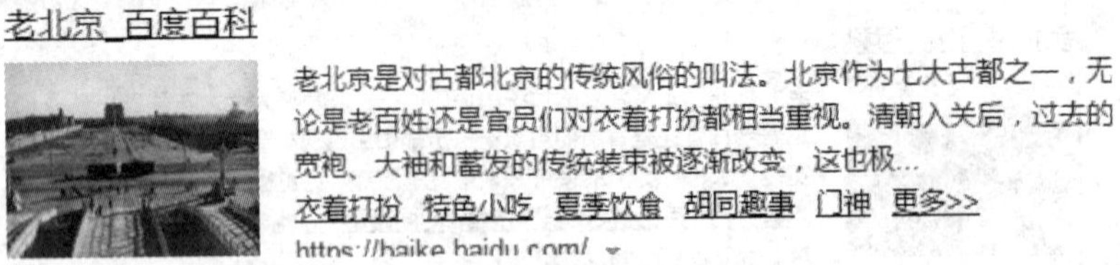

图 5-10　百度搜索出和搜索任务贴近的结果

搜索结果“北京文化 00802 是一家从事电影……”等条目和搜索任务相关性不大，如图 5-11 所示，在搜索结果比较多时，这样的搜索条目就可以暂时舍弃。

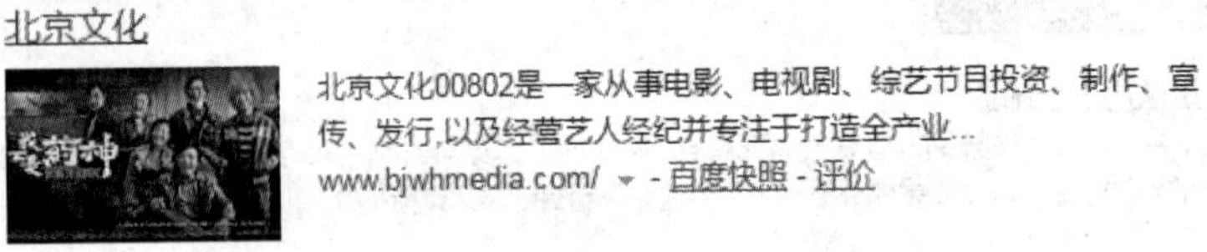

图 5-11　百度搜索出和搜索任务不贴近的结果

原则 2：信息的权威性。

信息的权威性是指信息真实性或者说信息的可靠性程度。

搜索信息时一般要选择权威部门、大型正规网站、专业网站，警惕钓鱼网。如果信息来源于小网站，一定要再三确认信息的可靠性后方可选取。

如搜索北京旅游时来源于百度旅游网的条目，如图 5-7 所示，其第一个条目，点击该条目显示网页内容如图 5-12 所示，该网站相对比较正规，信息是相对可靠的。

图 5-12　百度旅游首页

原则 3：信息的完整性。

信息的完整性是搜索到的某条信息符合“搜索任务”或至少符合“能够相对独立地完成一部分搜索任务”。例如在百度搜索栏中输入“北京饮食”时，有些条目的标题与搜索任务贴近，但是打开该条目所在网页后，发现内容残缺或者只是只言片语，这样的条目也可以舍弃。

原则 4：信息的时效性。

这里讲的信息的时效性是指信息是否具有时间效力，对于目前的搜索任务该信息是否可用。在时间面前，信息是易碎品，即使是十分真实的、很有价值的信息，一旦过了时，就会变成无人问津的东西，甚至变得毫无价值。

例如某学生要买计算机，在搜索栏中搜索"计算机选购"，出现的结果条目中有些甚至是 2001 年某某计算机高手发布的计算机选购的硬件配置教程。大家都知道，计算机的硬件发展速度很快，10 年前和如今的计算机硬件已是相差甚远，所以这样的条目虽然和搜索任务贴近，但因时效的原因，也是可以舍弃的。

除了以上几个信息选取与整合的基本原则外，还可以综合信息的普遍性、信息是否具有地域限制，信息包含哪种情感成分以及信息是否具有实用性等方面对信息进行判断，对信息进行选取。

按照以上原则选取信息后，把选取的信息归纳整理，就成了信息用户所需要的最终结果。当然，因为每个人选择的关键词、搜索式、搜索引擎、选取信息的侧重面以及选取信息后归纳整理的方法等各有不同，所以最终的结果肯定会不相同，不过只要用户采用了正确的搜索手段，是在不违反大的原则和方法上进行的信息搜索和整理，那么得到的结果一般来说都是可用的。

5.1.5　任务体验

【体验目的】

(1) 利用搜索引擎搜索自己家乡的全景。

(2) 学会关键字的选取。

【体验内容】

利用网络，借助百度与谷歌两种搜索引擎较为全面地搜索出自己家乡的全景(例如旅游、饮食、文化等)。

【体验步骤】

(1) 根据搜索任务，选择一种搜索引擎。

(2) 分析搜索任务，合理选取关键词进行搜索。

(3) 观察搜索结果，科学选取信息，并对信息进行归纳整理得出结果。

任务 5.2　毕业论文检索

毕业论文检索

"中国期刊网全文数据库""维普中文科技期刊数据库"和"万方数据库资源系统数字化期刊"是国内影响力和利用率很高的综合性中文电子期刊全文数据库。这三个数据库已经成为大多数高等院校、公共图书馆和科研机构文献信息保障系统的重要组成部分。在互联网中，这三大数据库也成为中文学术信息的重要代表，体现了我国现有的中文电子文献数据库的建设水平。

5.2.1　认识数字化期刊全文数据库

相关知识

1. 中国期刊网全文数据库

“中国期刊网全文数据库”(简称“中国知网(CNKI)”或“知网”)是由清华同方光盘股份有限公司、光盘国家工程研究中心和中国学术期刊(光盘版)电子杂志社共同研制出版的综合性全文数据库。该数据库收录自从 1994 年来公开出版发行的 6600 余种国内核心期刊和一些具有专业特色的中英文期刊全文，累计全文文献 618 万多篇，题录 1500 万余条，按学科分为理工 A(数理科学)、理工 B(化学化工能源与材料)、理工 C(工业技术)、农业、医药卫生、文史哲、经济政治与法律、教育与社会科学、电子技术与信息科学 9 大类，126 个专题文献数据库。产品的主要形式为《中国期刊全文数据库(WEB 版)》《中国学术期刊(光盘版)》(CAJ-CD)、《中国期刊专题全文数据库光盘版》。1994—2000 的专题全文数据库已出版“合订本”，每个专题库 1～2 张 DVD 光盘。CNKI 中心网站及数据库交换服务中心每日更新，各镜像站点通过互联网或卫星传送数据可实现每日更新，专辑光盘每月更新(文史哲专辑为双月更新)，专题光盘年度更新。中国知网的资源需安装其专门的阅读器 CAJViewer 阅读。知网的主页如图 5-13 所示，网址为 http://www.cnki.net/。

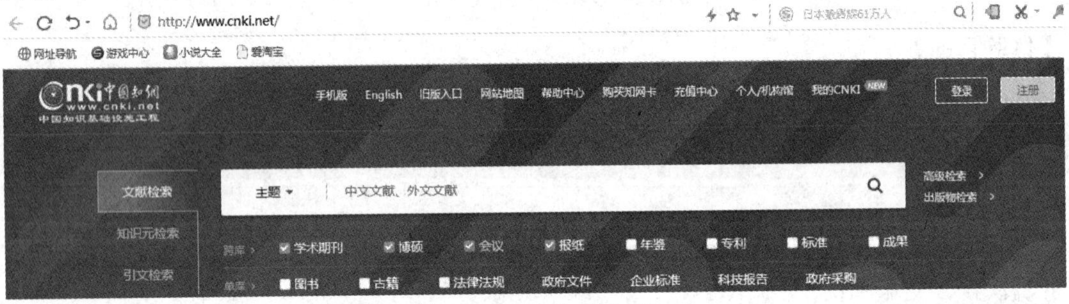

图 5-13　中国知网主页

2. 维普中文科技期刊数据库

“维普中文科技期刊数据库”(简称“维普”)由科技部西南信息中心主办，重庆维普资讯有限公司制作，其前身为《中文科技期刊篇名数据库》。该数据库收录了自 1989 年以来国内出版发行的 12 000 余种期刊，其中全文收录 8000 余种，按学科分为经济管理、教育科学、图书情报、自然科学、农业科学、医药卫生、工程技术等 7 大类，27 个专辑，200 个专题。按《中图法》编制了树型分类导航和刊名导航系统，基本覆盖了国内公开出版的具有学术价值的期刊，同时还收录了中国港台地区出版的 108 种学术期刊，积累 700 余万篇全文文献，数据量以每年 100 万篇的速度递增。维普网址为 http://qikan.cqvip.com/，维普中文科技期刊数据库主页如图 5-14 所示。

图 5-14　维普中文科技期刊数据库主页

3. 万方数据库资源系统数字化期刊

万方数据资源系统是建立在因特网上的大型科技、商务信息平台，内容涉及自然科学和社会科学各个专业领域。包含的数据库主要有：

(1) 中国学位论文文摘数据库。它始建于 1985 年，收录了我国自然科学和社会科学各领域的硕士、博士及博士后研究生论文的文摘信息，内容包括论文题名、作者、专业、授予学位、导师姓名、授予学位单位、馆藏号、分类号、论文页数、出版时间、主题词、文摘等字段信息。

(2) 数字化期刊全文数据库。它整合了中国科技论文与引文数据库及其他相关数据库中的期刊条目部分内容，基本包括了我国文献计量单位中自然科学类统计源期刊和社会科学类核心源期刊。目前集纳了理、工、农、医、哲学、人文、社会科学、经济管理与教科文艺等 9 大类 100 多个类目近 6000 种期刊。

(3) 中文会议论文全文数据库。它收录了 1998 年至今的国家一级学会在国内组织召开的全国性学术会议近 7000 个，数据范围覆盖自然科学、工程技术、农林、医学等 27 个大类，所收论文累计 50 万篇。

万方数据库网址为 http://g.wanfangdata.com.cn/index.html，万方数据库主页如图 5-15 所示。

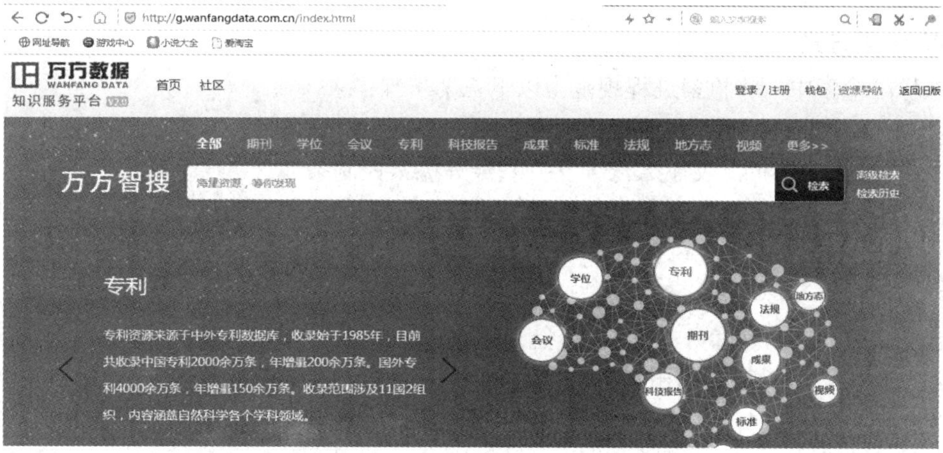

图 5-15　万方数据库主页

5.2.2　信息检索中的需求表达

相关知识

为完成一项信息检索请求，我们必须对用户需求做出精确描述，这对检索结果的有效性有直接的影响。通过描述用户的信息需求，依靠某种查询表达式，可以使搜索引擎产生成千上万的结果。

1. 设置信息检索范围

用户检索时，可以限定到某一个特殊的范围，根据具体的检索需求来进行选择。我们在利用中国知网(CNKI)检索相关文献时，可以从如图 5-16 所示的文献分类目录中选择，可以在全部学科检索或者限定在具体的学科领域和专业的范围内检索。例如，我们需要了解人工智能的发展历史、人工智能的现状、人工智能的应用领域等，在检索文献时，需要在全部文献中实施检索。如果我们需要了解人工智能最新的技术，我们可以选定“工程科技Ⅰ辑”“工程科技Ⅱ辑”“信息科技”这三个范围。提供对检索范围的限定，可以准确控制检索的目标结果、文献发表年限和来源类别。

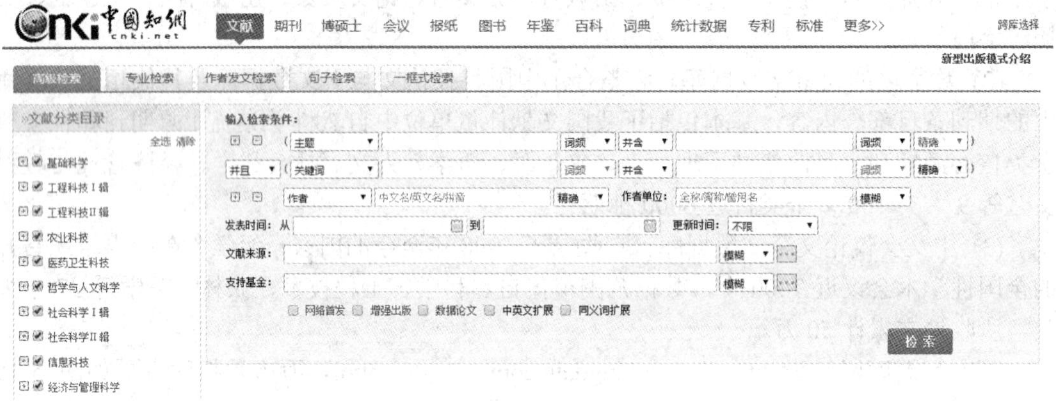

图 5-16　中国知网(CNKI)主页

2. 检索方式

在标准检索中，将检索过程规范为以下三个步骤：

(1) 输入主题、篇名、关键词、作者、单位等内容检索条件。

(2) 限定发表时间、文献来源、支持基金等检索控制条件。

(3) 对检索结果进行分组分析和排序分析，反复筛选修正检索条件得到最终结果。检索条件如图 5-17 所示。

文献的内容主要包含主题、关键词、篇名、摘要、全文、被引文献、中图分类号、作者、作者单位、刊名、CN、ISSN、基金、期等共 14 个字段，进行“并含”“不含”“或含”逻辑组配检索。可以通过单击【输入检索条件】下的“+”“–”按钮实现增加和减少逻辑检索行，可以同时选择“主题”“关键字”“篇名”“摘要”“作者”中输入文献内容进行检索。填写检索内容的基本步骤如下：

(1) 在下拉框中，选择一种文献类型，在其后的检索框中输入一个关键字。

(2) 若一个检索项需要两个关键字，可选择“并含”“或含”“不含”的关系，在第 2 个检索框中输入一个关键字。

(3) 单击检索项前的“+”号，添加另一个文献内容关键字。

(4) 添加完所有检索项后，单击【检索】按钮进行检索。

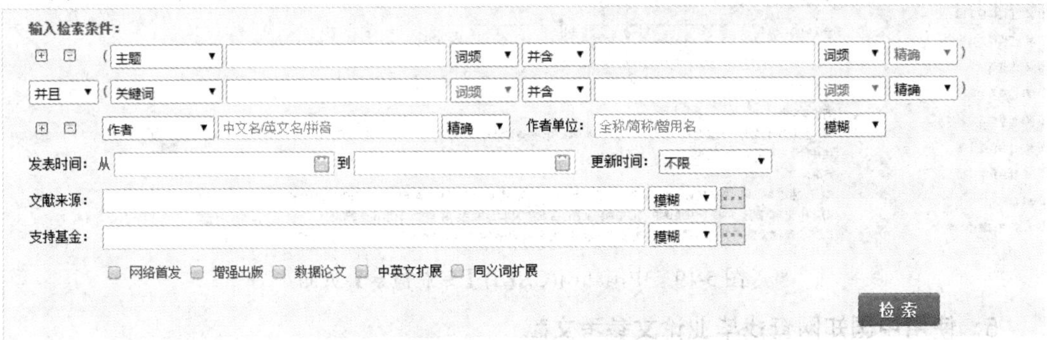

图 5-17　中国知网(CNKI)检索条件设置页面

3. 高级检索

高级检索的功能更为丰富，可将在初级检索中需要通过二次检索完成的操作一次完成，高级检索页面如图 5-18 所示。

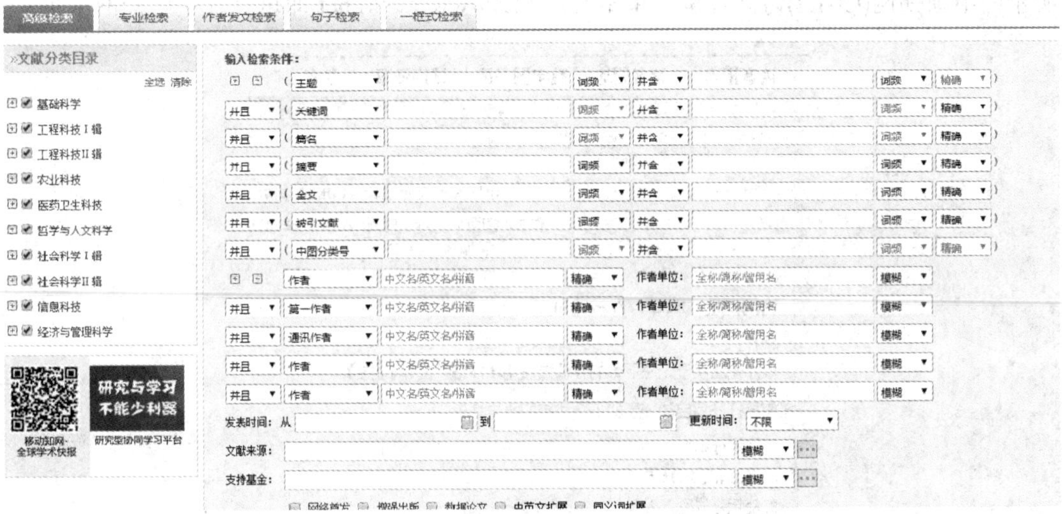

图 5-18　中国知网(CNKI)高级检索页面

高级检索特有的功能是多项双词逻辑组合检索、双词频控制。可以单击【输入检索条件】下的【+】和【–】来控制增加或减少检索框，最多有如图 5-18 所示的 7 个检索框，使用 7 个检索字段。通过“并且”“或者”“不含”进行组配，三种运算的优先级相同，并按照先后顺序进行组合。

4. 专业检索

专业检索的功能比高级检索功能更为强大，但要使用逻辑运算符和关键词构造检索方式进行检索，一般用于图书情报人员查新及信息分析等工作。单击菜单命令【专业检索】按钮，打开如图 5-19 所示的

查找“大学英语四六级”学习资料

【专业检索】页面。

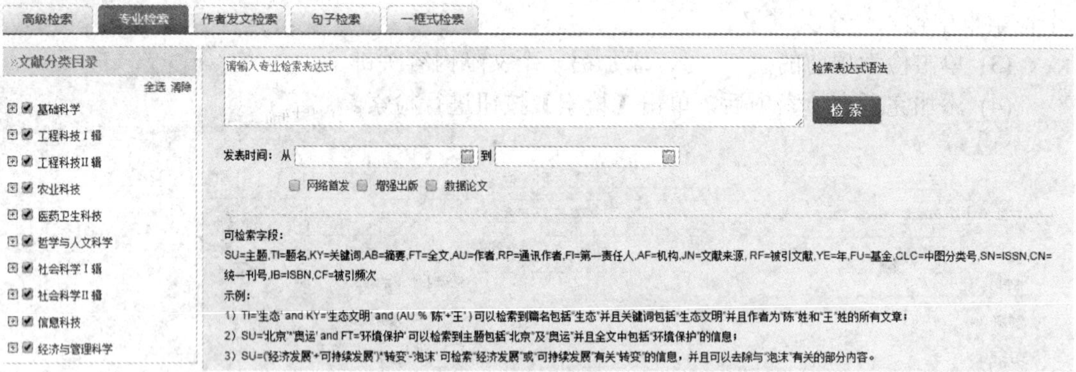

图 5-19　中国知网(CNKI)【专业检索】页面

5．使用中国知网查找毕业论文参考文献

假如你是一名大三学生，需要结合本人的实习工作撰写一篇毕业论文，在撰写论文前，需了解毕业论文撰写的主要方法、前沿技术、论文格式等，因此需要下载相关文献以便参考。下面我们具体介绍怎样在中国知网查找毕业论文参考文献，主要步骤如下：

(1) 进入学校图书馆主页，单击菜单【数字图书馆】|【中国知网 CNKI】，打开如图 5-20 所示的中国知网(CNKI)访问指南，单击网址 http://www.cnki.net 即可打开中国知网主页。

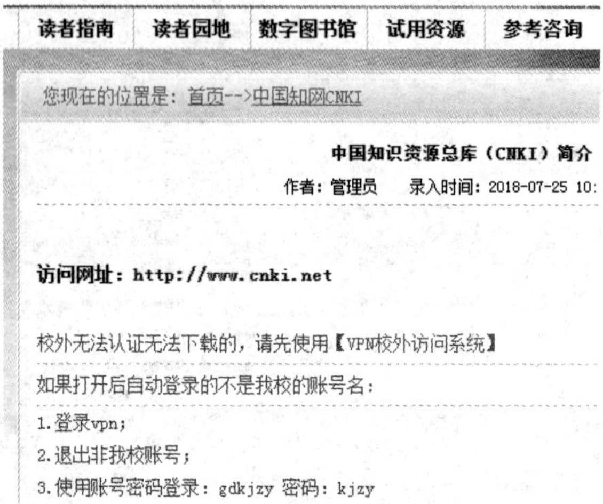

图 5-20　中国知网(CNKI)访问指南

温馨提示

① 如果直接输入中国知网主页 http://www.cnki.net，由于权限限制，检索到的数据可能不能下载。

② 如果在校外访问图书馆主页，进入中国知网主页前，需要输入教工号和学号进行登录。有些学校需先使用【VPN 校外访问系统】，先登录 vpn；退出非学校账号；使用各校图书馆规定的账号密码进行登录进入中国知网主页。

(2) 根据你需要检索的学科领域和专业，首先设置检索范围，也可以直接输入关键字进行检索。如你是大数据专业的学生，从事大数据分析岗位，可以在【关键词】输入“大数据分析”关键字，或进一步细化，输入“大数据分析工具”“大数据分析方法”“大数据分析平台”“大数据分析技术”“大数据分析算法”等关键词。这时输入“大数据分析技术”，弹出如图 5-21 所示的文献列表。

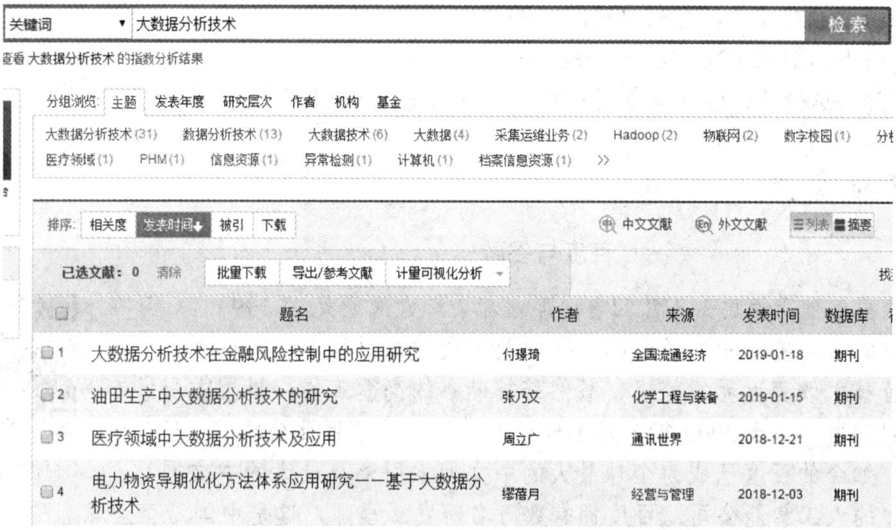

图 5-21　“大数据分析技术”文献列表

(3) 单击文献列表中的具体文献，如单击“大数据分析技术在金融风险控制中的应用研究”，弹出“大数据分析技术在金融风险控制中的应用研究”的简要介绍，如作者、摘要、关键词、中图分类号；最底部有【HTML 阅读】【CAJ 下载】【PDF 下载】三个具体的下载按钮，如果直接查阅，单击【HTML 阅读】；一般选择【CAJ 下载】，下载 CAJ 文件；选择【PDF 下载】，下载 PDF 文件。

温馨提示

(1) CAJ 文件是 CNKI 提供的一种文件格式，如果下载了 CAJ 文件，则需要在知网页面上把 CAJView 软件打开，PDF 文件可以使用 Adobe Acrobat 软件打开。

(2) 也可以输入篇名、作者、单位、文献来源等内容进行检索，步骤基本类似。

(3) 如果我们需要检索外文文献，可以在 

列表中切换到【外文文献】，即可下载外文文献。

(4) 维普中文科技期刊数据库、万方数据库资源系统数字化期刊和中国知网 CNKI 检索方法基本类似，在此不再重复。

5.2.3　任务体验

【体验目的】

(1) 熟悉中国知网(CNKI)检索技术，能运用中国知网(CNKI)检索相应文献。

(2) 学会关键词、作者、主题等检索字段的选取。

【体验内容】

利用中国知网(CNKI)检索本人所读专业的有关论文文献。

【体验步骤】

(1) 根据检索任务，选取合理的关键词。

(2) 在中国知网(CNKI)输入关键词进行搜索。

(3) 分别选择【CAJ 下载】、【PDF 下载】按钮下载相应文献，提交五篇以上论文。

思政聚焦

百度与谷歌

百度与谷歌

“众里寻他千百度，蓦然回首，那人却在灯火阑珊处。”1999 年，身在美国硅谷的李彦宏，看到了中国互联网及中文搜索引擎服务的巨大发展潜力，抱着技术改变世界的梦想，毅然辞掉硅谷的高薪工作，携搜索引擎专利技术回到中国，于 2000 年 1 月 1 日在中关村创建了百度公司“百度”搜索引擎。如今的百度已成为全球最大的中文搜索引擎及最大的中文网站、全球领先的人工智能公司。百度拥有数万名研发工程师，这是中国乃至全球都顶尖的技术团队。这支队伍掌握着世界上最为先进的搜索引擎技术，使百度成为掌握世界尖端科学核心技术的中国高科技企业，也使中国成为美国、俄罗斯和韩国之外，全球仅有的 4 个拥有搜索引擎核心技术的国家之一。

作为全球最大的中文搜索引擎，百度每天响应来自 100 余个国家和地区的数十亿次搜索请求，是网民获取中文信息的最主要入口。百度以“用科技让复杂的世界更简单”为使命，不断坚持技术创新，致力于“成为最懂用户，并能帮助人们成长的全球顶级高科技公司”。

百度是中国最大的以信息和知识为核心的互联网综合服务公司。在 AI 驱动下，百度以百家号、智能小程序和托管页为主要支柱。2019 年，百度用户规模突破 10 亿，百度 App 日活跃用户 2 亿，信息流位居中国第一。百家号创作者达到 260 万。百度智能小程序是国内唯一完全开源的小程序平台，月活跃用户规模破 3.16 亿。百度知道、百度百科、百度文库等六大知识类产品累计生产超 10 亿条高质量内容，构建了中国最大的知识内容体系。

百度是全球领先的人工智能平台型公司。百度大脑是中国唯一的“软硬一体 AI 大生产平台”，是百度 AI 的集大成，对外全方位输出超过 240 项 AI 能力。飞桨是中国首个也是国内目前唯一一个全面开源开放、功能完备的产业级深度学习平台，是中国自主研发的“智能时代的操作系统”。百度智能云是百度 AI To B 业务的重要承载者和输出者，是产业智能化领导者。小度助手是中国最大的对话式人工智能操作系统，拥有中国市场规模最大、最繁荣的对话式人工智能生态，小度助手语音月交互次数超过 50 亿次。作为全球最大自动驾驶开放平台，Apollo 代表中国最强自动驾驶实力。目前已形成自动驾驶、车路协同、智能车联三大开放平台。自动驾驶方面，超过十项中国第一，技术实力领跑行业。

当然，就全球而言，百度还有很长的路，全球排名前十的搜索引擎有 Google、Bing、百度、Yahoo、Yandex(俄罗斯)、Ask、Duckduckgo、Naver(韩国)、AOL、Seznam(捷克)。谷歌是世界上最大的搜索引擎公司，百度是中国最大的搜索引擎公司，但百度与谷歌还是有差距的：谷歌的营业收入是百度的 10 倍，谷歌的市值是百度的 4～6 倍，而谷歌的员工数不到百度的两倍，谷歌的搜索引擎在不少国家的市场占有率都在九成以上，放眼望去，似乎除了中国，都是谷歌的天地，全球搜索市场份额谷歌占 77.43%，而百度只有 8.13%，最近谷歌正在策划回归中国市场，百度也正准备迎接挑战，估计又有一场鏖战。

毫无疑问，Google 几乎占领了除中国之外的全部区域。但中国如果没有百度，后果会怎么样呢？

第 6 章　新媒体设计与制作工具

任务 6.1　初识微信公众平台

微信公众平台简称公众号，曾命名为官号平台、媒体平台、微信公众号，最终定位为“公众平台”。政府、名人、媒体、企业等通过微信渠道可以将品牌推广给上亿的微信用户，减少宣传成本，提高品牌知名度，打造更具影响力的品牌形象。

初识微信公众平台

利用微信公众平台进行自媒体活动，简单来说就是进行一对多的媒体行为活动，如商家通过基于微信公众平台对接的微信会员云营销系统展示商家微官网、微会员、微推送、微支付、微活动，已经形成了一种主流的线上线下微信互动营销方式。

6.1.1　公众平台的账号类型

公众平台的账号类型主要有以下三种。

(1) 服务号：公众平台服务号，旨在为用户提供服务。服务内容包括：一个月内仅可以发送 4 条群发消息；发给用户的消息会显示在用户的聊天列表中；在发送消息给用户时，用户会收到即时的消息提醒；可以申请自定义菜单。

(2) 订阅号：公众平台订阅号，为用户提供信息和资讯。提供内容包括：每天可以发送 1 条群发消息；订阅号发给用户的消息会显示在用户的订阅号文件夹中；订阅号在发送消息给用户时，用户不会收到即时消息提醒；在用户的通讯录中，订阅号将被放入订阅号文件夹中。个人只能申请订阅号。

(3) 企业号：公众平台企业号，旨在帮助企业、政府机关、学校、医院等企事业单位和非政府组织建立与员工、上下游合作伙伴及内部 IT 系统间的联系，并能有效地简化管理流程，提高信息的沟通和协同效率以及提升对一线员工的服务及管理能力。

6.1.2　公众平台的使用说明

1. 功能定位

在微信公众平台上，企业可以更好地提供服务，其运营方案有很多方式，可以是第三方开发者模式，也可以是简单的编辑模式，不管哪种模式，建议以内容取胜，不要随意刷粉丝，否则容易被封号。下面介绍微信公众平台主要的功能。

(1) 群发推送：公众号主动向用户推送重要通知或趣味内容。

(2) 自动回复：用户根据指定关键字，主动向公众号获取常规消息。

(3) 1 对 1 交流：公众号针对用户的特殊疑问，为用户提供 1 对 1 的对话解答服务。

2. 账号申请

打开浏览器，输入网址“https://mp.weixin.qq.com”即可进入微信公众平台的登录页面，如图 6-1 所示。

图 6-1　微信公众平台的登录页面

在使用微信公众平台服务前需要注册一个微信公众账号。如果运营主体为组织，则可在新注册时选择成为服务号或者订阅号。之前注册的公众号，默认为订阅号，也可升级为服务号。在微信公众平台的登录页面右上方点击“立即注册”，进入注册页面，如图 6-2 所示。

图 6-2　微信公众平台的注册页面

微信公众账号可通过 QQ 号码或电子邮箱账号进行绑定注册，需使用未与微信账号绑定的 QQ 号码或电子邮箱账号注册微信公众账号。腾讯有权根据用户需求或产品需要对账号注册和绑定的方式进行变更，关于使用账号的具体规则，请遵守 QQ 号码规则、相关账号使用协议以及腾讯为此发布的专项规则。

用户符合一定条件后可以对微信公众账号申请微信认证。认证账号资料信息来源于微博认证等渠道，微信公众平台不再对认证账号信息进行独立审查，认证流程由认证系统自动验证完成。用户应当对所认证账号资料的真实性、合法性、准确性和有效性独立承担责任。

3. 发布方式

公众平台的发布和订阅方式都可通过在设置中的一个二维码来实现，品牌 ID 放到二维码的中部，也可以采用其他方式来订阅微信公众账号，比如通过微信号进行订阅，即在微信上直接单击【添加朋友】|【按号码查找】，输入“账号”就可以查找并关注用户感兴趣的内容。此外微信上还可以通过发送名片的方式把用户喜欢的微信公众账号 ID 发送给朋友。

4. 消息推送

普通的公众账号可以群发文字、图片、语音、视频等类别的内容，而认证的账号有更高的权限，能推送更漂亮的图文信息，这类图文信息是单条的，或者是一个专题。

5. 分类订阅

用户订阅内容和品牌的选择，大多数用户会喜欢少量而精致的资讯，以方便阅览。

6. 门店小程序

在公众平台里可以快速创建门店小程序。运营者只需要简单填写自己企业或者门店的名称、简介、营业时间、联系方式、地理位置和图片等信息，不需要复杂的开发，就可以快速生成一个类似店铺名片的小程序，并支持放在公众号的自定义菜单、图文消息和模板消息等场景中使用。

6.1.3 公众平台的人性化设置

1. 群发助手

由于公共账号不能在手持设备上登录，因此，个人公众号可以绑定一个私人微信账号，并可以在私人账号上通过公众号助手向所有公众号的粉丝群发消息。每次发送消息时都会被询问“是否确认发送”，消息提交过程比一般微信号的发送过程稍慢。

2. 自动回复

由于是一对多的点对点方式，因此微信公众平台后台设置了自动回复选项，用户可以通过添加关键词(可以添加多个关键词)自动处理一些常用的查询和疑问。

可以和官方账号互动，看看是怎么自动回复的，但是，自动回复对于非明星类的小媒体或者品牌来说，不是一个特别好的选择。

3. 数据统计

2013 年 8 月 29 日，微信公众平台数据统计功能正式上线，至此公众平台的用户、发布数据等终于可以量化。

数据统计查看功能大致分为用户分析、图文分析、消息分析三类。

(1) 用户分析：查看任意时间段内用户数的增长、取消关注和用户属性等统计。

(2) 图文分析：查看任意时间段内图文消息群发效果的统计数据，包括送达人数、阅读人数和转发人数等。

(3) 消息分析：查看针对用户发送消息的统计数据，包括消息发送人数、次数等。

任务 6.2　微信公众平台后台管理

微信公众平台后台管理

登录微信公众平台，注册公众账号，确认成为公共账号用户，申请的中文名称可以重复，但是微信号是唯一的，且不可以修改。

确认公共账号后，就会进入微信公众平台的后台，后台很简洁，主要有实时交流、消息发送和素材管理，以及用户对自己的粉丝分组管理等。

6.2.1　公众平台的后台功能

公众平台的后台主要有以下功能。

(1) 添加附件：比如微信小店管理、投票管理、摇一摇周边、客服功能等，但是有一些功能只有认证之后的微信公众号才可以申请设置。

(2) 群发：订阅号可以每天群发 1 条信息，而服务号只能每月群发 4 条，可以新建素材，修改之后可以群发，也可以从素材库中选取素材。

(3) 素材发布：要会写文案，微信文章一般包括有文章标题、正文、图片，注意图片的大小，主图的大小要求 900 像素 × 500 像素，大于或者小于该数据系统会自动缩放。

(4) 查看观看的人数与行为的分析：文章发布出去后，文章有多少人观看，有多少人分享，或者说文章好不好，效果怎么样，这些都可以在后台的数据统计中看到。

(5) 获取更多的微信公众号：可以接入第三方工具，微信公众号有第三方的接口，配置第三方接口数据，接入即可操作使用。

6.2.2　公众平台的后台操作

1. 登录后台的主页面

绑定公众平台的管理员成功登录后进入微信公众平台的后台页面。该页面左侧是功能操作部分，包括功能、管理、推广、统计等，还有账号设置和开发功能等；右侧为资讯与操作过程，如图 6-3 所示。

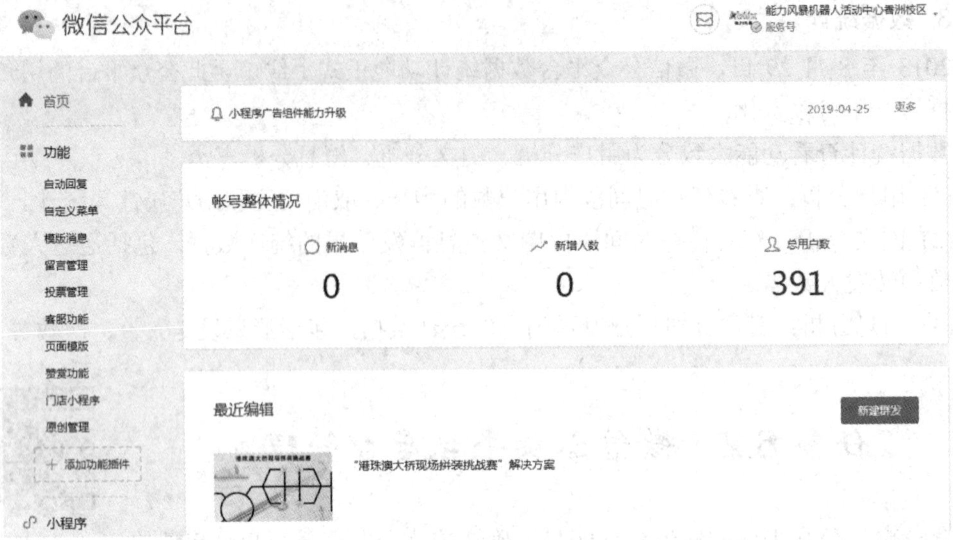

图 6-3　微信公众平台的后台页面

2. 管理订阅用户

单击微信公众平台后台页面中左侧的管理菜单中【管理】|【用户管理】，进入【用户管理】页面，如图 6-4 所示，在此页面可以进行相关管理。

图 6-4　微信公众平台后台的【用户管理】页面

(1) 修改备注：修改关注用户的备注名称，同 QQ 备注一样用法，起到备忘的作用。

(2) 新建标签：建立新的用户分组，发送消息时可以限定分组指定发送。

(3) 用户分组：选择用户后(可以多选)，单击“添加到”即可将用户移动至指定分组中。

(4) 注意事项：用户不可以由平台添加，只能由用户自己主动添加关注。

(5) 推荐用户关注公众平台：用户关注公众平台的方式有以下两种。

① 通过“账号”或“账号名称”查找后添加关注。

手机打开微信，选择右上角的【+】号，单击【公众号】，输入公众号账号(微信号)或者微信号名称，再单击【关注公众号】即可添加关注和查看消息。

② 通过扫描“二维码”添加关注。

手机打开微信，选择右上角的【+】号，点击【扫一扫】，再单击【关注公众号】即可添加关注和查看消息。

3. 编辑图文素材

(1) 单击微信公众平台后台页面中左侧的【管理】|【素材管理】。

(2) 将鼠标移动至【图文消息】中的【新建图文素材】，进入图文编辑页面，单击左侧【+】|【写新图文】，可变成多图文消息。

① 单图文消息是指一条消息只包含一篇文章。

② 多图文消息是指一条消息可以包含一篇以上的文章。

(3) 编辑多图文消息素材，页面如图 6-5 所示。

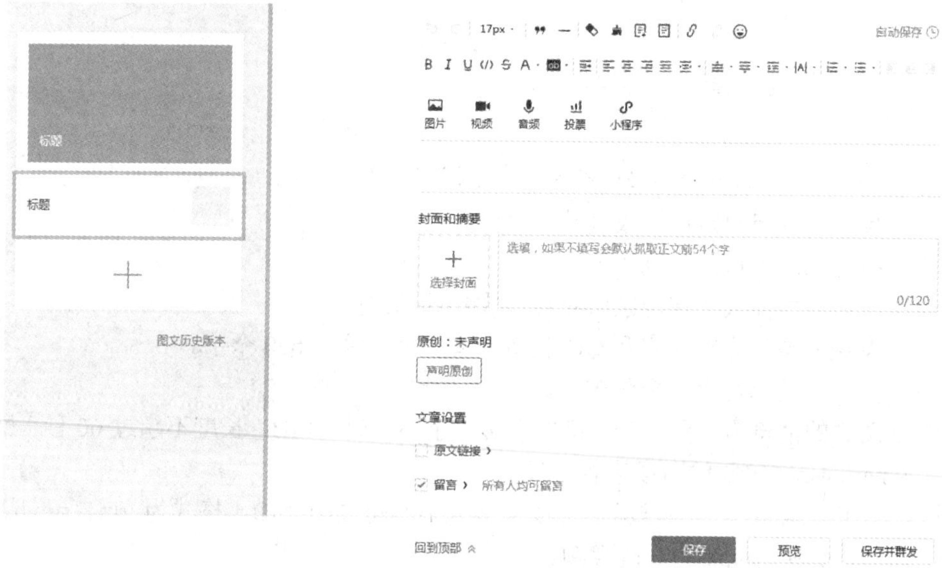

图 6-5　微信公众平台后台的编辑多图文消息页面

① 标题：消息的总标题。

② 作者：发布人名称，该项为选填项。

③ 封面：图文消息显示的封面图片，单击【上传】即可上传封面，封面建议上传宽度 360 像素、高度 200 像素的图片，勾选【封面图片显示在正文中】后，封面图片会在消息顶部作为文章的一部分显示出来。

④ 正文：文章的正文内容，可以一次性插入多张图片，编辑器使用与 QQ 日志正文编辑操作类似。

⑤ ：多图文消息的页面编辑和删除按钮。

⑥ ：添加新的图文页面，多图文页面可以在一条消息中插入多篇文章。

(4) 单击【保存】按钮，保存图文素材，以供发布时使用。

4. 发布消息

(1) 单击【编辑图文素材】页面中的【保存并群发】按钮。

(2) 进入【新建群发】页面，如图 6-6 所示。

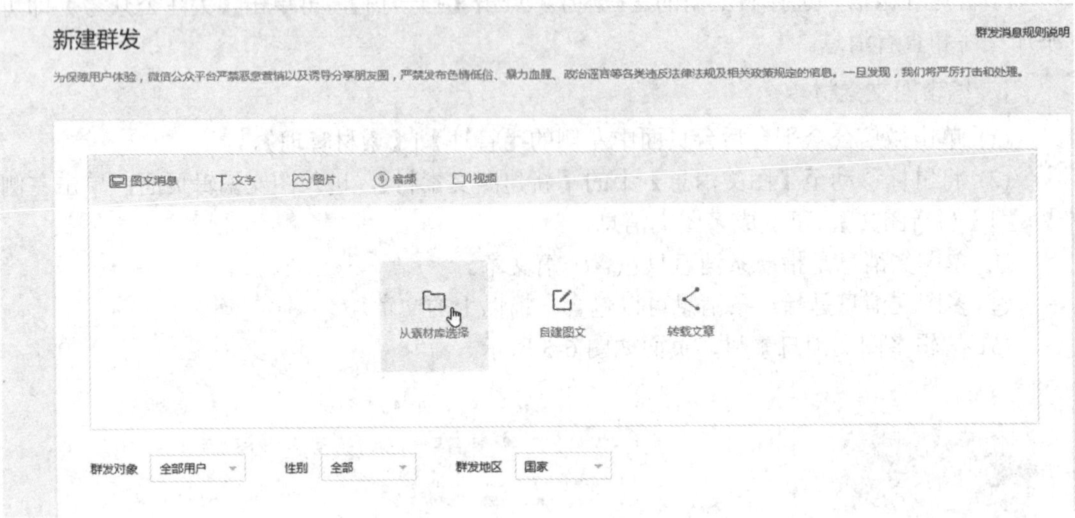

图 6-6　微信公众平台后台的【新建群发】页面

① 群发对象：按分组限定可以收到该消息的人。

② 性别：按性别限定可以收到该消息的人。

③ 群发地区：按关注人所在地区限定可以收到该消息的人。

④ 文字：发送的消息为纯文字和 QQ 表情，最多可以输入 600 个字。

⑤ 图片：发送的消息可以是多张图片。

⑥ 音频：发送的消息为一段声音，可以上传大小不超过 5 MB，长度不超过 60 秒，格式为 mp3、wma、wav、amr 的一段声音文件。

⑦ 视频：发送的消息为一段视频，可以上传大小不超过 20 MB，格式为 rm、rmvb、wmv、avi、mpg、mpeg、mp4 的一段视频。

⑧ 图文消息：发送最多的消息类型，可以发送前面编辑图文消息部分保存好的图文消息，也可以直接编辑。

(3) 点击【群发】按钮即可发送出去。

(4) 点击【已发送】可查看群发的历史记录和消息的发送状态。

5. 高级功能

(1) 被订阅时的自动回复设置。

① 单击微信公众平台后台页面中左侧的【功能】|【自动回复】，然后单击右边【编辑模式】|【进入】。

② 确保状态为“开启”(如果为“关闭”，点击一下即可打开)，单击【设置】按钮。

③ 单击右边菜单列表中的【被添加自动回复】进行编辑。

④ 编辑完成单击【保存】按钮，如果要取消自动回复，则单击【删除】按钮即可。

⑤ 保存后，当有用户添加关注后即可收到一条消息，该消息支持文字、图片、音频、

视频类型。

(2) 收到消息时的自动回复设置。

① 单击微信公众平台后台页面中左侧的【功能】|【自动回复】，然后单击右边【编辑模式】|【进入】。

② 确保状态为“开启”(如果为“关闭”，则单击一下即可打开)，单击【设置】按钮。

③ 点击右边菜单列表中的【消息自动回复】。

④ 进行编辑，编辑完成单击【保存】。如果要取消自动回复，则单击【删除】按钮即可。

⑤ 保存后，当有用户向公众号发送一条消息时即可收到一条该消息。该消息支持文字、图片、音频、视频类型。

(3) 关键词自动回复设置。

① 单击微信公众平台后台页面中左侧的【功能】|【自动回复】，然后单击右边【编辑模式】|【进入】。

② 确保状态为“开启”(如果为“关闭”，则单击一下即可打开)，单击【设置】按钮。

③ 单击右边菜单列表中的【关键词自动回复】。

④ 【关键词自动回复】用于为当用户向公众账号发送包含所设置的关键词时，系统自动向该用户发送该消息。该消息支持文字、图片、音频、视频和图文消息类型。

任务 6.3　珠海景点导览微信小程序制作

自从腾讯推出小程序以来，因其小巧好用、功能简单，适用很多场合。再利用其方便添加微信好友、进行微信支付等特点，众多旅游、餐饮、教育、银行等商家都相继推出小程序，因此小程序拥有了广阔的市场空间。

腾讯提供的小程序开发工具是“微信开发者工具”，需要手写代码，适合开发人员使用。搜狐快站(以下简称“快站”)推出的小程序制作功能，采用拖曳组件、全配置的方式，适合所有人开发。本任务使用“快站”平台制作珠海景点导览微信小程序。

珠海景点导览微信小程序制作

6.3.1　微信小程序制作

1. 选择合适的模板

快站支持创建微官网、移动电商、移动社区、图文博客等，可根据制作小程序需求，创建相应的小程序。

(1) 进入“快站”官网(https://www.kuaizhan.com/)并完成注册，然后登录到用户工作台界面，在【小程序】选项中单击【进入管理后台】按钮，进入心动小程序模板界面，如图 6-7 所示。

图 6-7　用户工作台界面

(2) 在心动小程序模板界面中选择“餐饮、酒店、旅游服务”分类选项，浏览其中的模板，将鼠标指针移动到“新疆旅游”模板上，如图 6-8 所示。单击【使用】按钮，在弹出的【新建小程序】对话框中输入小程序名称“珠海旅游”，如图 6-9 所示，单击【确定】按钮，即可打开【小程序列表】界面。

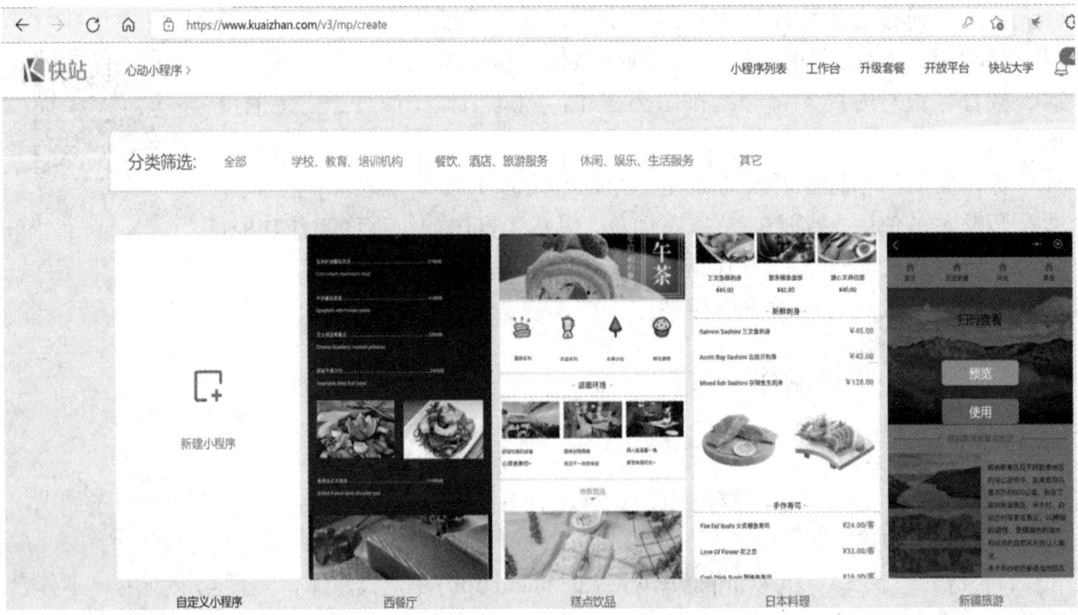

图 6-8　选择模板

图 6-9　【新建小程序】对话框

(3) 在【小程序列表】界面中，单击【页面编辑】按钮，打开【页面编辑】界面，如图 6-10 所示。

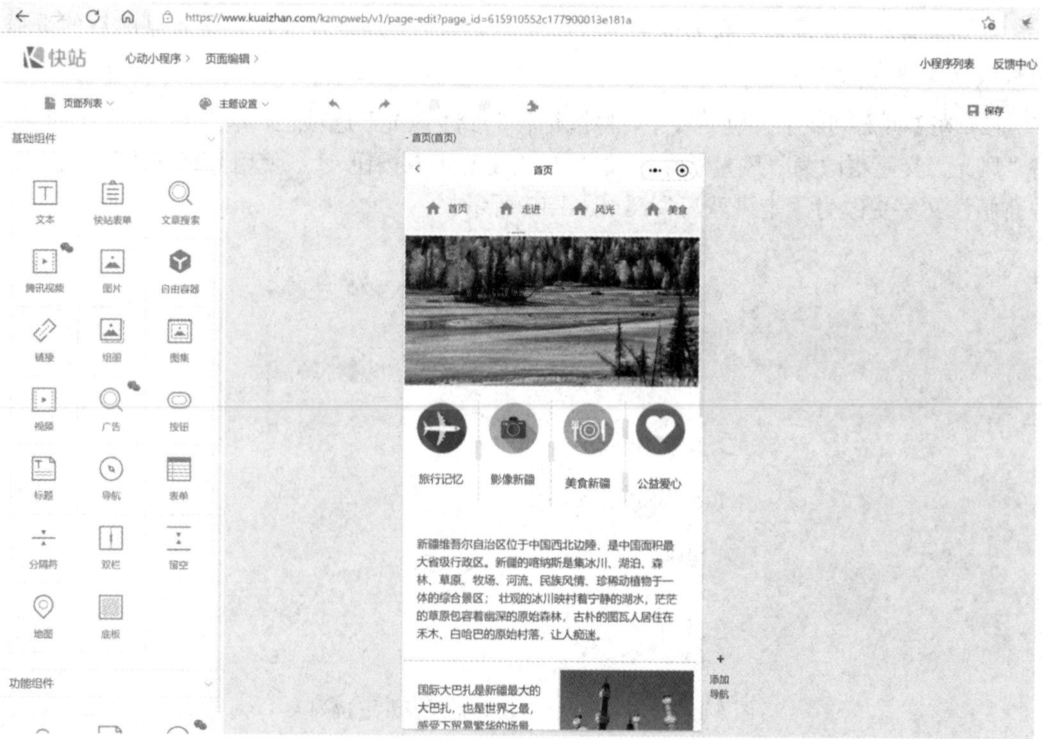

图 6-10　【页面编辑】界面

2．修改模板样式

模板选择完成后，可先浏览该模板呈现的效果，并根据需要对模板中的样式进行修改。

(1) 单击【页面编辑】界面左上角【页面列表】按钮，在下拉列表中，将鼠标移动到“旅行记忆”选项上，单击其右侧的删除按钮，在打开的提示框中单击【确定】按钮，删除该页面；使用同样的方法，将其他或相同的选项删除，最后只保留“风光”“走进新疆”

“首页”三项各一个选项，如图 6-11 所示。

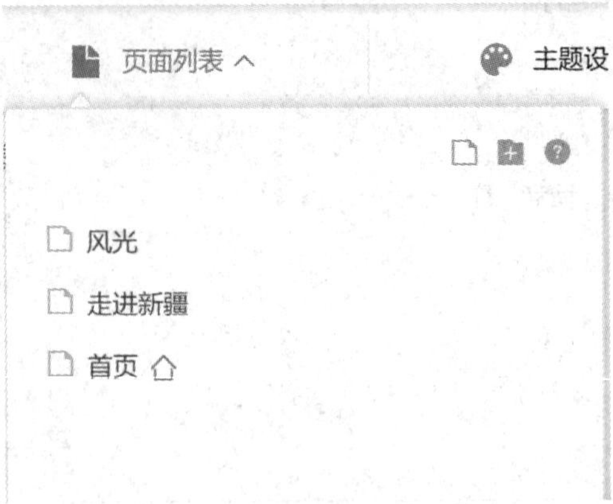

图 6-11　删除其他或相同的选项后的下拉列表

说明

根据设计小程序需求，在删除其他或相同的选项时，如果没有及时更新删除后的页面，刷新浏览器即可。

(2) 在【页面列表】下拉列表中，将鼠标移动到“风光”选项上，单击【编辑】按钮，将“风光”文字更改为“风光景点”，然后单击【确定】按钮；使用同样的方法，将“走进新疆”文字更改为“走进珠海”，如图 6-12 所示。

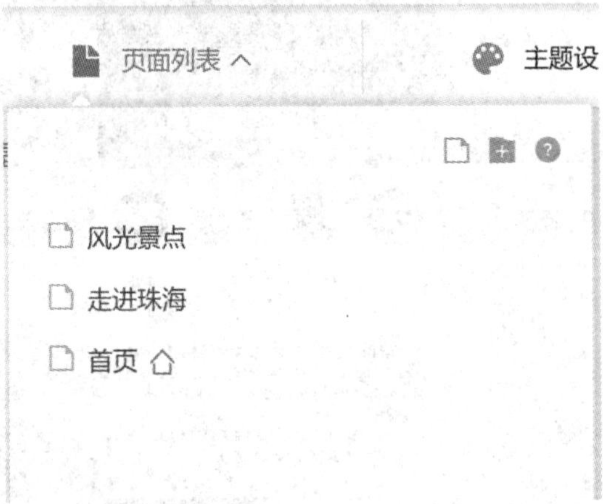

图 6-12　修改选项后的【页面列表】下拉列表

3. 编辑组件

小程序模板是由众多的基础组件和功能组件构成，在创建小程序的过程中，需要对这些组件进行编辑，以丰富小程序的内容。

(1) 单击【页面编辑】页面中上部的【页面已有组件】按钮，弹出【页面已有组件】下拉列表，如图 6-13 所示。选中第三行的【留空】列，并单击其右边的删除按钮删除该列；使用同样的方法将【双栏】列删除，完成后这部分的效果如图 6-14 所示。

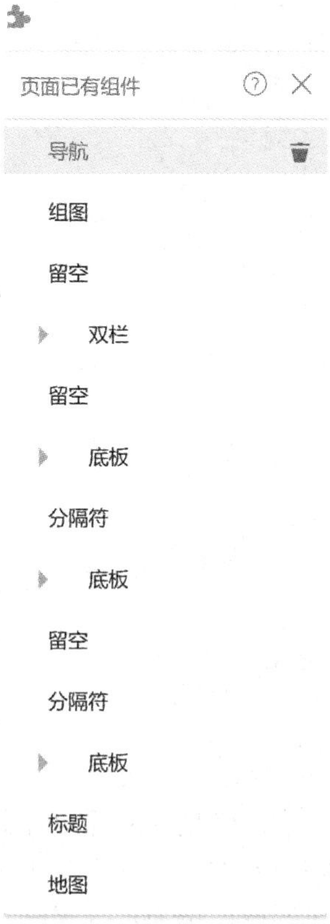

图 6-13　首页【页面已有组件】下拉列表

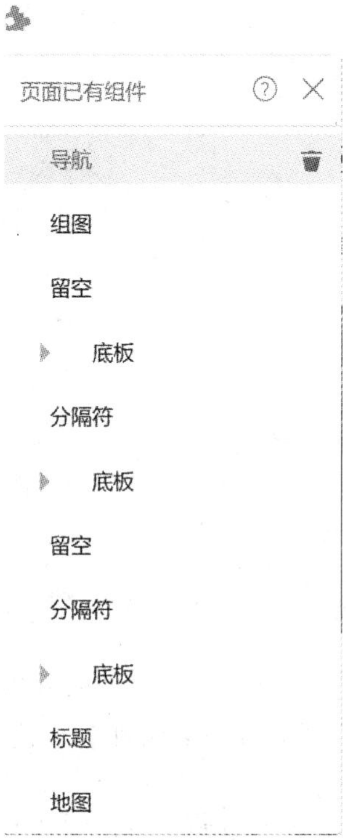

图 6-14　完成后【页面已有组件】下拉列表

(2) 在【页面已有组件】下拉列表中，选中【导航】，右边弹出相应【内容】选项卡，将“走进新疆”文本框文字改为“走进珠海”，并单击此项的【修改】按钮，弹出【选择链接类型】对话框，如图 6-15 所示设置，单击【确定】按钮即可更改链接为“走进珠海”；使用同样的方法，将“风光”文本框文字改为“风光景点”并更改链接；最后单击“美食”选项右边的删除按钮 ×，删除“美食”选项，完成设置后显示结果如图 6-16 所示。

图 6-15　【链接】对话框

图 6-16　【内容】选项卡设置完毕结果

(3) 在【页面已有组件】下拉列表中，选中【组图】，右边弹出相应【内容】选项卡，将鼠标移动到第一张图片上，单击弹出的选项条中的【替换】按钮，打开【我的图片】对话框并单击右上角的【上传图片】按钮，打开【打开】对话框，选择本章素材文件里的所有图片文件，如图 6-17 所示。单击【打开】按钮上传所有图片到【我的图片】对话框中，然后单击选中图片“横琴长隆海洋度假区 1.jpg”，如图 6-18 所示，单击【确定】按钮即可替换原先图片。使用同样的方法，将剩下的四张图片分别替换“港珠澳大桥 1.jpg”“珠海渔女 1.jpg”“珠海大剧院 1.jpg”“海滨泳场 1.jpg”。

图 6-17　【打开】对话框

图 6-18　【我的图片】对话框

(4) 在【页面已有组件】下拉列表中，选中第四行【底板】内的【文本】项，右边弹出相应【内容】选项卡，将【内容】选项卡中文本框的文字替换本章文字素材文档的“珠海市简介”的文字，并设置字体大小为 12 px，如图 6-19 所示。

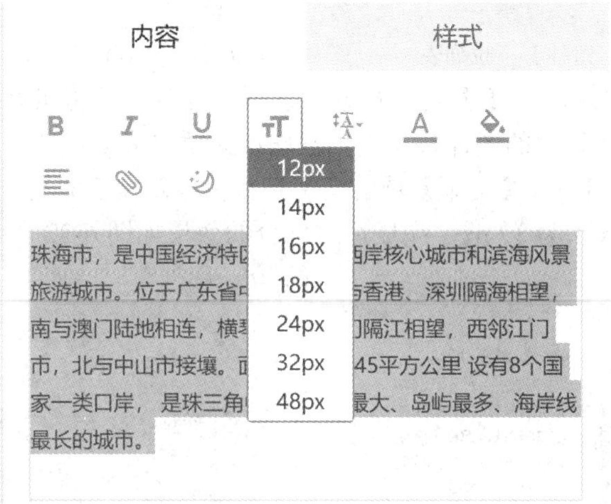

图 6-19　替换【内容】选项卡中文字

(5) 在【页面已有组件】下拉列表中，选中第六行【底板】内的【双栏】项中【文本】项，如图 6-20 所示。右边弹出相应【内容】选项卡，将【内容】选项卡中文本框的文字替换本章文字素材文档的“珠海渔女”的文字，并设置字体大小为 12 px；单击第一行【图片】项，右边弹出相应【内容】选项卡，将鼠标移动到图片上，单击弹出的选项条中的删除按钮，再单击添加图片按钮，在打开【我的图片】对话框中选择“珠海渔女 1.jpg”，单击【确定】按钮替换原先图片；使用同样的方法将第二行【图片】项图片替换为“珠海渔女 2.jpg”，完成后这部分的效果如图 6-21 所示。

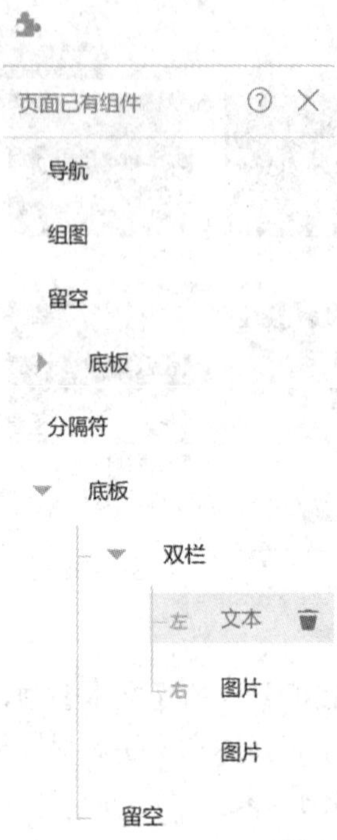

图 6-20　【页面已有组件】下拉列表

图 6-21　“首面”部分完成后模板效果 1

(6) 使用同样的方法，在【页面已有组件】下拉列表中，将第九行【底板】内的【双栏】项中第一行【图片】项的图片替换为“港珠澳大桥 1.jpg”，第二行【图片】项的图片替换为“港珠澳大桥 2.jpg”，【文本】项的文字替换为本章文字素材文档的“港珠澳大桥”的文字，并设置字体大小为 12 px，完成后这部分的效果如图 6-22 所示。

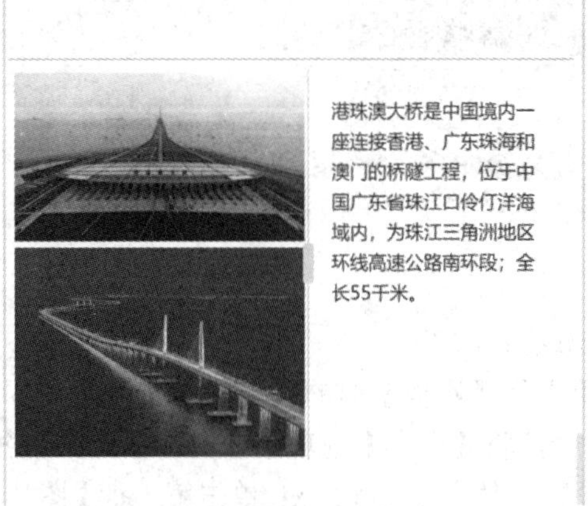

图 6-22　“首面”部分完成后模板效果 2

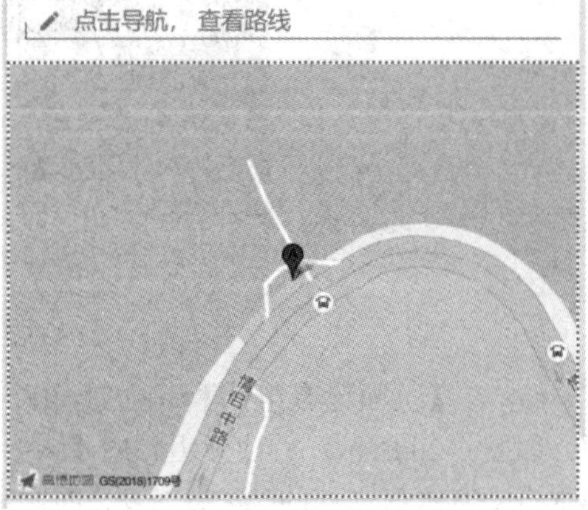

图 6-23　“首面”部分完成后模板效果 3

(7) 在【页面已有组件】下拉列表中，选中【地图】项，右边弹出相应【内容】选项卡，在【搜地址】文本框中输入“珠海渔女”，单击【搜索】按钮，即可更改地图初始目标位置，完成后这部分的效果如图 6-23 所示。至此，小程序“首页”内容设置完毕，单击【页面编辑】页面左上角【保存】按钮 保存，保存已编辑的模板内容，再单击【预览】按钮 预览，预览已编辑的模板内容，如图 6-24 所示。

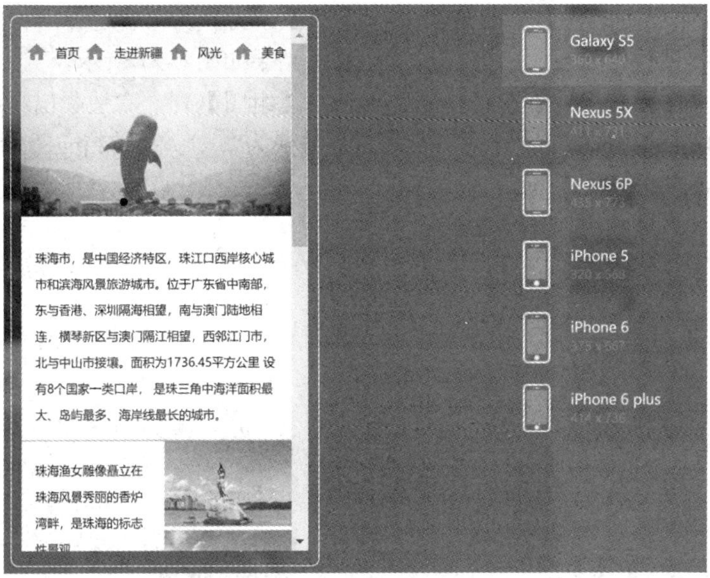

图 6-24　小程序“首页”预览结果

(8) 在【页面列表】下拉列表中单击“走进珠海”选项，在打开的【是否离开网站？】提示框中单击【离开】按钮，打开“走进珠海”编辑页面，如图 6-25 所示。再单击【页面编辑】页面中上部的【页面已有组件】按钮，弹出【页面已有组件】下拉列表，如图 6-26 所示。

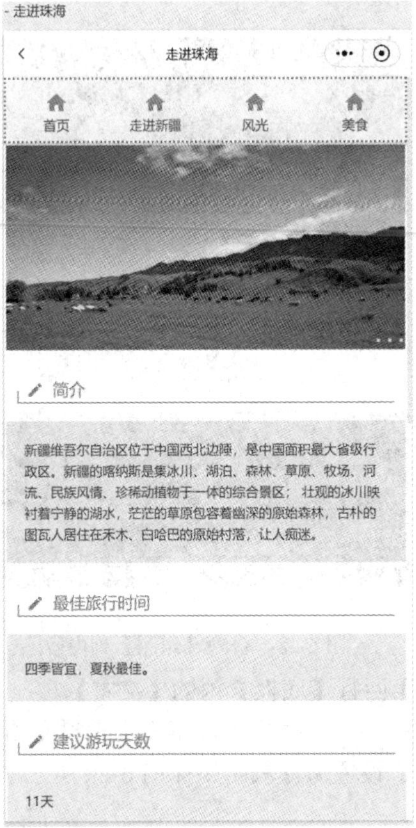

图 6-25　“走进珠海”编辑页面

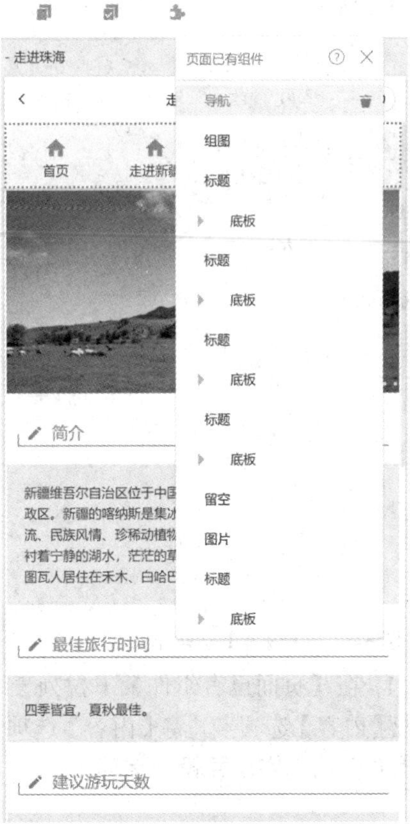

图 6-26　【页面已有组件】下拉列表

(9) 在【页面已有组件】下拉列表中，选中【导航】列，右边弹出相应【内容】选项卡，参照步骤(2)进行相应设置，完成设置后显示结果如图 6-27 所示。

(10) 在【页面已有组件】下拉列表中，选中【组图】列，右边弹出相应【内容】选项卡，参照步骤(3)进行相应设置，分别将三张图片替换为“珠海渔女 2.jpg”“港珠澳大桥 2.jpg”和“横琴长隆海洋度假区 2.jpg”，完成设置后显示结果如图 6-28 所示。

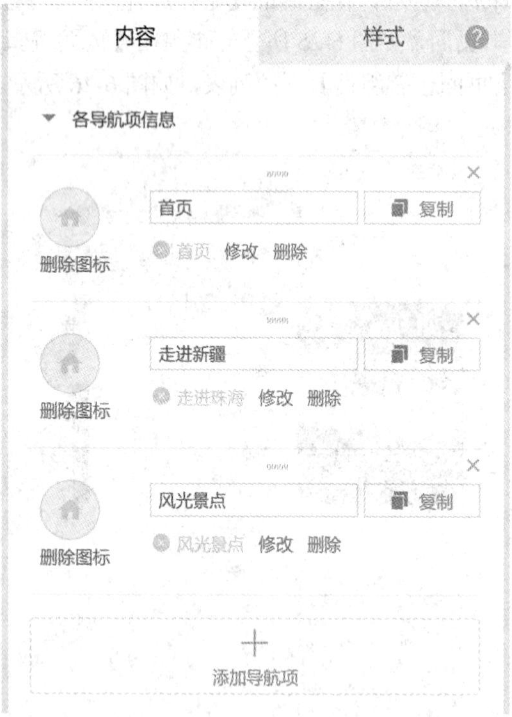

图 6-27　【内容】选项卡设置完毕结果

图 6-28　替换【组图】列内容

(11) 在【页面已有组件】下拉列表中，选中第四行【底板】内的【文本】项，右边弹出相应【内容】选项卡，将【内容】选项卡中文本框的文字替换为本章文字素材文档的“珠海市简介”的文字，并设置字体大小为 12px，完成设置后模板结果如图 6-29 所示。

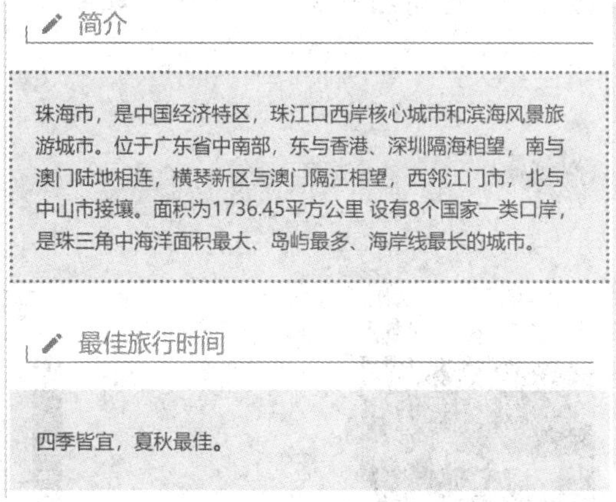

图 6-29　替换【组图】列内容

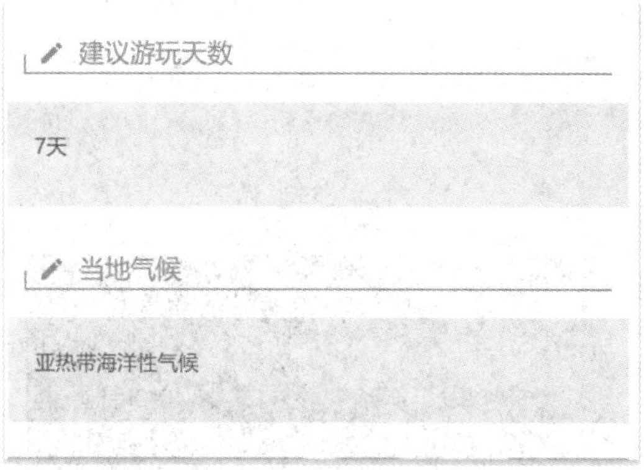

图 6-30　替换【底板】列内容

(12) 在【页面已有组件】下拉列表中，选中第 8 行【底板】的【文本】项，右边弹出相应【内容】选项卡，把“11 天”改为“7 天”；选中第 10 行【底板】的【文本】项，右边弹出相应【内容】选项卡，把“温带大陆性气候”改为“亚热带海洋性气候”，完成设置后模板结果如图 6-30 所示。其他选项不变，至此，小程序“走进珠海”内容设置完毕，单击【页面编辑】页面左上角【保存】按钮 保存，保存已编辑的模板内容，再单击【预览】按钮 预览，预览已编辑的模板内容，如图 6-31 所示。

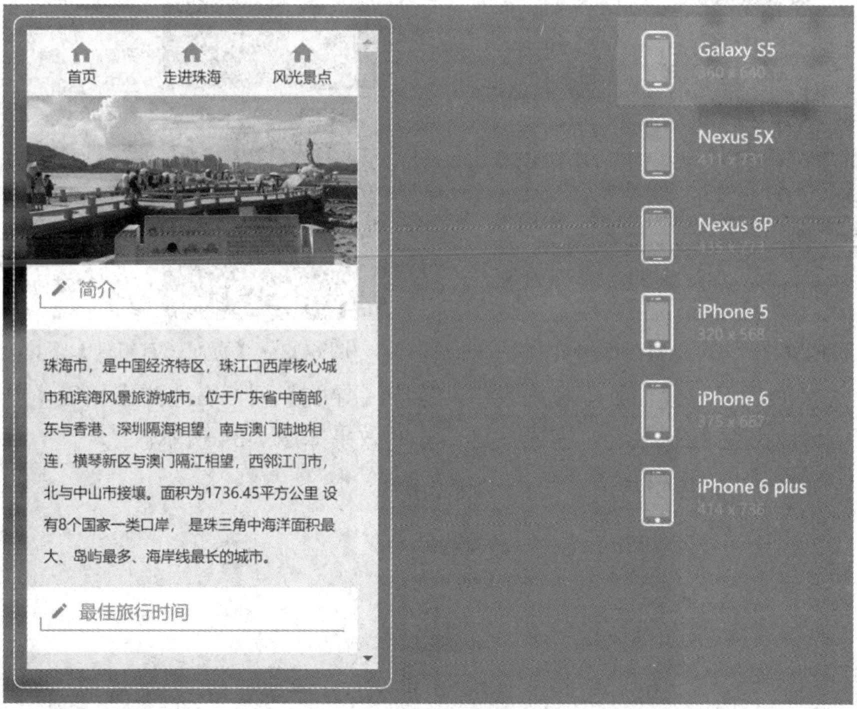

图 6-31　小程序“走进珠海”预览结果

(13) 在【页面列表】下拉列表中单击【风光景点】选项，在打开的【是否离开网站？】提示框中单击【离开】按钮，打开“风光景点”编辑页面，如图 6-32 所示。单击【页面编辑】页面中上部的【页面已有组件】按钮，弹出【页面已有组件】下拉列表，如图 6-33 所示。

图 6-32　“风光景点”编辑页面

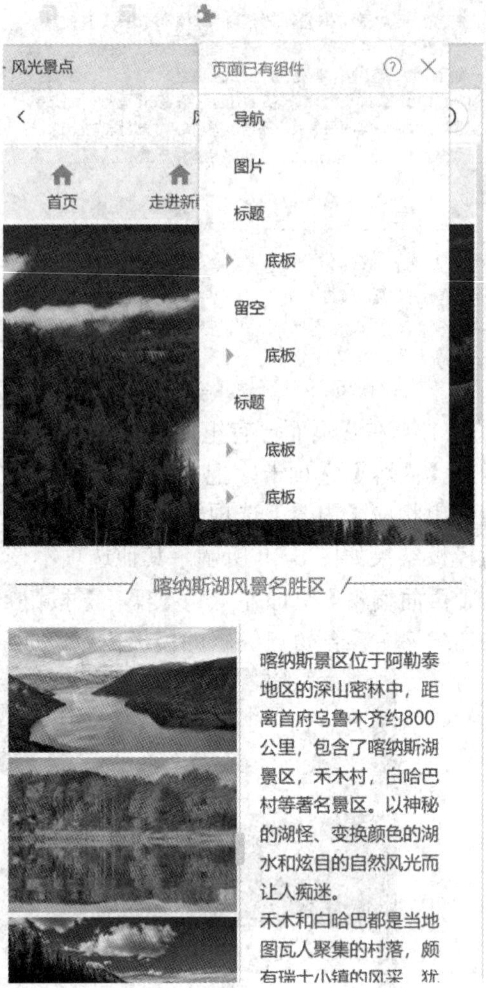

图 6-33　【页面已有组件】下拉列表

(14) 在【页面已有组件】下拉列表中，选中【导航】列，右边弹出相应【内容】选项卡，参照步骤(2)进行相应设置，完成后这部分的效果如图 6-34 所示。

图 6-34　“风光景点”部分完成后模板效果 1

(15) 在【页面已有组件】下拉列表中，选中【图片】项，右边弹出相应【内容】选项卡，将鼠标移动到图片上，单击弹出的选项条中的【删除】按钮，再单击【添加图片】按钮，在打开【我的图片】对话框中选择“港珠澳大桥 2.jpg”，单击【确定】按钮替换原先图片，完成后这部分的效果如图 6-35 所示。

(16) 在【页面已有组件】下拉列表中，选中第三行【标题】项，右边弹出相应【内容】选项卡，将标题内容“喀纳斯湖风景名胜区”替换为“珠海大剧院”；选中第四行【底板】项【双栏】中的第一行【图片】项，右边弹出相应【内容】选项卡，参照步骤(3)进行相应设置，将图片替换为“珠海大剧院 1.jpg”，使用同样的方法，将另外两行【图片】项图片分别替换为“珠海大剧院 2.jpg”和“珠海大剧院 3.jpg”；【文本】项的文字替换为文字素材文本中的“珠海大剧院”内容，并设置字体大小为 12 px，完成后这部分的效果如图 6-36 所示。

图 6-35　“风光景点”部分完成后模板效果 2

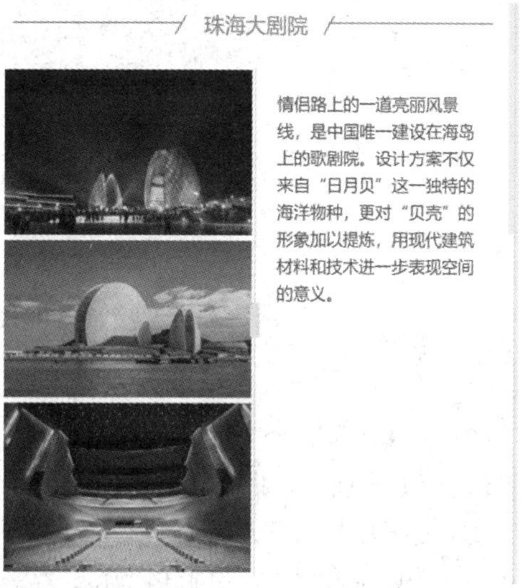

图 6-36　“风光景点”部分完成后模板效果 3

(17) 在【页面已有组件】下拉列表中，选中第六行【底板】的【标题】项，右边弹出相应【内容】选项卡，将标题内容“天山天池”替换为“海滨泳场”；将【双栏】项中的两列【图片】项的图片分别替换为“海滨泳场 1.jpg”和“海滨泳场 2.jpg”；将【文本】项的文字替换为文字素材文本中的“海滨泳场”内容，并设置字体大小为 12 px，完成后这部分的效果如图 6-37 所示。

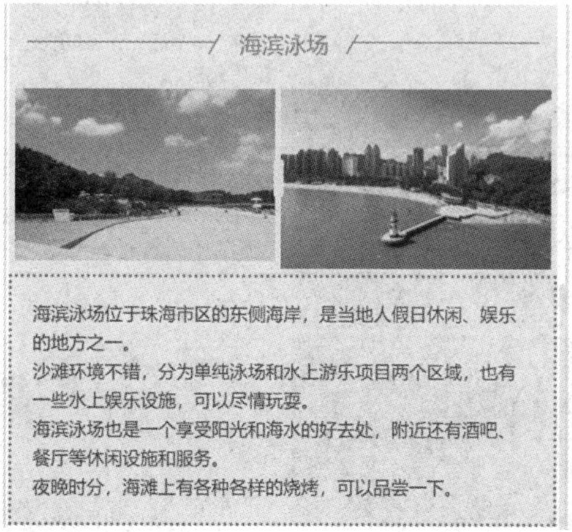

图 6-37　“风光景点”部分完成后模板效果 4

(18) 在【页面已有组件】下拉列表中，选中第七行【标题】项，右边弹出相应【内容】选项卡，将标题内容“那拉提草原”替换为“圆明新园”；将第八列【底板】的【双栏】项的两列【图片】项图片分别替换为“圆明新园 1.jpg”和“圆明新园 2.jpg”；【文本】项的文字替换为文字素材文本中的“圆明新园”内容，并设置字体大小为 12 px，完成后这部分的效果如图 6-38 所示。

图 6-38　“风光景点”部分完成后模板效果 5

(19) 在【页面已有组件】下拉列表中，选中第九行【底板】的【标题】项，右边弹出相应【内容】选项卡，将标题内容“赛里木湖”替换为“横琴长隆海洋度假区”；将【双栏】中的三列【图片】项图片分别替换为“横琴长隆海洋度假区 1.jpg”“横琴长隆海洋度假区 2.jpg”和“横琴长隆海洋度假区 3.jpg”；【文本】项的文字替换为文字素材文本中的“横琴长隆海洋度假区”内容，并设置字体大小为 12 px，完成后这部分的效果如图 6-39 所示。至此，小程序“风光景点”内容设置完毕，单击“页面编辑”页面左上角【保存】按钮 保存，保存已编辑的模板内容，再单击【预览】按钮 预览，预览已编辑的模板内容，如图 6-40 所示。

图 6-39　“风光景点”部分完成后模板效果 6

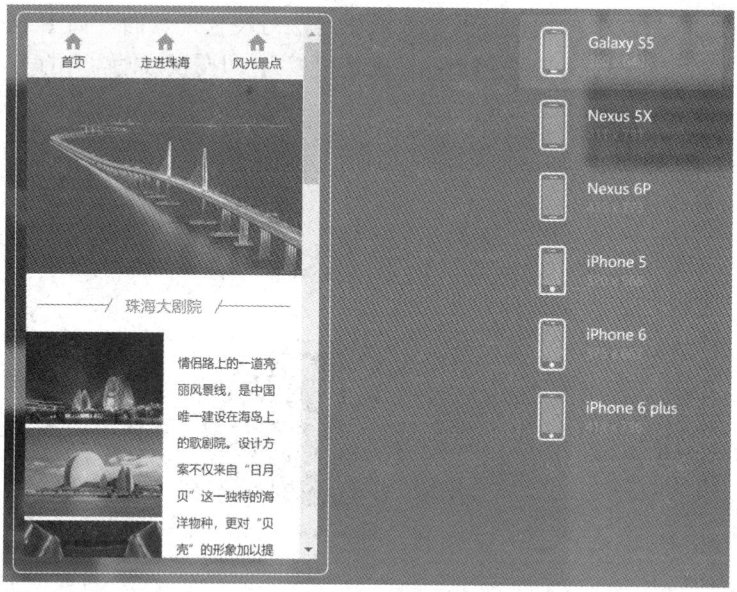

图 6-40　小程序“风光景点”预览结果

6.3.2　微信小程序发布

1. 小程序发布注意事项

小程序制作好之后，由于各种原因会导致错误，为了查看有没有问题，或想看看真实的体验怎么样，都需要先预览一下再发布。预览后没有发现问题则可发布微信小程序。发布微信小程序需要进行授权操作，授权需要满足以下两个前提：

(1) 拥有一个微信小程序账号。

(2) 该小程序账号没有授权给其他第三方平台。

如果未注册微信小程序账号，则需先注册，当没有公众号或拥有未认证的公众号，可选择直接注册；当拥有已认证的企业主体的公众号，可选择快速注册小程序。

如果已拥有微信小程序账号，则可直接授权。

2. 小程序发布

(1) 单击【页面编辑】页面右上角去发布按钮 ▶ 去发布，打开【小程序授权】页面，如图 6-41 所示。

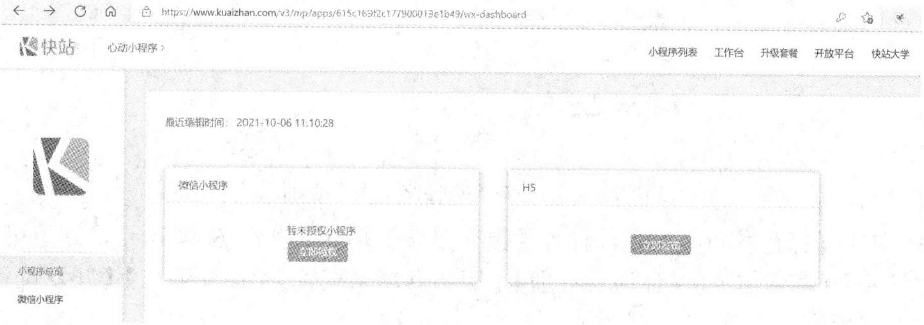

图 6-41　【小程序授权】页面

(2) 单击【立即授权】按钮，打开“公众平台账号授权”页面，如图 6-42 所示，微信扫一扫此时弹出的二维码，并在微信点击“确认授权”，即授权成功，并打开“小程序发布”页面，如图 6-43 所示。

图 6-42　“公众平台账号授权”页面

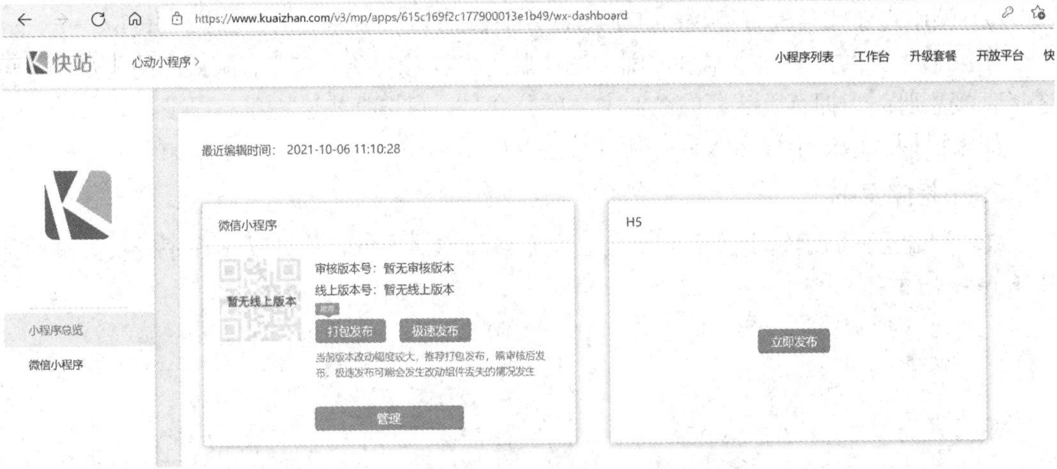

图 6-43　打开“小程序发布”页面

(3) 单击【打包发布】按钮，打开【提交审核】页面，如图 6-44 所示，这里可以进行【版本设置】【基本信息】【体验者管理】【服务器域名配置】【插件管理】【开发设置】【客服设置】等操作。

图 6-44　【提交审核】页面

(4) 选择【版本设置】选项，如单击【编辑小程序】按钮，可打开小程序【页面编辑】页面。

(5) 单击【提交审核】按钮，弹出【提交审核的相关须知】对话框，阅读提交审核的相关须知后，选择【已阅读并了解平台审核规则】选项，单击【确定】按钮，如图 6-45 所示。弹出【提交审核】对话框，在【页面功能】下拉框中选择“首页”，在【标题】文本框中输入“珠海旅游”，在【标签】的选项中分别输入“珠海”和“旅游”内容，单击【确定】按钮即可完成提交审核，如图 6-46 所示。

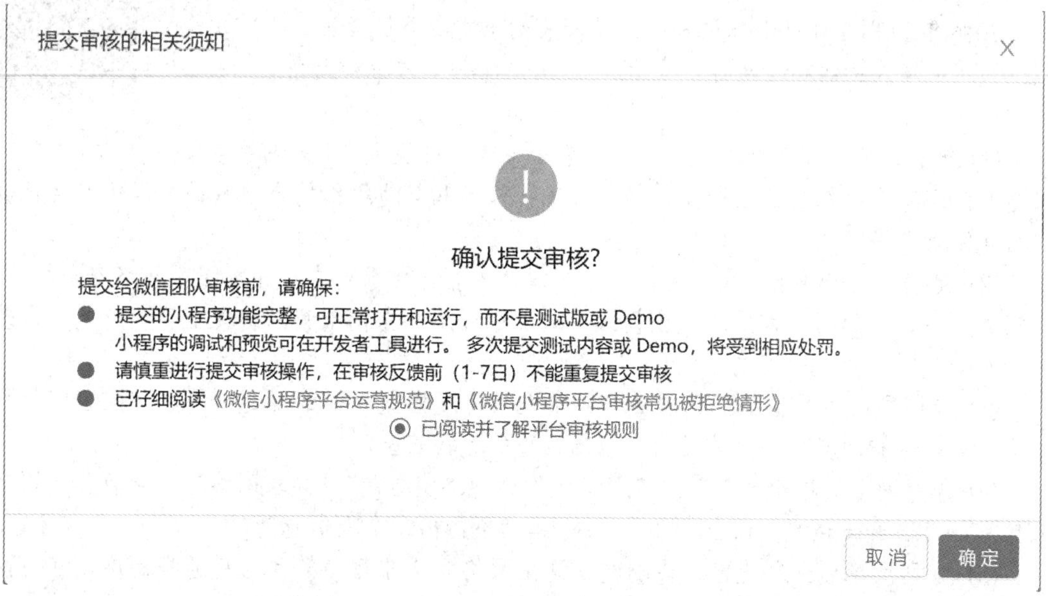

图 6-45　【提交审核的相关须知】对话框

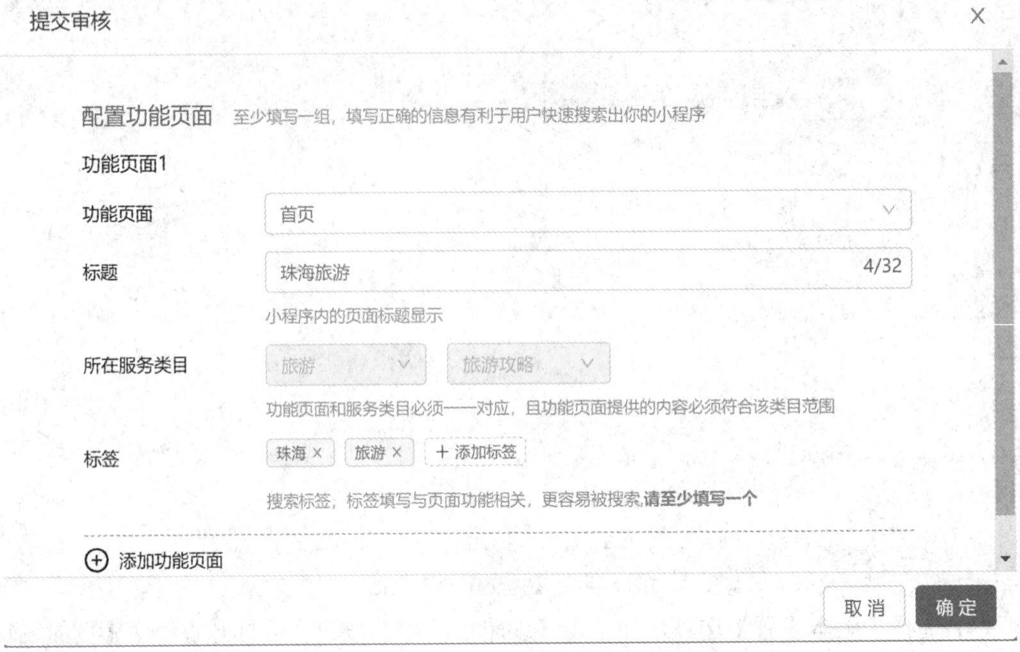

图 6-46　【提交审核】对话框

大家可参照“签到”考勤类别功能，自主完成“签退”“请假”等考勤类别功能。

思政聚焦

网络文明与安全

网络文明与安全

2016 年 11 月 7 日第十二届全国人民代表大会常务委员会第二十四次会议通过《中华人民共和国网络安全法》，该法包括七个方面六大亮点。七个方面分别是：

(1) 维护网络主权与合法权益。该法第一条即明确规定“维护网络空间主权和国家安全、社会公共利益，保护公民、法人和其他组织的合法权益，促进经济社会信息化健康发展。”

(2) 支持与促进网络安全。专门拿出一章的内容，要求建立和完善国家网络安全体系，支持各地各相关部门加大网络安全投入、研发和应用，支持创新网络安全管理方式，提升保护水平。

(3) 强调网络运行安全。利用两节共十九条的篇幅做了详细规定，突出“国家实行网络安全等级保护制度”和“关键信息基础设施的运行安全”。

(4) 保障网络信息安全。以法律形式明确“网络实名制”，要求网络运营者收集使用个人信息，应当遵循合法、正当、必要的原则，“不得出售个人信息”。

(5) 监测预警与应急处置。要求建立健全网络安全监测预警和信息通报制度，建立网络应急工作机制，制定应急预案，重大突发事件可采取“网络通信管制”。

(6) 完善监督管理体制。实行“1+X”监管体制，打破“九龙治水”困境。该法第八条规定国家网信部门负责统筹协调网络安全工作和相关监督管理工作。国务院电信主管部门、公安部门和其他有关机关在各自职责范围内负责网络安全保护和监督管理。

(7) 明确相关利益者法律责任。该法第六章对网络运营者、网络产品或者服务提供者、关键信息基础设置运营者，以及网信、公安等众多责任主体的处罚惩治标准，做了详细规定。

《中华人民共和国网络安全法》六大亮点如下:

(1) 明确了网络空间主权的原则;

(2) 明确了网络产品和服务提供者的安全义务;

(3) 明确了网络运营者的安全义务;

(4) 进一步完善了个人信息保护规则;

(5) 建立了关键信息基础设施安全保护制度;

(6) 确立了关键信息基础设施重要数据跨境传输的规则。

2017 年 4 月 19 日，中共中央总书记、国家主席、中央军委主席、中央网络安全和信息化小组组长习近平在京主持召开网络安全和信息化工作座谈会并发表重要讲话。他强调，我们要本着对社会、对人民负责的态度，依法加强网络空间治理，加强网络内容建设，做强网上正面宣传，培育积极健康、向上向善的网络文化，用社会主义核心价值观和人类优秀文明成果滋养人心、滋养社会，做到正能量充沛、主旋律高昂，为广大网民特别是青少年营造一个风清气正的网络空间。

大兴网络文明，净化网络环境，为增强青少年自觉抵御网上不良信息的意识，中国青少年网络协会向全社会发布了《全国青少年网络文明公约》。公约内容如下:

要善于网上学习，不浏览不良信息;
要诚实友好交流，不侮辱欺诈他人;
要增强自护意识，不随意约会网友;
要维护网络安全，不破坏网络秩序;
要有益身心健康，不沉溺虚拟时空。

第7章　云计算技术

云计算(Cloud Computing)产生目的是希望IT技术能像使用水、电那样方便，并且成本低廉。云计算使计算分布在大量的分布式计算机上，通过虚拟化技术集成为统一的资源池，提供按需服务，使得企业或用户能根据需求访问计算机和存储系统资源。按美国国家标准与技术研究院(NIST)定义：云计算是一种按使用量付费的模式，这种模式提供可用的、便捷的、按需的网络访问，进入可配置的计算资源共享池(资源包括网络、服务器、存储、应用软件、服务)，这些资源能够被快速提供，而只需投入很少的管理工作，或与服务供应商进行很少的交互。

任务7.1　云计算的概念与应用

某一信息技术企业打算使用云计算服务拓展业务，从而培养员工云计算基础技能，让员工了解云计算的相关概念、云计算技术特点与相关应用领域。

7.1.1　云计算概述

云计算概述

相关知识

云计算主要分为四类：公共云、私有云、社区云及混合云。公共云是利用互联网，面向公众提供云计算服务；私有云是利用企业内网和专网，面向单一企业或组织提供云计算服务，这些服务是不提供于公众使用的；社区云是利用内网、专网及VPN，为多家关联部门提供云计算服务；混合云是上述两种或三种云的组合。

1. 云计算服务形式

云计算是一种服务的交付和使用模式，能够将各种IT资源以服务的形式提供给用户按需使用。云计算包括以下三个层次的服务：基础设施即服务(IaaS)，平台即服务(PaaS)和软件即服务(SaaS)。

(1) IaaS。

IaaS(Infrastructure as a Service)：基础设施即服务。消费者通过Internet可以从计算机基础设施获得服务，例如硬件服务器租用。

IaaS用户主要是需要使用虚拟机或存储资源的应用开发商或IT系统管理部门，提供的服务是开发商或IT系统管理部门能直接使用的云基础设施，包括计算资源、存储资源等部署在云端的虚拟化硬件资源。

(2) PaaS。

PaaS(Platform as a Service)：平台即服务。PaaS 实际上是指将软件研发的平台作为一种服务，以 SaaS 的模式提交给用户，例如软件的个性化定制开发。因此，PaaS 也是 SaaS 模式的一种应用。但是，PaaS 的出现可以加快 SaaS 的发展，尤其是加快 SaaS 应用的开发速度。

PaaS 用户主要是使用开发工具的应用软件开发商，提供的服务是开发商所需要的部署在云端的开发平台及针对该平台的技术支持服务。

(3) SaaS。

SaaS(Software as a Service)：软件即服务。它是一种通过 Internet 提供软件的模式，用户无需购买软件，而是向提供商租用基于 Web 的软件来管理企业经营活动，例如阳光云服务器。

用户主要是直接使用应用软件的终端用户，提供的服务是终端用户所需要的应用软件，终端用户不用购买和部署这些应用软件，而是通过向 SaaS 提供商支付软件使用或租赁费的方式来使用部署在云端的应用软件。

2. 云计算特点

云计算的特点如下：

(1) 超大规模。“云”具有相当的规模，Google 云计算已经拥有 100 多万台服务器，Amazon、IBM、微软、Yahoo 等的“云”均拥有几十万台服务器。企业私有云一般拥有数百上千台服务器。“云”能赋予用户前所未有的计算能力。

(2) 虚拟化。云计算支持用户在任意位置、使用各种终端获取应用服务。所请求的资源来自“云”。应用在“云”中某处运行，但实际上用户无需了解，也不用担心应用运行的具体位置。只需要一台笔记本或者一个手机，就可以通过网络服务来实现存储、计算、软件应用等各种服务。

(3) 高可靠性。“云”使用了数据多副本容错、计算节点同构可互换等措施来保障服务的高可靠性，使用云计算比使用本地计算机可靠。

(4) 通用性。云计算不针对特定的应用，在“云”的支撑下可以构造出千变万化的应用，同一个“云”可以同时支撑不同的应用运行。

(5) 高可扩展性。“云”的规模可以动态伸缩，满足应用和用户规模增长的需要。

(6) 按需服务。“云”是一个庞大的资源池，用户按需购买或租用；“云”可以像自来水、电、煤气那样计费。

(7) 极其廉价。由于“云”的特殊容错措施可以采用极其廉价的节点来构成“云”，“云”的自动化集中式管理使大量企业无需负担日益高昂的数据中心管理成本，“云”的通用性使资源的利用率较之传统系统大幅提升，因此用户可以充分享受“云”的低成本优势，经常只要花费几百美元、几天时间就能完成以前需要数万美元、数月时间才能完成的任务。

(8) 潜在的危险性。云计算服务除了提供计算服务外，还提供了存储服务。但是云计算服务当前垄断在私人机构(企业)手中，而他们仅仅能够提供商业信用。对于政府机构、商业机构(特别像银行这样持有敏感数据的商业机构)，选择云计算服务应保持足够的警惕，一方面商业用户大规模使用私人机构提供的云计算服务，无论其技术优势有多强，都不可避免地让这些私人机构以“数据(信息)”的重要性挟制整个社会，对于信息社会而言，“信息”是至关重要的；另一方面，云计算中的数据对于数据所有者以外的其他云计算用户是保密的，但是对于提供云计算的商业机构而言确实毫无秘密可言。所有这些潜在的危险，是商业机构和政府机构选择云计算服务、特别是国外机构提供的云计算服务时，需考虑的一个重要的前提。

3. 常见的云计算平台

云计算可看成是存储云 + 计算机云的有机结合，它是利用服务器虚拟化技术实现负载均衡，以提高资源利用率。

云计算平台也称为云平台，是服务器端数据存储和处理的中心。云计算平台可以划分为以数据存储为主的存储型云平台、以数据处理为主的计算型云平台、计算和数据存储处理兼顾的综合云计算平台三类。

常见的云计算平台有以下几种。

(1) Google App Engine。Google App Engine 是 Google 提供的服务，允许开发者在 Google 的基础架构上运行网络应用程序。Google App Engine 应用程序易于构建和维护，并可根据访问量和数据存储需要的增长轻松扩展。使用 Google App Engine，将不再需要维护服务器，开发者只需上传应用程序，它便可立即为用户提供服务。通过 Google App Engine，即使在重载和数据量极大的情况下，也可以轻松构建能安全运行的应用程序。

(2) Amazon Elastic Beanstalk。Elastic Beanstalk 为在 Amazon Web Services 云中部署和管理应用提供了一种方法。该平台建立如面向 PHP 的 Apache HTTP Server 和面向 Java 的 Apache Tomcat 软件栈。开发人员保留对 AWS 资源的控制权，并可以部署新的应用程序版本、运行环境或回滚到以前的版本。通过 Elastic Beanstalk 部署应用程序到 AWS，开发人员可以使用 AWS 管理控制台、Git 和一个类似于 Eclipse 的 IDE。

(3) 微软云。Windows Azure 是微软基于云计算的操作系统，现在更名为“Microsoft Azure”。和 Azure Services Platform 一样，它是微软“软件和服务”技术的名称。Azure 云计算服务平台可以使客户选择的权力部署在以云计算为基础的互联网服务上，或通过服务器，或把它们混合起来以任何方式提供给需要的业务。

(4) 阿里云。相比传统的操作系统，依托云计算的阿里云 OS 具有明显的优势。最为明显的优势便在于其所提供的三大基础服务——云存储、云应用和云助手，它们皆是基于成熟的云计算体系，为我们提供了稳定可靠的服务。

(5) 百度 BAE 平台。对于大数据的规模大、类型多、价值密度低等特征，百度云平台提供的 BAE(百度应用引擎)将提供高并发的处理能力，满足处理速度快的要求。

(6) 新浪 SAE 云计算平台。作为典型的云计算，SAE 采用“所付即所用，所付仅所用”的计费理念，通过日志和统计中心，精确地计算每个应用的资源消耗(包括 CPU、内存、磁盘等)。

(7) 腾讯云。腾讯云有着深厚的基础架构，并且有着多年对海量互联网服务的经验，可以为开发者及企业提供云服务器、云存储、云数据库和弹性 Web 引擎等整体一站式服务方案。

(8) 华为云。华为云通过基于浏览器的云管理平台，以互联网线上自助服务的方式，为用户提供云计算 IT 基础设施服务。

(9) 盛大云。盛大云是一个安全、快捷、自助化 IaaS 和 PaaS 服务的门户入口。

4. 云计算平台的基本使用方法

下面以阿里云为例介绍云计算平台的使用方法。

(1) 打开浏览器，在地址栏中输入网址 www.aliyun.com，可以打开阿里云主页，如图 7-1 所示。

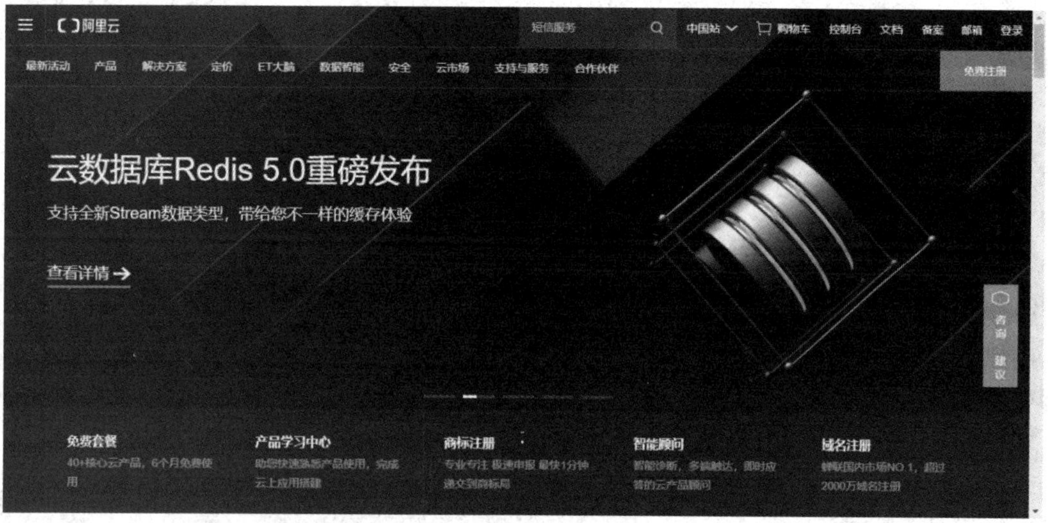

图 7-1　在浏览器中打开阿里云主页

(2) 将鼠标移至【热门产品】菜单，可看到阿里云产品列表，如图 7-2 所示。

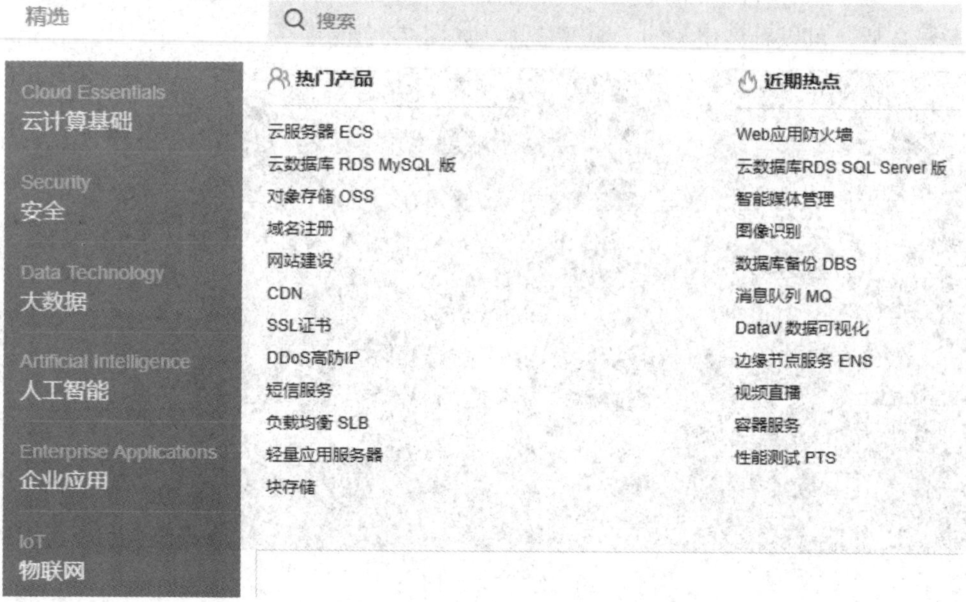

图 7-2　阿里云产品列表

(3) 单击主页右上角的【免费注册】按钮，可以打开注册页面，如图 7-3 所示。输入相关信息后提交审核，即可完成注册。

单击【登录】或【快捷登录】，输入阿里云账号和密码即可登录。也可根据下部的提示采用其他账号登录，如图 7-4 所示。

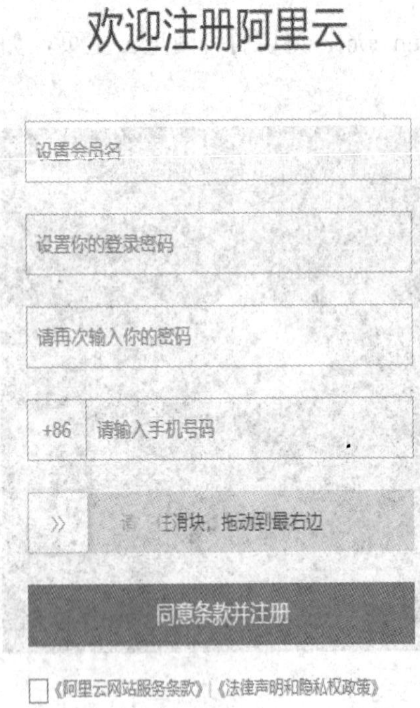

图 7-3　阿里云注册页面

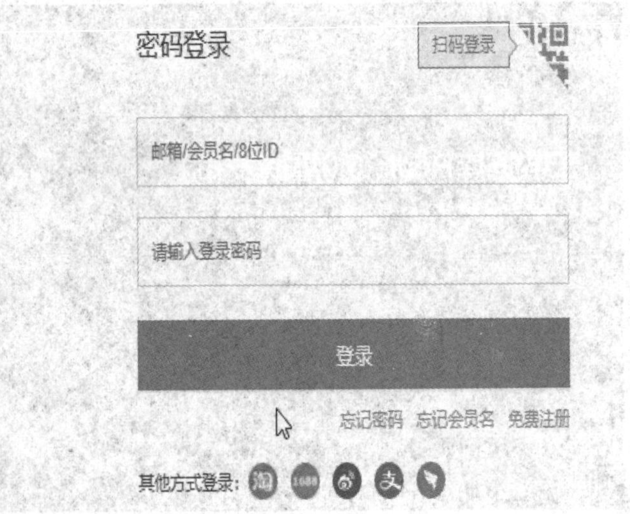

图 7-4　登录页面

登录之后，可以看到相关的云服务信息，如图 7-5 所示。

图 7-5　登录到阿里云

下面仅介绍其中的部分阿里云服务产品，如表 7-1 所示。

表 7-1　阿里云服务产品及其功能说明

产　品	功　能
云计算基础	弹性计算、存储服务、数据库、云通信
安全	基础安全、数据安全、安全服务、安全解决方案
大数据	大数据计算、大数据搜索与分析、数据分析、数据可视化、大数据应用
企业应用	域名与网站、移动云、知识产权服务、视频云、微服务、智能客服
物联网	物联网平台、边缘服务、软硬一体化应用、低功耗广域网、设备服务、智能车管理云平台
开发与运维	备份、迁移与容灾，开发者平台，项目协作，测试，开发与运维

小贴士：

也可以通过百度搜索网站名，然后在搜索页中单击相应的条目进入云平台。

任务实施

(1) 双击桌面上的 IE 浏览器或 Google 浏览器图标，即可打开浏览器窗口。

(2) 在浏览器地址栏中单击，输入 www.aliyun.com，然后按回车键。

(3) 单击网页中的【免费注册】按钮，在打开的注册页面中输入注册用户的信息。

(4) 注册完成后单击【快捷登录】链接，或返回阿里云主页中，单击【登录】即可登录到个人用户页面，查看相关产品信息，效果如图 7-6 所示。

图 7-6　登录阿里云

7.1.2　云计算发展

相关知识

对云计算发展的了解有助于对云计算的特点和应用领域加深理解。2006 年，亚马逊第一次把云计算服务进行了商用。云计算以 Web 服务的形式向企业提供 IT 基础设施服务。有了云计算，企业可以租用云服务，不必购买软硬件设备，也不必聘请 IT 工程师来管理 IT

基础设施。

1. 云计算厂商

全球前三大云计算厂商是亚马逊 AWS、微软 Azure、阿里云他们都采用了自己研发的技术平台。云计算产业的前 10 年，以通过提供标准化的计算、存储、网络、数据库等技术产品，来满足移动互联网等新兴企业的需求为主。现在，对云计算厂商提出了更高的要求，要跟客户业务融合，帮助企业进行针对性创新。

2. 云计算发展

2006 年，亚马逊、谷歌等大力推进云计算，IBM、惠普、甲骨文、戴尔等老牌软硬件厂商相继跟进。国内 2009 年 9 月，阿里云正式成立；2011 年以来，腾讯云、百度云等大型互联网厂商的云计算服务、三大电信运营商、Ucloud、金山云、青云 QingCloud 等云服务不断涌现。

2006 年，亚马逊推出了两款产品：S3(Simple Storage Service)和 EC2(Elastic Cloud Computer)，由此企业可以通过“租赁”计算容量和处理能力来运行其企业应用程序。EC2 自正式发布以来，价值越来越大，已成为 Amazon 云服务生态系统的基石。

2000—2006 年，Google 一直苦心经营着它的 Google Search，并无其他建树。

2006 年，Google Apps 推出了基于浏览器的应用服务。

2007 年，Google 开始了它的辉煌之路，相继推出了 Gmail、Google Earth、Google Map、Chrome 和字处理及电子表格等产品。Google 在这一年的新产品发布会上，其 CEO 施密特第一次提出了“云计算”。他说，随着互联网网速的提高和互联网软件的改进，“云计算”能够完成的任务越来越多，90%的计算任务都能够通过“云计算”技术完成，其中包括所有的企业计算任务和白领员工的任务。

2007 年 11 月，IBM 推出了改变游戏规则的“蓝云”(Blue Cloud)计算平台，即为客户带来即买即用的云计算平台。它包括一系列的自动化、自我管理和自我修复的虚拟化云计算软件，使来自全球的应用可以访问分布式的大型服务器池，从而使得数据中心在类似于互联网的环境下运行计算。

2008 年 10 月，微软推出了 Windows Azure 操作系统。

接着，2009 年微软推出 Azure 云服务测试版。Azure(意为蓝天)是微软继 Windows 取代 DOS 后的又一次颠覆转型——通过在互联网架构上打造新的云计算平台，让 Windows 由 PC 延伸到“蓝天”上。

2009 年，Google App Engine(Google 应用引擎)成为了另一个里程碑。

2006—2009 年内，云服务尚处于推广阶段，把它重视起来的公司还很少，而且只有大公司有基础和资本做这种“苦活”。

2008 年金融危机爆发后，Salesforce 公司在 2009 年初公布了 2008 财年的年度报告。报告显示 Salesforce 公司云服务收入超过 10 亿美元。这对于新兴的云计算业务来说是个破纪录的数字，同时，这一数字也让整个行业对云计算开始另眼看待。尤其是从 2009 年开始，美国政府(包括国家机关互联网服务商店 Apps.gov)也开始试水云计算，某种程度上算是为这项服务“站台背书”。

在 2009—2011 年，世界级的供应商都无一例外地参与了云市场的竞争中，于是出现了第二梯队：IBM、VMWare、微软和 AT&T。它们大都是传统的 IT 企业，由于云计算的出现不得不选择转型。

至此，云计算开始如火如荼地发展，其技术已经深入应用到各个领域，包括企业、游戏、医疗、金融等。

亚马逊 AWS 通过合作伙伴网络(APN)计划构建生态系统；阿里云通过“云合计划”招揽合作伙伴；Google Cloud 作为后来者，为了在生态建设上不落后 AWS 和微软，直接进行收购或者投资。

云计算在不断发展，基于云平台不断推出更多更新的应用。

任务实施

在浏览器中打开百度搜索引擎，搜索云计算发展情况，保存搜索的内容。

7.1.3 云计算应用技术

云计算应用技术

相关知识

我们对云计算的特点及发展、功能等已有所了解，还需要了解云计算的具体应用技术。云计算与大数据、人工智能是当前最火爆的三大技术领域，近年来，我国政府高度重视云计算产业的发展，其产业规模增长迅速，应用领域也在不断扩展，从政府应用到民生应用，从金融、交通、医疗、教育领域到人员和创新制造等全行业延伸拓展。云计算应用技术具体有以下一些内容：

(1) 基础结构即服务(IaaS)和平台即服务(PaaS)。就 IaaS 而言，如果公司想要节省购买、管理和维护 IT 基础结构方面的投资成本，那么根据按次计费方案使用现有的基础结构似乎是显而易见的选择。出于同样的原因，也有一些组织会选择使用 PaaS，同时还会设法在随时可用的平台上提高开发速度，从而部署应用程序。

(2) 企业云。企业云对于那些需要提升内部数据中心的运维水平和希望能使整个 IT 服务更围绕业务展开的大中型企业非常适合。相关的产品和解决方案有 IBM 的 WebSphere CloudBurst Appliance、Cisco 的 UCS 和 VMware 的 vSphere 等。

(3) 云存储系统。云存储系统可以解决本地存储在管理上的缺失，降低数据的丢失率，它通过整合网络中多种存储设备来对外提供云存储服务，并能管理数据的存储、备份、复制和存档，云存储系统非常适合那些需要管理和存储海量数据的企业。

(4) 虚拟桌面云。虚拟桌面云可以解决传统桌面系统高成本的问题，其利用了现在成熟的桌面虚拟化技术，更加稳定和灵活，而且系统管理员可以统一地管理用户在服务器端的桌面环境，该技术比较适合那些需要使用大量桌面系统的企业。

(5) 开发测试云。云的最佳使用场景可能是测试和开发环境。借助于云计算，现在可以方便地选择根据项目需求量身设置的即时可用环境。这通常会结合(但不限于)自动配置物理资源和虚拟资源。开发测试云可以解决开发测试过程中的棘手问题，其通过友好的 Web 界面，可以预约、部署、管理和回收整个开发测试的环境，通过预先配置好(包括操作系统、中间件和开发测试软件)的虚拟镜像来快速地构建一个个异构的开发测试环境，通过快速备份/恢复等虚拟化技术来重现问题，并利用云的强大的计算能力对应用进行压力测试，比较适合那些需要开发和测试多种应用的组织和企业。

(6) 大规模数据处理云。大规模数据处理云能对海量的数据进行大规模的处理，可以帮助企业快速进行数据分析，发现可能存在的商机和存在的问题，从而做出更好、更快和更全面的决策。其工作过程是：大规模数据处理云通过将数据处理软件和服务运行在云计算平台上，利用云计算的计算能力和存储能力对海量的数据进行大规模的处理。

(7) 协作云。协作云是云供应商在 IDC 云的基础上或者直接构建一个专属的云，并在这个云搭建整套的协作软件，并将这些软件共享给用户，非常适合那些需要一定的协作工具，但不希望维护相关的软硬件和支付高昂的软件许可证费用的企业与个人。

(8) 游戏云。游戏云是将游戏部署至云中的技术，目前主要有两种应用模式，一种是基于 Web 游戏模式，比如使用 JavaScript、Flash 和 Silverlight 等技术，并将这些游戏部署到云中，这种解决方案比较适合休闲游戏；另一种是为大容量和高画质的专业游戏设计的，整个游戏都将在云中运行，但会将最新生成的画面传至客户端，比较适合专业玩家。

(9) HPC 云。HPC 云能够为用户提供可以完全定制的高性能计算环境，用户可以根据自己的需求来改变计算环境的操作系统、软件版本和节点规模，从而避免与其他用户的冲突，并可以成为网格计算的支撑平台，以提升计算的灵活性和便捷性。HPC 云特别适合需要使用高性能计算，但缺乏巨资投入的普通企业和学校。

(10) 云杀毒。云杀毒技术可以在云中安装附带庞大的病毒特征库的杀毒软件，当发现有嫌疑的数据时，杀毒软件可以将该数据上传至云中，并通过云中庞大的特征库和强大的处理能力来分析这个数据是否含有病毒，这非常适合那些需要使用杀毒软件来捍卫其电脑安全的用户。

(11) 大数据和分析。基于云计算平台可以使用大量结构化和非结构化数据，利用数据获取业务价值的优势。零售商和供应商可以提取来自消费者购买模式的信息，进而将他们的广告和市场营销活动定位到特定的群体。社交网络平台能够为与组织用来获取有用信息的行为模式有关的分析提供基础。

(12) 灾难恢复。根据灾难恢复(DR)解决方案的成本效益使用云计算，能够以更低的成本更快地从众多不同的物理位置中恢复，相比之下，传统的 DR 站点拥有固定资产、严格的程序，并且成本较高。

(13) 备份。备份数据(包括维护一系列磁带或驱动器，手动收集这些磁带或驱动器并将它们分派到备份设备中)是一项复杂且耗时的操作，而且原始站点和备份站点之间可能会发生问题。这种确保备份执行的方法无法避免用尽备份介质等问题，而且加载备份设备执行恢复操作也需要时间，还容易出现设备故障和人为错误。

基于云的备份虽然不是灵丹妙药，但肯定比以往的备份方式要好得多。用户可以自动将数据分派到网络上的任何位置，同时可以确保不会存在安全性、可用性或容量问题。

随着云计算的发展，其应用范围不断拓展，还会有更多的应用形式的出现。

以下介绍基于百度云的应用任务。

百度云起初是百度公司开发的一款基于安卓平台的支持手机云存储的应用，包含百度网盘、相册、通讯录等云服务。百度智能云是百度提供的公有云平台，于 2015 年正式开放运营。2019 年 4 月 11 日，百度云品牌升级为百度智能云。百度智能云目前已推出了 40 余款高性能云计算产品，天算、天像、天工三大智能平台，分别提供智能大数据、智能多媒体、智能物联网服务。

任务实施

(1) 在浏览器地址栏中输入 cloud.baidu.com 后回车，即可打开百度智能云网站，如图 7-7 所示。

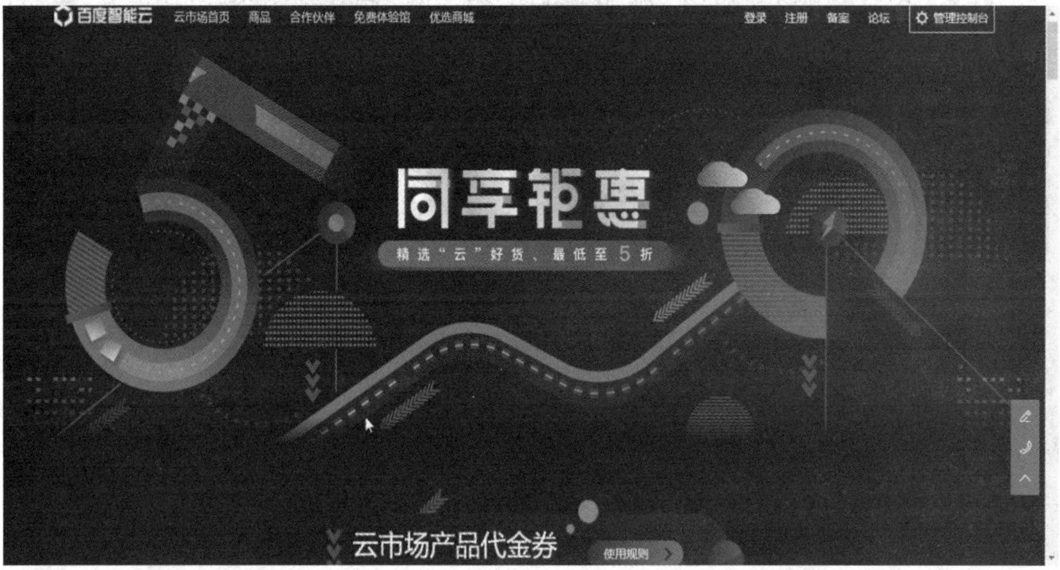

图 7-7　打开百度云

(2) 点击【产品】菜单，可显示百度云产品，如图 7-8 所示。

图 7-8　百度云产品

(3) 在【产品】下的【计算与网络】中选择【云服务器 BCC】产品，如图 7-9 所示。

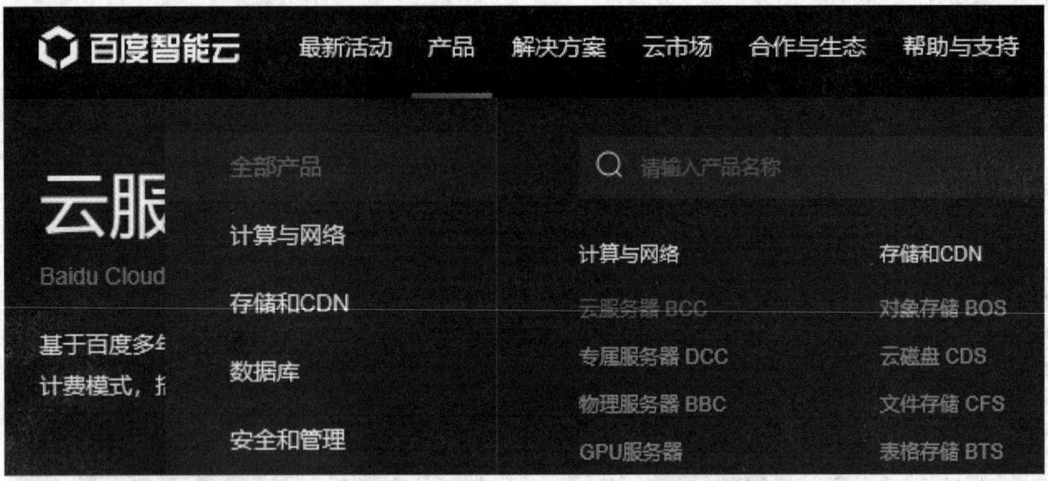

图 7-9　云服务器

(4) 在打开的云服务器 BCC 网页中向下浏览页面，可看到云服务器租用的配置及价格详情，如图 7-10 所示。

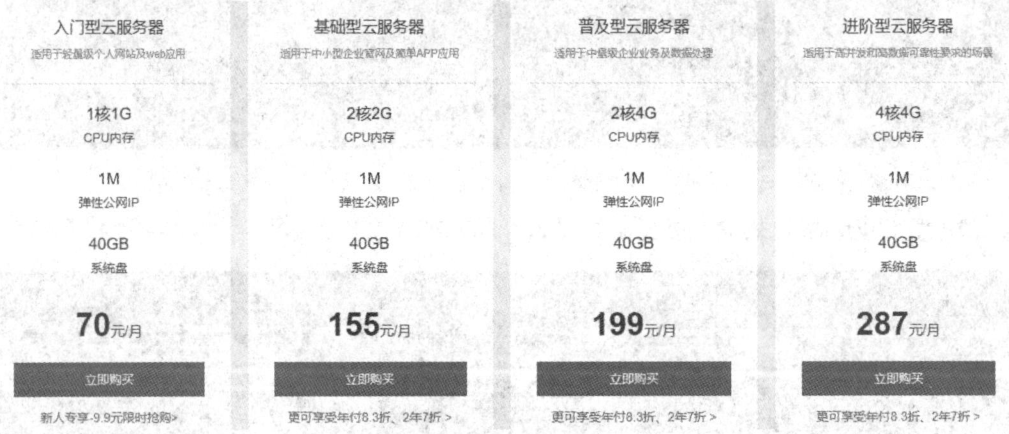

图 7-10　百度云服务器租用价格

7.1.4　云计算应用技术实例

1. 阿里云基本使用与开放实验室初探

任务实施

(1) 打开 Chrome 浏览器，在地址栏中输入网址 www.aliyun.com，注册一个账号；然后输入账号和密码登录阿里云。

(2) 用鼠标单击网页中的搜索按钮，输入所需查找的信息，在此输入“智能”2 个字，可看到阿里云提供的相关智能服务，如图 7-11 所示。

图 7-11　智能搜索界面

(3) 单击某一列表，如“智能视觉”，可打开相关介绍网页，如图 7-12 所示。

图 7-12　“智能视觉”页面对话框

(4) 在搜索栏输入“开放实验室”，可看到更多实验资源，如图 7-13 所示。

图 7-13　“开放实验室”搜索主页

(5) 选择其中一项，在此选择“开放实验室-基于阿里云的 IT 实验平台_实验列表”，弹出可用的实验列表（可能需实验点），如图 7-14 所示。

图 7-14　选择查看实验

(6) 点击具体的课程内容，可查看阿里云网站上提供的相关资源，如图 7-15 所示。

图 7-15　浏览实验资料

(7) 点击“开始学习”，即可开始学习阿里云提供的相关课程资源，查看实验手册的内容，并限时比如 2 小时内，阅读实验手册内容，按步骤完成实验操作。

(8) 查看开放实验室全景。点击阿里云网页导航菜单中的“开放实验室”，可以看到开放实验室主页，进一步学习其特点和操作方法，如图 7-16 所示。

图 7-16　开放实验室

2. 阿里云开发者课堂

任务实施

(1) 登录阿里云，搜索“开发者课堂”，或通过点击阿里云网页上的“开发者课堂”导航进入。这是阿里云提供的开发者一站式学习平台，涵盖云计算、大数据、人工智能、IoT、编程语言等领域，有助于学习和提升开发技能，如图 7-17 所示。

图 7-17　阿里云开发者课堂主界面

(2) 选择云计算相关内容进行浏览。点击阿里云开发者课堂页面中的“云计算”，可着重了解云计算的相关知识和技能，如图 7-18 所示。

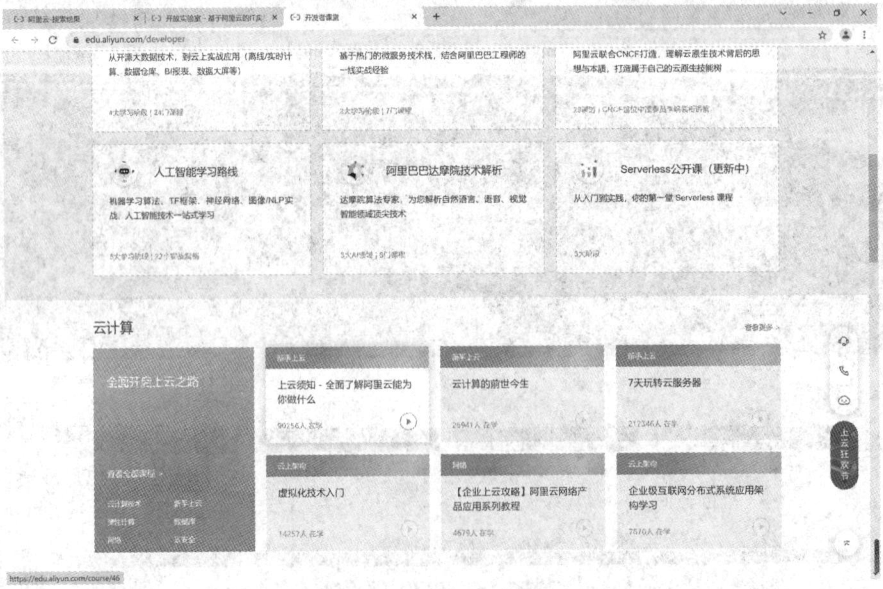

图 7-18　阿里云“云计算”界面

(3) 选择某一门课程，比如，选择“云计算的前世今生”，可以了解云计算的发展历程；选择点击“7 天玩转云服务器”，可以学习云服务器的基本使用方法，如图 7-19 所示。

图 7-19　云计算课程——“7 天玩转云服务器”主界面

(4) 还可以选择“Python 语言基础 1：语法入门”课程，在这里免费学习 Python 语言基础，如图 7-20 所示。

图 7-20　“Python 语言基础 1：语法入门”界面

7.1.5　任务拓展：使用其他云平台

【拓展目的】

(1) 掌握一种云平台(如华为云平台)的基本操作方法。

(2) 掌握云平台中使用云服务资源的基本方法。

【拓展内容】

使用百度等搜索引擎搜索云平台的网址，打开相应的网址页面，对其所提供的服务类型及价格进行浏览和访问。

【实施步骤】

(1) 双击 Google 浏览器(或其他浏览器等)，打开浏览器主页后在地址栏输入搜索引擎网址，比如 www.baidu.com，在搜索框中输入“云平台”，然后点击回车键即开始搜索云平台。

(2) 选择某一云平台的链接，浏览其网页内容，分析其可能提供的云服务。

(3) 单击其他云平台网页，分析不同云平台提供的功能。

图 7-21 是使用百度搜索云平台的部分结果。

图 7-21　云平台搜索结果

任务 7.2　云　网　盘

云存储是在云计算概念上延伸和发展出来的一个新的概念，是指通过集群应用、网格技术或分布式文件系统等功能，将网络中大量各种不同类型的存储设备通过应用软件集合起来协同工作，共同对外提供数据存储和业务访问功能的一个系统。云存储是一个以数据存储和管理为核心的云计算系统。

云网盘即是基于云存储提供的存储服务空间。

7.2.1　认识网盘

云网盘技术

网盘又称网络 U 盘、网络硬盘，是由一些互联网公司推出的在线存储服务，服务器机房为用户划分一定的磁盘空间，为用户免费或收费提供文件的存储、访问、备份、共享文件管理功能，并且拥有高级的世界各地的容灾备份。

用户可以把网盘看成一个放在网络上的硬盘或 U 盘，不管用户是在家中、单位或其他地方，只要你连接到因特网，就可以管理、编辑网盘里的文件，不需要随身携带，更不怕丢失。

以下介绍几款常见的云网盘。

1. 百度网盘

百度网盘是百度 2012 年正式推出的一项免费云存储服务，首次注册即可获得 5 GB 的空间，首次上传一个文件可以获得 1GB，登录百度云移动端，就能立即领取 1024 GB 永久免费容量。目前有 Web 版、Windows 客户端、Android 手机客户端、MAC 客户端、iOS 客户端和 WP 客户端。用户可以轻松将自己的文件上传到网盘上，普通用户单个文件最大可达 4 GB，并可以跨终端随时随地查看和分享。百度网盘提供离线下载、文件智能分类浏览、视频在线播放、文件在线解压缩、免费扩容等功能。

2. 115 网盘

115 网盘初始即可拥有 150 G 的空间，使用中还可以扩容，通过参加一系列活动(电脑、手机客户端连续登录)可达 8 TB 乃至更大的空间。使用 115 网盘，用户无论在何时何地上网，都可快速访问、下载、上传；可针对文件、文件夹共享；可在线查看图片、在线听歌、在线查看文档、在线修改文档；可收藏、加圈子、支持多终端。115 网盘具有基于云存储的记事本功能，以及多终端支持、记事本转发及共享功能等。

3. 城通网盘

城通网盘注册后可获得支持外链的 400 GB 免费空间，最大单文件可达 4 GB，同时为用户提供下载的收益。它已为国内外数千万用户提供超过 1000 TB 的网络储存空间。

4. DropBox

DropBox 是由 DropBox 公司运营的同步本地文件的网络存储在线应用，公司总部位于美国加州旧金山。该公司提供云存储、文件同步和客户端软件服务。该软件允许用户为自己的计算机创建专用的文件夹，然后同步到 DropBox 上，其他用户可以查看该文件夹。文件夹里的文件也可以通过网站和手机应用程序上传。

5. Google Drive

Google Drive 是由谷歌提供的文件存储和同步服务。该服务于 2012 年 4 月 24 日发布，可以让用户管理云存储、文件共享和协同编辑。Google Drive 公开共享的文件可以被网络搜索引擎搜索到。

6. OneDrive

OneDrive 是一个文件托管服务，它允许用户上传和同步文件到云存储，然后使用 Web 浏览器或本地设备来访问它们。起初，其名称为 SkyDrive、Windows Live SkyDrive、Windows Live Folders。OneDrive 是 Windows Live 在线服务的一部分，它允许用户保持私人文件，与好友共享文件，或者把文件共享给其他用户。

7. iCloud

iCloud 是苹果公司在 2011 年 10 月 12 日推出的云存储和云计算服务。截至 2013 年 7 月，该服务拥有 3.2 亿用户。该服务允许用户存储音乐和 iOS 应用程序数据到远程计算机服务器，并通过 iOS 5 或 iOS 更高版本平台下载到多种设备上。iCloud 取代苹果 MobileMe 服务，它作为一个数据中心具有同步电子邮件、联系人、日历、书签、备忘录、提醒(待办事项)、iWork 文件、照片和其他数据的功能。北京时间 2021 年 6 月 8 日凌晨，苹果在 2021 苹果全球开发者大会上宣布，iCloud 正式升级为 iCloud + 品牌，同时更加强调用户隐私保护。9 月 22 日，网页版苹 果 iCloud 邮件全新上线。

常见的云网盘还有微软 OneDrive、腾讯微云、搜狐企业网盘、360 云盘、金山快盘、华为网盘、ZippyShare、Uploaded、DepositFiles、RapidShare、HotFile 等。

7.2.2　网盘注册与使用

通过打开相应网盘所在的网页，进行注册、登录之后，即可使用网盘进行文件的上传、下载或分享。

打开浏览器，在地址栏输入网盘网址，比如进入 115 网盘输入 115.com，即可进入网盘主页，根据网页界面提示下载客户端，安装客户端后进行注册，获得账号后可输入账号、密码进行登录、文件上传、下载、移动、分享等服务，如图 7-22 所示。

图 7-22　115 网盘主页

网盘不但可在台式计算机上使用，也可在移动设备上使用，只需下载相应版本的客户端安装后即可使用网盘。

7.2.3　百度网盘的使用

百度网盘为用户提供文件的网络备份、同步和分享服务。百度网盘是百度推出的一项云存储服务，其空间大、速度快、安全稳固，已覆盖主流 PC 和手机操作系统，包含 Web 版、Windows 版、MAC 版、Android 版、iPhone 版和 Windows Phone 版。

通过鼠标双击浏览器图标打开浏览器(如 IE 浏览器、Google Chrome 浏览器、360 安全浏览器、QQ 浏览器等之一)，在地址栏输入 pan.baidu.com 即可打开百度网盘首页，然后进行注册、登录，即可进入百度网盘。图 7-23 所示是百度网盘主页。

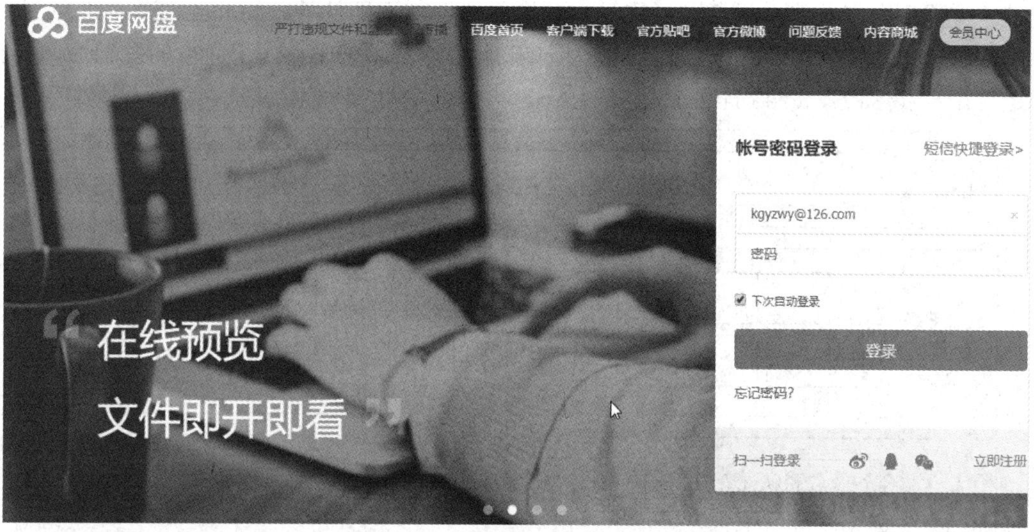

图 7-23　百度网盘主页

任务实施

(1) 双击打开浏览器(如：Google Chrome 浏览器)，在地址栏输入 pan.baidu.com，按回车键即可打开百度网盘主页，注册一个账号。

(2) 注册账号后登录百度网盘，在其上建立文件夹并上传文件。

(3) 双击百度网盘中的文件，进行在线预览测试。

(4) 下载上传的文件；分享文件，将链接发布给其他同学或朋友。

(5) 下载百度网盘客户端，进行以上类似的相关操作。

任务 7.3　云　服　务

云服务

云服务指通过网络以按需、易扩展的方式获得所需服务。这种服务可以是 IT 和软件、互联网相关，也可以是其他服务，它意味着计算能力也可作为一种商品通过互联网进行流通。

云服务是云计算平台提供的服务，通过网页浏览器或手机 APP 等即可访问相应的云服务。

各类云平台上提供的产品列表，可以说是具体的云服务产品。具体的云服务产品与云计算厂商提供的产品类型有关。

1. 云平台构成

云平台允许开发者们将写好的程序放在“云”里运行，或使用“云”里提供的服务，或二者皆是。云平台也可称为按需平台(On-demandPlatform)、平台即服务(PaaS)等。这种支持应用的方式有着巨大的潜力。

以大唐移动云计算平台架构为例，云平台的构成如图 7-24 所示。大唐移动云通过虚拟化技术集成服务器、存储设备、网络设备，提供这种基于硬件基础的 IaaS 服务，通过云计算的相关技术，把内存、I/O 设备、存储和计算能力集中起来成为一个虚拟的资源池，从而为最终用户和 SaaS、PaaS 提供商提供服务。

图 7-24　大唐移动云平台架构

2. 云平台租用

云平台的租用是通过在线访问云平台主页，进行注册、登录之后选择相应的云服务，在线加入购物车并生成订单、在线支付即可。

各云服务商提供了云平台租用，比如：前面我们了解了阿里云的产品，可进入阿里云网站注册和登录申请云服务器租用。

亚马逊云平台的租用方法：访问 aws.amazon.com，从中访问 amazonaws-china.com，如

图 7-25 所示。

图 7-25　亚马逊云平台

个人或中小企业可试用免费云，根据用户提出的需求，租用相应适用的配置。图 7-26 所示是华为云主页。

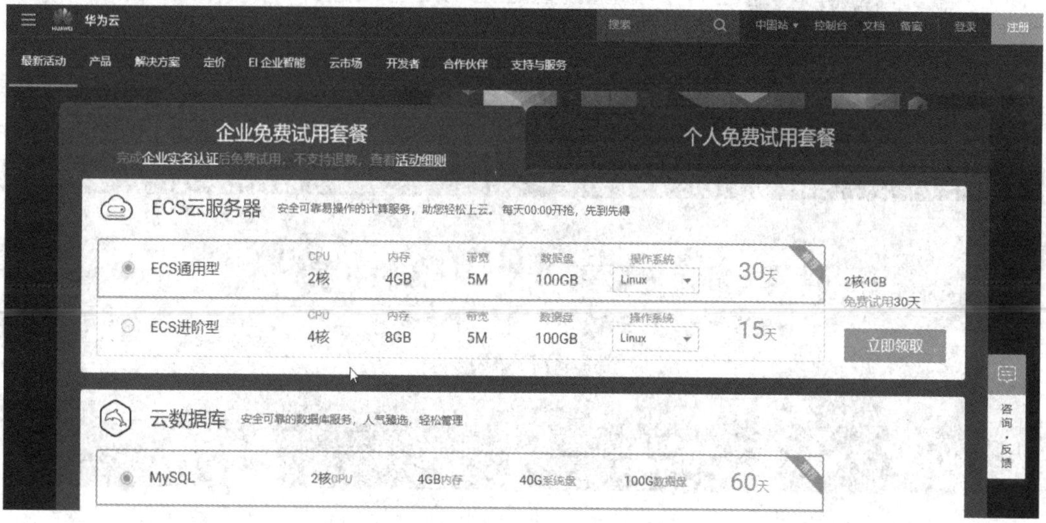

图 7-26　华为云主页

3. 云平台的使用

云平台的使用主要通过互联网或移动互联网进行访问。租用云平台上的服务后，我们可以通过浏览器或按平台网页提示下载客户端后登录访问，类似作为本地资源一样使用。

对于公有云平台，可以通过百度搜索，例如输入关键词“云平台的使用”，搜索后单击搜索结果页面的某一条链接，即可打开相关云平台的使用介绍页面。比如：单击某条阿里云服务的搜索结果，可在浏览器中打开网页进入 https://www.aliyun.com/acts/new-users-search?utm_content=se_1001758086，如图 7-27 所示。

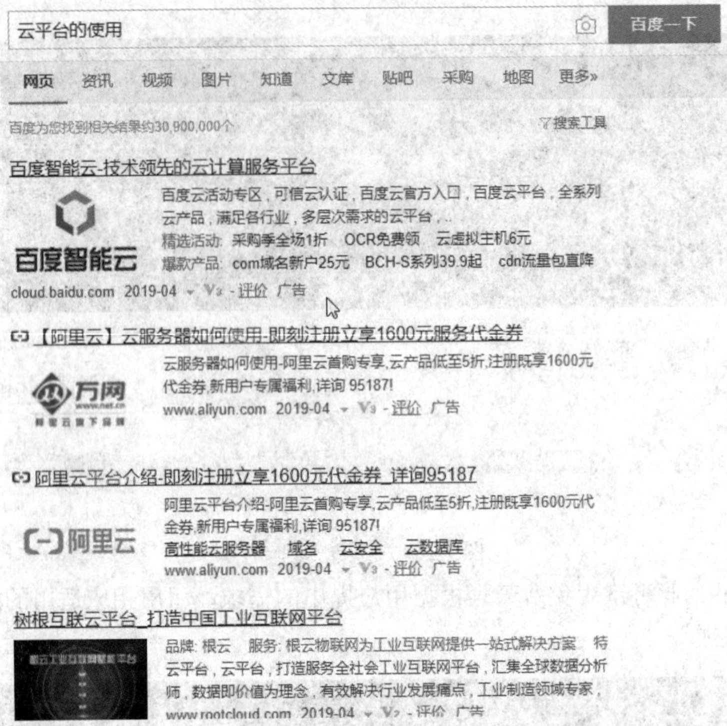

图 7-27　云平台的使用搜索结果

可在登录之后选择某类产品，按网页提示进行选择、订购和租用，如图 7-28 所示。

图 7-28　阿里云平台的使用

云平台的使用方式十分简单，按页面指示进行相关操作即可。

4. 腾讯云平台的使用

腾讯云是腾讯倾力打造的云计算品牌，以卓越科技能力助力各行各业数字化转型，为全球客户提供领先的云计算、大数据、人工智能服务，以及定制化行业解决方案。腾讯在云端完成重要部署，为开发者及企业提供云服务、云数据、云运营等整体一站式服务方案。具体包括云服务器、云存储、云数据库、云分析、云拨测、腾讯云搜等云服务；腾讯云分析(MTA)、腾讯云推送(信鸽)等腾讯整体大数据能力；以及 QQ 互联、QQ 空间、微云、微社区等云端链接社交体系。腾讯云平台可支持各种互联网使用场景。

腾讯云包括云服务器、云数据库、云存储、云安全、云解析、云监控、云发布与云测试等产品，如图 7-29 所示。

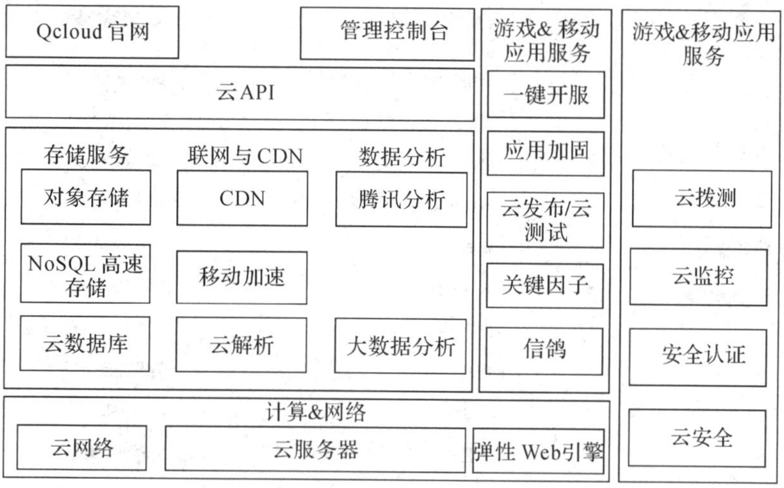

图 7-29　腾讯云平台

开发者通过接入腾讯云平台，可降低初期创业的成本，能更轻松地应对来自服务器、存储以及带宽的压力。

拥有腾讯云账号后，您可以在腾讯云网站、控制台登录腾讯云，从而选购和使用您需要的云产品和服务。腾讯云平台的使用，与阿里云、百度云等的访问与使用类似，通过浏览器进行访问即可。

任务实施

(1) 打开浏览器，在地址栏中输入网址 https://cloud.tencent.com，按回车键登录腾讯云网站，如图 7-30 所示。

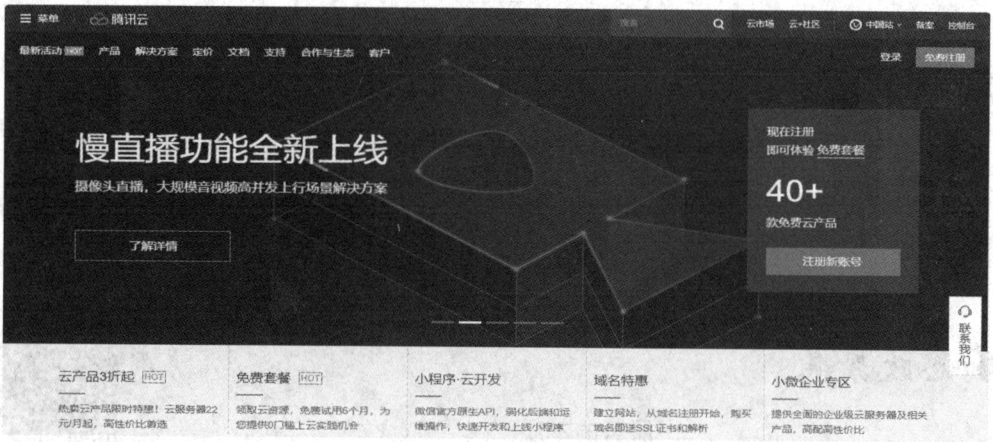

图 7-30　腾讯云主页

(2) 单击产品菜单，在弹出的图 7-31 所示服务列表中选择感兴趣的或需要的云服务，单击任意一项即可打开详细信息页面，可看到服务介绍及相关链接。

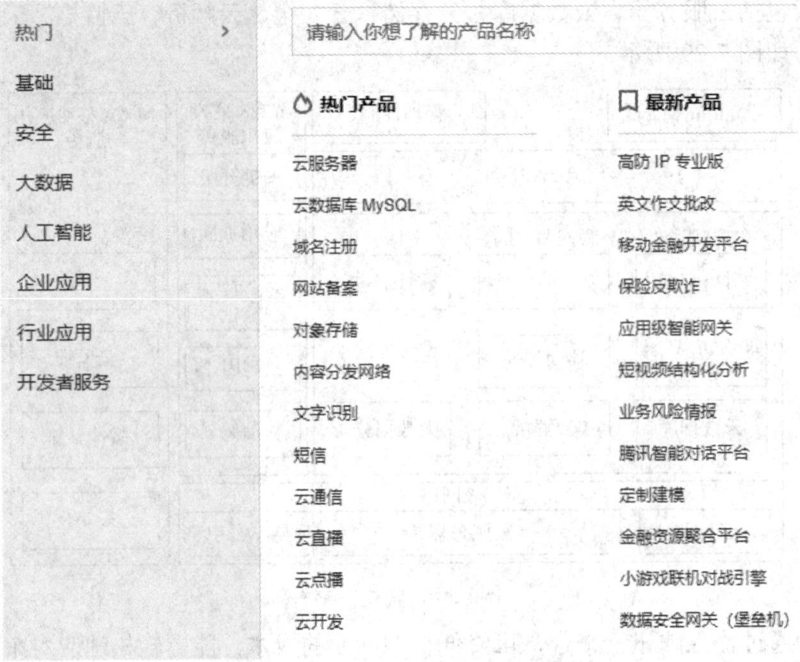

图 7-31　腾讯云产品列表

(3) 按照网页提示，用鼠标单击链接选择相关操作。

(4) 可以根据网页提示试用或支付费用后使用云平台的相关服务。

(5) 腾讯云提供学生使用套餐 10 元/月，可以注册获取，并在线学习入门知识，套餐包含特价云服务器、域名(可选)、50 G 免费对象存储空间(6 个月)，如图 7-32 所示。

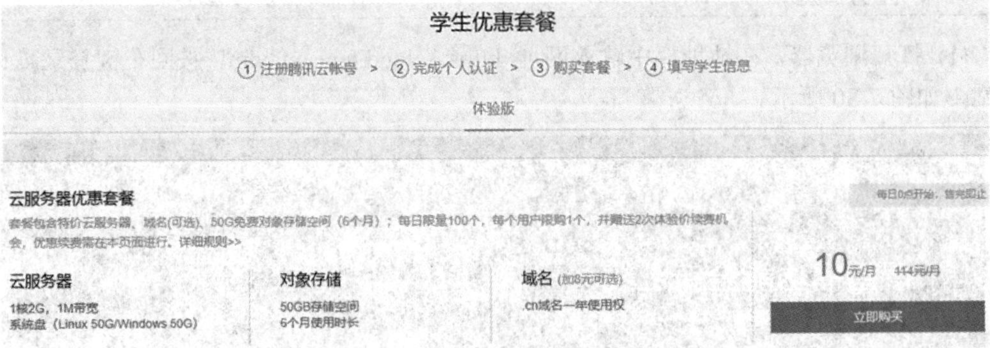

图 7-32　腾讯云学生优惠套餐

思政聚焦

服务的本质

服务的本质

服务是什么？在我们的古文里，并没有“服务”一词，较早类似“服务”的记载是《论语·子夏问孝》：“子曰：色难，有事，弟子服其劳，有酒食，先生馔，曾是以为孝乎？”这里的“服其劳”是指提供体力上的服务。“服务”一词最早源于古希腊语，原意是：像奴隶一样的工作。后被音译为英文“Service”。日本明治维新大量学习西方文化，按日文发音方式读作“Fukumu”，于近代传入中国时，音译为“服务”。

当今几乎每一个人对“服务”一词都不陌生，但又很难回答服务到底是指什么，直到今天也没有一个权威的定义。“服务”在古代是“侍候，服侍”的意思，随着时代的发展，“服务”被不断赋予新意，如今，“服务”已成为整个社会不可或缺的人际关系的基础。

社会学意义上的服务，是指为别人、为集体的利益而工作或为某种事业而工作。

1944 年 9 月 8 日，中央警卫团在延安为在烧炭中牺牲的战士张思德举行追悼会，毛泽东同志出席并发表《为人民服务》的著名演讲，号召全党全军学习张思德同志为人民服务的精神。从此，为人民服务的思想被确立为我们党的根本宗旨。“中国共产党人必须具有全心全意为中国人民服务的精神”这句话被写入了党章。而且其后又写入宪法，成为中华人民共和国国家机关及其工作人员的法定义务。《宪法》第 18 条规定：“一切国家机关工作人员必须效忠人民民主制度，服从宪法和法律，努力为人民服务。”中华人民共和国成立后，各级党政机关及其工作人员都将其作为座右铭和行动口号加以使用。

毛泽东之后的历届领导人也都坚持并不断发展“全心全意为人民服务”的思想。邓小平主张以“人民拥护不拥护”“人民赞成不赞成”“人民高兴不高兴”“人民答应不答应”来检验“全心全意为人民服务”的效果，并于 1985 年提出“领导就是服务”，从而把执政党的领导作用和全心全意为人民服务紧密地联系起来。习近平总书记强调：人民对美好生活的向往就是我们奋斗的目标。我们一定要始终与人民心连心，全心全意为人民服务。习近平总书记指出：“始终坚持全心全意为人民服务的根本宗旨，是我们党始终得到人民拥护和爱戴的根本原因，对于充分发挥党密切联系群众的优势至关重要。我们任何时候都必须把人民利益放在第一位，把实现好、维护好、发展好最广大人民根本利益作为一切工作的出发点和落脚点。”

经济学意义上的服务，是指以等价交换的形式，为满足企业、公共团体或其他社会公众的需要而提供的劳务活动，它通常与有形的产品联系在一起。

今天，企业之间的竞争很难在质量、产品、价格上角逐，“服务”才是企业的核心竞争力，只有把服务做好，才能拥有有别于其他竞争对手的优势，吸引客户。“顾客至上”“顾客就是上帝”的呼声遍及全球每个角落，改善服务态度，提供满意服务，并没有增加多少成本，却能提高客户满意度，赢得客户的信任。好的服务取决于你的态度，米卢的“态度决定一切”的名言家喻户晓。一个人的工作态度是否端正，取决于一个人对这份工作的热爱程度，发挥多大的专业水平。

不管是社会学的服务还是经济学的服务，体现的是人与人之间的交互，你为我服务，我为他服务，把自己利益的实现建立在服务别人的基础之上，把利己和利他行为有机协调起来，只有首先以别人为中心，服务别人，才能体现出自己存在的价值，才能得到别人对自己的服务。

云计算也是一种服务，云计算的三种服务模式 IaaS、PaaS、SaaS 分别在基础层、平台层、应用层“全心全意为人民服务”。

第 8 章　大数据技术与应用

任务 8.1　大数据概论

大数据概论

数据是国家基础性战略资源，是 21 世纪的“钻石矿”。“十四五”时期是开启全面建设社会主义现代化国家新征程的第一个五年，是新旧动能转换和全球新一代信息产业的重要变革期，大数据技术和应用处于创新突破期，国内市场处于爆发期，我国大数据产业面临重要的发展机遇。抓抢机遇，推动大数据产业发展，对提升政府治理能力、优化民生公共服务、促进经济转型和创新发展有重大意义。

大数据(Big Data)，指无法在一定时间内用常规软件工具进行捕捉、管理和处理的数据集合，是需要新处理模式才能具有更强的决策力、洞察发现和流程优化能力的海量、高增长率和多样化的信息资产。

8.1.1　大数据的特点

业界通常用 5 个 V，即 Volume(大量)、Variety(多样)、Value(价值)、Velocity(高速)和 Veracity(真实性)来概括大数据的特征。

(1) Volume：指的是数据体量巨大，从 TB 级别跃升到 PB 级别(1 PB = 1024 TB)、EB 级别(1 EB = 1024 TB)，甚至达到 ZB 级别(1 ZB = 1024 EB)。截至目前，人类生产的所有印刷材料的数据量是 200 PB，而历史上全人类说过的所有的话的数据量大约是 5 EB。当前，典型个人计算机硬盘的容量为 TB 量级，而一些大企业的数据量已经接近 EB 量级。例如，在交通领域，某市交通智能化分析平台数据来自网络摄像头/传感器、公交、轨道交通、出租车、省际客运、旅游、化危运输、停车、租车等运输行业，还有问卷调查和地理信息系统数据。4 万辆车每天产生 2000 万条记录，交通卡刷卡记录每天 1900 万条，手机定位数据每天 1800 万条，出租车运营数据每天 100 万条，电子停车收费系统数据每天 50 万条，定期调查覆盖 8 万家庭等，这些数据在体量上就达到了大数据的规模。

(2) Variety：指的是数据类型繁多。这种类型的多样性也让数据被分为结构化数据和非结构化数据。相对于以往便于存储的以文本为主的结构化数据，非结构化数据越来越多，包括网络日志、音频、视频、图片、地理位置信息等。这些多类型的数据对数据的处理能力提出了更高要求。

(3) Value：指的是价值密度低，价值密度的高低与数据总量的大小成反比。以视频为例，一部 1 小时的视频，在连续不间断的监控中，有用数据可能仅有一二秒。如何通过强大的机器算法更迅速地完成数据的价值“提纯”成为目前大数据背景下亟待解决的难题。当然把数据集成在一起，并完成“提纯”是能达到 1+1 大于 2 的效果，这也正是大数据技术的核心价值之一。

(4) Velocity：指的是数据处理速度快。这是大数据区分于传统数据挖掘的更显著特征。根据 IDC 的“数字宇宙”的报告，预计到 2025 年，全球数据使用量将达到 175 ZB。在如此海量的数据面前，处理数据的效率就是企业的生命。

(5) Veracity：指的是数据来自各种、各类信息系统网络以及网络终端的行为或痕迹。

大数据是具有体量大、结构多样、时效性强等特征的数据，处理大数据需要采用新型计算机架构和智能算法等新技术。大数据从数据源经过分析挖掘到最终获得价值一般需要经过五个主要环节，包括数据准备、数据存储与管理、计算处理、数据分析和知识展现。大数据技术涉及的数据模型、处理模型、计算理论，与之相关的分布计算、分布存储平台技术、数据清洗和挖掘技术，流式计算、增量处理技术，数据质量控制等方面的研究和开发成果丰硕，大数据技术产品也已经进入商用阶段。

8.1.2　大数据的价值与应用

大数据像水、矿石、石油一样，正在成为新的自然资源，能不能挖掘资源中潜在的价值，成为这个时代能不能走向创富的重要条件。

大数据是以容量大、类型多、存储速度快、应用价值高为主要特征的数据集合，正快速发展为对数量巨大、来源分散、格式多样的数据进行采集、存储和关联分析，从中发现新知识、创造新价值、提升新能力的新一代信息技术和服务业态。坚持创新驱动发展，加快大数据部署，深化大数据应用，已成为稳增长、促改革、调结构、惠民生和推动政府治理能力现代化的内在需要和必然选择。

大数据产业指以数据生产、采集、存储、加工、分析、服务为主的相关经济活动，包括数据资源建设、大数据软硬件产品的开发、销售和租赁活动，以及相关信息技术服务。预计到 2025 年全球拥有的数据量是 175 ZB，在如此庞大的数据量面前，它所带来的信息以及反馈出来的事实，对于人民来说具有巨大的潜在价值。所以目前大数据的应用已一步步广泛深入我们生活的方方面面，涵盖电商、社交、金融、医疗、交通、教育、体育等各行各业。基于现有电子信息产业统计数据及行业抽样估计，2025 年全球 6 大数据硬件、软件和服务整体市场规模将达到 920 亿美元。

下面将列举一些大数据应用实例。

(1) 大数据征信：个人信用数据的缺失目前是金融行业面临的最大问题之一。基于用户在互联网上的消费行为、社交行为、搜索行为等产生的海量数据，利用大数据技术进行分析与挖掘能得到个人信用数据，为金融业务提供有效支撑。在这个方面，阿里的芝麻信用是做得最好的。芝麻信用几乎打通了用户的身份特质，行为偏好，人际关系，信用历史，履约能力等各类信息。这使得阿里在金融方面审批小额贷款的成本变得极低，据统计，传统银行平均审批一笔贷款的费用高达 2000 元，而阿里金融的蚂蚁微贷仅为 0.3 元。

(2) 大数据风控：大数据风控目前应该是前沿技术在金融领域的最成熟应用，相对于智能投顾、区块链等还在初期的金融科技应用，大数据风控目前已经在业界逐步普及。目前，美国基本上都用三大征信局的信息，最传统的评分基本上都是用 FICO 来做的。各家平台会尝试着用机器学习、神经网络等大数据处理方法。

国内市场对于大数据风控的尝试还是比较积极。特别是大公司，可以将移动互联网的行为和贷款申请人联系到一起展开大数据风控。百度在风控层面上的进展还是比较突出，百度安全每天要处理数十亿网民搜索请求，保护数亿用户的终端安全，保护十万网站的安全，因此积累了大量的数据。

一个很具体的案例就是，通过海量互联网行为数据，比如监测相关设备 ID 在哪些借贷网站上进行注册、同一设备是否下载多个借贷 APP，可以实时发现多头贷款的征兆，把风险控制到最低。

(3) 大数据金融消费：消费金融对大数据的依赖是天然形成的。比如说消费贷、工薪贷、学生贷，这些消费型的金融贷款很依赖对用户的了解。所以必须对用户画像进行分析提炼，通过相关模型展开风险评估，并根据模型及数据从多维度为用户描绘一个立体化的画像。

百度金融通过基于大数据和人工智能技术为基础的合作商户管理平台，为合作商户提供涵盖营销和金融服务的全面管理方案，降低获客成本，解决细分行业的微小需求。一方面可以降低风险，另一方面也能提升金融的安全度，腾讯和阿里的优势很大程度上是在渠道层面上的，阿里以电商—支付—信用为三级跳板，针对性很强。而支付宝接入消费金融产品之后有较强的渠道作用。腾讯的“微粒贷”已经接入到了微信支付当中。在消费金融的发展速度上，腾讯速度也不差。

(4) 大数据财富管理。财富管理是近些年来在我国金融服务业中出现的一个新业务，主要为客户提供长期的投顾服务，实现客户资产的优化配置。这方面的业务在传统金融机构中存在得比较多，不过因为技术能力不足，大数据财富管理在传统金融机构中相对弱势。

财富管理在互联网公司的业务中也非常流行，蚂蚁金服一开始最为简单的财富管理方式就是余额宝，后来逐渐演化成经过大数据计算智能推荐给用户的各种标准化的“宝宝”理财产品。百度金融是依托“百度大脑”，通过互联网人工智能、大数据分析等手段，精准识别和刻画用户，提供专业的“千人千面”的定制化财富管理服务。

(5) 大数据疾病预测。疾病预测平台基于大数据积累和智能分析，利用用户的搜索数据和位置数据，统计出人民搜索流感、肝炎、肺结核和性病的信息时的时间和地点分布，并结合气温变化、环境指数、人口流动等因素建立预测模型，能够为用户提供多种传染病的趋势预测，帮助用户提早进行预防。Google 就曾经使用其搜索数据成功预测流感，当然其后有些预测并不准确，所以近些年预测模型一直在改进。

任务 8.2　大数据采集

近年来，以大数据、物联网、人工智能、5G 为核心特征的数字化浪潮正席卷全球。随着网络和信息技术的不断普及，人类产生的数据量正在呈指数级增长。大约每两年翻一番，这意味着人类在最近两年产生的数据量相当于之前产生的全部数据量。世界上每时每刻都在产生的大量的数据，包括物联网传感器数据、社交网络数据、商品交易数据等。面对如此巨大的数据，与之相关的采集、存储、分析等环节产生了一系列的问题。如何收集这些数据并且进行转换分析、存储以及有效分析成为巨大的挑战。需要有这样一个系统用来收集这样的数据，并且对数据进行提取、转换、加载。

本节就介绍这样一个大数据采集技术。什么是大数据采集技术？大数据采集技术就是对数据进行 ETL 操作，通过对数据进行提取、转换、加载，最终挖掘数据的潜在价值，然后提供给用户解决方案或者决策参考。ETL(Extract-Transform-Load),是数据从数据来源端经过抽取(Extract)、转换(Transform)、加载(Loading)到目的端，然后进行处理分析的过程。用户从数据源抽取出所需的数据，经过数据清洗,最终按照预先定义好的数据模型，将数据加载到数据仓库中去，最后对数据仓库中的数据进行数据分析和处理。数据采集位于数据分析生命周期的重要一环，它通过传感器数据、社交网络数据、移动互联网数据等方式获得各种类型的结构化、半结构化及非结构化的海量数据。由于采集的数据种类错综复杂，因此对于这种不同种类的数据在进行数据分析时，必须通过提取技术将复杂格式的数据，进行数据提取，从数据原始格式中提取(Extract)出我们需要的数据，这里可以丢弃一些不重要的字段。对于数据提取后的数据，由于数据源头的采集可能存在不准确，所以我们必须进行数据清洗，对于那些不正确的数据进行过滤、剔除。针对不同的应用场景，对数据进行分析的工具或者系统不同，我们还需要对数据进行转换(Transform)操作，将数据转换成不同的数据格式，最终按照预先定义好的数据仓库模型，将数据加载(Loading)到数据仓库中去。

8.2.1 数据采集器介绍

目前运用最广泛的数据采集器是八爪鱼数据采集器(简称“八爪鱼”)，它是深圳视界信息技术有限公司开发的，具有以下优势。

(1) 1 分钟获得数据。操作简单，无需代码，30 秒上手，1 分钟拿到 98%以上互联网数据。

(2) 1 千万数据采集。分布于云服务器，可以实现每日千万级别数据量的采集。

(3) 全场景解决方案。内置增量数据采集、防采集破解、验证码识别、模拟登录、切换代理 IP 及切换浏览器版本功能，满足多种采集需求。

(4) 数据处理能力。内置正则表达式格式化功能，可对提取内容进行针对性调整；内置分支判断及触发器功能，可对不同形式的内容做判断，根据判断结果做不同的提取操作，实现智能采集。

八爪鱼数据采集器可以实现互联网上几乎所有公开数据的文本内容采集。网页数据零散分布于页面上的各位置，数据使用人员无法对其进行统一的数据处理与数据分析，八爪鱼数据采集器可以将网页非结构化数据采集为结构化数据并存储多种格式。

八爪鱼旨在让数据触手可及，降低了采集门槛，提高了采集效率，在政府、高校、企业、银行、电商、科研、汽车、房产、媒体等众多行业及领域均有广泛应用。

1. 主界面介绍

如图 8-1 所示，八爪鱼主页面由七部分组成。

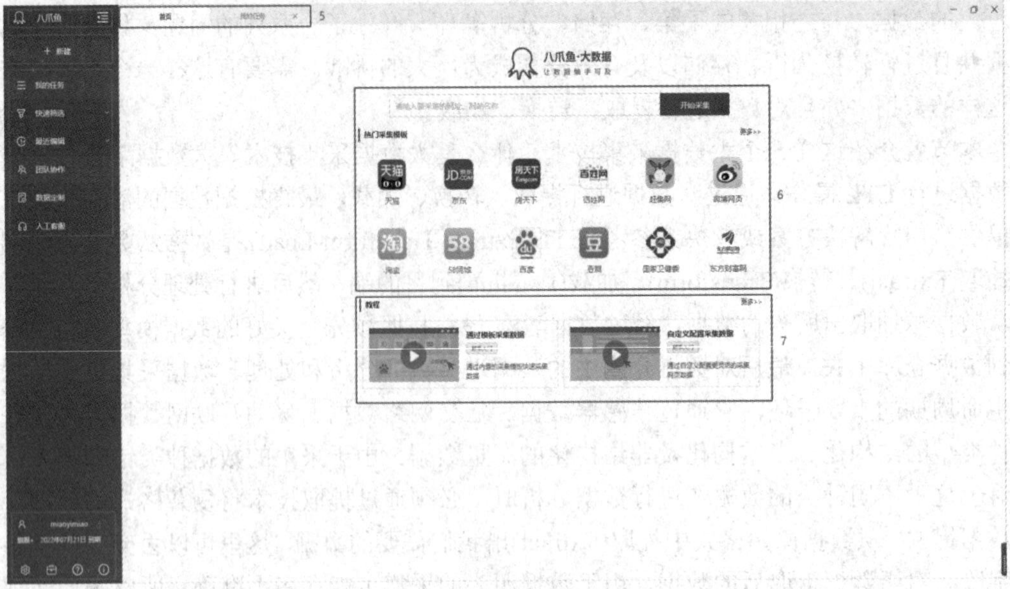

图 8-1　八爪鱼主页面

(1) 左上角位置 1 是展开收起侧栏按键。

(2) 下方位置 2 为新建按键，可以新建任务、任务组，热门模板采集任务和导入任务，导入的任务为 .otd 的文件格式。

(3) 位置 3 区域为菜单栏，通过菜单栏可以进入八爪鱼【我的任务】界面、【快速筛选】下的【云采集进行中】、【云采集已完成】及【云采集已停止】、【最近编辑】、【团队协作】、【数据定制】及【人工客服】,【人工客服】按键会跳转页面至客服系统，有任何疑问及建议都可以在这里进行反馈，如图 8-2 所示。

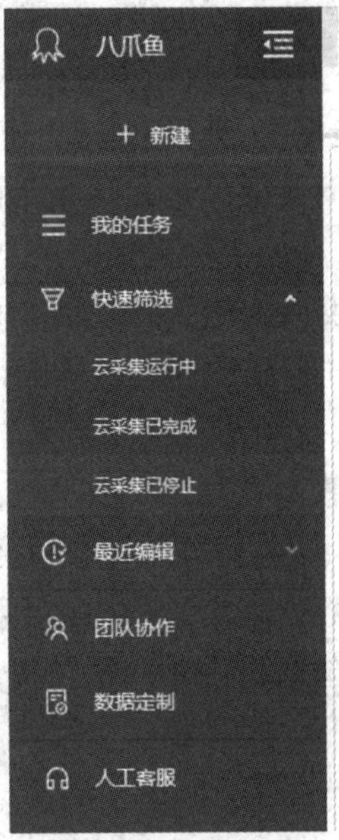

图 8-2　菜单界面

在【我的任务】界面的右上角可以切换【任务组】，如图 8-3 所示。任务组类似于文件夹，可以将不同的任务归类放置方便管理，当任务组设置定时云采集功能后，整个任务组内的任务会按照要求在指定时间进行云采集，如图 8-4 所示。

图 8-3　【我的任务】界面

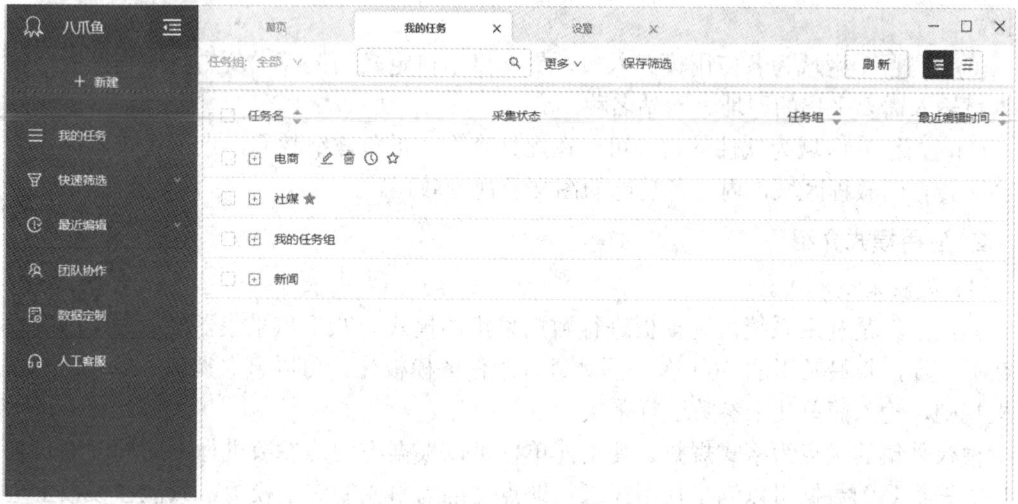

图 8-4　【任务组】界面

(4) 位置 4 区域为用户名称、软件版本信息及付费版本到期时间，八爪鱼分为免费版、专业版、旗舰版、旗舰版+、企业版及私有化部署版。各版本差异及价格可以在八爪鱼官网进行查看。下方为【设置】、【工具箱】、【教程与帮助】及【关于我们】，点击【关于我们】的按钮可查看版本信息。

在设置界面可以修改账号云采集【可同时运行任务数】，设置后最多同时启动设置数的任务，任务数不能大于账号拥有节点数；可以设置【自定义模式配置】、【自动识别网页】及【删除字段不需要确认】的开关，如图 8-5 所示。

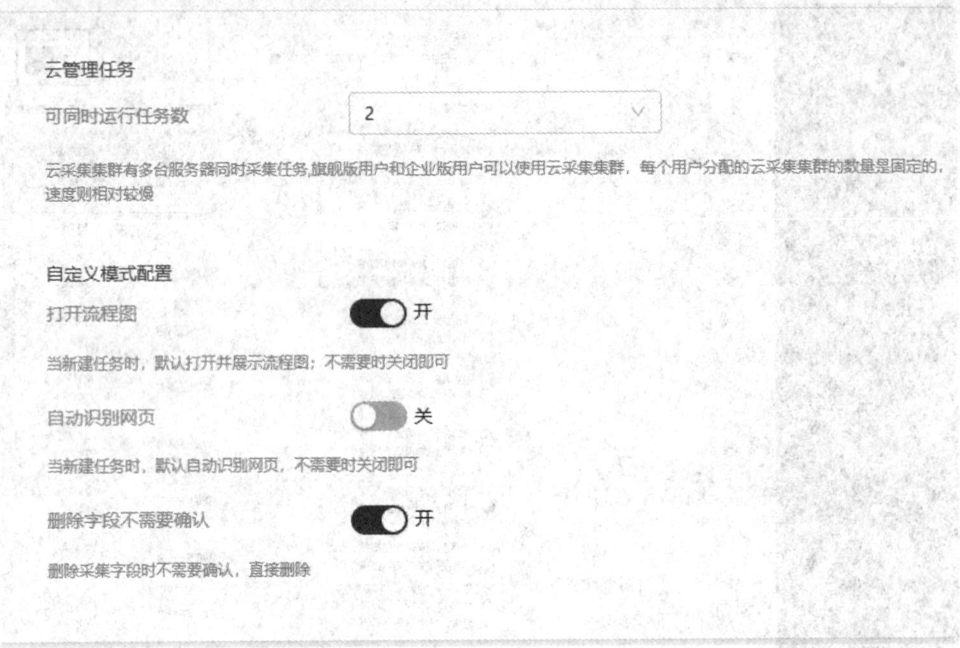

图 8-5　【设置】界面

(5) 位置 5 区域为窗口栏，该区域显示当前打开的所有窗口，并可以随时在这里进行切换。

(6) 位置 6 区域为各应用模式入口，界面显示自定义采集模式及热门采集模板，输入框内可输入需要采集的网址、网站名称。

(7) 位置 7 区域为软件教程，可以在此处查看八爪鱼详细教程，点击【查看更多】按钮会跳转官网教程区域，内含各功能的图文及视频教程。

2. 应用模式介绍

(1) 模板采集模式。

模板采集

模板采集是利用系统内置模板进行数据采集的模式。八爪鱼采集器经过数据统计，将最常用的 300 多个网站进行了任务模板化，可以直接调取模板规则，输入简单几个参数进行采集。

模板采集的优点为格式规整、使用简单，可以根据不同的参数进行不同程度的自定义采集，采集到的数据可以满足使用需求；缺点是因为事先制定了模板，只能在参数上进行自定义修改。

模板采集可以从主页直接进入，也可以从任务页中通过新建按键来创建。进入模板采集模式后如图 8-6 所示，可以搜索采集网站关键词或通过筛选模板类型进行模板查找。选中指定模板后将鼠标放置其上，点击选择即可使用。

图 8-6　模板采集模式菜单页

针对网站内不同位置及页面的内容，采集器设置了多套模板以供选择，其中 list 表示列表页信息，例如电商平台商品列表、新闻标题列表等。选好后鼠标放置其上，点击【开始使用】即可进入模板页面。

如图 8-7 所示，模板采集模式页面最上方显示了【模板名称】(例如：京东列表页数据采集)及【套餐限制】，下方分为【模板介绍】、【采集字段预览】、【采集参数预览】及【示例数据】。其中【模板介绍】主要介绍了使用目标模板如何设置参数；【采集字段预览】展示了模板内采集的内容，鼠标点击在不同字段上，右侧图片内白色的部分即为字段采集内容；【采集参数预览】展示了模板需要输入的参数在网页的位置；【示例数据】即为采集后数据的呈现形式。确认可以满足需求后，点击【立即使用】即可开始采集。

图 8-7　模板采集模板页

如图 8-8 所示，按照需求修改【任务名】、设置任务放置的【任务组】，针对该模板，修改【配置板参数】即采集网址即可，网址可以输入不大于 10 000 个页面，用换行符(回车)隔开。设置好后点击【保存并启动】，即可进行采集。

图 8-8　模式采集参数设置页面

(2) 自动识别及实例。

自动识别无需配置规则，根据提示进行操作即可。自动识别也是初学者了解八爪鱼的重要过程。自动识别的优点是只需输入网址，自动智能识别网页数据。支持自动识别列表型网页数据、滚动和翻页。这里以当当图书搜索“大数据”关键词后采集列表页为例进行演示。

第一步，自动识别。

在首页输入框中，输入目标网址，点击【开始采集】。八爪鱼自动打开网页并开始智能识别。

打开网页后，默认开启智能识别，如图 8-9 所示。识别过程中，随时可在操作提示内【取消识别】或【不再自动识别】，如图 8-10 所示。

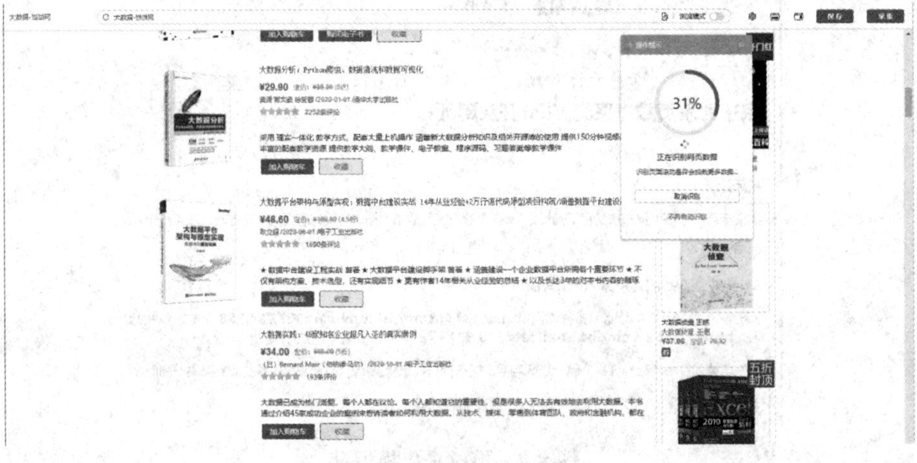

图 8-9　自动识别网页数据

图 8-10　【自动识别操作提示】界面

也可在设置中，再次默认开启【自动识别网页】，如图 8-11 所示。

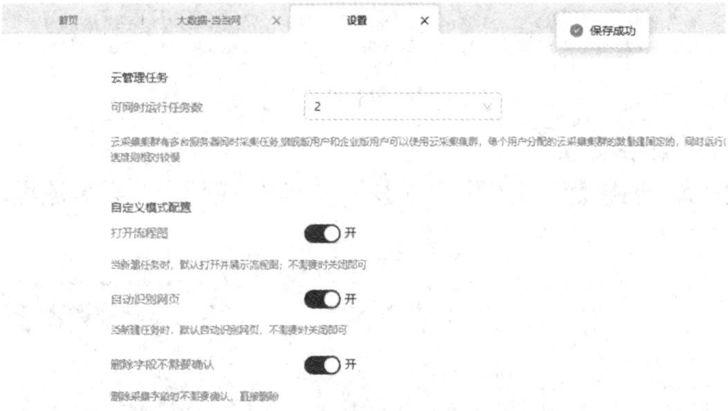

图 8-11　开启自动识别网页

第二步，设置选中目标数据。

智能识别成功，一个网页可能有多组数据，八爪鱼采集器会将所有数据识别出来，然后智能选中最常用的那组数据。如果选中的不是目标数据，可自行【切换识别结果】，如图 8-12 所示。

图 8-12　操作提示内切换识别结果

第三步，设置滚动和翻页。

同时，可自动识别出网页的【翻页采集】和【滚动加载数据】。此示例网址，无需滚动，只需翻页，故只识别并勾选【翻页采集】，如图 8-13 所示。

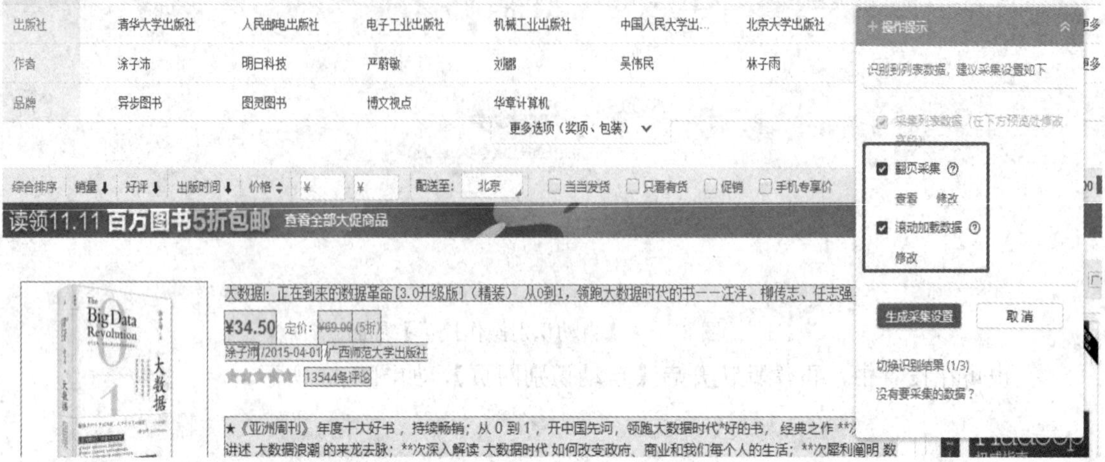

图 8-13　设置翻页和滚动

第四步，生成采集结果。

自动识别完成后，点击【生成采集设置】，可自动生成相应的采集流程，如图 8-14 所示。

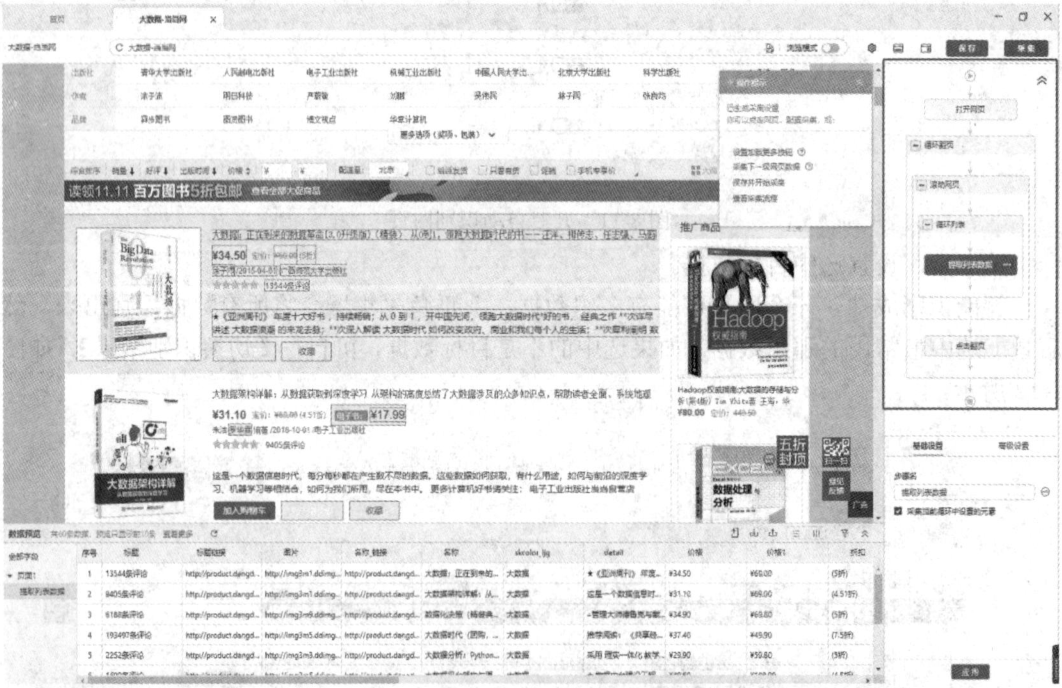

图 8-14　生成采集流程

第五步，设置字段。

如图 8-15 所示，【数据预览】中设置字段的目的是告诉采集器需要抓取当前页面的什么内容，将鼠标放在需要抓取的内容上，当内容完全变绿便可以进行左键点击操作，采集器就会在上方配置抓取模板页面将所需内容抓取出来，点击字段名称便可进行名称修改。右上角“+”可以添加特殊字段可以添加一些特殊信息，包括页面网址、采集时间、页面标题及固定字段等。

图 8-15　数据预览设置字段

第六步，开始采集。

设置好所有采集内容后，单击图 8-14 右上角的【采集】，选择【启动本地采集】，八爪鱼就会开始全自动采集数据。

如图 8-16 所示，采集界面上方为浏览器窗口，可以查看当前采集器操作界面，下方为采集到的数据，并且有已采集数据量、已用时和平均速度。采集完成后点击【导出数据】即可进入数据导出界面。

图 8-16　采集界面

第七步，数据导出。

如图 8-17 所示，采集器支持导出的数据格式有 Excel、CSV、HTML 文件、JSON 及数据库，数据库支持 MySQL、Sql Server 以及 Oracle。云采集数据还支持数据定时导出功能。

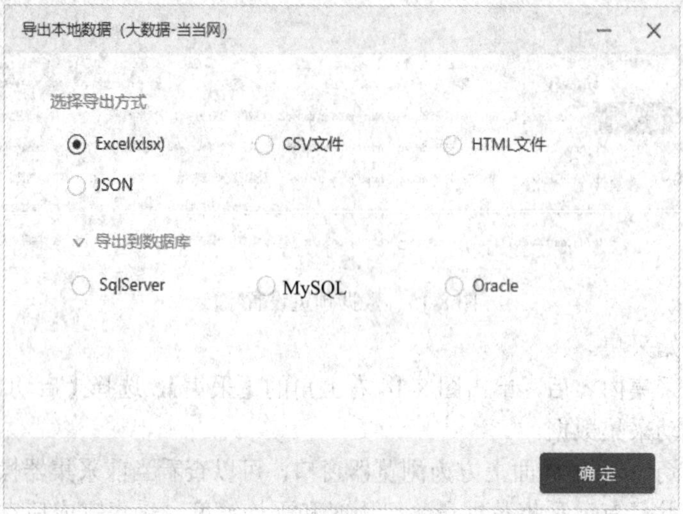

图 8-17 数据导出界面

(3) 自定义采集模式。

自定义采集模式适用于进阶用户，该模式需自行配置规则，可以实现全网 98%以上网页数据的采集。自定义采集通过不同功能模块之间搭积木式的组合实现各项采集功能。

在自定义模式中，每一个任务(规则)的制作只需四步：设置基本信息→设计工作流程→设置执行计划→完成。重点在第二步设计工作流程上，设计工作流程需要对网页规则进行配置，任务的不同主要体现在该步骤当中。

规则的配置主要强调的是模拟人浏览网页的操作。在高级模式学习中，同样是先通过学习三种采集类型熟悉高级模式的使用。

自定义采集具体应用将在 8.2.2 节中介绍。

8.2.2 自定义采集应用流程

自动识别可支持识别列表型网页、滚动和翻页。自定义采集我们针对不同类型的网页进行介绍。

自定义采集

1. 单网页数据采集

本次使用示例网址 http://www.skieer.com/guide/demo/simplemovies2.html。

(1) 创建自定义采集任务。

自定义采集有两种创建方式，如图 8-18 所示，分别是在【请输入要采集的网址、网站名称】处输入示例网址，点击右侧的【开始采集】，或点击菜单栏界面中【新建】|【自定义任务】进行创建。

图 8-18　自定义采集创建方式

(2) 网址输入。

自定义采集网址输入有四种方式，如图 8-19 所示，分别为【手动输入】【从文件导入】【从任务导入】及【批量生成】。

图 8-19　自定义采集网址输入

【手动输入】可通过复制粘贴的方式将网址放入输入框中，如图 8-20 所示。多条网址以换行符(回车)分隔，最多可放入 1 万条网址。

图 8-20　手动输入网址

【从文件导入】可以将文件内的链接导入进行采集，支持 csv、xls、xlsx、txt 文件格式，最多可放入 100 万条网址。

【批量生成】通过对特定网址中特定参数的全自动补充，可批量生成一大批采集网址。如图 8-21 所示，修改网址链接中页数，要求从 1 开始，每次增加 1，到 100 页截止，采集器会自动生成 1～100 页的链接，打开该链接可直接跳转到对应页数。参数类型支持数字变化、字母变化、时间变化及自定义列表，最多可生成 100 万条网址。

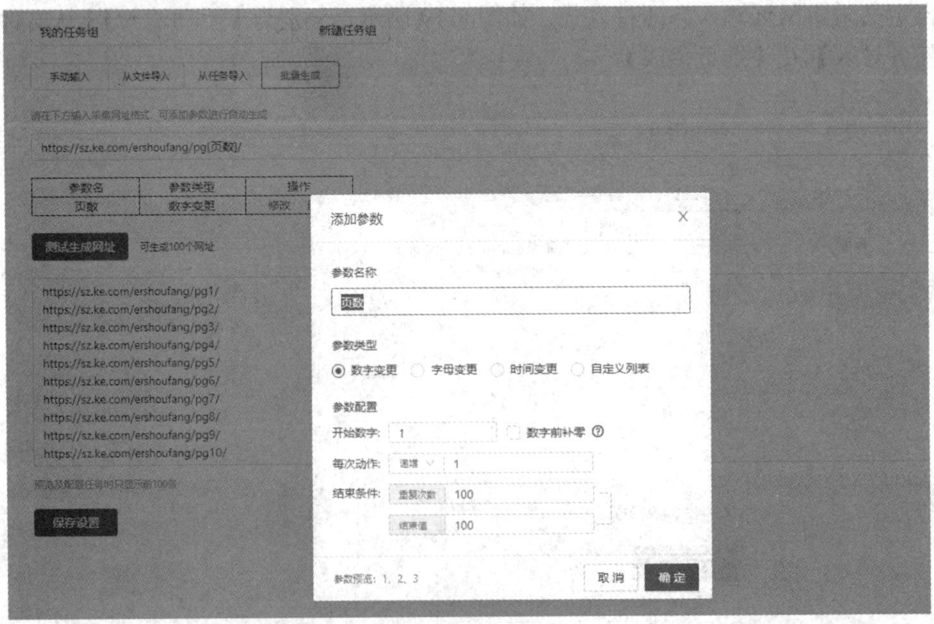

图 8-21　批量生成网址

【从任务导入】可使用采集器其他任务采集结果中的链接，如图 8-22 所示，选择需要导入链接的任务所在任务组，并在选择任务中选中该任务，在选择字段中选择链接字段所在列名，确定后点击【保存设置】按钮即可。从任务导入无链接数量限制。

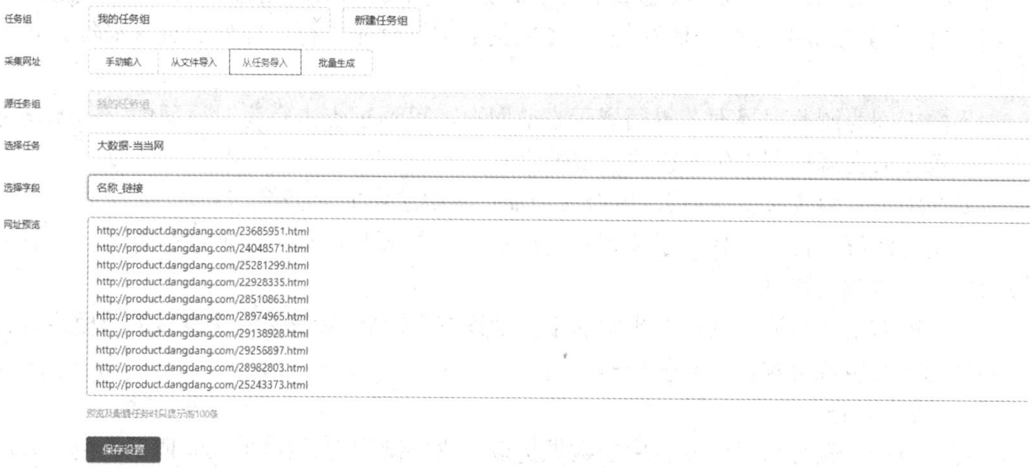

图 8-22　从任务导入

(3) 自定义采集界面介绍。

如图 8-23 所示，界面左上角为任务名，双击后可进行修改，修改完成后点击其他位置即可进行保存。

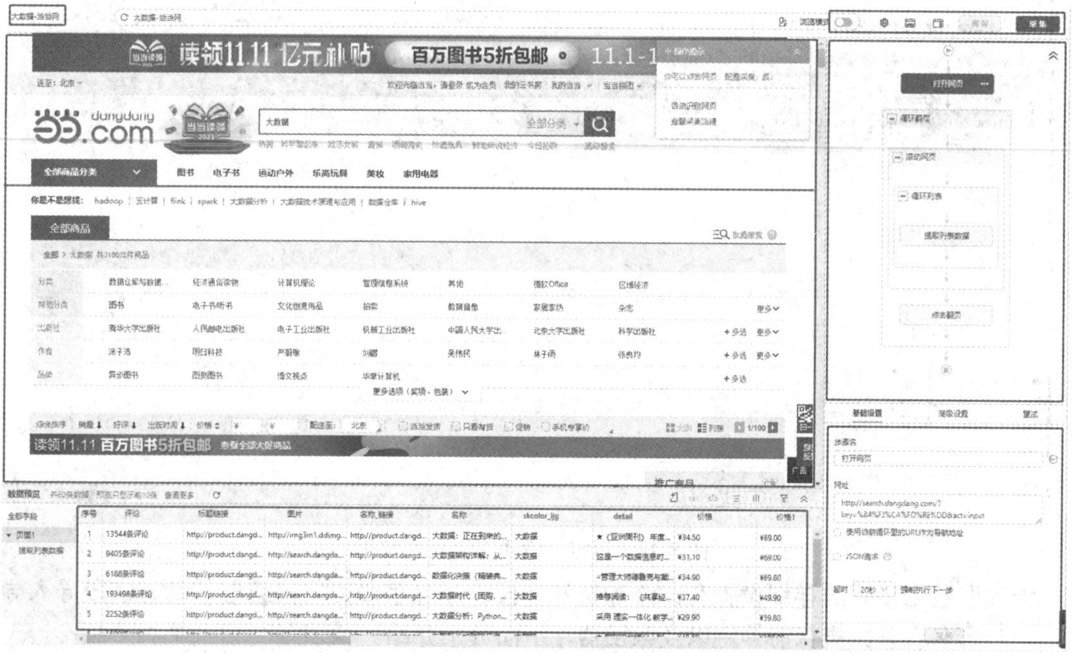

图 8-23　自定义模式界面

界面右上角为【切换浏览模式】【设置】【点击隐藏数据预览】【点击隐藏流程图】【保

存】及【采集】按键。

【切换浏览模式】是当处于浏览模式状态下，可以像在浏览器中一样正常点击操作网页，如需编辑流程图，需关闭浏览模式；【设置】按键会进入任务设置界面，进行各项任务设置；【点击隐藏数据预览】会隐藏下方的数据预览、【点击隐藏流程图】会隐藏右侧的流程图；【保存】按键的作用是保存任务；【采集】按键会先进行保存然后进入采集方式选择界面。

界面中间为浏览器界面，界面展示当前网页，可通过点击行为对页面中不同元素进行操作，操作会在流程图中生成模块，方便查看。

界面中下方为【数据预览】，可查看当前页面中选中的数据组。

右侧为流程可视化，代表了流程中各模块进行的顺序，从上至下进行查看。最右侧为各模块详细参数设置页面。

流程图右下角是流程图每个步骤的【基础设置】【高级设置】及【重试】的模块，通过不同功能模块组合可实现不同使用需求。

(4) 提取数据。

提取数据步骤可将当前网页中的数据提取出来。操作方式如图 8-24 所示，在下方浏览器界面中，鼠标放置在要提取的元素上，待元素变绿后，鼠标左键点击，在操作提示中选择采集该元素的文本，可见流程界面中生成提取数据步骤。依次对所有需求字段进行提取后，修改字段名称即可。

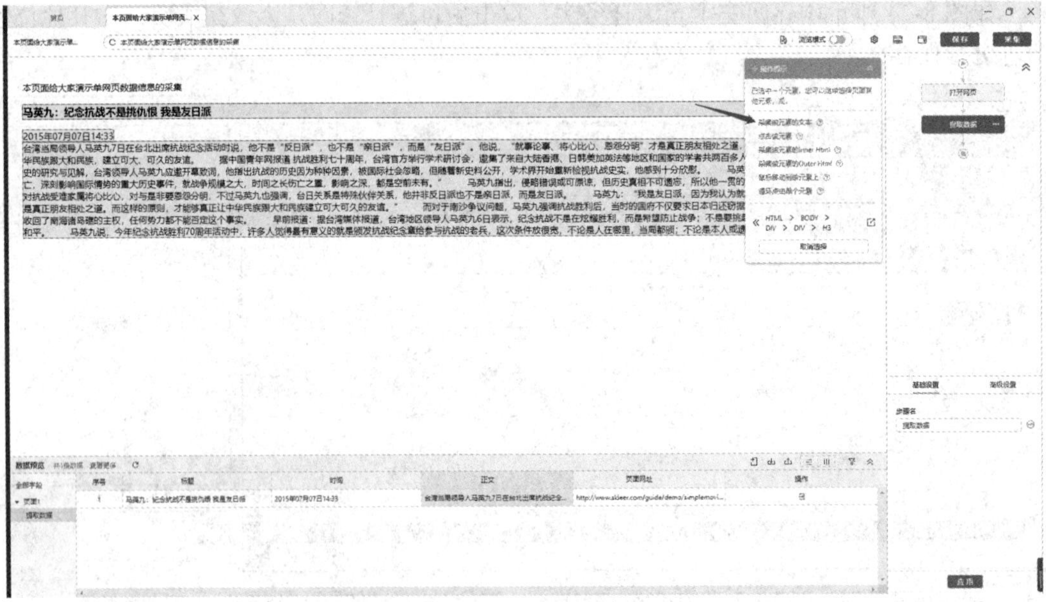

图 8-24　自定义模式提取数据操作

提取数据步骤的详细设置有：添加特殊字段、删除字段、字段位置移动、字段导入导出、步骤名设置、执行前等待以及触发器，下面分别介绍。

如图 8-25 所示，鼠标左键点击流程图中【提取数据】步骤，【提取数据】下方为设置项区域，中下方的【数据预览】为提取字段内容。

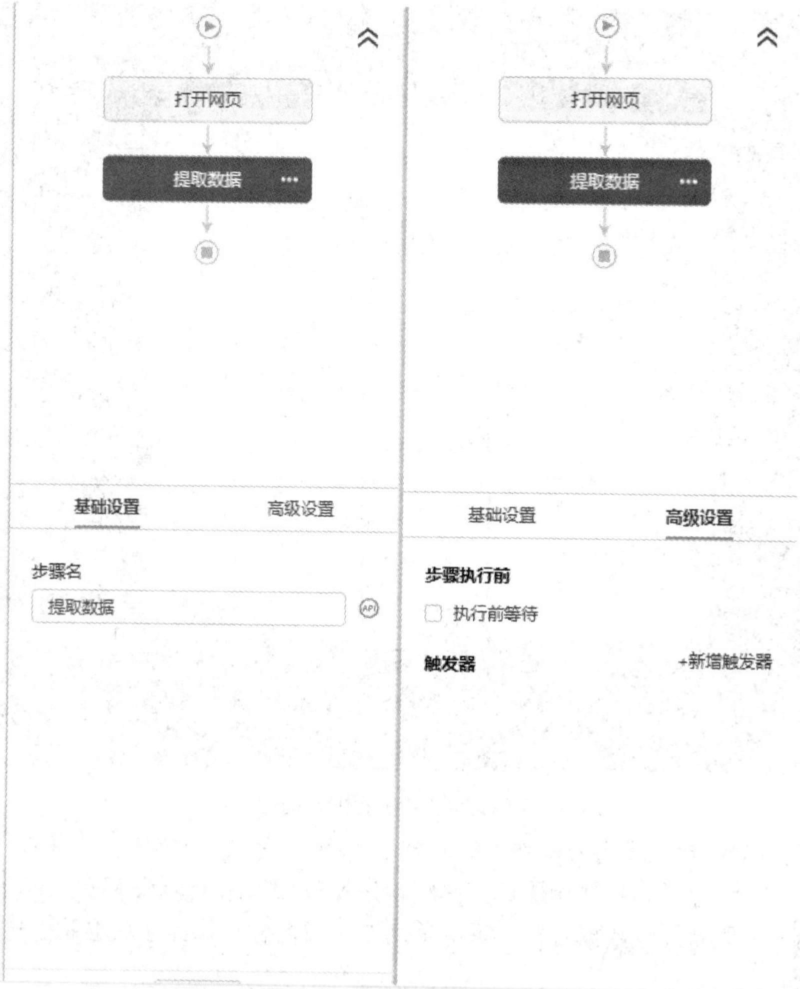

图 8-25　自定义模式提取数据设置项

设置项区域分别为【基础设置】及【高级设置】。

【基础设置】区域，可设置【步骤名】;【高级设置】区域可设置【执行前等待】及【触发器】。

① 步骤名：修改该步骤名称，方便辨识，大部分步骤均有该选项。

② 执行前等待：运行至该步骤前，进行一定时间等待，大部分步骤均有该选项。【或出现元素】用 XPath 设置网页内元素，当设置元素出现时，强制结束等待时间立即执行该步骤。【执行前等待】时间和【或出现元素】为“或”关系，只要出现一个就执行该步骤。

【触发器】的作用为针对不同采集内容作出不同操作，可在采集过程中对数据做初步清洗。

① 操作：如图 8-26 所示，切换【高级设置】区域，点击【新增触发器】，即可打开触发器设置界面，如图 8-26 所示。

② 设置参数：触发器可设置字段为所有提取数据中的字段，设置字段内容为红框中选项，可设置条件为“且”和“或”。对于满足条件的内容可做的操作为丢弃本条数据、结束循环以及结束本次采集。

图 8-26　自定义模式提取数据触发器

③ 应用场景：对文本内容筛选、时间判断的增量采集、数字比较等场景。

如图 8-27 所示，【数据预览】的工具栏内可操作项为添加特殊字段、字段导入导出、切换横纵向的字段布局、数据去重。鼠标移动至字段名称可修改字段名称、删除字段及字段位置移动。

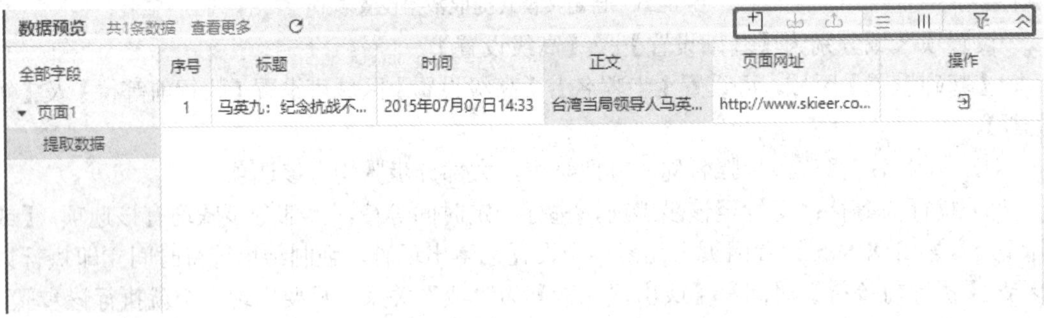

图 8-27　自定义模式数据预览工具栏

① 添加特殊字段：添加一些在网页中提取不到的内容，例如页面网址、页面标题、当前时间、固定字段及空字段等。可以根据不同需要自行选择添加。删除字段：将当前选中字段删除，当前选中字段显示会变蓝，删除操作不可撤销。

② 字段导入导出：将提取数据步骤单独导出为一个文件使用，分为导入及导出两个操作。

③ 切换横纵向的字段布局：横向的字段布局和我们熟悉的表格格式一致，可以快速查看当前页面提取的数据组；纵向的字段布局可以查看单个字段提取的情况，修改字段定位XPath。

④ 数据去重：根据我们选择的某个或多个字段，比对某一行数据该字段的内容与其他行该字段的内容是否相同。仅比对已选择的字段，只要选择的字段都是相同的，就认为该条数据是重复数据，其他未选择的字段会自动忽略，即使其他字段是不相同的也不进行考虑。去重后仅保留重复数据中的第 1 条。

⑤ 字段位置移动：调整字段顺序，分为上移一位与下移一位两个操作。

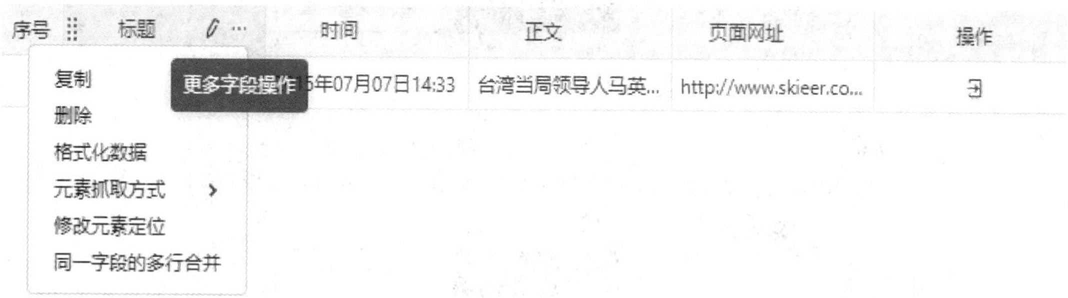

图 8-28　【自定义模式更多字段操作】界面

如图 8-28 所示，点击字段名字后的更多字段操作，可以对该字段【复制】【删除】【格式化数据】【元素抓取方式】【修改元素定位】【同一字段的多行合并】。

① 复制：将当前选中字段复制，复制的字段内容和定位都与选中的字段一致。

② 删除：将当前选中字段删除，当前选中字段会变蓝进行显示，删除操作不可撤销。

③ 格式化数据：数据采集下来之后，有时候格式不是我们想要的，或者只想从一段数据里提取特定数据，可通过格式化数据来处理。

④ 元素抓取方式：对提取内容进行详细设置，可设置内容为自定义抓取方式、自定义定位元素方式、格式化数据及自定义数据合并方式。

⑤ 修改元素定位：我们在采集数据过程中，可能会出现字段提取不到、字段错位等情况。其中一个重要的原因就是对字段的定位不准。可通过修改元素定位的方式，修改字段定位 XPath，对数据的位置进行正确的定位。

⑥ 同一字段的多行合并：在做新闻类数据采集的时候，新闻的正文一般都有多个段落。如果想将正文完全按照原文结构顺序采集下来，并将所有内容合并到一条数据中，可以用文章段落构建循环，然后设置【同一字段多次提取合并为一行】。

(5) 本地采集及数据导出。

① 本地采集：设置好打开网页及提取数据步骤后，点击页面上方的【采集】，在弹出窗口选择【启动本地采集】即可，如图 8-29 所示。八爪鱼有本地采集及云采集两种方式，本地采集使用当前电脑的硬件设备及 IP 网络进行采集，采集速度受限于网速与电脑硬件。本地采集有手动启动本地采集和定时本地采集两种方式，前者是配置完流程后手动启动本地采集，采集当前页面显示的数据，后者是本地采集的任务设置定时启动。启动定时本地

采集时如果电脑休眠、关机、没有连接网络等，会采集失败。因此，定时本地采集期间，需保证设备正常运行、八爪鱼客户端处于打开状态。

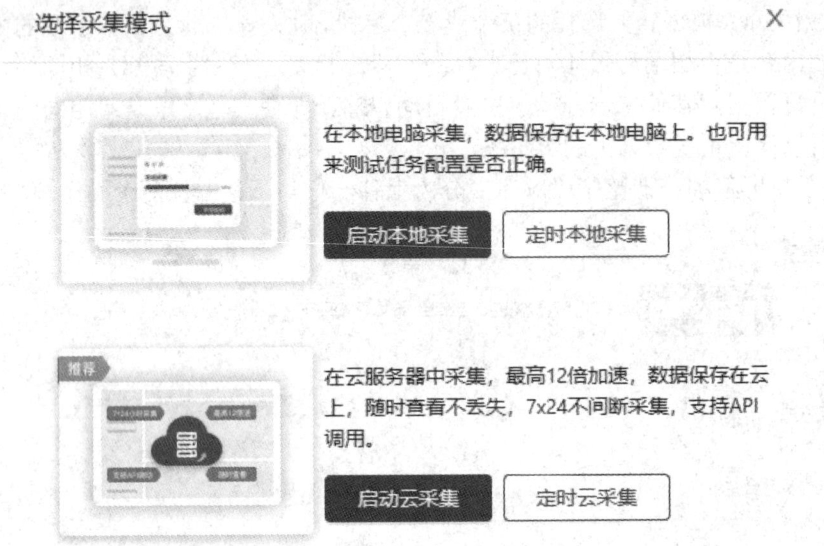

图 8-29　运行任务

② 数据导出：采集完成后，点击导出数据，选择导出方式，按提示进行导出位置选择或数据库信息填入即可。

导出格式如图 8-30 所示，支持格式为 Excel、CSV、HTML 文件、JSON 以及导出到数据库。

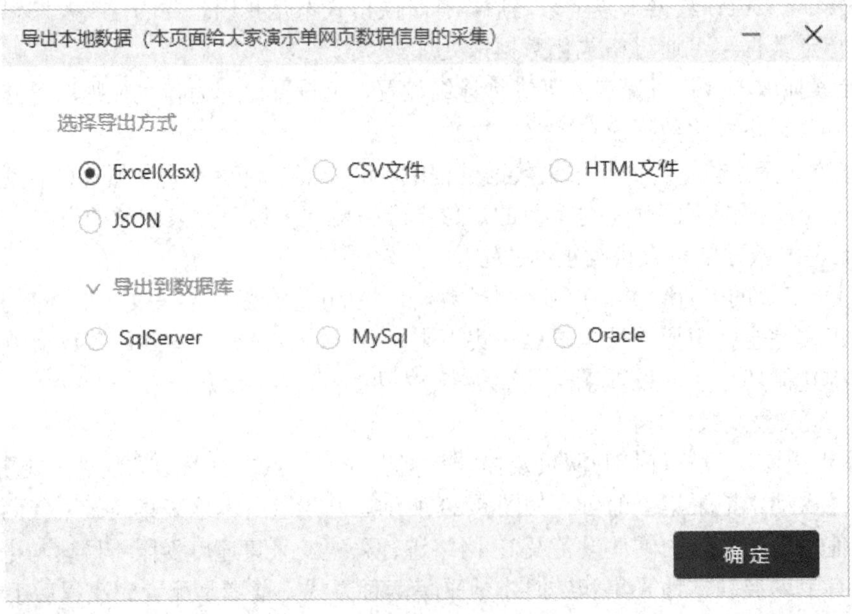

图 8.30　数据导出

导出到数据库选项支持三种数据库(MySQL、Sql Server 以及 Oracle)，会使用到数据库导出工具。如图 8-31 所示，需要设置目标数据库的类型、服务器名称、端口、用户名称、密码等信息，测试可以连接后选择数据库并点击【下一步】建立映射关系即可开始导入。

导出到数据库(自动)可以实现任务有新数据是自动导入至设置好的数据库当中，云采集采集到的数据才可以使用该功能。

图 8-31　数据库导出工具

2. 列表详情页数据采集

列表详情页相比于单网页采集，过程及逻辑类似于前文示例，以京东手机列表详情页为例，可直接在京东搜索手机获得。

示例网址：https://search.jd.com/Search?keyword=手机&enc=utf-8。

如图 8-32 所示，可通过列表页中每个商品的标题进入商品的详情页当中，首先打开网页，其次翻动每一页，然后点击当前页所有商品标题即可提取数据。其中打开网页及提取数据参照单网页采集，这里不多做介绍。

图 8-32　列表详情页采集示例

(1) 循环。

循环的作用是将一个或多个元素排序，然后依次将序列里的元素传递给循环中的模块执行操作。循环是采集器最重要的模块，是实现批量操作的主要模块。

循环可以与打开网页、点击元素、提取数据等模块配合使用进行批量操作。

如图 8-33 所示，示例中使用【下一页】进行翻页，点击【下一页】后，在【操作提示】中选择【循环点击下一页】，流程中生成循环框以及框内的点击翻页模块。

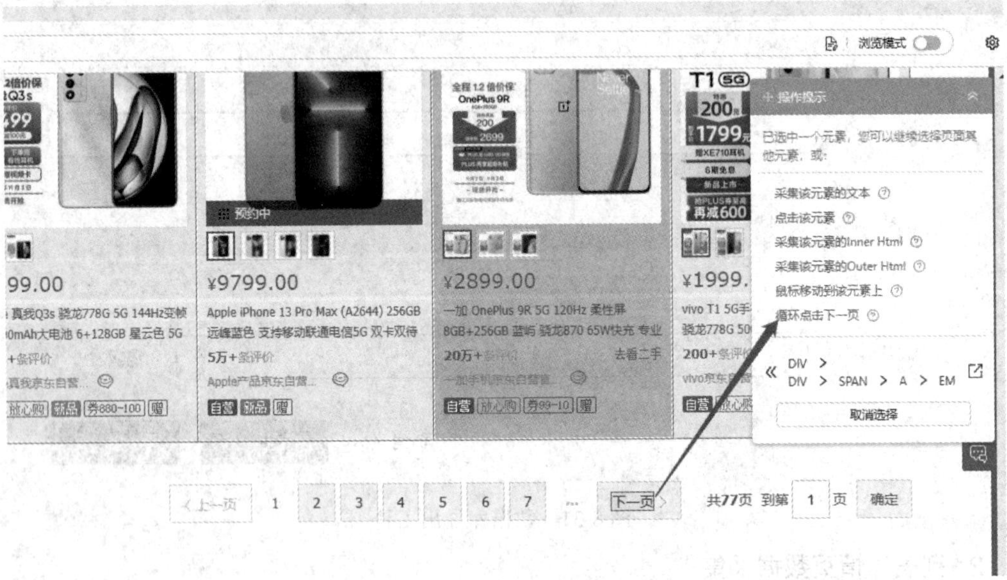

图 8-33　自定义模式循环翻页操作

如图 8-34 所示，循环设置项分为【基础设置】和【高级设置】。

【基础设置】包含【步骤名】【循环方式】【元素 XPath】【元素在 Iframe 里】等设置，【高级设置】包含【执行前等待】。【步骤名】及【执行前等待】在提取数据模块介绍过，这里不再提及。

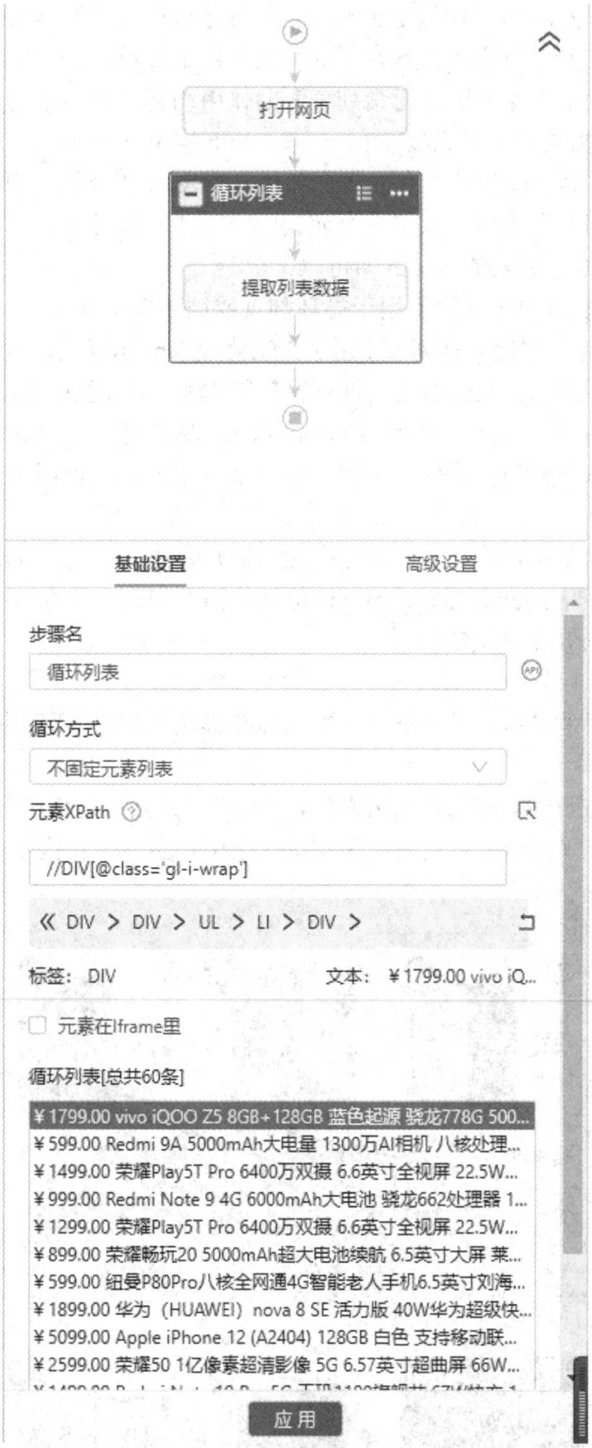

图 8-34　循环设置项

① 循环方式。循环方式包含【单个元素】【固定元素列表】【不固定元素列表】【网址列表】【文本列表】与【滚动网页】五种。

其中【单个元素】【网址列表】【文本列表】与【滚动网页】顾名思义，循环的内容为一个元素、网址和文本，勾选后在下方【单个元素】输入元素 Xpath 或网址及文本即可。

【固定元素列表】与【不固定元素列表】的作用均是选择多个元素进行排序，区别在于【固定元素列表】需要写入多条 Xpath，一条 Xpath 定位一个元素，而【不固定元素列表】可以将一条 Xpath 能够匹配到的所有元素全部加入列表当中。假如需要将 10 个元素加入循环，则【固定元素列表】需要写入每一个元素的 Xpath，而【不固定元素列表】只需要写入一条能够匹配这 10 个元素的 Xpath 即可。

从应用场景来说，【单个元素】用于循环翻页或循环单击某元素，【固定元素列表】用于自动生成采集器，【不固定元素列表】用于人工修改 Xpath，【文本列表】常配合输入文字模块用于循环输入关键词进行搜索，【网址列表】和【滚动网页】用于循环打开多个网址。

② 元素在 Iframe 里。Iframe 是网页的一种标签，它的作用是创建包含另外一个网页文档的内联框架，可以理解为将另外一个网站的一部分镶嵌在当前网页之中使用，少数网页会使用该种架构。

火狐浏览器可以在元素位置右键，存在此框架则表明元素在 Iframe 当中，其他浏览器可查看网页源码，存在 Iframe 标签或 frame 标签均需要勾选元素在 Iframe 当中，并在其后写入 Iframe 元素 Xpath 才可正常使用。

(2) 点击元素。

点击元素的作用是对指定元素进行一次鼠标左键点击操作，示例中循环翻页中点击【翻页】即点击元素。

点击元素可以与循环构成循环点击操作，即对多个元素进行点击行为。如图 8-35 所示，点击两个商品标题，采集器就将所有同类型标题选中，点击操作提示中的循环点击每个元

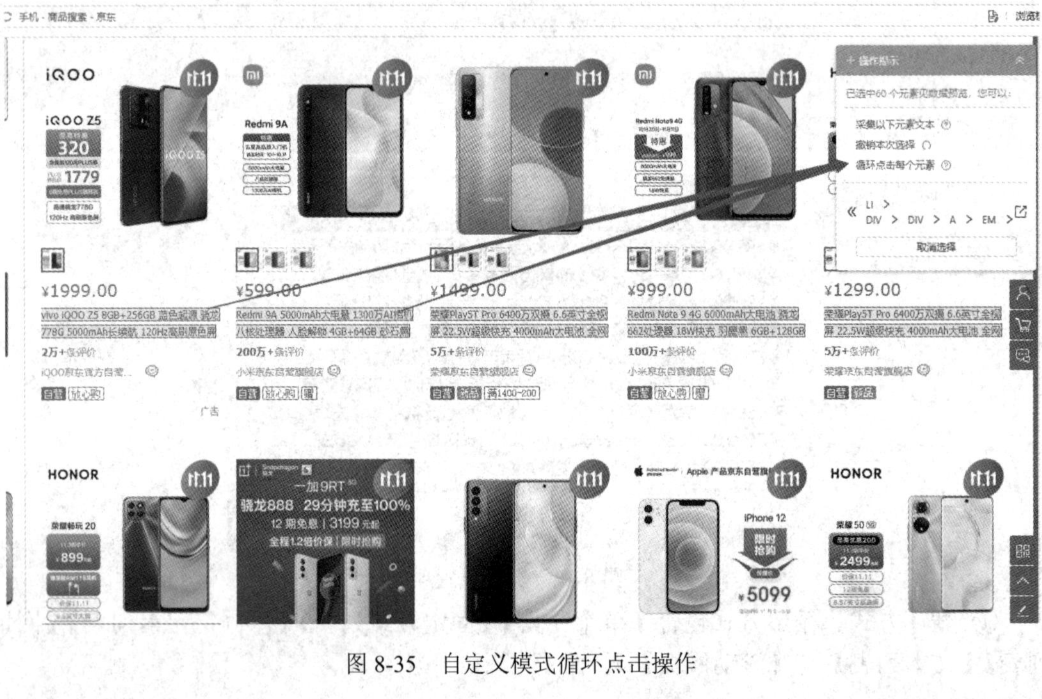

图 8-35　自定义模式循环点击操作

素，即可生成循环点击详情页模块。配合循环翻页模块即可翻动每一页，并在每一页点击所有商品标题进入详情页采集内容。

如图 8-36 所示，点击元素设置项可分为【基础设置】、【高级设置】及【重试】三项。

【基础设置】内【步骤名】【元素 XPath】和【高级设置】内【执行前等待】均在前文进行讲解，这里不多做介绍，重点介绍以下内容。

① 开新标签：勾选后点击行为会在新的标签页打开结果，不勾选则在当前页面进行页面跳转。一般遵循浏览器中是否开新标签页来设置。

② Ajax 加载：一种特殊的网页加载方式，设置了 Ajax 的网页点击元素后只对网页的部分信息进行交互，而不会重新加载整个网页。最明显的标志为点击后采集器下方浏览器窗口网址区域不会重新加载转圈。采集器对于是否完成点击元素的判断标准是网页是否加载完成，因为 Ajax 网页不会重新加载，所以采集器无法判断，会等待 2 分钟才跳过步骤，所以需要人工告诉采集器多久跳过该步骤，即 Ajax 超时。设置一定时间后，采集器判定步骤完成，自动进行后续步骤。本示例中，翻页的点击操作即为 Ajax，需要设置 Ajax 超时。

③ 页面加速：优化非 Ajax 页面的加载速度。

④ 定位锚点：页面打开后翻动到指定位置，即锚点。

⑤ 滚动页面：页面加载完成后可以向下进行翻动，包括翻动一屏和翻动到最底部两种滚动模式。滚动页面的应用场景有两种：部分网页需要翻到最下方才加载剩余部分内容，示例网站便属于这种类型，所以需要设置滚动页面。

图 8-36　点击元素设置项

【重试】即为网页刷新，重试菜单可设置一定条件，且可在重试后切换代理 IP，重试条件包括页面文本或元素是否包含什么内容便进行重试。

设置好循环翻页及循环点击详情页后，浏览器会自动跳转为详情页，配置好提取数据字段后即可完成列表页详情页数据采集，如图 8-37 所示。

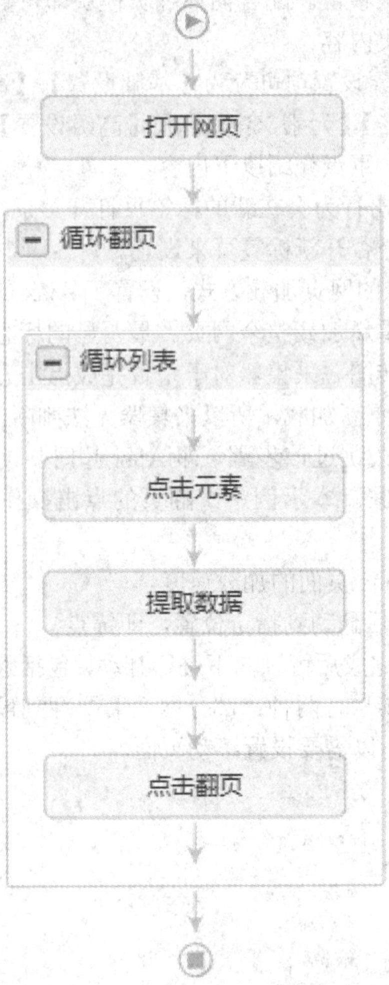

图 8-37　列表详情页采集流程图

(3) 循环提取、分支判断应用。

前文主要介绍了如何运用采集器采集各类型网页数据，本节以列表页采集示例来介绍采集时如何进行筛选和清洗。

示例网址：https://search.jd.com/Search?keyword=手机&enc=utf-8。

如图 8-38 所示，本示例采集判断商品是否为京东自营。是，则采集商品列表数据，字段包括商品标题、价格、店铺名。不是，则跳过不采集。与列表详情页采集方法类似，主要步骤为打开网页→翻动每一页→采集每一页信息，示例中翻页步骤需要在新标签页打开，这里主要介绍“采集每一页信息”步骤。

① 循环提取。如图 8-39 所示，循环提取时要循环的内容为整块信息，即图中浏览器框线区域，点击两个区域采集器就会选中所有同类型区域，在操作提示中选择【选中全部子元素】即可生成循环提取模块，修改提取数据内字段为所需字段即可。

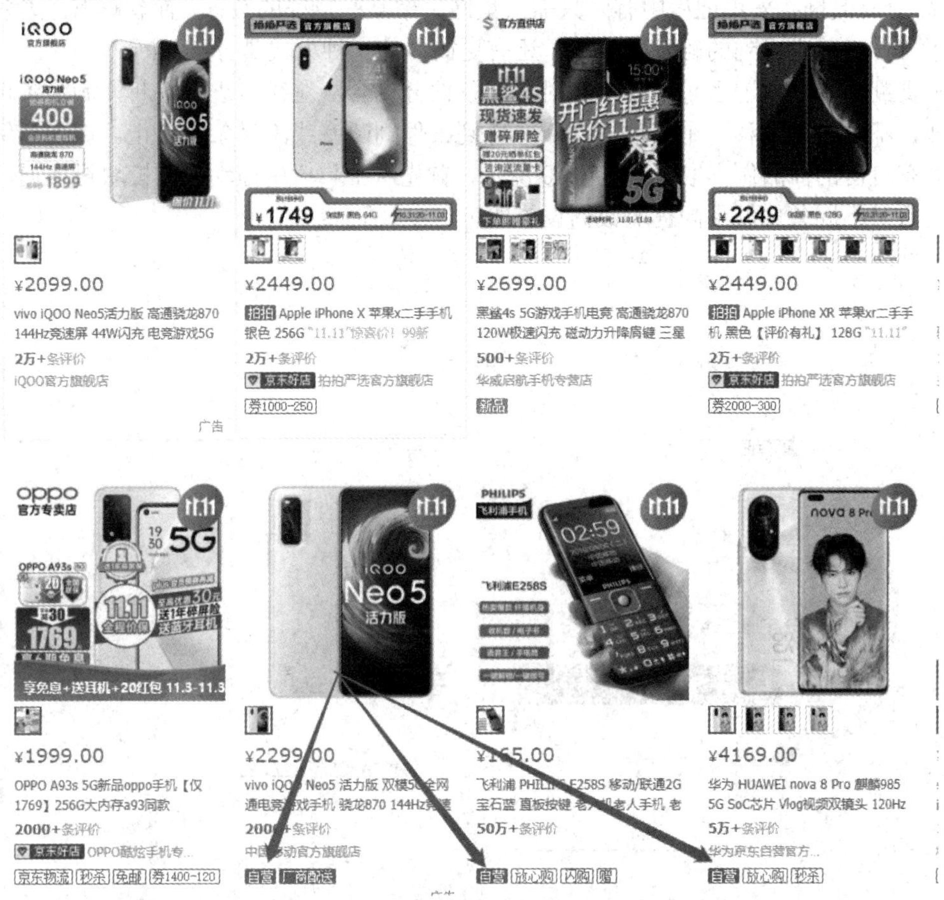

图 8-38　列表页采集示例

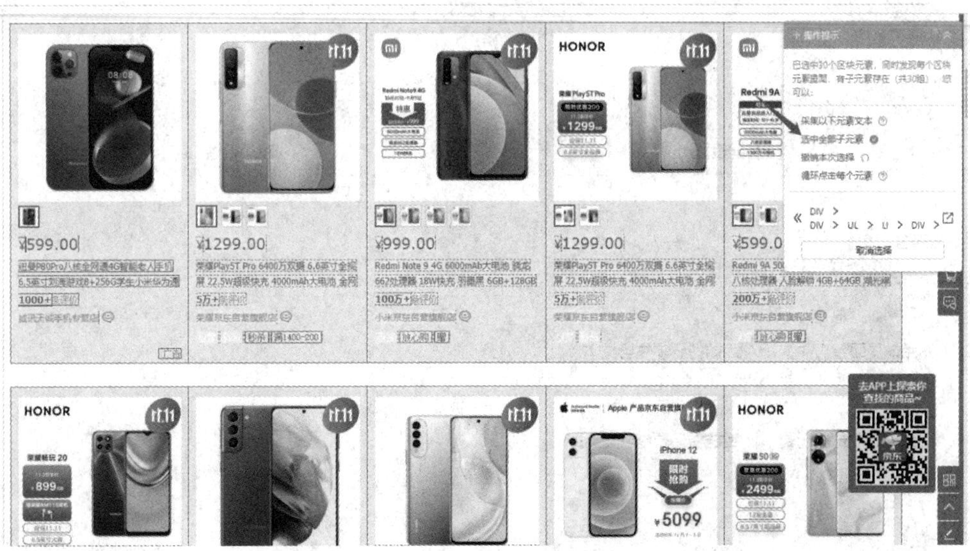

图 8-39　自定义模式循环提取操作

② 分支判断。采集过程中有时只需采集网页中某些特征的数据，而忽略其他数据，这时除了可使用前文提到的触发器功能，还有更简单的一种方式是分支判断。

分支判断可以设置多种条件，针对不同条件分支会从左往右进行判断，满足条件则进行操作，不满足则右移一个条件再判断，直到条件判断完或满足条件为止。例如示例中我们对京东自营的商品做提取。如图 8-40 所示，首先从工具栏中拖动分支模块进入循环提取中，之后对不同条件做不同提取数据设置即可。

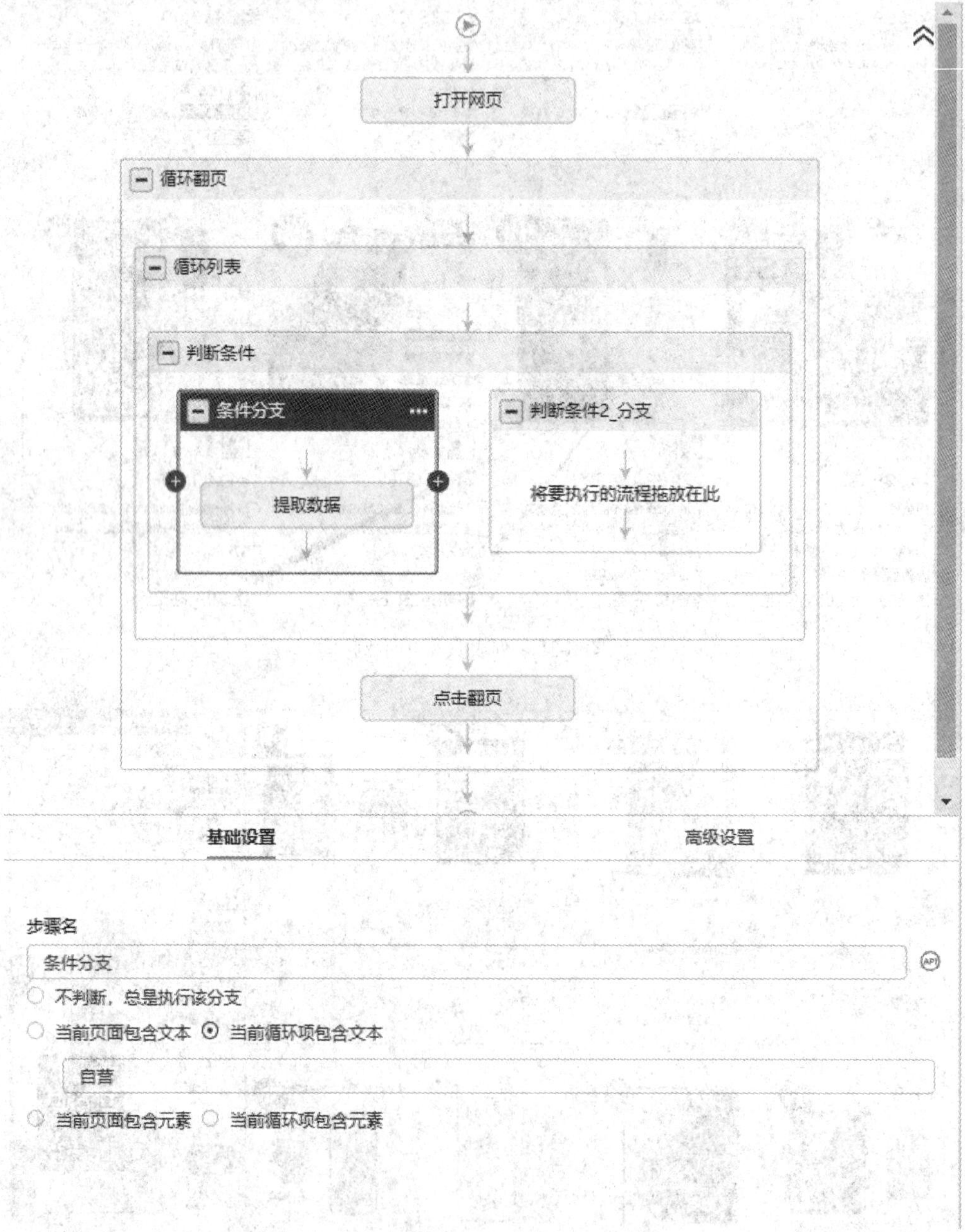

图 8-40　分支判断操作

分支判断的详细设置有【满足什么条件时执行下一步】【步骤名】及【执行前等待】。判断条件可以设置为“当前页面包含文本”“当前循环项包含文本”以及“不判断，总是执行该分支”等。其中“当前页面包含文本”指只要页面中任意位置包含条件则判断为满足条件，“当前循环项包含文本”指循环列表传递出的元素，该元素符合条件才判断为满足条件。例如示例中使用当前循环项包含“自营”，则只有当前循环的店铺信息中出现自营时才满足条件，其他商品出现则不满足；而使用当前页面包含则该页面只要有一个商品信息含有自营时，其他所有标题都判断为满足条件。“不判断，总是执行该分支”则表示任何元素进入该分支都判断为满足条件，一般放在最右侧避免数据遗漏。

分支判断的应用场景为网页中包含有多类信息，希望对不同类型的信息用不同方式进行提取。

需要注意的是，所有分支属于同一级，同一级的分支内提取数据的字段类型必须一样，比如店铺地址，假如只有自营商品希望采集店铺地址，则在自营的分支进行提取，在其他分支的提取中设置一个空字段为店铺地址即可，也可以右键选择复制提取字段再进行修改。

任务 8.3　大数据采集实训

如何成为百事通

8.3.1　如何成为百事通

实训网址：http://finance.people.com.cn/n1/2021/1102/c1004-32271737.html

第一步，输入网址。

点击首页内输入框，输入实训网址并点击【开始采集】，如图 8-41 所示。

图 8-41　输入网址

第二步，提取字段。

如图 8-42 所示，进行如下操作，鼠标放置于采集字段上，当内容变蓝后符合需求，点击鼠标左键，然后点击【采集该元素的文本】，修改数据预览中【提取数据】模块内的字段名称。

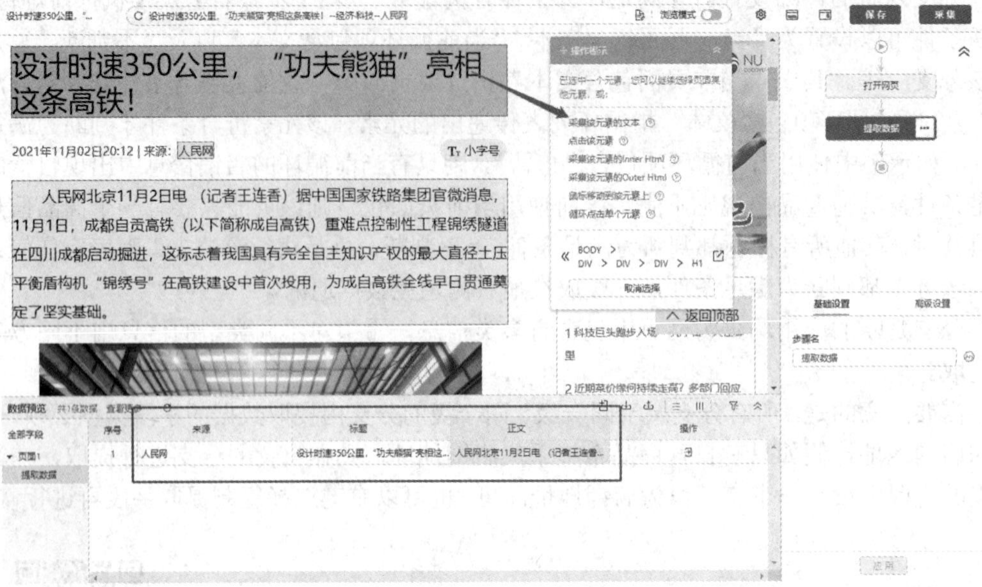

图 8-42　提取字段

第三步，开始采集

在图 8-42 中点击界面右上方的【采集】，选择【启动本地采集】进行采集，如图 8-43 所示。

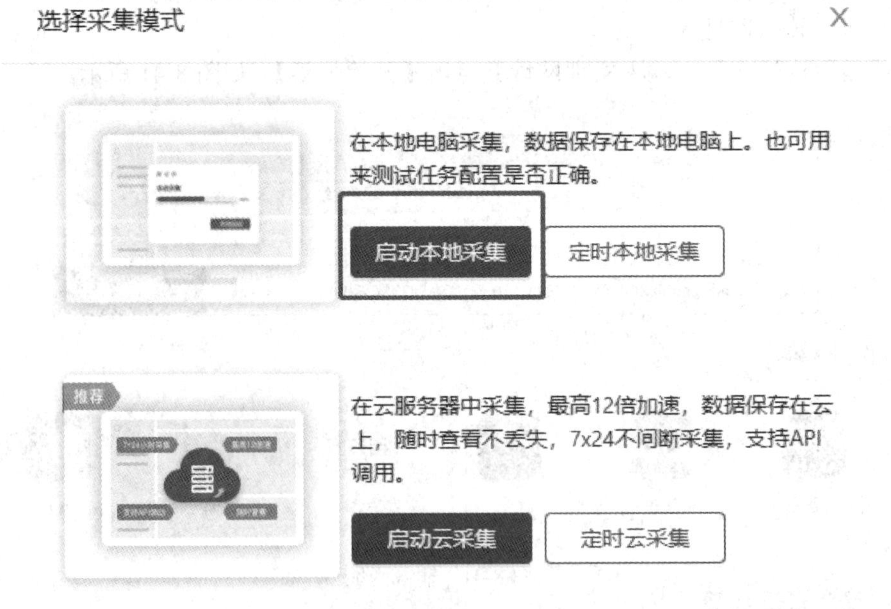

图 8-43　运行任务

第四步，数据导出。

如图 8-44 所示，采集完成后点击【导出数据】，选择导出方式进行导出即可。

图 8-44　数据导出

8.3.2　买什么 5G 手机最划算

实训网址：https://list.suning.com/0-20006-0.html

采集内容：如图 8-45 所示，实训网站为苏宁易购手机列表页，点击筛选页面中的标题包含“5G”两个字的内容，进入详情页后采集标题、价格及页面网址。

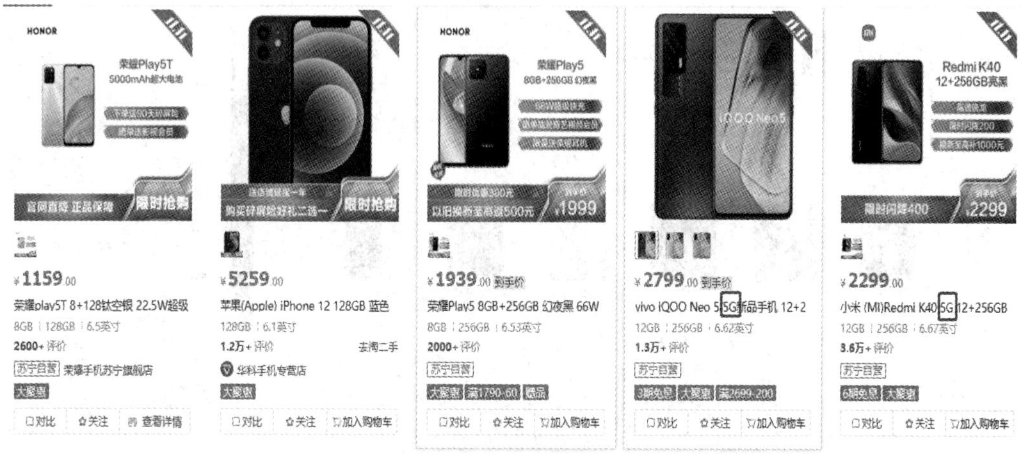

图 8-45　实例采集内容

购买步骤：

第一步，选择自定义采集模式。

第二步，翻页设置。

如图 8-46 所示，将网页在自定义模式下方浏览器窗口中翻动至最下方出现【下一页】按键处，点击后选择【循环点击单个链接】。可见点击翻页中，系统已默认设置 Ajax 超时。

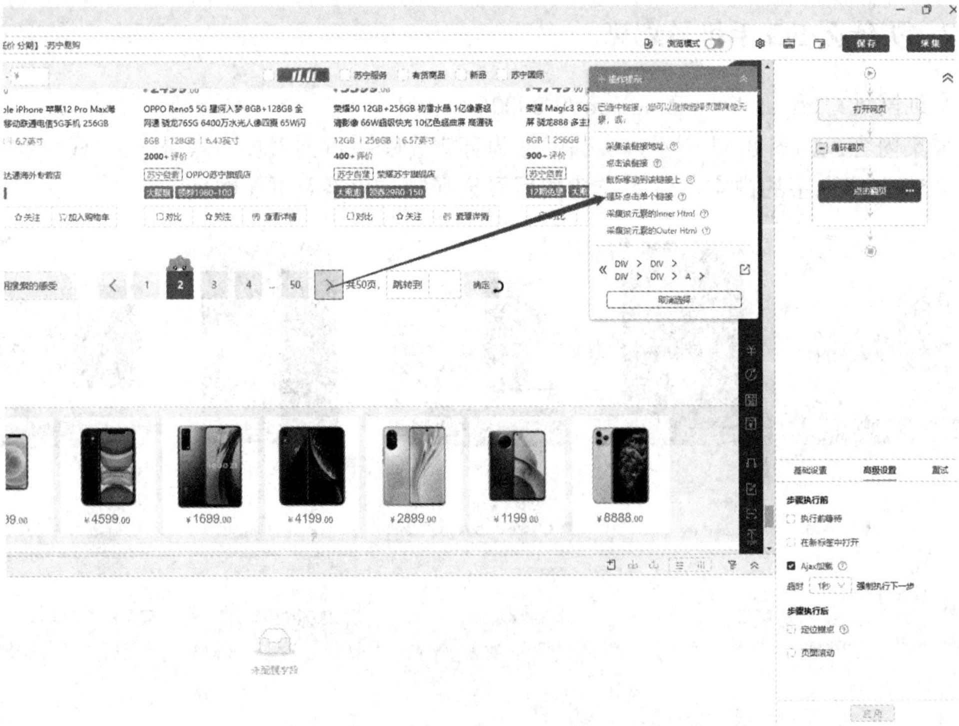

图 8-46　列表详情页翻页设置

第三步，滚动页面设置。

通过第二步下拉滚动页面，发现苏宁列表页后续商品必须翻动到指定位置后才会进行加载，需要设置滚动页面。需要设置滚动翻页的步骤有两处，分别为打开网页及循环翻页的点击翻页步骤，设置打开网页滚动是为了加载完全第一页内容，而设置点击翻页滚动是为了加载翻页后的每一页内容。

设置滚动翻页的操作方法为分别点击【打开网页】及【点击翻页】步骤，选中该步骤后会变成蓝色，点击下方的【高级设置】，勾选【页面滚动】，根据该网页加载方式选择【滚动次数】为 5 次，【每次间隔】为 1 秒，【滚动方式】为【滚动到底部】，如图 8-47 所示。

注意：该任务的【打开网页】模块及【点击翻页】下的【自动重试】需取消勾选，因为该网页使用 Ajax 加载方式，Ajax 加载方式和自动重试不要同时勾选。

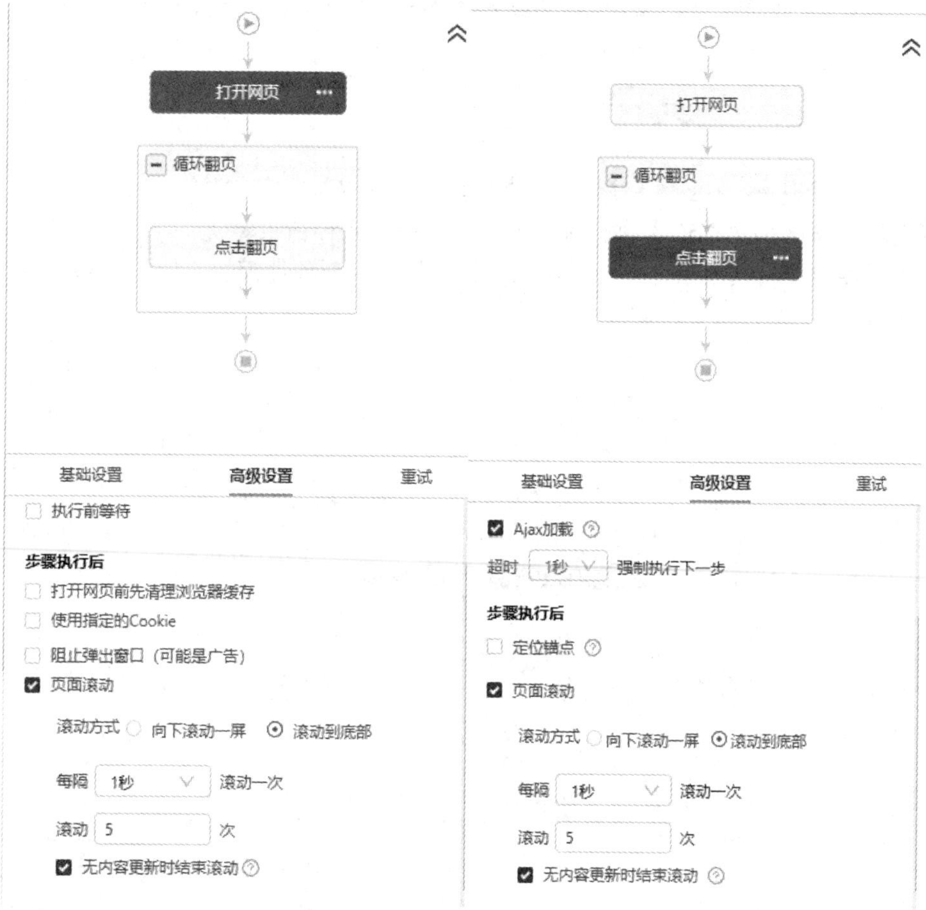

图 8-47　滚动页面设置

第四步，点击进入详情页设置。

如图 8-48 所示，在浏览器窗口中确定商品全部加载完，点击两个商品标题，确定所有标题均被绿框选中，选择操作提示中【循环点击每个链接】，可见流程中已有循环点击元素步骤。

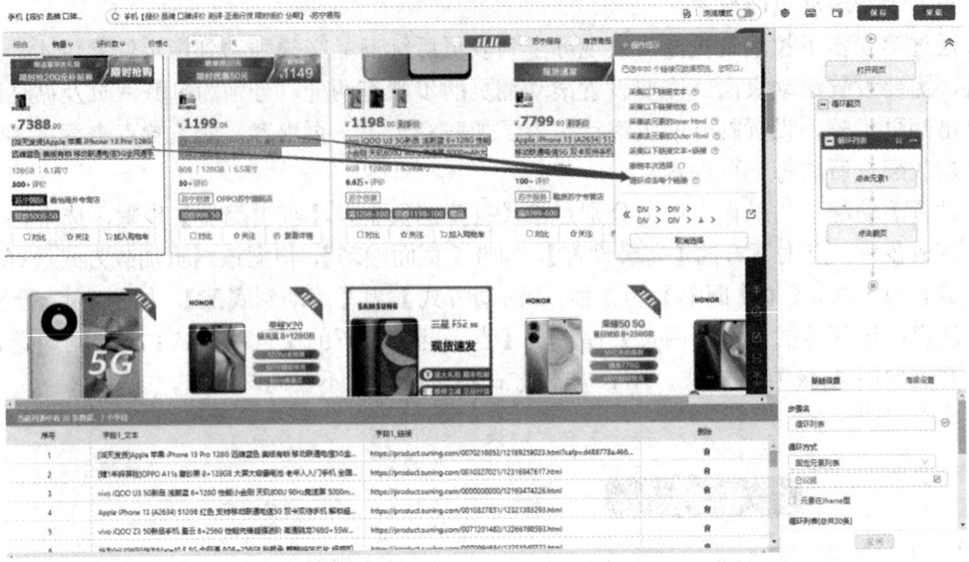

图 8-48　点击进入详情页设置

第五步，筛选包含“5G”字样标题商品，点击进入详情页。

该步骤需要使用判断条件功能，从工具栏中拖动判断条件模块，如图 8-49 所示，点击

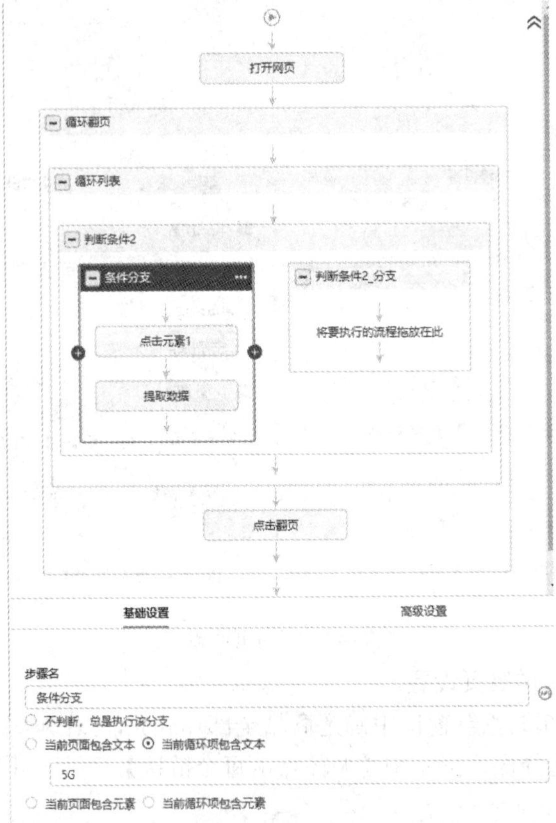

图 8-49　判断条件筛选设置

“+”添加至【判断条件】流程，拖动位置为【点击元素】到列表页循环框内将点击元素拖动至左侧条件分支中，并将左侧条件分支勾选【当前循环项包含文本】，输入文本“5G”。该步骤实现对每个标题进行判断，只有包含“5G”文字的标题才会进行详情页打开，从而进入详情页提取上方的标题和价格。

第六步，开始采集。

如图 8-50 所示。点击界面右上方【采集】，选择启动本地采集进行采集。

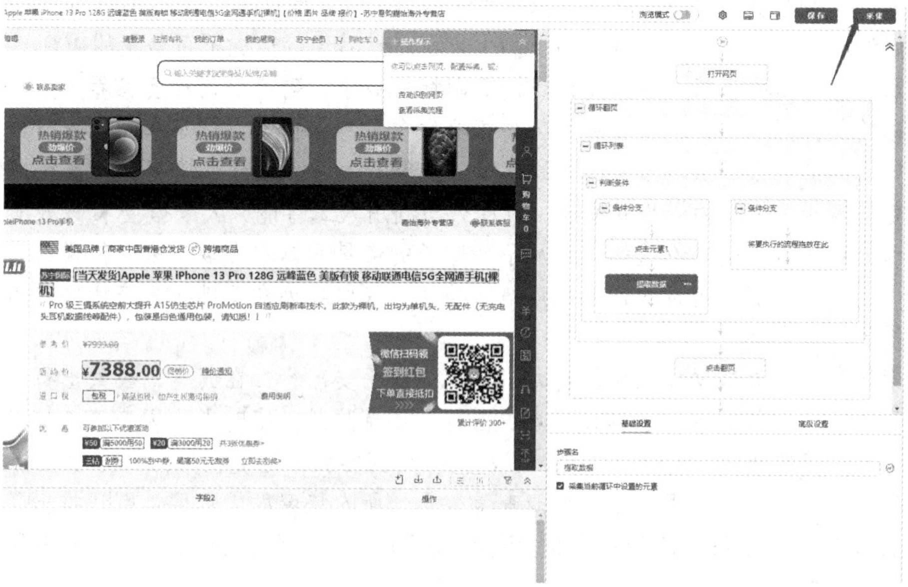

图 8-50　运行任务

第七步，数据导出。

如图 8-51 导出数据所示。采集完成后点击【导出数据】，选择导出方式进行导出即可。

图 8-51　导出数据

思政聚焦

大数据战“疫”

大数据战“疫”

2020 年，一种突如其来的新冠病毒给人类带来一场灾难。这种新型的病毒潜伏期长，传播能力强，危害极大，一时却找不到有效的药物。截止到 2021 年 6 月 6 日，全球共有 212 个国家(地区)受到影响，累计确诊病例超过 1.73 亿，仅美国病毒感染病例超过 3000 万，死亡病例超过 61 万，对世界经济造成不可估量的破坏。

面对汹涌而来的疫情，要赢得这场没有硝烟的战争，需要动员社会各界力量，共克时艰、砥砺前行。互联网科技企业百度公司积极发挥自身在搜索、信息和知识入口、大数据技术等方面的影响力，主动出击、迎战疫情，在第一时间上线“疫情实时大数据报告”。

随着疫情相关信息的爆炸式增长，百度公司利用人工智能、大数据技术,以及有效的数据处理和分析手段，将有价值的信息从不断增长的海量数据中提取出来，传递给公众，将越来越多的先进数据分析技术运用到疫情防控，不仅引导公众理性抗击疫情，更为政府防治疫情提供决策参考。

百度地图依托大数据技术持续发力，保障公众平安出行。在驾车、公共出行、景区等各类场景进行不间断提示，号召公众减少出行，注意防护，实时上线因疫情管控实行的道路封闭信息；高频升级百度迁徙平台，客观反映全国各城市迁徙状况;上线全国 200 余个重点城市发热门诊信息，运用热力图功能查看公众场所人流密度。百度地图还推出了“百度迁徙数据”，可以直观看到离开武汉的人流入到哪个城市。这些数据都已成为政府制定防控措施的有力依据。

随着疫情防控进入新阶段，基层社区居民排查、快速摸清健康情况和流动情况，已成为防控新型冠状病毒肺炎疫情的重要措施。但社区住户密集、流动大的状况，让工作人员较少的基层医疗卫生机构、居委会等组织难以快速完成排查。对此，百度紧急推出针对疫情防控的智能外呼平台，可提供流动人员排查、本地居民排查/回访、特定人群通知三大场景的外呼服务，比人工电话效率提高数百倍。

在全民抗“疫”、科学抗“疫”之下，中国取得了阶段性胜利：到 2020 年 2 月 19 号，中国全国 13 地新增病例为 0，3 月 1 日武汉首家方舱医院“休舱”，浙大一院首批支援武汉的医护人员开始隔离休息。当中国疫情得以缓解之时，中国便开始全力支援世界，2020 年 2 月 29 日向伊朗派出专家组，紧接着向巴基斯坦、意大利等国派出医疗队，到目前为止，中国已援助 150 多个国家和地区。

科学防疫，全民防疫，一方有难，八方支援，殷忧启圣，多难兴邦。在灾难面前，中国人选择了坚强、奋斗、团结和博爱。改革开放 40 年以来，在中国共产党领导下，中国人民一次次在各种灾害中顽强抗争、守望相助，一次次在废墟中挺直脊梁，彰显出伟大的中国力量、中国精神和中国速度，把中国特色社会主义制度集中力量办大事的制度优势充分发挥出来，让历经磨难的中华民族生生不息。

第 9 章　人工智能应用

从远古到今天，人类对自身的秘密一直充满好奇，随着科学技术的飞速发展，人类不断破译人体的生命密码。人们希望通过某种技术或者某些途径能够创造出模拟人思维和行为的“替代品”，帮助人们从事某些领域的工作。人工智能(Artificial Intelligence，AI)，是研究用于模拟、延伸和扩展人的智能的理论、方法、技术及应用系统的一门新的技术科学。人工智能是相对于人的智能而言的，其本质是对人思维的信息过程的模拟，是人的智能的物化。无论是在过去、现在还是将来，人工智能技术都是科学研究的热点问题之一。

任务 9.1　人工智能的发展历程

人工智能的发展

1956 年的达特茅斯会议标志着人工智能的诞生：约翰·麦卡锡(John McCarthy)联合马文·闵斯基(Marvin Minsky)、克劳德·香农(Claude Shannon)、艾伦·纽厄尔(Allen Newell)和赫伯特·西蒙(Herbert Simon)等人在达特茅斯组织了两个月的研讨会。达特茅斯会议将不同的研究领域的研究者组织在了一起，提出了“人工智能”这个名词，人工智能也成为了一个独立的研究领域。

2016 年，科技界的大事之一有阿尔法狗战胜围棋高手李世石，此举将人工智能的热点推向高潮，人工智能的概念在全球开始流行，第一次出现在普通大众的生活中。2017 年 10 月，最新版本的“阿尔法狗零”自学三天，就将上个版本的阿尔法狗打了个 100:0，人工智能再次进入人们的视野。

从 1956 年到 2016 年短短 60 年的时间，人工智能从最初的仅属于科研人员的专业名词到今天成为家喻户晓的热词，其发展历程并不是一帆风顺的，这期间经历过几起几落，直到今天有了超性能计算技术和海量大数据的支撑，人工智能技术才得以大放异彩。

9.1.1　第一次浪潮

伴随着通用电子计算机的诞生，人工智能悄然在大学实验室里崭露头角。1951 年夏天，当时普林斯顿大学数学系的一位 24 岁的研究生马文•闵斯基(Marvin Minsky)建立了世界上第一个神经网络机器 SNARC(Stochastic Neural Analog Reinforcement Calculator)。在这个只有 40 个神经元的小网络里，人们第一次模拟了神经信号的传递。这项开创性的工作为人工智能奠定了深远的基础。闵斯基由于他在人工智能领域的一系列奠基性的贡献，在 1969 年获得计算机科学领域的最高奖——图灵奖。

人工智能的诞生震动了全世界，人们第一次看到了通过机器产生智慧的可能。以艾伦图灵提出图灵测试为标志，数学证明系统、知识推理系统、专家系统等里程碑式的技术和应用在研究者中掀起了第一波人工智能热潮。20 世纪 50 年代到 60 年代，在巨大的热情和投资的驱动下，一系列新成果应运而生。在此期间出现了大量的研究成果，比如 Herbert Simon、J.C.Shaw、Allen Newell 创建了通用解题器(General Problem Solver)，是第一个将待解决的问题的知识和解决策略相分离的计算机程序；Nathanial Rochester 的几何问题证明器(Geometry Theorem Prover)可以解决一些让数学系学生都觉得棘手的问题；Daniel Bobrow 的程序 STUDENT 可以解决高中程度的代数题；麦卡锡 McCarthy 主导的 LISP 语言成为了之后 30 年人工智能领域的首选；Minsky、Seymour Aubrey Papert 提出了微世界(Mircro World)的概念，大大简化了人工智能的场景，有效地促进了人工智能的研究；麻省理工学院的约瑟夫·维森鲍姆(Joseph Weizenbaum)教授在 1964 年到 1966 年间建立了世界上第一个自然语言对话程序 ELIZA，ELIZA 通过简单的模式匹配和对话规则与人聊天，虽然从今天的眼光来看这个对话程序显得有点简陋，但是当它第一次展现在世人面前时，确实令人惊叹。

期望越大，失望越大。虽然人工智能领域在诞生之初的成果层出不穷，但还是难以满足社会对这个领域不切实际的期待。那个年代，无论是计算机的运算速度还是相关的程序设计与算法理论，都远不足以支撑人工智能的发展需要。很快研究者发现，即使是在当时看来最尖端的人工智能程序也只能解决他们尝试解决的问题中的最简单的一部分。于是，从 20 世纪 60 年代末开始，无论是专业研究者还是普通公众，大家对人工智能的热情迅速消退。

9.1.2　第二次浪潮

进入 20 世纪 80 年代，由于专家系统和人工神经网络等技术的新进展，人工智能的浪潮再度兴起。20 世纪 80 年代到 90 年代，人工智能出现了第二次研究高潮，那的确是人工智能研究者和产品开发者的一个黄金时代。1980 年，卡耐基梅隆大学为 DEC 公司制造出了专家系统，这个专家系统可以帮助 DEC 公司每年节约 4000 万美元左右的费用。受此鼓励，至 1988 年，全球顶尖的公司都已经装备了专家系统。随着专家系统的广泛应用，知识库系统和知识工程得到了普及。

与此同时，人工智能在数学模型方面也有了重大发明，基于统计模型的技术取代传统的基于符号主义学派的技术，并被应用到语音识别、机器翻译等领域且取得了不俗的进展，比如语音识别错误率由之前的 40%左右降低到 20%左右。人工神经网络的研究也取得了重要进展，在模式识别等应用领域开始有所建树，其典型代表是 1986 年提出的多层神经网络和 BP 反向传播算法。

但到了 20 世纪 80 年代末期 90 年代初，随着专家系统的不断发展，复杂度的快速提升，基于知识库和推理机的专家系统显示出了让人不安的一面：难以升级扩展，鲁棒性不够，直接导致高昂的维护成本。统计模型虽然让语音识别技术前进了一大步，但识别率还是比较低，测试环境稍稍变化就会造成识别效果大幅下降，远没有达到大众需求接轨并稳步发展的地步。人工神经网络的研究受到计算机硬件性能的限制，也没有收获预期的目标。在失望情绪的影响下，产业界对人工智能的投入被大幅度削减，人工智能的发展再度步入冬天。

9.1.3　第三次浪潮

时间到了 20 世纪 90 年代，研究人工智能的学者开始引入不同学科的数学工具，比如高等代数、概率统计与优化理论，这为人工智能打造了更坚实的数学基础。在数学的驱动下，一大批新的数学模型和算法被发展起来，比如，统计学习理论、支持向量机、概率图模型等。新发展的智能算法被逐步应用于解决实际问题，比如安防、语音识别、网页搜索、购物推荐、自动化算法交易等。

进入 21 世纪，互联网和大数据技术推动人工智能进入新的春天。随着深度学习技术的成熟，加上计算机运算速度的大幅增长，还有互联网时代积累起来的海量数据财富，人工智能开始了新的复兴之路。语音识别、图像分类、机器翻译、可穿戴设备、无人驾驶汽车等人工智能技术均取得了突破性的进展，面向特定领域的专用人工智能技术在单点或局部的智能水平测试中甚至超越了人类智能，比如大败人类围棋顶尖高手的阿尔法狗。

目前，人工智能可分为以下三个层次。

(1) 计算智能。计算智能很早已经取得了比较大的突破，主要依据计算机的强大存储能力和运算资源，在某些任务中对人的一些行为进行模拟。

(2) 感知智能。利用计算机对眼、耳等人的感官进行模拟，使计算机真正能听会说、能听会看，包括语音识别、图像识别及基于计算机的视觉自动驾驶技术等。

(3) 认知智能。认识智能比感知智能更进一步，包括对知识的组织、整理、灵活运用、联想推理等，使计算机真正达到能理解、会思考的水平。

专家们普遍认为，目前的人工智能水平还处于弱智能水平，与真正的人类智能还相差甚远。人工智能虽然在某些专用领域确实取得了瞩目的成就，甚至超过了人类在相关领域的能力，但通用人工智能技术依然处于起步阶段，研究和应用依然任重道远。人类的大脑是一个通用智能系统，可以举一反三、融会贯通。与其相比，现有的人工智能差距还比较大，如没有智慧、没有情商等。从这方面来看，人工智能学科还有很大的发展空间。

任务实施

【任务目的】

(1) 了解人工智能未来的发展趋势，树立积极心态应对“智能代工”时代的人才挑战。

(2) 学会撰写研究小论文。

【任务内容】

有人说在不久的将来，许多工作都将由机器取代，甚至人类最终会被超人工智能的机器人所统治，那么你是怎么看待这个问题的？你对现在的人工智能技术是持赞同还是反对的态度？在人工智能时代，该如何学习以及学什么？通过查阅网络资源或图书资料，完成一篇小论文阐述你的观点。

可以参考如下资料：

(1) 微信公众号：机器之心、AI 科技评论、创新工场、量子位、全球创新论坛、新智元。

(2) 吴军. 智能时代[M]. 北京：中信出版集团，2016.

(3) [以]尤瓦尔·赫拉利. 未来简史[M]. 北京：中信出版集团，2017.

(4) 李开复，王咏刚. 人工智能[M]. 北京：文化发展出版社，2017.

任务 9.2　新一代人工智能的核心技术

新一代人工智能的核心技术

新一代人工智能的研究和应用掀起高潮的原因有：一方面得益于计算机硬件性能的突破，另一方面则依靠以云计算、大数据为代表的计算技术的快速发展，使得信息处理速度和质量大为提高，能够快速、并行处理海量数据。目前新一代人工智能的核心技术主要有模式识别与感知交流、机器学习与知识发现等。

9.2.1　模式识别与感知交流

模式识别与感知交流是指计算机对外部信息的直接感知以及人机之间、智能体之间的直接信息交流。

模式识别的主要目标就是用计算机来模拟人的各种识别能力，当前主要是对视觉能力和听觉能力的模拟，并且主要集中于图形、图像识别和语音识别。机器感知是研究如何用机器或计算机模拟、延伸和扩展人的感知或认知能力，包括机器视觉、机器听觉、机器触觉等。机器感知是一连串复杂程序所组成的大规模信息处理系统，信息通常由很多常规传感器采集，从传感数据中发现并理解模式，实现语音识别、指纹识别、光学字符识别、DNA序列识别、自然图像理解等。

而计算机交流理解能力，目前包括计算机对自然语言的理解和图像的理解，它是智能系统进行信息交流的关键。自然语言理解(Natural Language Understanding，NLU)就是计算机理解人类的自然语言，如汉语、英语等，包括语音识别和机器翻译。图像理解(Image Understanding，IU)就是对图像的语义理解，它是以图像为对象，知识为核心，研究图像中有什么目标、目标之间的相互关系、图像是什么场景以及如何应用场景的一门学科。

1. 图像识别

图像识别是指利用计算机对图像进行处理、分析和理解，以识别各种不同模式的目标和对象的技术，比如让计算机从一大堆手写的数字图像中识别出对应的数字(见图 9-1)。

图 9-1　计算机对手写数字图像的识别

人类见到一个东西之后通常就会下意识地给其归类：是动物还是植物，属于哪一门纲目属科，有果实吗，花朵是否漂亮，是否有毒，等等，这一大串归类构成了人们对于这种事物的整体认知。这种能力对于人类甚至是一些动物来说是非常简单，但是在模式识别中，机器似乎并不如人们所预料的那样“智能”。为了让计算机感知和理解我们输入的各种图像信息，早期采用的基本思路是：首先人为进行特征定义，再对输入信息进行特征匹配。比如人们手工设计了各种图像特征，这些特征可以描述图像的颜色、边缘、纹理等基本性质，结合这些图像信息的特征来识别和检测物体。但事实上这些图像信息的特征是很难定义的，比如每幅图片都是以二进制串的形式存储在计算机里，要从这些数据中提取类似“有没有眼睛”这样的特征是一件极其困难的事情。

当通过人工设计图像特征来分类图像的准确率已经达到“瓶颈”之后，研究者们开始研究模拟人类识别图片时神经元采集信号的工作原理，并利用统计学方法，为机器建立完成图像分类任务的人工神经网络。图 9-2 为采用人工神经网络实现手写数字图像的识别。

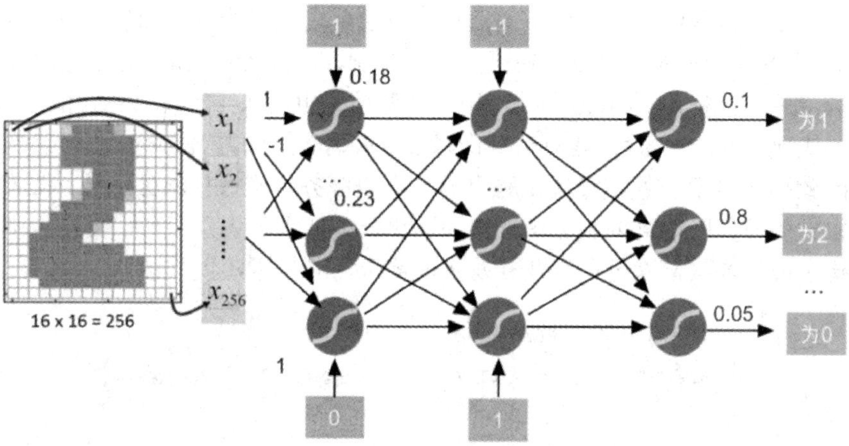

图 9-2　采用人工神经网络实现手写数字图像的识别

这种基于神经网络的思想在 2012 年的 Image Net 挑战赛(计算机视觉领域的世界级竞赛)中给人们带来了惊喜，来自多伦多大学的参赛团队首次使用深度神经网络完成了对 120 万张图片进行 1000 种分类，分类的正确率达到了 84.7%，比上一年度采用人工特征设计算法的第一名的成绩整整提高了 10 个百分点。到 2017 年，通过改进和调整深度神经网络的深度和参数，图片分类的错误率已经可以达到 2.3%，这个成绩比人类的分类错误率 5.1%还要好，基于深度学习的神经网络模型超过了普通人类的肉眼识别准确率。

深度神经网络之所以有这么强大的能力，就是因为它可以自动从图像中学习有效的特征。我们向机器输入大量的图片，机器在识别这些图片的同时就是一个不断进行学习的过程。在传统的模式分类系统中，特征提取与分类是两个独立的步骤，而深度神经网络将二者集成在了一起。类似于人类识别图像的方法，当我们给一个从未见过小狗图片的小孩展示多幅小狗图片之后，这位小孩就可以习得小狗的特征，并可以从新的图片集里挑选出小狗的图片。

随着在机器视觉领域的突破，以深度神经网络为支撑的模式识别技术迅速开始在语音识别、数据挖掘、自然语言处理等不同领域攻城略地。此外，基于深度学习的科研成果还被推向了各个主流商业应用领域，如银行、保险、交通、医疗、教育等，而这一切得益于计算机处理能力的增强以及大数据时代的到来。

2．语音识别

与机器进行语音交流，让机器明白你说什么，这是人们长期以来梦寐以求的事情。中国物联网校企联盟形象地把语音识别比作为“机器的听觉系统”。语音识别技术就是让机器通过识别和理解过程把语音信号转变为相应的文本或命令的高技术，它主要包括特征提取技术、模式匹配准则及模型训练技术三个方面。

近年来，相关学者将人工神经网络应用在语音识别中，取得了不错的识别效果。在这些研究中，大部分采用基于反向传播算法(BP 算法)的多层感知网络。人工神经网络具有区分复杂的分类边界的能力，显然它十分有助于模式划分，特别是在电话语音识别方面，由于其有着广泛的应用前景，成了当前语音识别应用的一个热点。

语音识别的应用领域非常广泛，常见的应用系统有：① 语音输入系统，例如讯飞语音输入法、百度语音输入法等，相对于键盘输入方法，它更符合人的日常习惯，也更自然、更高效；② 语音控制系统，可以用在诸如工业控制、语音拨号系统、智能家电、声控智能玩具等领域，例如小米 AI 音箱是一款使用语音遥控家电的人工智能音箱，相对于手动控制来说其更加快捷、方便；③ 智能对话查询系统，根据客户的语音进行操作，为用户提供自然、友好的数据库检索服务，实现家庭服务、宾馆服务、旅行社服务系统、订票系统、医疗服务、银行服务、股票查询服务等，例如腾讯云智能语音识别服务，支持云端+嵌入式，可以覆盖更多应用场景，满足各行业开发者的需求，其技术实现如图 9-3 所示。

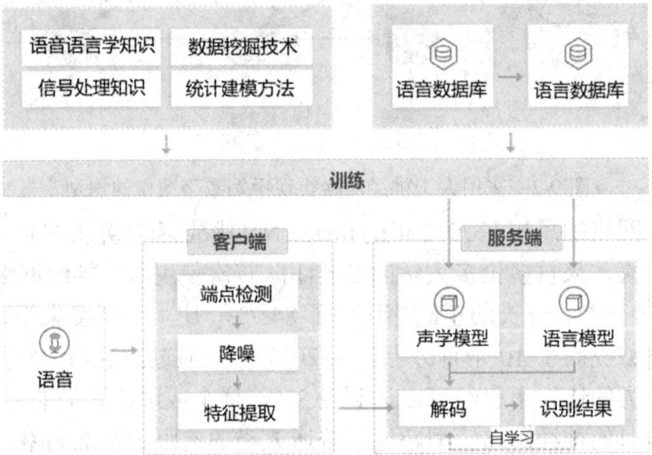

图 9-3　腾讯云智能语音识别产品技术架构图

3．自然语言处理

语言是人类区别其他动物的本质特性。在所有生物中，只有人类才具有语言能力。用自然语言与计算机进行通信，这是人们长期以来所追求的。试想一下，如果计算机能理解人类语言，那么人们可以用自己最习惯的语言来使用计算机，而无需再花大量的时间和精力去学习不习惯的各种计算机语言，计算机操作就会变得更简单。实现人机间自然语言通信意味着要使计算机既能理解自然语言文本的含义，也能以自然语言文本来表达给定的意图、思想等。

自然语言处理与理解(NLP&NLU)是计算机科学、人工智能、语言学的交叉学科技术领域，其技术目标是让机器能够理解人类的语言，是人和机器进行交流的技术。目前其主要应用领域有智能问答、机器翻译、文本分类、文本摘要等。

1949 年，洛克菲勒基金会的科学家沃伦·韦弗就提出了利用计算机实现不同语言的自动翻译的想法，以逐字对应的方法实现机器翻译，但同一个词可能存在多种意义，在不同的语言环境下也具有不同的表达效果。到了 20 世纪 70 年代，语言学巨擘诺姆·乔姆斯基提出语言的基本元素并非字词而是句子，一种语言中无限的句子可以由有限的规则推导出来，基于规则的句法分析方法使得机器翻译结果更贴近于人类的思考方式。

语言的形成过程是自底向上的过程，语法规则并不是在语言诞生之前预先设计出来的，而是在语言的进化过程中不断形成的。这促使机器翻译从基于规则的方法走向基于实例的方法：基于深度学习和海量数据的统计机器翻译已是业界主流。谷歌正是这个领域的领头羊与先行者，实现理念从句法结构与语序特点的规则化解构转换为对大量平行语料的统计分析构建模型，将整个句子视作翻译单元，对句子中的每一部分进行带有逻辑的关联翻译，翻译每个字词时都包含着整句话的逻辑。图 9-4 是用谷歌的在线翻译功能对本文中某段文字的翻译效果图。我们可以看到，机器翻译的结果已经与人类的英文表达相当接近，除了一些用词和句法处理有待斟酌外，整个英文段落已经具备了较强的可读性，几乎没有什么歧义或理解障碍。

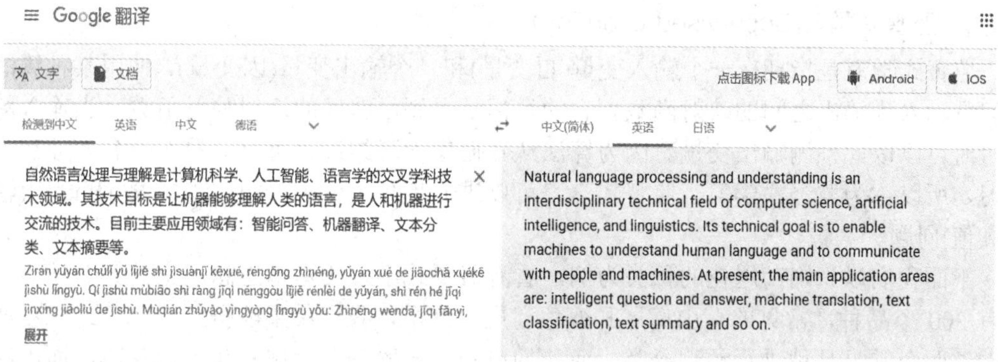

图 9-4 谷歌在线机器翻译效果图

任务实施

【任务目的】

(1) 体验人工智能技术在图像识别、语音识别、自然语言处理领域的应用。

(2) 感受人工智能技术对人们工作和生活提供的便利。

【任务内容】

(1) 登录百度识图网 http://image.baidu.com/?fr=shitu，体验 AI 识图功能。

(2) 登录讯飞人工智能开放平台 https://www.xfyun.cn/，体验 AI 语音合成、语音识别等功能。

(3) 登录 Google 在线翻译平台 https://translate.google.cn/，体验 AI 智能翻译功能。

(4) 完成体验报告的撰写，要求写出体验过程、体验结果截图、体验感受等信息。

9.2.2　机器学习与知识发现

学习是系统积累经验或运用规律指导自己的行为或改进自身性能的过程，而发现则是系统从所接收的信息中发现规律的过程。当今人工智能中的机器学习(Machine Learning)主要指机器对自身行为的修正或性能的改善(这类似于人类的技能训练和对环境的适应)和机器对客观规律的发现(这类似于人类的科学发现)。

机器学习技术专门研究计算机怎样模拟或实现人类的学习行为，以获取新的知识或技能，重新组织已有的知识结构，使之不断改善自身的性能。随着计算机硬件性能的不断提高以及云计算和大数据技术的快速发展，机器学习算法如虎添翼，成为了现今人工智能的核心，其应用遍及人工智能的各个领域。尤其是在近几年来，机器学习在语音识别和鉴别视觉模式上取得了突破性进展。

机器学习按照其学习方式来分类可分为四种主要类型：监督式学习、非监督式学习、半监督式学习和强化学习。其实现理念都是让机器从已知的经验数据(样本)中，通过某种特定的方法(算法)，自己去寻找、提炼(训练/学习)出一些规律(模型)，提炼出的规律就可以用来判断一些未知的事物/事情(预测)。

1．监督式学习(Supervised Learning)

监督式学习是指拥有一个输入变量(自变量)和一个输出变量(因变量)，使用某种算法去学习从输入到输出之间的映射函数。它的目标是得到足够好的近似映射函数，当输入新的变量时可以以此预测输出变量。因为算法从数据集学习的过程可以被看作一名教师在监督学习，所以称为监督式学习。监督式学习可以进一步分为分类(输出类别标签)和回归(输出连续值)问题。

下面我们以识别鸢尾花的种类为例，看看监督式学习的基本思想。全世界的鸢尾花大概有 300 个品种，常见的有山鸢尾和变色鸢尾。这里，我们希望能得到一个公式来对鸢尾花的这两个常见品种进行预测分类。而我们已知，一般变色鸢尾有较大的花瓣，而山鸢尾的花瓣较小。如果我们使用监督式学习的方法，为了得到这个分类公式，我们需要先收集一批鸢尾花的数据，如表 9-1 所示。

表 9-1　鸢尾花的尺寸

萼片长度/厘米	萼片宽度/厘米	花瓣长度/厘米	花瓣宽度/厘米	类别
5.1	3.5	1.4	0.2	山鸢尾
4.9	3	1.4	0.2	山鸢尾
4.7	3.2	1.3	0.2	山鸢尾
4.6	3.1	1.5	0.2	山鸢尾
7	3.2	4.7	1.4	变色鸢尾
6.4	3.2	4.5	1.5	变色鸢尾
6.9	3.1	4.9	1.5	变色鸢尾
5.5	2.3	4	1.3	变色鸢尾
…	…	…	…	…

表 9-1 中每一行称为一个样本(Sample)。我们可以看到，每个样本包含了两个部分：用

于预测的输入变量(萼片长度、萼片宽度、花瓣长度、花瓣宽度)和预测输出(类别)。利用表9-1中的数据，我们可以让机器学习出分类预测公式，并对不同的预测公式进行测试，通过比较在每个样本上的预测值和真实类别的差别获得反馈，机器学习算法然后根据这些反馈不断地对预测的公式进行调整。在这种学习方式中，预测输出的真实值通过提供反馈对学习起到了监督的作用，因此我们把这种学习方式称为监督学习。本小节的任务实施里我们将给出利用监督式学习技术设计一个二分类器来识别两种不同的鸢尾花的具体思路。

2．非监督式学习(Unsupervised Learning)

监督学习要求为每个样本提供预测量的真实值，这在有些应用场合是有困难的。比如在医疗诊断的应用中，如果要通过监督学习来获得诊断模型，则需要请专业的医生对大量的病例及它们的医疗影像资料进行精确标注，这需要耗费大量的人力，代价非常高昂。为了克服这样的困难，研究者们提出了非监督式学习。

非监督式学习指的是只有输入变量，没有相关的输出变量，目标是对数据中潜在的结构和分布建模，以便对数据做进一步的学习。相比于监督式学习，非监督式学习没有确切的答案，学习过程也没有监督，通过算法的运行去发现和表达数据中的结构。非监督式学习进一步可以分为聚类问题(在数据中发现内在的分组)和关联问题(判断数据的各部分之间的关联和规则)。

非监督式学习往往比监督式学习困难得多，但是由于它能帮助我们克服在很多实际应用中获取监督数据的困难，因此一直是人工智能发展的一个重要研究方向。

3．半监督式学习(Semi-Supervised Learning)

半监督式学习是监督式学习与非监督式学习相结合的一种学习方法，它拥有大部分的输入数据(自变量)和少部分的有标签数据(因变量)。可以使用非监督式学习发现和学习输入变量的结构，使用监督式学习技术对无标签的数据进行标签的预测，并将这些数据传递给监督式学习算法作为训练数据，然后使用这个模型在新的数据上进行预测。

半监督式学习通过有效利用所提供的小部分监督信息，往往可以取得比非监督学习更好的效果，同时也把获取监督信息的成本控制在可以接受的范围。

4．强化学习(Reinforcement Learning)

在机器学习的研究中，我们还会遇到另一种类型的问题：利用学习得到的模型来指导行动。比如在下棋、股票交易或商业决策等场景中，我们关注的不是某个判断是否准确，而是行动过程能否带来最大的收益。为了解决这类问题，研究者提出了强化学习。

强化学习的目标是要获得一个策略去指导行动。比如在围棋博弈中，这个策略可以根据盘面形势指导每一步应该在哪里落子；在股票交易中，这个策略会告诉我们在什么时候买入、什么时候卖出。与监督学习不同，强化学习不需要一系列包含输入与预测的样本，它是在行动中学习的。

强化学习可以训练程序做出某一决定。程序在某一情况下尝试所有可能的行动，记录不同行动的结果并试着找出最好的一次尝试来做决定。强化学习可以自动进行决策制定，并且可以做连续决策。图9-5所示为强化学习模型，它主要包含五个元素：Agent、环境、状态、动作、奖赏。

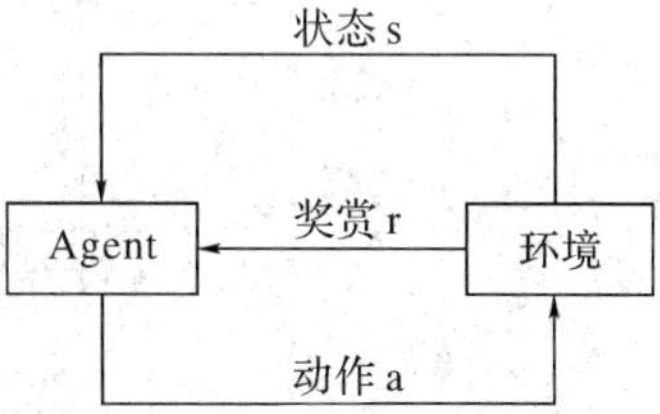

图9-5 强化学习模型

以围棋博弈为例，围棋棋盘上黑白子的分布位置就是一系列可以动态变化的状态(state)，每一步选择落子的位置就是可以选取的动作(action)，围棋博弈中的对手就可以看成决策主体(Agent)进行交互的环境(environment)，当决策主体(Agent)通过行动使状态发生变化时，它会获得奖赏或者受到惩罚(奖赏为负值)。

强化学习会从一个初始的策略开始。通常情况下，初始策略不一定很理想。在学习过程中，决策主体通过行动和环境进行交互，不断获得反馈(奖赏或者惩罚)，并根据反馈调整优化策略。这是一种非常强大的学习方式。持续不断的强化学习甚至能获得比人类更优化的决策机制。2016 年击败围棋世界冠军李世石九段的阿尔法狗，其令世人震惊的博弈能力就是通过强化学习训练出来的。

任务实施

【任务目的】

(1) 了解机器学习技术的基本含义和应用场景。

(2) 掌握监督式学习的特点和使用监督式学习技术设计二分类器的算法思想。

【任务内容】

设计一个二分类器，实现对鸢尾花样本数据库中山鸢尾和变色鸢尾两种类别的分类功能。

(1) 数据采集。在鸢尾花样本数据库中，我们采集到了大量的两种鸢尾花的花瓣长度和宽度等信息，并且人为地标注了每一朵花的真实类别(参考表 9-1 中的数据)，那么我们可以拿出样本库中的大部分样本作为计算机学习的依据，这部分样本数据我们称之为训练集。当计算机通过不断地训练获得了一个令我们比较满意的分类器时，我们再拿剩下的样本数据来检测训练得到的分类器的分类效果，这部分数据叫测试集。为简单起见，在此我们特征值只考虑花瓣长度和花瓣宽度。

(2) 训练数据，求解参数。基于训练集来训练分类器的过程，其实就是一系列判断、计算和不断调整参数的过程。对两种鸢尾花进行分类的问题就是要依据样本数据库中每一朵花的特征值将两种类别分开，不同类型的花按照其特征值划分就会分别集中分布在特征空间中不同的两块区域，那么一定会存在一条这样的直线可以将两个区域大致划分开来，如图 9-6 所示。训练的目标就是要找到这条直线，因此这种二分类器又被称为线性分类器。

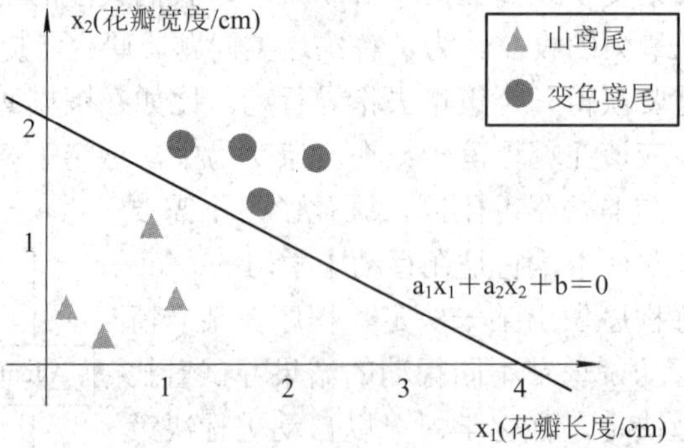

图 9-6　山鸢尾和变色鸢尾线性分类示意图

如果我们把要找的这条直线对应的线性方程记为 $f(x_1,x_2) = a_1x_1 + a_2x_2 + b$，那么我们的目的就是要找到合适的参数 a_1、a_2、b，使得对应的线性分类器能够正确区分山鸢尾和变色鸢尾。下面我们介绍一种常见的训练线性分类器的算法——感知器，来看看这种算法是如何利用训练数据自动寻找参数的。

感知器的主要思想是利用被误分类的训练数据调整现有分类器的参数，使得调整后的分类器判断得更加准确。我们在图 9-7 中通过简单的示意进行说明：

最开始，计算机肯定不知道这条直线应该画在哪里，也就是不知道 a_1、a_2、b 的真实值是多少，因此 a_1、a_2、b 三个参数的值可以任意设定，比如 a_1 和 a_2 设定为 1，b 设定为 0，这样分类直线对应的线性方程就是 $x_1+x_2=0$，画出的直线如图 9-7(a)所示。显然这条分类直线分错了 2 个样本，分类直线便向该误分类样本一侧移动，如图 9-7(b)所示。第一次调整后，一个误分类样本的预测被纠正，但仍有一个样本被误分类。接下来，直线向着这个仍被误分类的样本一侧移动，直到分类直线越过该误分类样本，如图 9-7(c)所示。这样，所有训练数据都被正确分类了，而 9-7(c)中的直线就是在当前训练集下训练得到的效果最好的线性分类器。后续我们可以用测试集中的数据来测试该分类器分类效果的优劣。

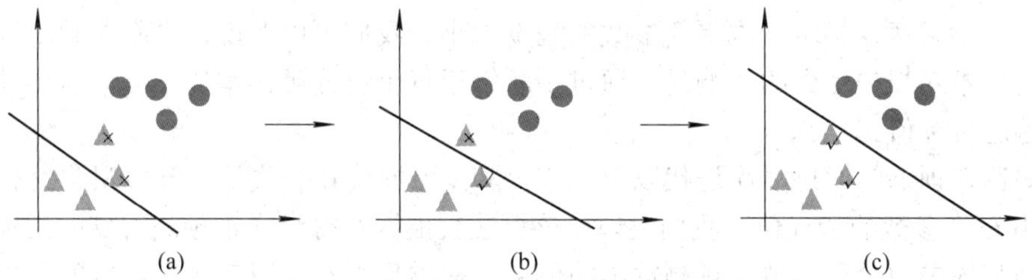

图 9-7　感知器的训练过程示意图

基于上面描述的机器自动寻找参数的思想，感知器算法需要解决下面三个问题：

① 感知器是如何感知某个误分类样本在当前分类器下是被错误分类了？

② 如何衡量某次调整后得到的分类器的优劣程度(对数据的误分类程度)？

③ 我们该如何利用误分类的数据来调整分类器的参数使它趋向于真实值？

我们是通过先数学建模再量化最终达到求解以上三个问题的。先来回答第一个问题：在样本数据库中我们可以用 +1 和 −1 来标注两种花的真实类别，比如 +1 代表变色鸢尾，其对应的样本数据应该在分类直线的上方；−1 代表山鸢尾，其对应的样本数据应该在分类直线的下方。在训练的时候，比如取到的样本类别真实值是 +1，用其特征值代入分类器中计算，如果 $a_1x_1+a_2x_2+b<0$，那么该样本就是被误分类了；同样，如果样本类别真实值是 −1，而计算结果 $a_1x_1+a_2x_2+b\geqslant 0$，那么该样本也是被误分类了。我们把这两种情况综合起来，若 $y\times(a_1x_1+a_2x_2+b)\leqslant 0$，那么样本就是被分错了，其中 y 表示数据的真实类别。

第二个问题中，我们如何衡量分类器在当前训练集中对样本数据误分类的出错程度呢？感知器通过损失函数来计算分类器的出错程度。所谓损失函数(Loss Function)，是指在训练过程中用来度量分类器输出错误程度的数字化表示，预测错误程度越大，损失函数的取值就越大。在第一个问题中，我们已知 $y\times(a_1x_1+a_2x_2+b)\leqslant 0$ 的情况是出错的分类，如果我们把这种出错的值都求和统计下来，则最终这个和就是分类器的出错程度了。感知器采用的损失函数 L 定义为

$$L(a_1, a_2, b) = \sum_{i=1}^{N} \max(0, -y^{(i)} \times (a_1 x_1^{(i)} + a_2 x_2^{(i)} + b))$$

上述感知器的损失函数表示对训练数据中每个样本计算 $-y \times (a_1x_1 + a_2x_2 + b)$，并和零比较——如果大于零，则是误判，损失函数值增加；否则损失函数值不变。显然，如果没有误分类的数据，那么损失函数为零，如果有误分类数据，就会使得损失函数增大，并且误分类数据越多，损失函数越大。换句话说，损失函数越接近零，意味着分类器分类效果越好。

那么第三个问题中，当感知器在发现分类效果不佳时，自身是如何调节三个参数的呢？调整分类器参数的过程叫优化，优化就是使损失函数值最小化的过程。感知器按照以下规则更新参数(将箭头右边更新后的值赋给左边的参数)：

$a_1 \leftarrow a_1 + \eta y x_1$

$a_2 \leftarrow a_2 + \eta y x_2$

$b \leftarrow b + \eta y$

其中，η 是学习率，指每一次更新参数的程度大小。我们可以发现，更新参数时利用了当前误分类样本对损失函数的影响量，通过不断修正每个误分类样本的偏差，从而使得预测值不断趋近目标值。

感知器在训练时通过多次迭代以上三个步骤，不断优化分类器，计算机最终会寻找到 a_1、a_2、b 三个参数的最优值。我们发现，该算法会根据对每个样本预测得到的反馈结果不断地对预测的参数进行调整，预测输出的值通过提供反馈对学习起到了监督的作用，所以感知器算法是一种监督式机器学习算法。

(3) 测试数据，验证参数。在得到合适的分类器后，我们希望知道分类器的分类效果怎么样，于是，我们需要用测试集来对分类器的效果进行测试。测试就像对机器学习之后的考试，在分类器的测试阶段，它会面对一批测试数据并要对每一个测试样本做出预测结果。如果分类的结果和测试样本的标注一样，那么分类正确；否则分类错误。

上面介绍了采用监督式学习技术来实现二分类问题。二分类问题在实际生活中有着广泛的应用，比如：手机对准人物拍照时，检测镜头下哪块区域是人脸；根据患者的生物组织样本图像，判断这是不是有癌症的医学影像……也可以基于二分类器来解决多分类问题，限于篇幅，在本文中不再扩展，感兴趣的读者可以查阅相关书籍做进一步的了解。

9.2.3　机器推理与知识图谱

“知识”是我们熟悉的名词。但究竟什么是知识呢？我们认为，知识就是人们对客观事物(包括自然的和人造的)及其规律的认识，知识还包括人们利用客观规律解决实际问题的方法和策略等。对智能来说，知识太重要了，以致可以说“知识就是智能”。所以，要实现人工智能，计算机就必须拥有知识并具备运用知识的能力。为此，就要研究面向机器的知识表示形式和基于各种表示的机器推理技术。因此，知识表示与相应的机器推理是人工智能的重要研究内容之一。

1. 知识表示与机器推理

知识表示是指面向计算机的知识描述或表达形式和方法。具体来讲，就是要用某种约定的(外部)形式结构来描述知识，而且这种形式结构还要能转换为机器的内部形式，使得计算机能方便地存储、处理和运用。

知识表示是建立专家系统及各种知识系统的重要环节，也是知识工程的一个重要方面。经过多年的探索，现在人们已经提出了不少的知识表示方法，诸如逻辑表示法、产生式规则、框架、语义网络、面向对象的表示方法、模糊集合、因果网络(贝叶斯网络)等，这些表示法都是显式地表示知识，亦称为知识的局部表示；另一方面，利用神经网络也可表示知识，这种表示是隐式地表示知识，亦称为知识的分布表示。

逻辑形式的知识表示需要用程序语言转化为机器能理解的内部形式。原则上讲，一般的通用程序设计语言都可实现上述的大部分表示方法。但使用专用的面向某一知识表示的语言更为方便和有效。例如，支持谓词逻辑的语言有 PROLOG 和 LISP，专门支持产生式的语言有 OPS5，专门支持框架的语言有 FRL，支持面向对象表示的语言有 Smalltalk、C++和 Java 等，支持神经网络表示的语言有 AXON。

机器推理与知识表示密切相关。事实上，对于不同的知识表示有不同的推理方式。例如，基于谓词逻辑的推理主要是演绎方式的推理，而基于框架、语义网络和对象知识表示的推理是一种称为继承的推理。在形式逻辑中推理分为演绎推理、归纳推理、类比推理等基本类型。产生式规则是一种十分普遍的知识表示形式，机器中运用产生式进行推理是用所谓的产生式系统来实现的。产生式系统是一种应用广泛的问题求解系统模型。产生式系统的结构由核心部分的综合库、知识库(产生式规则库)和推理机三部分加上输入模块的知识采集系统和输出模块的解释系统组成，如图 9-8 所示。本小节的任务实施里我们将给出利用产生式系统设计一个推理机来识别不同动物种类的具体思路。

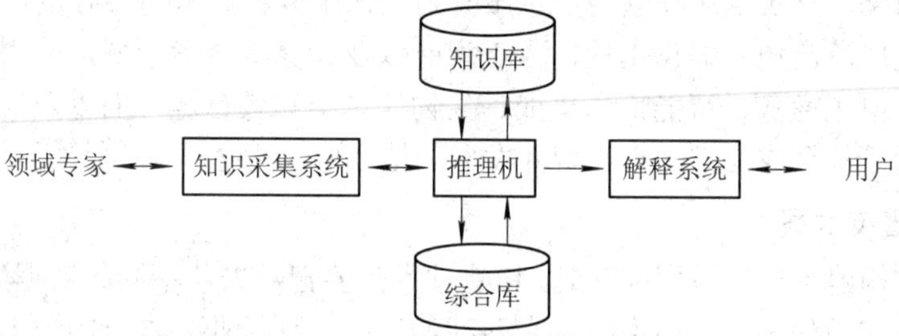

图 9-8　产生式系统的结构

2. 知识图谱

知识图谱的定义：知识图谱本质上是语义网络(Semantic Network)的知识库。可以简单地把知识图谱理解成多关系图(Multi-relational Graph)。在知识图谱里，通常用“实体(Entity)”来表达图里的节点，用“关系(Relation)”来表达图里的“边”。实体指的是现实世界中的事物，比如人名、地名、概念、物品、公司等，关系则用来表达不同实体之间的某种联系，比如小明—“居住在”—珠海，小明和小芳是“朋友”，编程语言是数据结构的“先导知识”等。现实世界中的很多场景适合用知识图谱来表达，图 9-9 是采用知识图谱表示社交网络的关系图。

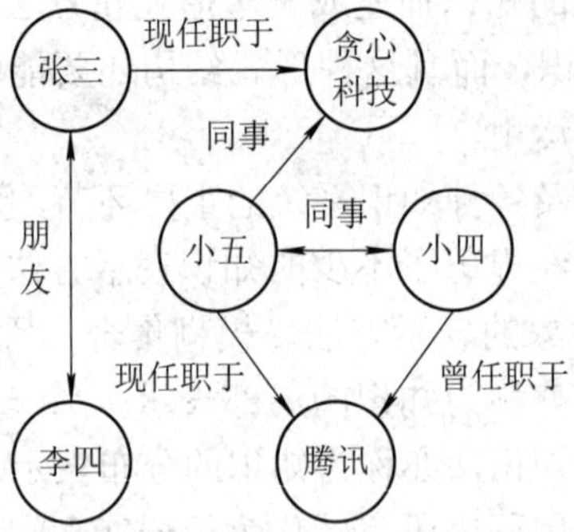

图 9-9　社交网络知识图谱

知识图谱是计算机科学、信息科学、情报学当中的一个新兴的交叉研究领域，旨在研究用于构建知识图谱的方法和方法学，关注的是知识图谱开发过程、知识图谱生命周期、用于构建知识图谱的方法和方法学。

大数据正在改变我们的生活、工作和思考方式，大数据对智能服务的需求已经从单纯的搜集获取信息转变成为自动化的知识提供服务。这些需求给知识工程提出了很多挑战性的问题，我们需要利用知识工程为大数据添加语义、知识，使数据产生智慧，完成从数据到信息再到知识最终到智能应用的转变过程，从而实现对大数据的洞察，提供用户关心问题的答案，为决策提供支持，改进用户体验等目标。

知识工程从大数据中挖掘知识，可以弥合大数据机器学习底层特征与人类认知的鸿沟。知识图谱将信息表达成更接近人类认知世界的形式，可以将内容从符号转化为计算机可理解和计算的语义信息，可以更好地理解信息内容。知识图谱构建大数据环境下由数据向知识转化的知识引擎，是实现从互联网信息服务到知识服务新业态的核心技术。

知识图谱已广泛应用于知识工程、人工智能以及计算机科学领域，应用于知识管理、自然语言处理、电子商务、智能信息集成、生物信息学和教育等方面以及语义网之类的新兴领域。知识图谱已经成为推动人工智能发展的核心驱动力之一。

3. 知识图谱技术案例

知识图谱的构建是后续应用的基础，构建过程需要把数据从不同的数据源中抽取出来。一般垂直领域所应用的知识图谱数据源有两种渠道：一种是业务本身的数据，通常包含在关系型数据库中存储，称为结构化数据；另一种是网络上公开、抓取的数据，通常是网页等各种存储形式，称为非结构化数据。结构化数据只需简单地预处理即可作为 AI 应用系统的输入，非机构化数据则需要借助自然语言处理等技术提取出结构化信息。

已经构建好的知识图谱就像一个知识库，可以得到广泛的应用，比如百度知识图谱就覆盖了亿级实体、千亿级事实，包含影视、人物、音乐、教育、体育、地理、生活信息等领域上百种问答类型。依托知识图谱可以更好地理解用户意图，组织资源，图谱问答服务直接满足用户所求。通过知识映射真实世界、理解世界，让复杂的世界更简单。因此百度的搜索引擎(见图 9-10)是具有人工智能的智能搜索引擎。

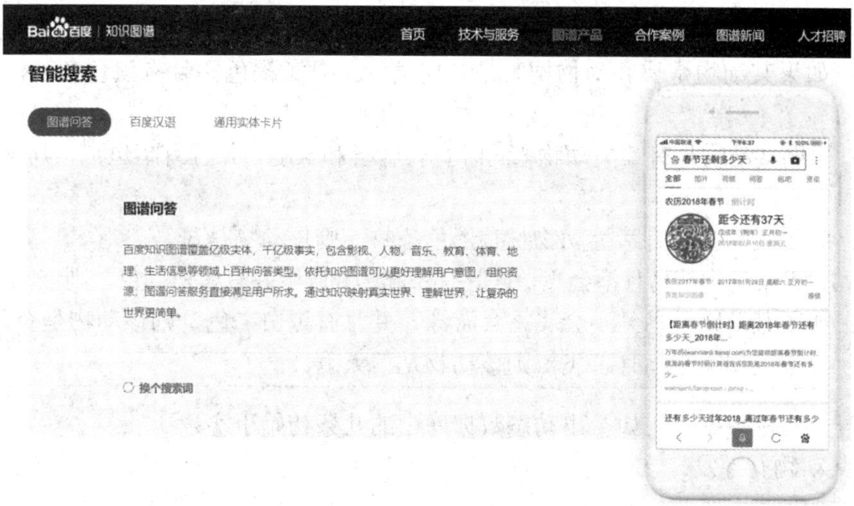

图 9-10　百度智能搜索引擎

由于知识图谱的图结构特点，使用传统的关系型数据库存储大量的关系表，在做查询时需要大量的表链接导致速度非常慢，所以知识图谱大部分采用的是图数据库。根据 2018 年上半年的统计，图数据库是增长最快的存储系统，而关系型数据库的增长基本保持在一个稳定的水平。常用的图数据库系统有 Neo4j、OrientDB 和 JanusGraph 等。其中 Neo4j 系统是使用率最高的，它拥有活跃的社区，而且系统本身的查询效率高，但唯一的不足就是不支持准分布式；而 OrientDB 和 JanusGraph(原 Titan)支持分布式，但这些系统相对较新，技术支持的社区不如 Neo4j 活跃，在使用过程当中遇到一些棘手的问题资料较少。

任务实施

【任务目的】

(1) 了解机器推理技术的基本含义和应用场景。

(2) 掌握产生式系统的特点和使用产生式系统设计推理机的算法思想。

【任务内容】

设计一个推理机，实现根据已知动物特征推断出是哪种动物的功能。

(1) 建立推理规则库。为了识别这些动物，首先可以根据动物识别的特征，建立包含下述规则的规则库。

R1：如果某动物有毛发，则该动物是哺乳动物。
R2：如果某动物有奶，则该动物是哺乳动物。
R3：如果某动物有羽毛，则该动物是鸟。
R4：如果某动物会飞并且会生蛋，则该动物是鸟。
R5：如果某动物吃肉，则该动物是食肉动物。
R6：如果某动物有犀利牙齿并有爪且眼向前方，则该动物是食肉动物。
R7：如果某动物是哺乳动物并且有蹄，则该动物是有蹄类动物。
R8：如果某动物是哺乳动物并且反刍，则该动物是有蹄类动物。

R9：如果某动物是哺乳动物同时是食肉动物，是黄褐色并且有暗斑点，则该动物是豹。

R10：如果某动物是哺乳动物同时是食肉动物，是黄褐色并且有黑色条纹，则该动物是虎。

R11：如果某动物是有蹄类动物，同时有长脖子和长腿，并且有暗斑点，则该动物是长颈鹿。

R12：如果某动物是有蹄类动物且有黑色条纹，则该动物是斑马。

R13：如果某动物是鸟且不会飞，同时有长脖子和长腿并有黑白二色，则该动物是鸵鸟。

R14：如果某动物是鸟且不会飞，会游泳，并且有黑白二色，则该动物是企鹅。

R15：如果某动物是鸟且善飞，则该动物是信天翁。

(2) 导入实际数据。比如给出动态数据库中的几条初始事实：

f1：某动物有毛发。

f2：吃肉。

f3：黄褐色。

f4：有黑色条纹。

(3) 实现推理算法。如果采用正向推理算法的产生式系统来搜索目标节点，其推理过程可以表示为如图 9-11 所示的推理树。

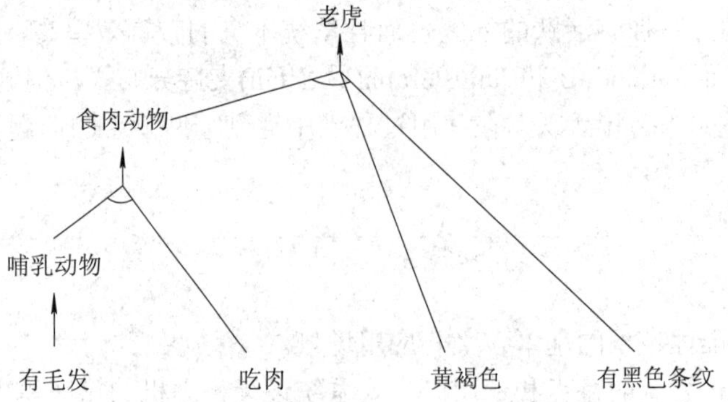

图 9-11　关于“老虎”的正向推理树

采用正向推理算法的产生式系统的基本过程如下：

(1) 初始化规则库，并获取事实库数据。

(2) 检查规则库是否还有未使用过规则，若无，则跳转至(5)。

(3) 匹配规则库与事实库中的特征，若一轮规则匹配之后无任何匹配项，则跳转至(5)。

(4) 提取出可用规则结论，若结论为中间值，则将结论加入事实库，并进行新一轮的规则匹配，即跳转至(2)；若结论为最终答案，则直接输出，并结束程序运行。

(5) 若规则库中所有规则均无完全匹配项，则说明该问题无解，结束程序运行。

任务 9.3　人工智能的应用领域

人工智能的应用

人工智能的应用领域十分广阔，比如在家居、医疗、教育、金融、出行、安防等方面的应用都大放异彩，方兴未艾。限于篇幅，下面只讲解一些生活中常见的应用。

9.3.1 智慧生活

人类生活中已处处是人工智能的身影。我们日常使用的手机上，几乎每个流行的应用程序里面都有人工智能大显神通的地方。接下来，让我们简单分析、点评一下这些活跃在你我身边，正在改变人们生活方式的人工智能技术。

1. 智能聊天助理

苹果 Siri、百度度秘、GoogleAllo、微软小冰、亚马逊 Alexa 等智能聊天助理程序的应用，正试图颠覆人们和手机交流的根本方式，将手机变成聪明的小秘书。

智能聊天助理程序是采用自然语言处理算法来实现人机对话的。根据聊天机器人的智能水平，可以分为“弱人工智能”聊天助理和“强人工智能”聊天助理。前者使用专门的算法通过撷取提问者输入的关键字，搜索实现定义好的数据库，然后把预先设定好的回答回复给提问者，例如，A.L.I.C.E.使用一种叫作 AIML 的标记式语言开发的爱丽丝机器人(Alicebots)，可适用于谈话代理的功能，并且已被各类开发人员采用，不过爱丽丝机器人纯粹运用类型配对的技巧，缺乏思考能力，一般仅适用于资讯检索或客服问答等场景。而“强人工智能”聊天助理相对来说更具有智慧和逻辑推理的能力，例如 Jabberwacky 基于与使用者的即时互动，习得新的对答和语境，而不是驱动于静态的数据库。一些较新的聊天机器人也融合了即时学习与进化算法，根据每次聊天的经验，改善沟通的能力，一个著名的例子是“凯尔(Kyle)”(2009 年里奥迪斯(Leodis)人工智能奖得主)。不过，至今通用型的谈话人工智能仍不存在，在不少特定的情形里，比如上下文较复杂的场合，智能聊天助理常常显得答非所问，或有意无意地顾左右而言他。但不可否认，这些智能化的聊天助理已经展现出了初步地与人类沟通的能力。

2. 智慧出行推荐

智慧出行也称智能交通，是指借助移动互联网、云计算、大数据、物联网等先进技术和理念，将传统交通运输业和互联网进行有效渗透与融合，形成具有“线上资源合理分配，线下高效优质运行”的新业态和新模式，它利用卫星定位、移动通信、高性能计算、地理信息系统等技术实现了城市、城际道路交通系统状态的实时感知，准确、全面地将交通路况通过手机导航、路侧电子布告板、交通电台等途径提供给百姓。在此基础上，集成驾驶行为基于实时感应与分析技术，为公众出行提供多模式、多标准动态导航，提高了出行效率；并辅助交通管理部门制定交通管理方案，促进城市节能减排，提升了城市运行效率。

现在人们出行前可以通过查询高德地图或百度地图了解交通路况、获得最佳行驶路径推荐等；坐公交车前可以查询公交车停靠站点信息、行驶路线等；使用滴滴或优步出行时，人工智能算法能帮助司机选择路线、规划车辆调度方案。不远的将来，自动驾驶技术还将重新定义智慧出行、智慧交通和智慧城市。

3. 智能图像处理

智能图像处理技术在今天应用非常广泛。在大数据和高速计算能力的支撑下，基于深度学习的图像识别算法在准确度和效率上都有很大提升，甚至在某些场景中还超过了人类对图像辨别能力。

人脸识别是当前计算机图像处理的一个重要应用。人脸识别不仅仅可以当保安、当门卫，还可以在手机上保证你的交易安全。不少手机银行在需要验证业务办理人的身份证时，会打开手机的前置摄像头，要求用户留下面部的实时影像，而智能人脸识别程序会在后台完成用户的身份比对操作，确保手机银行程序不会被非法分子盗用。传统的人脸识别技术主要是基于可见光图像的人脸识别，但这种方式有着难以克服的缺陷，尤其在环境光照发生变化时，识别效果会急剧下降，无法满足实际系统的需要。近两三年迅速发展起来的一种解决方案是基于主动近红外图像的多光源人脸识别技术。它可以克服光线变化的影响，已经取得了卓越的识别性能，在精度、稳定性和速度方面的整体系统性能超过三维图像人脸识别。这项技术使人脸识别技术逐渐走向实用化。

智能图像处理的另外两个常见应用是，手机照片的分类管理和图像美化。今天主流的照片管理程序几乎都提供了自动照片分类和检索的功能。其中智能程度最高、功能最强大的非谷歌照片莫属。利用谷歌照片，我们可以把所有的照片和视频统统上传到云端，不用进行任何手工整理、分类或标注，谷歌照片会自动识别出照片中的每一个人物、动物、建筑、风景、地点，并在我们需要时，快速给出正确的检索结果。而手机里的像美图秀秀这种 APP，则可以利用人工智能技术对一幅普通的图片进行修饰，如美容、换装等，或者使用人工智能的“画笔”艺术性地“创作”不同画风的作品。

4. 智能搜索引擎

搜索引擎里也有人工智能？在很多人眼中，搜索引擎是诞生于 20 世纪的一项互联网核心技术。最传统的网页排序算法是找出所有影响网页结果排序的因子，然后根据每个因子对结果排序的重要程度，用一个人为定义的、十分复杂的数学公式将它们串联在一起，计算出每个特定网页在最终结果页面中的排名位置。

最早采用机器学习技术帮助搜索引擎完成结果排序的谷歌，则采用了另一种思路。在机器学习的方向里，计算网页排序的数学模型及模型中的每一个参数不完全是由人预先定义的，而是由计算机在大数据的基础上，通过复杂的迭代过程自动学习得到的。影响结果排序的每个因子到底有多重要，或者如何参与最终的排名计算，主要由人工智能算法通过自我学习来确定，采用这种算法，网页结果的相关性和准确度也由此得到了大幅提高。

结果排名还只是人工智能技术在搜索引擎中应用的冰山一角，打开谷歌或类似的主流搜索引擎，人工智能的魔力无处不在。今天，我们可以直接在谷歌或百度搜索引擎上提出问题，搜索引擎会“聪明地”给出许多知识性问题的答案。例如，我们可以直接在百度搜索输入“曹植的父亲”，百度搜索自动推荐的首条记录就是“曹操”，如图 9-12 所示；再比如向百度提问“东野圭吾多大了”，百度在结果页的最显著位置直接给出“61 周岁”(2019 年)的正确答案；我们甚至可以向谷歌提问“在《哈利·波特》的系列故事里，到底是谁杀了令人尊敬的校长邓布利多？”谷歌不但直接给出杀害邓布利多的凶手名字，还显示出相关的电影剧照、故事情节、维基百科链接等。在购物网站上，我们也可以发现人工智能技术已经在帮我们精准地推荐我们想要的商品。

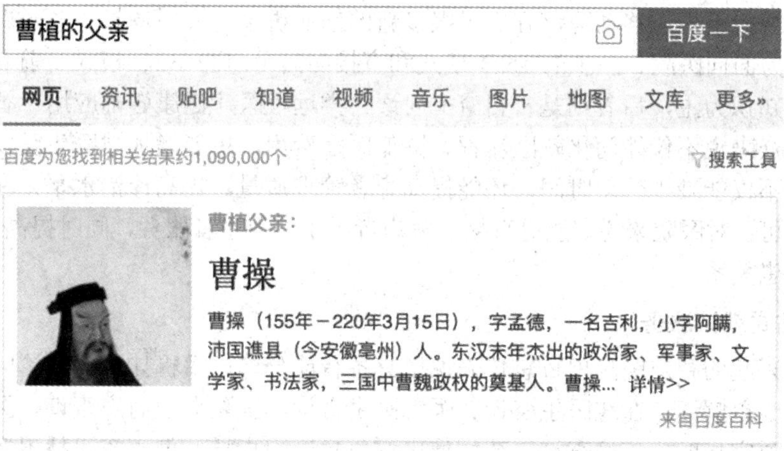

图 9-12　知识图谱实现智能搜索引擎示例

近年来，利用人工智能技术在语音识别、自然语音理解、知识图谱、个性化推荐、网页排序等领域的长足进步，谷歌、百度等主流搜索引擎正从单纯的网页搜索和网页导航工具，转变成为世界上最大的知识引擎和个人助理，这种搜索引擎是建立在知识库的基础上，返回结果的方式跟传统的搜索引擎是不一样的。一个传统的搜索引擎返回的是网页而不是最终的答案，而智能搜索引擎给用户返回的是经过知识图谱推理之后的最终答案。毫无疑问，人工智能技术让搜索引擎变得更聪明了。

5. 智能机器翻译

打破语言界限，用自动翻译工具帮助人类进行跨民族、跨语种、跨文化交流，这是人类自古以来就一直追寻的伟大梦想。基于人工智能技术的机器翻译工具正帮助世界各地的人们交流和沟通。手机上的即时翻译 APP、拍照翻译 APP 等软件综合了自然语言处理、图像识别等技术，使得不同语种之间的沟通得以顺畅。

早在 2016 年 11 月，谷歌就发表论文宣布已经突破了跨语言翻译的难题，可以在两种没有直接对应的预料样本的语言之间完成机器翻译。举例来说，如果我们没法在网络上收集到足够多的中文和阿拉伯文之间的对应语料，那么，谷歌的机器翻译技术可以利用英文到阿拉伯文之间的对应语料，以及中文到英文的对应语料，训练出一个支持多语言间相互翻译的模型，完成中文和阿拉伯文的双向翻译。这种技术可以轻易将翻译系统支持的语言对的数量，扩展到几乎所有主要地球语言的相互配对组合。目前，像谷歌、百度等在线翻译功能中都应用了深度学习算法，大幅提高了中文到英文的翻译准确率。

9.3.2　智慧医疗

智慧医疗英文简称 WIT120，它通过打造健康档案区域医疗信息平台，利用最先进的物联网技术，实现患者与医务人员、医疗机构、医疗设备之间的互动，逐步达到信息化。

构建富有效率的医疗卫生体制是一个世界性的难题，纵观各国医疗卫生体制改革之路可以看出，尽管改革思路和方法有所不同，但在通过信息化手段全面构建并应用数字卫生系统推动医疗卫生体制改革，更好地解决医疗卫生服务需求与服务供给的平衡方面都有着共同的期望。

当前，智能手机、移动医疗开启了很多新的创业机会、应用场景，各类新玩家争相涌入，主要分为面向医院、医生的 B2B 模式和直接面向用户的 B2C 模式，前者以为专业人士提供医学知识为主，后者则是“自查+问诊”类远程医疗健康咨询应用。智慧医院应用的问世对大众来说不仅能简化就医流程、降低医疗费用，更能增加被医生重视的感受；对医生来说，不仅能减少劳动时间，还能提高患者管理质量、提高诊治水平，在不断学习中得到患者认可；对医院来说，能更直接了解患者需求，为患者服务，同时提高服务满意度，构建和谐医患关系。

1. 一站式就诊服务

国内已兴起的智慧医院项目总体来说已具备智能分诊、手机挂号、门诊叫号查询、取报告单、化验单解读、在线医生咨询、医院医生查询、医院周边商户查询、医院地理位置导航、院内科室导航、疾病查询、药物使用、急救流程指导、健康资讯播报等功能，实现了从身体不适到完成治疗的“一站式”就诊服务。智慧医院应用需要真正落实到具体医院、具体科室、具体医生，将患者与医生点对点地对接起来，但绝不等于网络平台上跳过医院这个单位直接将患者与医生圈在一起。国内代表：浙江大学附属第一医院的“掌上浙一”“掌握健康”。

2. 个人健康档案管理服务

个人健康档案如何管理？患者如果想知道自己的历史就医记录，除了翻阅一本又一本纸质的病历外，根本无从查阅。在哪家医院住了几天，用过什么药，上一次怎么治疗的等，每到复查或者犯病时，总是需要翻箱倒柜地去找病历，时间久了还可能记不清或者记错。移动医疗的出现让每一个患者都可以通过手机应用查看自己曾在医院的历史预约和就诊记录，包括门诊/住院病历、用药历史、治疗情况、相关费用、检查单/检验单图文报告、在线问诊记录等，不仅可以及时自查健康状况，还可通过 24 小时在线医生进行咨询，在一定程度上做到了“身体不适自查，小病先问诊，大病去医院”的正确就医态度。国内代表：宁波市第一医院的“移动医院”。

3. 移动的医学图书馆

多年前已实现的电子书、在线阅读无疑是给纸质类书籍、印刷厂和线下书店重重一拳。作为特殊领域的医学文献更是不像言情小说、科普杂志那样随意就能在书店买到或是百度就能搜索到，很多时候医学学生需要上相关网站注册付费才能阅读。智能手机和 PAD 的不断发展，使许多开发商不断挖掘更多的固有资源从而让自己的应用卖得更好，于是让医学文献的阅读不仅变得便捷、随兴，而且更为有效。出自权威医学字典的药物库、疾病库、症状库查询，临床病例分析，甚至包括医学期刊的在线阅读和下载等，都为医务工作者带来了极大的便利。国内代表：丁香园用药助手。

9.3.3　智慧金融

近年来，金融领域依托互联网技术，运用大数据、人工智能、云计算等金融科技手段，使金融行业在业务流程、业务开拓和客户服务等方面得到全面的智慧提升，实现金融产品、风控、获客、服务的智慧化。相对于传统金融来说，智慧金融代表未来金融业的发展方向，智慧金融的决策更能贴近用户的需求，效率更高，服务成本更低。

我们已经知道，人工智能之所以能在近年来突飞猛进，主要得益于深度学习算法的成功应用和大数据所打下的坚实基础。判断人工智能技术能在哪个行业最先引起革命性的变革，除了要看这个行业对自动化、智能化的内在需求外，主要还要看这个行业内的数据积累、数据流转、数据存储和数据更新是不是达到了深度学习算法对大数据的要求，而金融行业恰恰是全球大数据积累最好的行业。

在过去的几十年里，随着金融行业数据的快速增长，传统的由人类分析师根据数学方法和统计规律，为金融业务建立的自动化模型，如控制信贷风险的打分模型等，已经无法满足金融业务运营的精准和高效要求。在一个动辄涉及几千、几万数据维度的行业里，人类分析师的头脑再聪明，也无法将一个待解决问题的所有影响因子都分析清楚，而基于深度学习的人工智能算法显然可以在数据分析和数据预测的准确度上，超出人类分析员好几个数量级。

1. 智慧金融的特点

金融主体之间的开放和合作，使得智慧金融表现出高效率、低风险的特点。具体而言，智慧金融的特点有透明性、便捷性、灵活性、即时性、高效性和安全性。

(1) 透明性。智慧金融解决了传统金融的信息不对称。基于互联网的智慧金融体系，围绕公开透明的网络平台，共享信息流，许多以前封闭的信息通过网络变得越来越透明化。

(2) 即时性。智慧金融是在互联网时代传统金融服务演化的更高级阶段。智慧金融体系下，用户应用金融服务更加便捷，用户也不会愿意再因为存钱、贷款去银行网点排上几个小时的队。例如美利金融自主搭建的大数据平台提供的计算能力，已经可以方便地处理几百万用户上亿级的节点维度数据，3C 类分期贷款审批平均在 4 分钟就可以完成，而对比传统金融人工信贷审查的时间可能需要 10 个工作日(如信用卡审批)。未来即时性将成为衡量金融企业核心竞争力的重要指标，即时金融服务肯定会成为未来的发展趋势。

(3) 便捷性、灵活性、高效性。智慧金融体系下，用户应用金融服务更加便捷。金融机构获得充足的信息后，经过大数据引擎统计分析和决策就能够即时做出反应，为用户提供有针对性的服务，满足用户的需求。另外，开放平台融合了各种金融机构和中介机构，能够为用户提供丰富多彩的金融服务。这些金融服务既是多样化的，又是个性化的；既是打包的一站式服务，也可以由用户根据需要进行个性化选择、组合。

(4) 安全性。一方面，金融机构在为用户提供服务时，依托大数据征信弥补我国征信体系不完善的缺陷，在进行风险防控时数据维度更多，决策引擎判断更精准，反欺诈成效更好；另一方面，互联网技术对用户信息、资金安全保护更加完善。

2. 人工智能在金融领域的应用场景

根据高盛公司的评估，金融行业里最有可能应用人工智能技术的场景主要包括：

(1) 量化交易与智能投顾。一方面，人工智能技术可以对金融行业里的各项投资业务，包括股权投资、债券投资、期货投资、外汇投资、贵金属投资等，利用量化算法进行建模，并直接利用自动化算法参与实际交易，获取最高回报；另一方面，人工智能算法也可以为银行、保险公司、证券公司以及它们的客户提供投资策略方面的建议，引导他们合理配置资产，最大限度地规避金融市场风险，最大限度地提高金融资本的收益率。例如京东智投、平安里金所、宜信等平台都利用了人工智能技术对用户行为、市场、产品等进行详细的分析，智能化为客户推荐多元化的投资组合。

(2) 风险防控。银行、保险等金融机构对于业务开展中存在的信用风险、市场风险、运营风险等几个主要风险类型历来高度重视，通过建立以大数据和人工智能技术为核心驱动的风险防控系统，可以有效降低风险、减少损失。基于深度学习的现代人工智能算法可以对高维度的大量数据进行深入分析，对更为复杂的风险规律进行建模和计算，例如美利金融就建立了包含用户数据采集、实时计算引擎、数据挖掘平台、自动决策引擎结合人工辅助审批的全面风险防控系统。

(3) 安防与客户身份认证。基于新一代机器视觉技术的人工智能产品正在各大银行的客户端产品和网点上承担起客户身份认证与安防的工作。比如：我们使用支付宝或各大银行的手机银行时，手机通过人脸识别技术来确认用户的真实身份；银行各办公网点则可以利用新一代人脸识别技术，对往来人员进行身份甄别，确认是否有非法人员进入敏感或保密区域。

(4) 智能客服。随着支持语音识别、自然语言理解和知识检索的人工智能客服技术的逐渐成熟，金融行业的客服中心已经开始引入机器人客服专员，由人工智能算法代替客服工作人员来解答客户问题。此外有些银行也在逐步推出包括银行网点、手机银行 APP、微信服务等“一站式、自助化、智能化”的全新服务体验，业务办理模式由“柜员操作为主”转变为“客户自主、自助办理”。

(5) 精准营销。如何将金融产品通过传统媒体、网络媒体、手机应用广告等营销方式，传递给最有可能购买该金融产品的客户，这是提高金融行业获客率，提升盈利能力的关键。基于深度学习的人工智能技术可以基于多来源、多维度的大数据，为银行潜在客户进行精准画像，自动在高维空间中根据潜在客户曾经的购买行为、个人特征、社交习惯等，将他们分为若干种类别，并为每一种类别的潜在客户匹配最适合的金融产品。

9.3.4 自动驾驶技术

毫无疑问，自动驾驶是最能激起普通人好奇心的人工智能应用领域之一。试想一下，在未来的某一天，我们可以不考驾照，不雇司机，直接向汽车发个命令就能便捷出行，我们躺在车里可以睡觉、听音乐甚至工作，这是多么神奇的事情！更令人憧憬的是，未来的道路上会没有私家车的影子，路上奔驰的全是随叫随到的可共享的自动驾驶汽车，因为它们不需要司机，所以可以保证 24 小时待命，人类只需要开发智能调度算法，这种共享汽车就可以在任何时间、任何地点提供高质量的租用服务。这样一来，未来的城市交通情况会发生翻天覆地的变化，停车难，环境差等问题也会得到有效缓解。

1. 自动驾驶技术的基本概念

自动驾驶技术不仅可以用于汽车，也可以用于飞机、轮船等交通工具。事实上，自动驾驶技术最早出现在空中而非地面。1912 年，Sperry 公司就研制出了第一套自动驾驶系统，并于 1914 年在巴黎做了演示飞行。Sperry 公司这套系统使用陀螺仪来判定飞机航向，使用气压高度计来测定飞机高度，根据系统感知得到的航向和高度数据，通过液压装置操控升降舵和方向舵。Sperry 公司为飞机研制的第一套自动驾驶系统虽然简单，但具备了一套自动驾驶装置必备的几个组成部分：

(1) 感知单元：主要由各种传感器和智能感知算法组成，用于感知交通工具行经路线上的实时环境情况。

(2) 决策单元：主要由控制机械、控制电路或计算机软硬件系统组成，用于根据环境信息决定对交通工具施加何种操作。

(3) 控制单元：主要通过交通工具的控制接口，直接或间接操控交通工具的可操纵界面(如飞机的操纵面或汽车的方向盘、踏板等)，完成实际的驾驶工作。

自动驾驶系统是一个汇集众多高新技术的综合系统，作为关键环节的环境感知、逻辑推理和决策、运动控制、处理器性能等依赖于传感器技术、图像识别技术、电子与计算机技术与控制技术等一系列高新技术的创新和突破。随着机器视觉(如 3D 摄像头技术)、模式识别软件(如光学字符识别程序)和光达系统(已结合全球定位技术和空间数据)的进步，使得自动驾驶装置可以通过将机器视觉、感应器数据和空间数据相结合来控制交通工具的行驶。

当然，自动驾驶技术要想取得长足的发展，还有赖于多方面技术的突破和创新。客观来看，目前想要普及自动驾驶工具还为时过早，因为还存在一些关键技术问题需要解决，包括车辆间的通信协议规范，有人、无人驾驶车辆共享车道的问题，通用的软件开发平台建立，多种传感器之间信息融合，视觉算法对环境的适应性问题，以及一直备受争议的自动驾驶工具引发的交通事故率等。

2. 自动驾驶汽车的发展简介

相对自动驾驶技术在航空领域的应用来说，自动驾驶汽车似乎更为商业领域和研究机构所青睐。麦肯锡公司预测，到 2030 年时，自动驾驶技术的普及将为现有的汽车工业带来约 30%的新增产值。然而在自动驾驶汽车研究方面，却并不是汽车厂商表现抢眼，倒是科研机构大胆创新，拔得头筹。现代意义上的第一辆自动驾驶汽车，出现在 20 世纪 80 年代的卡内基-梅隆大学计算机科学学院的机器人研究中心，它的名字叫 Navlab。

在 2010 年，谷歌公司在官方博客中宣布，正在开发自动驾驶系统，到目前为止，谷歌已经申请和获得了多项相关专利，其无人驾驶汽车于 2012 年获得牌照上路，总驾驶里程已经超过了 48.3 万千米，并且几乎零事故发生率。谷歌自动驾驶汽车外部装置的核心是位于车顶的 64 束激光测距仪，能够提供 200 英尺以内精细的 3D 地图数据，无人驾驶车会把激光测到的数据和高分辨率的地图相结合，做出不同类型的数据模型以便在自动驾驶过程中躲避障碍物和遵循交通法规。安装在前挡风玻璃上的摄像头用于发现障碍物，识别街道标识和交通信号灯。GPS 模块、惯性测量单元以及车轮角度编码器用于监测汽车的位置并保证车辆行驶路线。汽车前后保险杠内安装有 4 个雷达传感器(前方 3 个，后方 1 个)，用于测量汽车与前(和前置摄像头一同配合测量)、后、左、右各个物体间的距离。在行进过程中，用导航系统输入路线，当汽车进入未知区域或者需要更新地图时，汽车会以无线方式与谷歌数据中心通信，并使用感应器不断收集地图数据，同时也储存于中央系统，汽车行驶得越多，智能化水平就越高。

奥迪自动驾驶系统使用两个雷达探头、八个超声波探头和一个广视角摄像机，可以在设定的时间内，按照导航系统提供的信息，在 60 km/h 的速度以下自主转向、加速和刹车，实现完全的自主驾驶。搭载奥迪自动驾驶系统的车型可以在交通拥挤的城市中起停自如，转向操作也十分灵活。在高速行驶中，能够及时根据前方车距来调整自己的速度。当前方出现险情时，奥迪自动驾驶车型能够及时刹车。

德国汉堡 IBEO 公司早在 2007 年开发了无人驾驶汽车。行驶过程中，车内安装的全球定位仪将随时获取汽车所在准确方位。隐藏在前灯和尾灯附近的激光雷达随时“观察”汽车周围 200 码(约 183 米)内的道路状况，并通过全球定位仪路面导航系统构建三维道路模型。它能识别各种交通标识，保证汽车在遵守交通规则的前提下安全行驶，安装在汽车后备箱内的计算机将汇总、分析两组数据，并根据结果向汽车传达相应的行驶命令。

国内从 20 世纪 80 年代开始着手自动驾驶系统的研制开发，虽与国外相比还有一些距离，但目前也取得了阶段性成果。国防科技大学、北京理工大学、清华大学、同济大学、上海交通大学、吉林大学等都有过无人驾驶汽车的研究项目。国防科技大学和中国一汽联合研发的红旗无人驾驶轿车高速公路试验成功。同济大学汽车学院建立了无人驾驶车研究平台，实现环境感知、全局路径规划、局部路径规划及底盘控制等功能的集成，从而使自动驾驶车具备自主“思考—行动”的能力，使无人驾驶车能完成融入交通流、避障、自适应巡航、紧急停车(行人横穿马路等工况)、车道保持等功能。为了促进自动驾驶系统技术创新，中国“未来挑战”无人驾驶车比赛受到更多的重视，对车的性能要求不断提高，包括更为实际的模拟环境和更加复杂的控制要求。

任务实施

【任务目的】

(1) 了解人工智能对现代生活的改变和影响，熟悉人工智能对医疗、金融、无人驾驶、社交、家居等方面的渗透。

(2) 展望人工智能未来的发展。

【任务内容】

(1) 查看自己的智能手机里安装的常见应用，说说哪些 APP 程序使用了人工智能技术，为你带来了哪些便利。

(2) 查阅相关文献资料，设想一下未来五年内人工智能的发展蓝图。

(3) 和同学展开讨论，谈谈自己在哪一方面想得到人工智能的帮助。

任务 9.4　任务拓展：百度 AI 体验

任务拓展之一：百度 AI 体验

9.4.1　百度 AI 人脸识别

人脸识别技术被广泛应用于金融、安防、交通、教育等相关领域，主要应用场景包括企业、住宅的安全管理；公安、司法和刑侦的安全系统；自助服务、刷脸支付、刷脸进站等。

本小节体验百度 AI 人脸识别的过程，具体的体验步骤如下。

(1) 在微信中搜索“百度 AI 体验中心”，打开百度 AI 体验中心小程序，如图 9-13 所示。

(2) 点击【人脸与人体识别】，进入主页面，如图 9-14 所示。

图 9-13　百度 AI 体验中心主页面

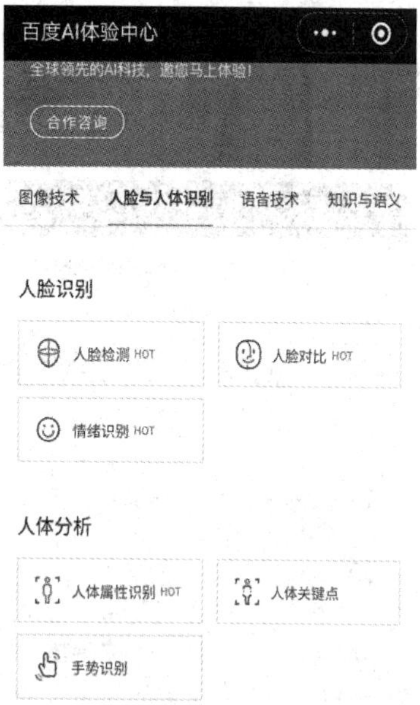

图 9-14　【人脸与人体识别】主页面

(3) 点击【人脸检测】进入其页面，上传人脸图片进行识别，结果如图 9-15 所示。

(4) 点击【人脸对比】进入其页面，上传人脸图片进行对比，结果如图 9-16 所示。

(5) 点击【情绪识别】进入其页面，上传人脸图片进行识别，结果如图 9-17 所示。

图 9-15　人脸检测结果

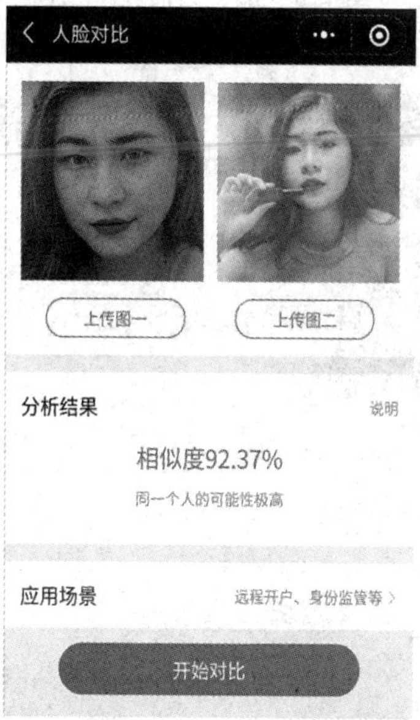

图 9-16　人脸对比结果

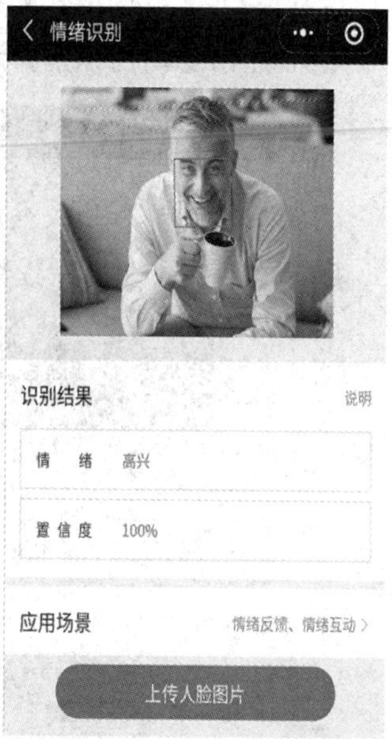

图 9-17　情绪识别结果

9.4.2　百度 AI 图像识别

以百度 AI 体验中心为例进行图像识别技术体验。

(1) 在百度 AI 体验中心小程序中点击【图像技术】，如图 9-18 所示。

(2) 点击【图像主体检测】进入其主页面，上传图片进行检测，结果如图 9-19 所示。

图 9-18　百度 AI 体验中心主页面

图 9-19　图像主体检测

(3) 点击【植物识别】进入其主页面，上传图片进行识别，结果如图 9-20 所示。

(4) 点击【动物识别】进入其主页面，上传动物图片进行识别，结果如图 9-21 所示。

图 9-20　植物识别

图 9-21　动物识别

(5) 点击【菜品识别】进入其主页面，上传图片进行识别，结果如图 9-22 所示。

(6) 点击【车型识别】进入其主页面，上传图片进行识别，结果如图 9-23 所示。

图 9-22　菜品识别

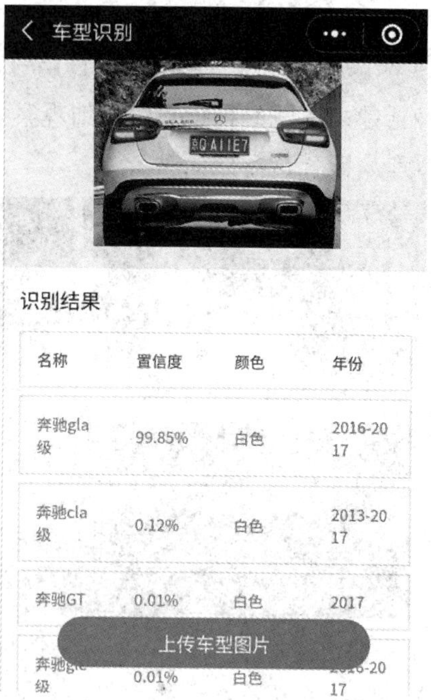

图 9-23　车型识别

(7) 点击【地标识别】进入其主页面，上传图片进行识别，结果如图 9-24 所示。

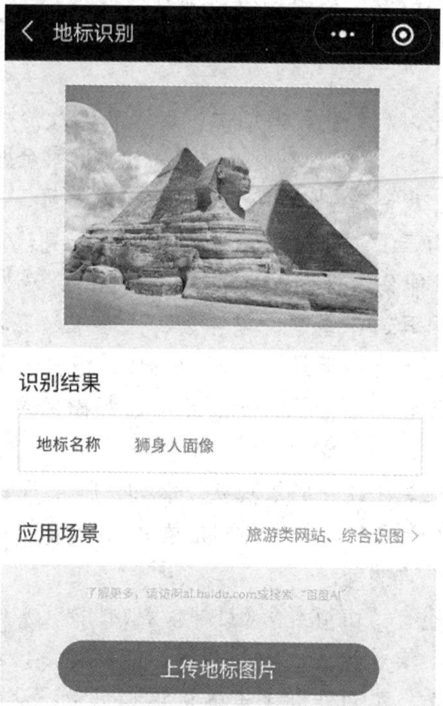

图 9-24　地标识别

神话与科技

思政聚焦

神话与科技

神话是未实现的科技吗？仔细观察如图 9-25 所示的图片，把相关的神话故事与对应的科技进行连线：

图 9-25　神话与科技

在科学技术还不发达的古代，人们对这个世界存在着许多幻想，那些在当时人们认为不可能发生的事情，大多数被寄托于神话故事里，比如女娲造人、嫦娥奔月、千里眼、顺风耳等。然而科技的发展远远不是人们所能预计的，这些不可能实现的事情在今天绝大多数变成了现实，下面我们就来看看有哪些已经“梦想成真”了。下面是吴承恩在《西游记》中的狂想：

天宫、龙宫、风火轮、八卦炉、火焰山、玉净瓶、紫金葫芦(叫一声对手的名字，只要对手答应，就收在了葫芦里，一时三刻化为脓水)、金刚琢(金刚套)、后天袋子(俗名叫作“人种袋”，能装神佛魔怪)、紫金铃(此宝由三个铃铛组成，第一个晃一晃，就有三百丈火光烧人；第二个晃一晃，就有三百丈烟光熏人；第三个晃一晃，就有三百丈黄沙迷人，此沙最毒，钻入对手的鼻孔，就能伤人性命)、七星剑、幌金绳、避火罩、火眼金睛、七十二变化、分身术、龙王降雨、顺风耳、千里眼、筋斗云、人参果、三根毫毛、白骨精、悟空砍头、如意金箍棒、点石成金、天上一天地上一年、阴阳二气瓶、青牛鼻环、观世音的净水瓶、芭蕉扇、定风珠、隔板猜枚、下油锅、剖腹剜心、锦襕袈裟、莲花台、还魂丹、仙丹、蟠桃、舍利子、九转金丹、三头六臂。

在这些狂想之中，有些已经变成了现实，例如：腾云驾雾、筋斗云对应着现代的飞机、火箭、导弹、喷气背包，千里眼、顺风耳对应着中国天眼(500 米口径球面射电望远镜)、哈勃望远镜、激光、雷达、声呐等。

除了西游记，中国还有《山海经》《封神榜》《搜神记》《志怪》《聊斋志异》等，国外有希腊神话、罗马神话、埃及神话、印度神话、非洲神话、玛雅神话、印第安神话、印加神话等。每一个神话都是人类对浩瀚宇宙的认识和想象，没有人类对宇宙空间的梦想和追求，就没有现代的科学技术。

今天，许多的科技与文化的灵感来源于神话，中国人的载人飞船叫“神州”；中国人的登月探测器叫“嫦娥”；中国人的月球车叫“玉兔”；中国人的暗物质粒子探测卫星叫“悟空”；中国人的量子实验卫星叫“墨子”；中国人的全球卫星导航系统叫“北斗”；中国人的深海潜水器叫“蛟龙”；华为的操作系统叫“鸿蒙”；华为的芯片叫“麒麟”。

随着第四次工业革命到来，以人工智能为代表的新兴产业注定要实现一个个神话，也将注定产生一个个的神话。今天，人类又带着现代神话向未来的科学领域迈进，你能否创造一个神话？

第 10 章　区块链技术及应用

区块链本质上是一种基于密码学的分布式、去中心化的共享账本和数据库，该方案中发生的各类交易都由网络中的全部节点参与确认和维护，通过共识机制来保证交易和信息的安全与有效性，使用链式结构和哈希算法保证数据的不可篡改性和不可伪造性，利用智能合约保证区块链应用的可拓展性。通过时间戳、激励机制等办法保证方案在无中心机构的前提下可追溯和稳定运行。本章内容包括区块链的相关概念、发展历史、关键技术，以及区块链的典型应用领域场景和发展趋势等。

任务 10.1　认识区块链

10.1.1　区块链的概念

工信部指导发布的《区块链技术和应用发展白皮书 2016》中指出，狭义来讲，区块链是一种按照时间顺序将数据区块以顺序相连的方式组合成的一种链式数据结构，并以密码学方式保证的不可篡改和不可伪造的分布式账本；广义来讲，区块链技术是利用块链式结构来验证数据和存储数据、利用分布式节点共识算法来生成和更新数据、利用密码学的方式保证数据传输和访问的安全性、利用自动化脚本代码组成的智能合约来编程和操作数据的一种全新的分布式基础架构和计算范式。

通俗地讲，区块链是一种数据以区块为单位产生和存储，并按照时间顺序首尾相连形成链式结构，同时通过密码学保证不可篡改、不可伪造以及数据传输访问安全的去中心化分布式账本。区块链中的账本，其作用和现实生活中的账本基本一致，按照一定的格式记录流水等交易信息。特别是在各种数字货币中，交易内容就是各种转账信息。

区块链技术伴随着比特币而生，目前在数字金融货币领域的应用最为广泛，只是随着区块链的发展，记录的内容由各种转账记录扩展至各个领域的数据，同时随着区块链技术的不断发展和更新，为其与更多领域的融合提供了可能性，可构建不同的可编程行业区块链系统。比如，在供应链溯源应用中，区块链中记录了供应链各个环节中物品所处的责任方、位置等信息。

10.1.2　区块链的发展历史

1. 比特币的诞生

2008 年 11 月，一位化名“中本聪”(Satoshi Nakamoto)的人，在密码论坛 metzdowd.com

上发表了一篇名为《比特币：一种点对点的电子现金系统》(Bitcoin: A Peer-to-Peer Electronic Cash System)的论文，该文重点讨论比特币系统，区块链技术在论文中被首次提出，区块链被描述为用于记录比特币交易的账目历史，是一种由密码学支撑、按照时间顺序存储的分布式共享数据账本。

2019 年 1 月 3 日，中本聪在芬兰赫尔辛基的一个小型服务器上创建了比特币的第一个区块——创世块(Genesis Block)，并获得了其预先设定的“首矿”奖励——50 个比特币，最初的 50 个比特币宣告问世。

比特币自诞生后就吸引了世界各国的关注，作为比特币运行的底层支撑技术——区块链，也受到了前所未有的关注。区块链实际上是一种融合创新的分布式共享账本技术，该技术融合了分布式数据存储、点对点传输、共识机制、密码算法等计算机技术，对金融乃至各个行业的发展都可能带来深远的影响。

区块链的发展先后经历了加密数字货币、企业应用、价值互联网三个阶段，下面将分别对这三个阶段进行简要的介绍。

2. 区块链 1.0

区块链 1.0 为区块链发展的第一个阶段，也称为加密数字货币阶段。以数字货币的相关应用为起点，以比特币为代表的虚拟货币是区块链技术目前最成功的应用之一。

2009 年年初，比特币网络正式上线运行，也是区块链第一个时代的开始，是比特币市场酝酿与发展的新阶段。2010 年 9 月，第一个矿场 Slush 发明了多个节点合作挖矿的方式，成为比特币挖矿这个行业的开端。直到 2011 年 4 月，比特币官方有正式记载的第一个版本 0.3.21 发布。这个初级版本意义重大——首先，它支持 UPnP(Universal Plug and Play，即通用即插即用)，实现了日常使用的 P2P 软件的能力，因此比特币才能够真正进入大众视野，让任何人都可以参与交易；其次，在此之前比特币节点最小单位只支持 0.01 比特币，相当于“分”，而这个版本真正支持了“聪”。

随着比特币市场的扩大，数字货币逐渐进入了“一链一币”的数字货币时代，也称为区块链 1.0 阶段。从 2009 年到 2013 年，区块链 1.0 是以比特币为代表的数字货币的应用，具备了去中心化交易平台的功能。

总体而言，数字货币的发展体系可以划分为四个部分。第一个部分是比特币区块链；第二个部分是使用比特币区块链协议但不使用比特币的系统，如万事达币、彩色币、合约币，以及采用合并挖矿的域名币等；第三个部分是同时使用独立货币和独立的区块链系统，如以太坊、瑞波、莱特币和未来币等；第四个部分是侧链，采用独立的网络，但以比特币作为底层货币的系统，如 BTC Relay 等。

但是当人们尝试在比特币系统上开发加密数字货币之外的应用时，发现该系统作为一个为加密数字货币设计的专用系统，存在以下问题：

(1) 比特币系统内置的脚本系统主要针对加密数字货币交易而专门设计，不是图灵完备的脚本，表达能力有限，因此在开发诸如存证、股权众筹等应用时，有些逻辑无法表达，而且比特币系统内部需要做大量开发，对开发人员要求高、开发难度大，因此无法进行大规模的非加密数字货币类应用的开发。

(2) 比特币系统在全球范围内只能支持每秒 7 笔交易，交易记账后追加 6 个区块才能比较安全地确认交易，追加一个块大约 10 分钟，意味着需要大约 1 小时才能确认交易，不能满足实时性要求较高的应用的需求。

3. 区块链 2.0

针对区块链 1.0 存在的专用系统问题，为了支持众筹、溯源等应用，区块链 2.0 阶段，也称为企业应用阶段，支持用户自定义的业务逻辑，即引入了智能合约，从而使区块链的应用范围得到了极大的拓展，开始在各个行业迅速落地，典型的代表是 2013 年启动的以太坊系统。

2013 年 11 月，Vitalik Buterin 发起了以太坊(Ethereum)项目，并在同年 12 月发布了以太坊白皮书的第一个版本。以太坊项目为其底层的区块链引入了被称为智能合约的交互接口，智能合约的引入是区块链技术的一个重要飞跃。以太坊创造性地使用区块链技术解决并实现了智能合约的实际应用，由于智能合约与区块链技术的结合，这一时代被称为“区块链 2.0”，也被称为“区块链可编程时代”。

智能合约是一种通过计算机技术实现的，将纸质合约数字化，旨在以数字化方式达成共识、履约、监控履约过程并验证履约结果的自动化合同，极大地扩展了区块链的功能。智能合约同时具备两个功能：一个是现实产生的合同，另外一个是不需要第三方的、去中心化的、公正和超强行动力的执行者。从最早的以太坊虚拟机(Ethereum Virtual Machine，EVM)定义的论文开始，到 2014 年正式开始预售，再到以太坊 2015 年 7 月第一个正式版本 Frontier，2016 年 3 月发布 Homestead 版本和 2017 年发布 Metropolis 版本，以太坊逐渐成为最热门的区块链项目开发环境之一。有了智能合约系统的支持，区块链的应用范围开始从单一的货币领域到涉及合约共识的其他金融领域，区块链技术首先在股票、清算、私募股权等众多金融领域崭露头角，区块链技术迎来高速发展的时期。

4. 区块链 3.0

区块链 3.0 为区块链发展的第三个阶段，也称为价值互联网阶段。随着区块链技术的发展，区块链开始被应用于物联网、智慧农业、医疗、供应链、匿名投票等领域。

价值互联网是一个可信赖的实现各个行业协同互联、人和万物互联、劳动价值高效、智能流通的网络，主要用于解决人与人、人与物、物与物之间的共识协作和效率提升问题，将传统的依赖于人或依赖于第三方可信中心的公正、调节、仲裁功能自动化，按照大家都认可的协议交给可信赖的机器来自动执行。

2018 年 5 月 28 日，国家主席习近平在中国科学院发表讲话，“进入 21 世纪以来，全球科技创新进入空前密集活跃的时期，新一轮科技革命和产业革命正在重构全球创新版图，重塑全球经济结构。以人工智能、量子信息、移动通信、物联网、区块链为代表的新一代信息技术加速突破应用”，表明区块链是“新一代信息技术”的一部分。

从技术的角度看，在区块链技术应用大发展的时代，以太坊、Corda 和 ZCash 等区块链项目并起，一种为商用分布式应用设计的区块链操作系统(EOS，Enterprise Operation System)也逐渐实现，可实现分布式应用的性能扩展。同时，区块链技术的共识机制目前也日渐成熟，出现了多种类别和具体实现方式。区块链与云计算、大数据和人工智能等新兴技术交叉演进，将重构数字经济发展生态，促进价值互联网与实体经济的深度融合。

从行业的角度看，全球范围内票据、证券、保险、防伪、存证、溯源和知识产权等十几个领域都有了区块链应用的成功案例。国内外多家大的金融机构和其他传统企业，也都纷纷建立自己的区块链项目，无论是行业的应用广度，还是区块链的应用深度，都得到了大幅度的提高。

在区块链 3.0 时代，众多区块链应用正在接受市场的检验，适应区块链技术的主要行业领域会逐步发展起来，对全球范围内人民的生活产生深远的影响。

10.1.3　区块链的特点分析

区块链系统是多种已有技术的集成创新，主要用于实现多方信任和高效协作。

区块链具有去中心化、透明性、自治性、不可篡改性、准匿名、可追溯性等特性。

(1) 去中心化。区块链数据的验证、记账、存储、维护和传输等过程都是基于分布式网络架构，无须第三方机构或中心机构。区块链系统中的所有节点之间都可以自由通信，所有节点都共同存储着区块数据，所有节点都扮演着“传播者”和“验证者”的角色。

(2) 透明性。区块链系统整体上是开放透明的，除节点私钥以外，网络中的节点信息对所有参与者公开，区块链中存储的数据对所有参与者公开，区块链的源代码也对所有人公开。

(3) 自治性。区块链系统采用特定的经济激励机制来保证分布式系统中所有节点均可参与数据区块的验证过程，并基于预先设定的规范或共识协议来增加新区块，整个系统中所有节点都是自发地维护其制定的规则。同时，区块链技术提供了灵活的脚本代码系统，支持用户创建高级的智能合约等形式的应用。

(4) 不可篡改性。区块链技术使用哈希函数和非对称加密等密码学技术对区块数据进行加密，确保了数据和信息的基础安全；同时还借助分布式系统、经济激励、共识机制，使大部分节点自发地抵御攻击，少量节点对区块的修改几乎不会影响整个区块系统，保证了区块链数据不可篡改和不可伪造。

(5) 准匿名。区块链系统不采用传统的基于 PKI(Public Key Infrastructure，公钥基础设施)的第三方认证中心(Certificate Authority, CA)颁发数字证书来标识用户身份，而是采用由用户公钥转化而来的地址确认用户信息。用户在参与区块链系统的交互时，只需要公开地址，不需要公开真实身份。因此，区块链上公开的用户信息不与用户真实身份挂钩，只与用户的地址挂钩，具有交易的准匿名性。

(6) 可追溯性。尽管区块链的准匿名性使得用户无法获知交易双方的身份信息，但是区块链的链状结构保存了从第一个区块开始的所有历史数据，连接的形式是后一个区块存储前一个区块的哈希值，区块链上任意一条记录都可通过链式结构追溯源头。

区块链的核心优势是透明性和去中心化：

首先，任何节点都可以参与共识形成的过程，而且新创建的区块必须在全系统公示，只有超过 51%的节点都通过，才能确定一个新区块的添加。

其次，区块链技术能通过时间戳、共识机制和经济激励等手段，在节点间无须互相信任的分布式系统中实现基于去中心化信用的点对点交易、协作。

10.1.4　区块链的模式类型

根据网络范围、开放程度的不同，可将区块链的模式类型分为公有链(Public Blockchain)、私有链(Private Blockchain)、联盟链(Consortium Blockchain)。

1. 公有链

公有链是一种非许可链(Permissionless Blockchain)，是指世界上任何个体或团体都可以发送交易，且交易能够获得该区块链的有效确认，任何人都可以参与其共识过程的区块链。公有链对外开放，用户无须注册就能匿名参与，也无须授权即可访问网络和区块链。

公有链是真正意义上的完全分布式的区块链系统，它通过哈希函数的性质与区块链的结构保证区块链数据的不可篡改，同时将加密算法验证和经济上的激励相结合，并遵循着一定的原则：每个人从中可以获得的激励与对共识过程做出的贡献成正比，从而在陌生的网络环境中建立共识机制，形成去中心化的信用机制。

公有链是出现最早的区块链应用类型，也是目前使用最广泛的区块链应用类型。目前，网络上大量出现的各种虚拟数字货币均基于公有链。公有链具有以下两个特点：

(1) 用户与开发者隔离，在公有链中，程序开发者无权干涉用户，因此用户的各种应用不会受到程序开发者的影响。

(2) 全部区块链数据都处于公开状态。这是由区块链的去中心化特性决定的，首先，作为分布式共享的总账，各个节点都会保存区块主链的备份并对其加以确认；其次，对于已经存储在区块链上的区块，其内部封装的交易信息理论上可以由任何一个节点通过遍历访问，一直追溯到创世区块。这说明交易信息是公开的，也正因如此，区块链才可避免被篡改。

说明

公有链的典型案例是比特币系统。使用比特币系统，只需下载相应的客户端，创建钱包地址、转账交易、参与挖矿，这些功能都是免费开放的。

尽管公有链系统应用非常广泛，但该系统存在以下四类问题：

(1) 效率问题。现有的公有链中一个很严重的问题就是产生区块的效率较低。由于公有链中，区块的传递需要时间，为了保证系统的可靠性，大多数公有链系统都通过提高一个区块的产生时间来保证产生的区块能够尽可能广泛地扩散到所有节点处，从而降低系统分叉(同一时间段内多个区块同时被产生，且被先后扩散到系统的不同区域)的可能性。因此，公有链中区块的高生成速度与整个系统的低分叉可能性是矛盾的，必须牺牲其中的一个方面来提高另一个方面的性能。同时，由于潜在的分叉情况，可能会导致一些刚生成的区块的回滚，一般来说在公有链中，比特币中的区块在有 6 个基于它的后续区块生成后才能被认为是足够安全的，而这大概需要 1 小时，对于大多数应用来说根本无法接受。

(2) 隐私问题。目前公有链上传输和存储的数据都是公开可见的，仅通过“地址匿名”的方式对交易双方进行一定的隐私保护，相关参与方完全可以通过对交易记录进行分析从而获取某些信息。这对于涉及大量商业机密和利益的业务场景来说也是不可接受的。

(3) 最终确定性问题。交易的最终确定性指特定的某笔交易是否会最终被包含进区块链中。PoW 等公有链共识算法无法提供实时确定性，即使看到交易写入区块也可能后续再被回滚，只能保证一定概率的收敛。如在比特币中，一笔交易在经过 1 个小时后可达到的最终确定性为 99.9999%，这对现有工商业应用和法律环境来说，可用性有较大风险。

(4) 激励问题。为促使参与节点提供资源，自发维护网络，公有链一般会设计激励机制，以保证系统健康运行。但在大多数激励机制下，需要发行类似于比特币或代币，不一定符合各个国家的监管政策。

2. 私有链

私有链是一种许可链(Permissioned Blockchain)，是指在一个相对较小的范围内建立的，仅供小范围内应用的区块链，私有链上的读写权限、参与记账权限按私有组织规则来制定。

私有链的应用场景一般是企业内部的应用，如数据库管理、审计等。此外，还包括一些特殊的组织情况，如政府的预算、执行以及政府的行业统计数据等。私有链的价值主要是提供安全、可溯源、不可篡改、自动执行的运算平台，同时还可以防范来自内部和外部对数据的安全攻击。私有链有以下三个特点：

(1) 交易速度大幅提升。用户一般属于同一个组织，用户规模小，因此所有节点属于同一组织，彼此之间已经建立了完全信任，无须复杂的共识机制即可进行交易验证，从而大幅提高交易速度。

(2) 安全性大幅提升。公有链中，各个节点都可以访问区块中的数据，尤其是在创建区块的过程中交易数据在全网范围内传播，而在私有链中，节点都属于同一个组织，使用特有的加密方式，从而提高了安全性。

(3) 交易成本大幅降低。由于各个节点之间属于同一个组织，彼此之间可以高度信任，不再需要花费资源来验证交易，因此，私有链上的交易成本大幅降低。

私有链的重要缺陷就是不具备去中心化的特点，数据非完全透明公开。

3. 联盟链

联盟链也是一种许可链，在联盟链中，一般是由某个群体内部指定多个预选的节点为记账节点，每个区块的生成由所有的预选节点共同决定，其他接入节点可以参与交易，但不能参与记账过程，任何节点都可以通过该区块链开放的 API 进行限定查询。从本质上来看，联盟链采用了一种分布式的托管记账方式，只有预选节点参与共识过程。典型的联盟链代表是 Hyperledger Fabric 系统。

联盟链具备了去中心化的特点，但并不是完全去中心化的，它相当于在某个有限的范围内构造了一种公有链，如金融机构之间，或某个行业的全体参与者之间。建立了联盟链后，联盟链的参与者按区块链的共识机制进行交易的验证和确认，不再需要外部的中心化信任机构，这可以在一定程度上减少流程的损耗，提高交易速度和效率。联盟链的特点如下：

(1) 效率较公有链有大幅提升。联盟链参与方之间互相知道彼此的现实世界身份，支持完整的成员服务管理机制，成员服务模块提供成员管理的框架，定义了参与者身份及验证管理规则；在一定的时间内参与方个数确定且节点数量远远小于公有链，对于要共同完成实现的业务在线下已经达成一致理解，因此，联盟链共识算法较公有链的共识算法约束更少，共识算法运行效率更高。

(2) 更好的安全隐私保护。数据仅在联盟成员内部开放，非联盟成员无法访问联盟链的数据；即使在同一个联盟链内，不同的业务之间的数据也进行一定的隔离。

(3) 不需要代币激励。联盟链中的参与方为了共同的业务收益而共同配合，因此有各自贡献算力、存储、网络的动力，一般不需要通过额外的代币进行激励。

联盟链与公有链相比，尽管大幅提升了效率，但依旧无法满足高性能要求，需要继续研究高性能共识算法、高效智能合约引擎等。国内领先的联盟链技术，目前每秒可以处理上万笔交易，但双十一高峰时阿里云交易速度达每秒 30 多万笔，且可能会继续增加，这两者的数量级还存在鸿沟。

此外，安全隐私保护方面，需要全面支持国密算法和标准，研究更细粒度的隐私交易机制，同时，联盟的自治动态管理机制和高效的热备切换机制也是亟须解决的关键问题。

任务实施

(1) 双击桌面上的 IE 浏览器或 Google 浏览器图标，打开百度搜索。

(2) 在搜索栏中输入“区块链 site:gov.cn”，然后按回车键，检索国家官方网站关于区块链的技术资讯，进一步深入理解区块链。

(3) 通过浏览器访问阿里云官方网站，了解阿里云提供的区块链服务 https://www.aliyun.com/product/baas?spm=5176.10695662.J_3717714080.1.2801688eUCO9eF，如图 10-1 所示。

图 10-1　阿里云区块链服务

(4) 通过访问阿里官方文档可以进一步了解“蚂蚁区块链”中联盟链的创建和管理，https://help.aliyun.com/document_detail/134838.html?spm=a2c4g.11186623.6.603.558944f5XyyCUl，如图 10-2 所示。

图 10-2　蚂蚁区块链联盟链介绍

任务 10.2　区块链关键技术

如何编码数据区块

10.2.1　区块链系统框架

区块链系统是由多种技术相互支撑构成的系统，包括数据区块、时间戳、数字签名、P2P 网络、Merkle 树、UTXO(Unspent Transaction Output，未消费的交易输出)模型、共识算法、智能合约等相关技术。

区块链基础架构可分为六层，如图 10-3 所示，层次由低到高分别是数据层、网络层、共识层、激励层、合约层、应用层。其中数据层包含完成数据加密、区块创建等相关技术，包括数据区块、链式结构、时间戳、哈希函数、Merkle 树以及非对称加密等；网络层主要包含系统的组网方式以及数据传播验证机制；共识层包含工作量证明、权益证明等多种共识机制；激励层则引入经济激励，使得各个节点共同维护区块链系统运作；合约层是指各种合约脚本、算法等；应用层包括货币、金融等行业在区块链领域的各种应用。

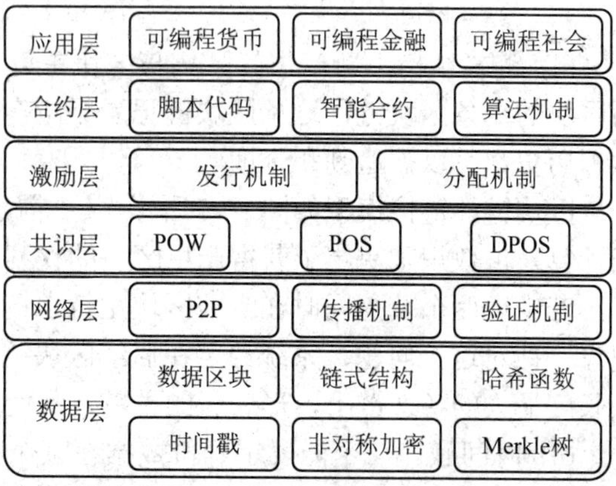

图 10-3　区块链基础架构

1. 数据层

数据层是区块链的核心部分，从创造至今一直在添加新的区块，构成了越来越复杂的链式结构，包含了各种各样的数据，最常见的就是哈希值、随机数以及交易信息等。

(1) 数据区块。由区块头和区块体构成，如图 10-4 所示。

区块头中包括当前区块的版本号、时间戳、随机数、Merkle 根信息，以及前一区块的哈希值和本区块的哈希值等。

区块体中主要包括交易计数和交易详情的交易列表。区块体附加在区块头后面，区块体中的Merkle树会对记录的各个交易进行签名，来保证交易的不可伪造性，同时通过Merkle树的哈希值计算过程产生唯一的 Merkle 根，Merkle 根记录在数据区块的区块头中，使区块头能够体现区块所包含的所有交易。

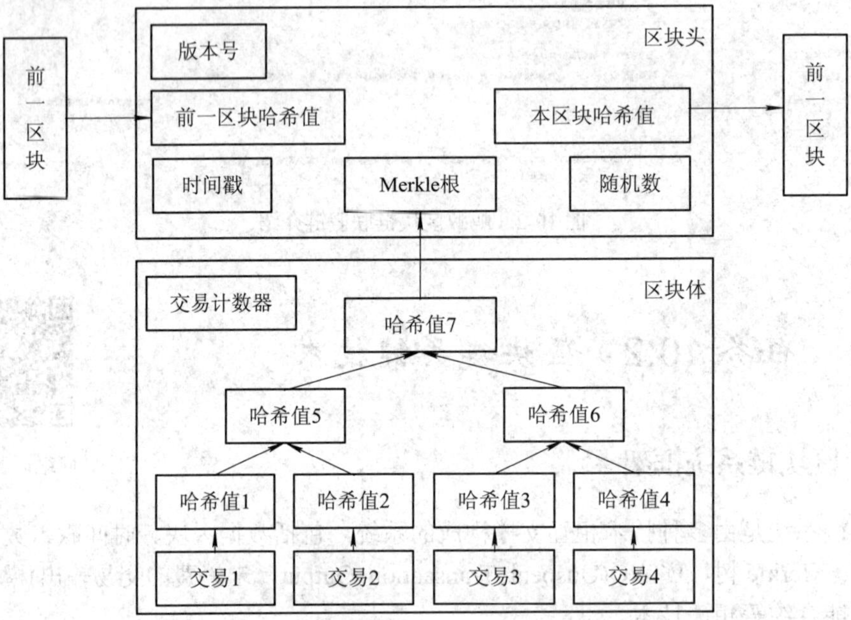

图 10-4　数据区块

(2) 链式结构。新产生的区块与区块主链上的最末端区块连接，形成从创世区块到当前区块的一条区块链，这条区块链记录了所有的交易数据，使得在该条区块链之上的所有数据历史都可以被追溯和查询。

区块链的链接模型如图 10-5 所示，其中前一区块的哈希值指前一个区块头部的哈希值，而计算随机数规则决定了获得产生区块的权利。

若出现两个节点同时在当前区块主链上链接新的数据区块时，区块链会出现“分叉”现象，针对这一问题，系统约定在后续区块链接时，将通过计算和比较，将数据区块链接到长度最大的备选链上，形成新的主链，从而解决这一问题。

(3) 时间戳。一个能表示一份数据在某个特定时间之前已经存在的、完整的、可验证的数据(《GB/T 20519—2006 时间戳规范》)。区块链中每个数据区块头都需要通过加盖时间戳来记录区块的写入时间，保证每个区块按顺序链接，后一个区块的时间戳可以对前一个区块的时间戳进行增强。

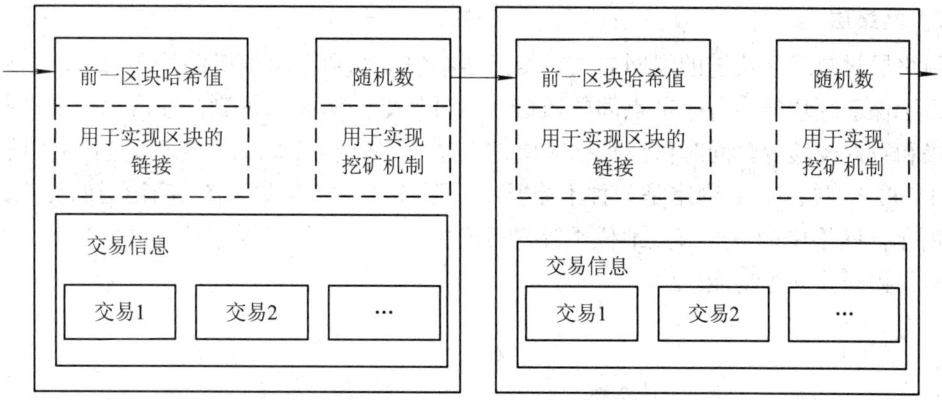

图 10-5　区块链的链接模型

时间戳在区块链中的应用意义重大，用时间戳的方式表达文件的创建先后顺序，在文件创建后，其时间戳不能改动，这就使得文件被篡改的可能性为零，同时也为区块链应用于时间敏感的领域奠定了基础。

(4) Merkle 树。Merkle 树是数据结构中的一种树，可以是二叉树，也可以是多叉树，它具有树结构的所有特点。区块链中利用 Merkle 树实现信息快速、方便的完整性验证。

Merkle 哈希树是一类基于哈希值的二叉树或多叉树，其中叶子节点存储数据块的哈希值，非叶子节点则存储该节点对应的所有叶子节点计算所得的哈希值。图 10-6 所示为一个 Merkle 哈希二叉树。

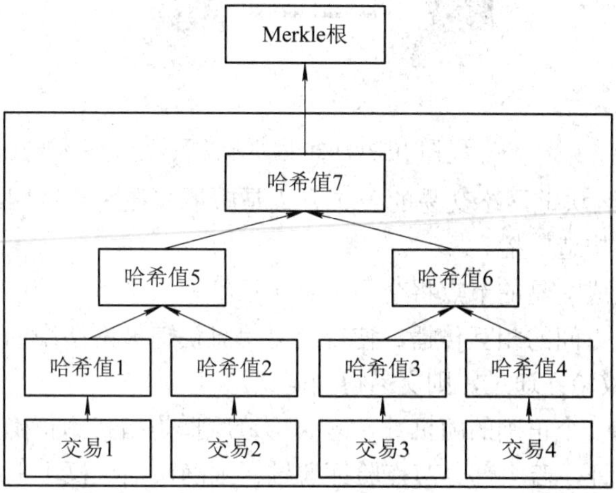

图 10-6　Merkle 树示意图

Merkle 二叉树会将区块链中的数据分组进行哈希运算，向上不断递归运算产生新的哈希节点，除底层哈希节点外，其余哈希节点都包含两个相邻的哈希值。Merkle 二叉树的根保存在区块头中，其余部分保存在区块体中。

Merkle 树使得区块头只需包含该区块记录的所有交易经过不断递归运算最终形成的哈希值，而不是全部的交易数据；同时使得节点在不了解整个区块的情况下，对是否包含某一交易进行验证，极大地提高了区块链的运行效率。

2．网络层

网络层封装了区块链的组网方式、消息传播协议和数据验证机制等要素。网络层的设计是为了保证区块链中各个节点间的通信，通过特定的协议和机制，使得每个节点都能参与记账和数据校验等。同时保证数据区块是经过大部分节点验证后才记入区块链中的。

(1) P2P 网络。P2P 网络是一种不需要中心服务器，而是依靠节点间沟通的体系，如图 10-7 所示，网络中的每个节点地位平等，可产生信息，也可接收信息，每个节点都承担网络路由、数据验证等功能。

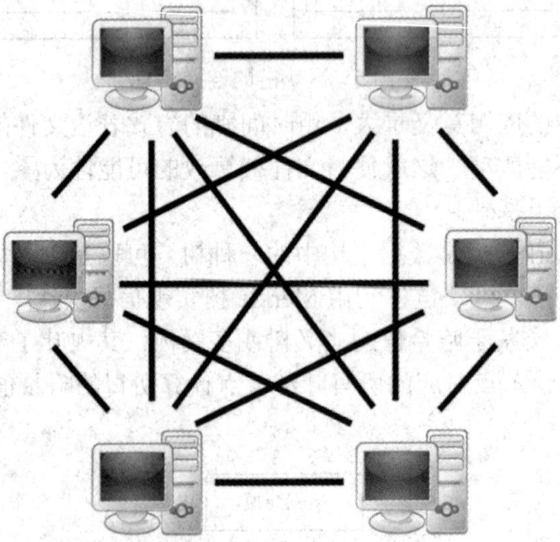

图 10-7　P2P 网络示意图

(2) 传播机制。区块链网络交易的公布方式是广播。在区块链网络中，有两种广播机制：交易广播和区块构造广播。

交易广播是指生成交易的节点将交易信息传播给相邻节点，相邻节点验证后继续传播给其他节点，通过节点间的相互传播，使得交易信息快速被网络中的所有节点接收，若多数节点(51%以上)接收验证通过，则交易得到确认。

区块的生成需要一个正确的随机数，区块构造广播是指找到正确随机数后对其进行广播，其他节点进行验证，若大部分节点验证通过，则确认记账权，生成新区块。

(3) 验证机制。数据验证机制指节点通过对广播的交易信息和区块进行验证的过程。

3．共识层

共识层封装了各种共识算法，例如 PoW、PoS、DPoS 等。区块链架构是一个分布式的架构，区块链共识技术的优势之一是在去中心化的系统中使节点间对区块数据的有效性保持一致。

4．激励层

激励层是将经济因素集成到区块链技术体系中，区块链的运行与安全性依靠众多节点的参与，激励层的目的是提供一定的激励措施鼓励节点参与区块链的日常运作以及共识验证工作。如数字货币等区块链一般会用特定数量的货币奖励给区块创建者。

5．合约层

合约层是区块链 2.0 新出现的拓展架构，但却是区块链延伸各种应用功能的必要支撑，合约层的出现极大地提升了区块链的可拓展性。作为区块链 2.0 的重要标志，合约层由智能合约与合约虚拟机两部分组成。

智能合约是一种旨在以信息化的方式传播、验证或执行合同的计算机协议。其实质就是嵌入区块链的控制代码，在合约达到约束条件后自动执行合约条款，无须人工干预。

合约虚拟机是区块链中智能合约的运行基础，为合约代码提供了沙盒式的执行环境。合约虚拟机本身一般不存储到区块链上，而是与区块链并行存储到各个节点计算机中。每个校验节点都会运行合约虚拟机，并将其作为区块有效性校验协议的一部分。

6．应用层

应用层也是区块链的业务层，封装了区块链的各种功能业务与各个行业的应用场景。该层是在区块链 3.0 时期发展最快的区块链架构，其涵盖的应用场景不再仅限于数字货币和金融领域，区块链在医疗、科学、政府和工业等领域都迎来了重大的发展机遇。

在进入区块链 3.0 后，区块链的应用层便不再仅限于货币交易应用，更多的在于信息的数字化、管理的数字化、资产的数字化，在于应用模式的全方位变化。

任务实施

(1) 将“第 10 章\任务 10.2　区块链关键技术\素材\blockchain-demo 工程”导入 eclipse 开发环境。

(2) 查看 Block.java 中定义的示例区块结构，如图 10-8 所示。

module-info.java　Block.java　Sha.java　BlockchainTest.java

```
package com.blockchain.demo;

import java.util.Date;

public class Block {
    private int version = 1;
    public String rootHash;
    public String previousHash;
    private String data; //our data will be a simple message.
    private long timeStamp; //as number of milliseconds since 1/1/1970.
    private int nonce;

    //Block Constructor.
    public Block(String data,String previousHash ) {
        this.data = data;
        this.previousHash = previousHash;
        this.timeStamp = new Date().getTime();
        this.rootHash = calculateHash(); //Making sure we do this after we set the other values.
    }

```

图 10-8　区块定义代码示例

(3) 运行 blockchain-demo 工程，结果如图 10-9 所示，可以看到前三个初始区块的创建内容输出示例。

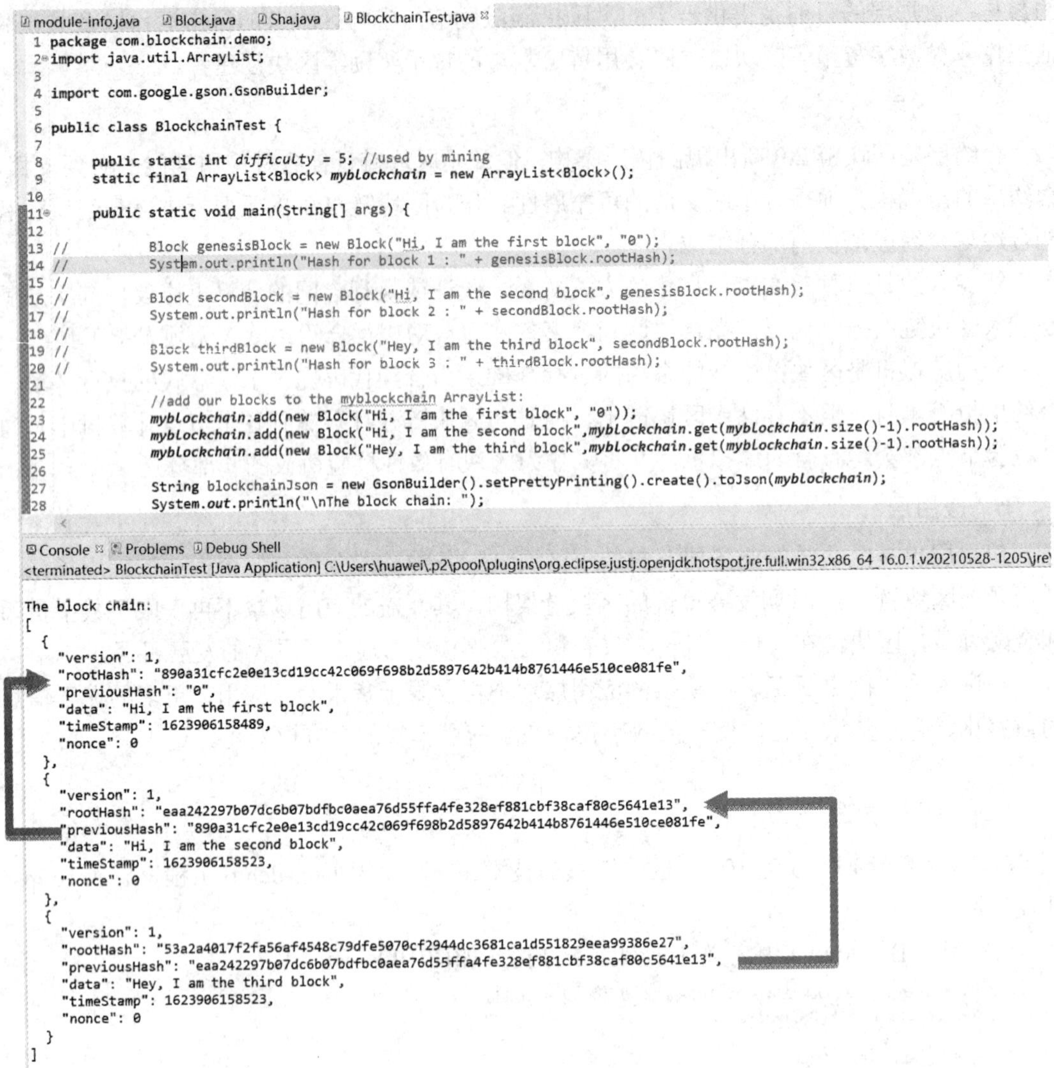

图 10-9　区块创建内容示例

10.2.2　密码学技术

区块链能够构筑安全、可信的存储与交易网络的核心就是密码学技术。在区块链系统中，使用了哈希函数、公钥密码技术和数字签名技术等密码学技术。

1. 哈希函数

哈希函数是实现区块链完整性保护的主要工具，区块链系统中至少包含 2 个层级的完整性保护。首先，一组账本的全局状态由 Merkle 树所保护，其根哈希存储于区块中。这组数据内任意信息改变都可能导致一个新的根哈希值，从而导致整个区块哈希值的改变；其次，通过使用哈希指针，区块的历史能够得到保护，区块一旦添加到区块链中，其内容就不可改变。

Hash 计算

哈希函数也称散列函数，是一种单向密码体制，即一个明文到密文的不可逆映射。哈希函数能够将任意长度的输入映射成固定长度的输出，即哈希值(散列值)。

若用 h = H(m)表示哈希函数的表达式，其中 H 指哈希函数，m 指任意长度的明文，h 则是对应哈希函数 H 的哈希值。哈希函数对于不同的输入可以获得不同的哈希值，如果出现对于不同的输入获得了相同的哈希值，则称为哈希碰撞。表 10-1 给出了几种常用哈希函数对明文 m = “1110” 及明文 m = “1111” 运算的结果。

表 10-1　几种常用哈希函数运算示例对比

H	h=H(1110)	h=H(1111)	h 长度
SHA-1	533958a2148aa8a3466fa3a8340d51e2 8294f41d	011c945f30ce2cbafc452f39840f02569 3339c42	20 字节
SHA-256	055f78940c07630352676197ab7c3ed8 d5bb204d406e5c6ff101f870bc9b7dd7	0ffe1abd1a08215353c233d6e009613e9 5eec4253832a761af28ff37ac5a150c	32 字节
SHA-384	98567311267b4ed8f458d42478de4d9 870d05d61504d32de70fee11ac0faaf47 e692106b5f6289e003c4cc3aaf0fa3f9	7318735a5559d423f7706bbb8b6f10a6 10cb1b74b308a0e17849ace4bb3a34db 34b3b126aa3a8d73b117f98be0e4af67	48 字节
SHA-512	3cd247d38a712ae754cf58787db34da6 304a8826e41d582b7cec981dda7f6a74 44e08cb02f85f600d5def36cd472ff7ac 790304a78a26e0608443f2baf173e97	33275a8aa48ea918bd53a9181aa975f1 5ab0d0645398f5918a006d08675c1cb2 7d5c645dbd084eee56e675e25ba4019f 2ecea37ca9e2995b49fcb12c096a032e	64 字节
RipeMD-160	15f69288d06df24a97d19a612cdb0882 847b68a8	3ae2b25dc4fcc262c399c0b6c8247a6c2 a8be7f0	20 字节

通常，哈希函数具有以下特点：

(1) 单向性。对于给定的哈希值 h，要找到 m' 使得 h = H(m')计算上是不可行的。

(2) 易压缩。对于任意大小的输入 m，哈希值 h 的长度都是很小且固定的。

(3) 高灵敏。每一位输入的变化，都会引起输出值巨大的变化。

(4) 抗碰撞。哈希函数的抗碰撞性是寻找两个不同的、能够产生碰撞的消息在计算上是不可行的。

区块链技术使用的是双 SHA-256 哈希函数，它是将任意长度的原始数据经过两次 SHA-256 哈希运算后转换为 32 字节的二进制数字统一存储和识别。

SHA-256 哈希函数需经过补位、增加长度、取常量、迭代计算等几个步骤。

(1) 将长度为 K 比特的消息补位直到满足要求，即需要补位后的长度对 512 取余后的余数为 448(即 512 − 64)。即使消息长度 K 刚好满足要求，也要进行一次补位操作。补位的规则很简单，第一位补“1”，然后补“0”，直到长度满足要求。

(2) 完成补位操作后，需要再添加 64 比特的长度信息(若消息长度 K 大于 2^{64}，则对消息长度设为取模 2^{64} 后的值)，这就是为什么第一步补位需要余数为 448。

(3) 将完成补位和添加长度信息的消息，分为 512 比特的数据块。

(4) SHA-256 使用自然数中前 8 个质数(2，3，5，7，11，13，17，19)的平方根的小数部分的前 32 比特作为初始化常量，参与运算。

(5) 进行迭代运算，最终经过 64 步迭代运算后，产生 256 比特的哈希值。

SHA-256 运算流程示意图如图 10-10 所示。

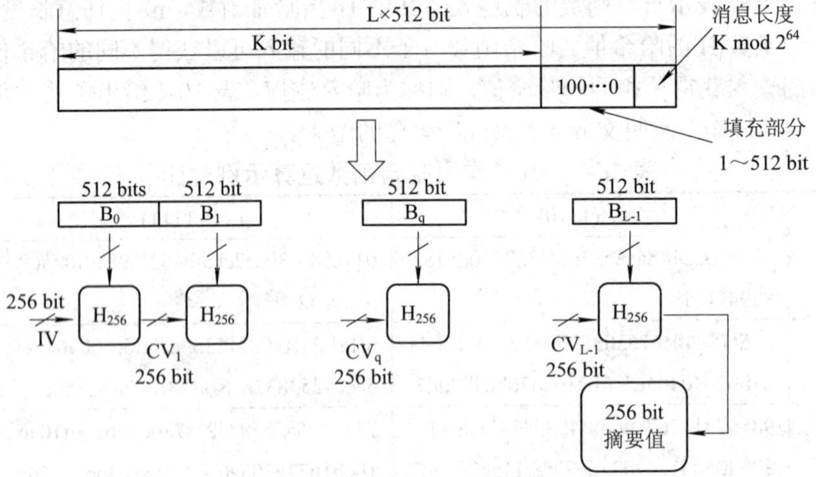

图 10-10　SHA-256 运算流程示意图

说明

以比特币系统为例，使用了两个密码学哈希函数：SHA-256 和 RipeMD-160。SHA-256 哈希函数主要用于加密交易区块的构造，在比特币地址的生成过程中也用到了 SHA-256，同时 PoW 的共识机制也是基于寻找给定前缀的 SHA-256 哈希值。RipeMD-160 哈希函数主要用于生成比特币地址。

2. 公钥密码技术

公钥密码技术也称双密钥密码算法或非对称密码算法。该算法使用两个不同的密钥，即公钥和私钥。公钥指公开的密钥，私钥指非公开、私有的密钥。通常情况下，发送者通过公钥对信息进行加密，接收方通过私钥对收到的信息进行解密。非对称密码算法模型如图 10-11 所示。

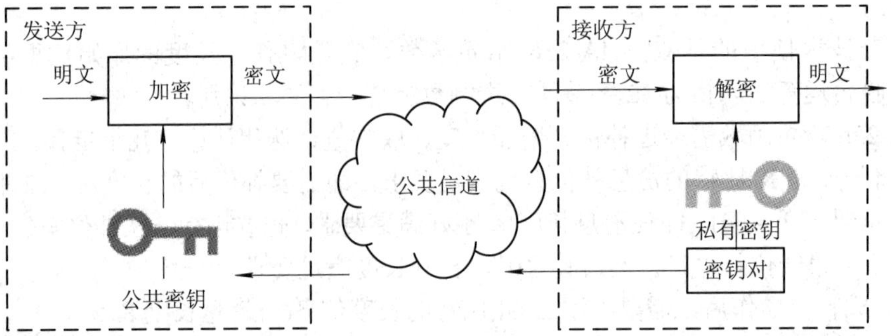

图 10-11　非对称密码算法模型

信息发送前，发送者首先获取接收者的加密密钥，加密时使用该密钥将明文加密成密文，加密密钥也即公钥；解密时接收者使用解密密钥对密文进行处理，还原明文，解密密钥也即私钥。非对称密码技术的通信安全性取决于私钥的保密性。

常见的公钥密码技术包括基于大整数因子分解问题的 RSA 密码、基于有限域上的离散对数问题的 ElGamal 密码、基于椭圆曲线上的离散对数问题的 ECC 密码等。

SM2 椭圆曲线公钥密码技术是我国自主设计的公钥密码技术，SM2 与 RSA 不同的是，SM2 是基于椭圆曲线上的点群离散对数难题，相对于 RSA，256 位的 SM2 密码强度已经比 2048 位的 RSA 密码强度要高。

3．数字签名技术

数字签名也称为电子签名，通常采用公钥密码技术实现类似物理签名的效果，用于对数字消息进行签名，以防消息的冒名伪造或篡改，也可以用于通信双方的身份鉴别。目前已经有包括中国、欧盟、美国等在内的很多国家和地区认可数字签名的法律效力。

数字签名一般由两部分组成，即签名算法和验证算法。签名算法的流程如下：

(1) 签名者 A 对原始数据通过哈希运算计算数字摘要，使用非对称密钥对中的私钥对数字摘要进行加密，这个加密后的数据就是数字签名。

(2) 数字签名与 A 的原始数据一起发送给验证签名的任何一方。

验证过程如下：

(1) 签名的验证方一定要持有发送方 A 的非对称密钥对中的公钥。

(2) 在接收到数字签名与 A 的原始数据后，首先使用公钥对数字签名进行解密，得到原始摘要值。

(3) 对 A 的原始数据通过同样的哈希函数计算摘要值，进而比较解密得到的摘要值与重新计算的摘要值是否相同，如果相同，则签名验证通过；否则，验证失败。

A 的公钥可以解密数字签名，保证了原始数据确实来自 A；解密后的摘要值与原始数据重新计算得到的摘要值相同，保证了原始数据在传输过程中未经过篡改。签名和验证的过程如图 10-12 所示。

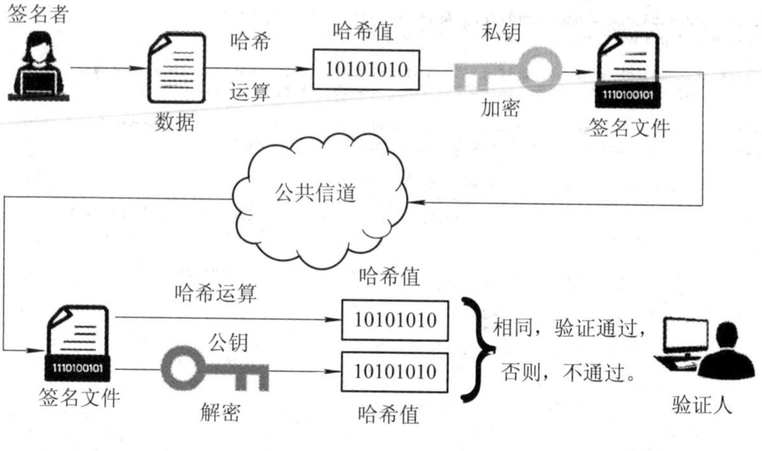

图 10-12　签名及验证的过程

区块链中，用户使用公钥对信息进行加密，只有对应的私钥才能进行解密，其中私钥由用户选取，并产生相应的公钥，公钥记录在对应区块的地址上。此外，用户还可以使用私钥对自己的交易信息进行数字签名，保证消息传输的完整性，其他用户可以使用公钥对消息的签名进行验证。区块链中使用的公钥密码技术是椭圆曲线密码技术。

任务实施

(1) 在 eclipse 中打开“第 10 章\任务 10.2　区块链关键技术\素材\blockchain-demo 工程”。

(2) 查看 Sha.java 中定义 SHA-256 的调用示例，如图 10-13 所示。

module-info.java　Block.java　Sha.java　BlockchainTest.java

```java
package com.blockchain.demo;
import java.security.MessageDigest;
public class Sha {
    //Applies Sha256 to a string and returns the result.
    public static String applySha256(String input){
        try {
            MessageDigest digest = MessageDigest.getInstance("SHA-256");
            //Applies sha256 to our input,
            byte[] hash = digest.digest(input.getBytes("UTF-8"));
            StringBuffer hexString = new StringBuffer(); // This will contain hash as hexidecimal
            for (int i = 0; i < hash.length; i++) {
                String hex = Integer.toHexString(0xff & hash[i]);
                if(hex.length() == 1) hexString.append('0');
                hexString.append(hex);
            }
            return hexString.toString();
        }
        catch(Exception e) {
            throw new RuntimeException(e);
        }
    }
}
```

图 10-13　SHA-256 算法调用示例

(3) 运行如图 10-14 所示的 main 函数，查看每个区块 SHA-256 计算输出。

module-info.java　Block.java　Sha.java　BlockchainTest.java

```java

    public static int difficulty = 5; //used by mining
    static final ArrayList<Block> myblockchain = new ArrayList<Block>();

    public static void main(String[] args) {

            Block genesisBlock = new Block("Hi, I am the first block", "0");
            System.out.println("Hash for block 1 : " + genesisBlock.rootHash);

            Block secondBlock = new Block("Hi, I am the second block", genesisBlock.rootHash);
            System.out.println("Hash for block 2 : " + secondBlock.rootHash);

            Block thirdBlock = new Block("Hey, I am the third block", secondBlock.rootHash);
            System.out.println("Hash for block 3 : " + thirdBlock.rootHash);

            //add our blocks to the myblockchain ArrayList:
//          myblockchain.add(new Block("Hi, I am the first block", "0"));
//          myblockchain.add(new Block("Hi, I am the second block",myblockchain.get(myblockchain.size()-1).rootHash));
//          myblockchain.add(new Block("Hey, I am the third block",myblockchain.get(myblockchain.size()-1).rootHash));
//
//          String blockchainJson = new GsonBuilder().setPrettyPrinting().create().toJson(myblockchain);
//          System.out.println("\nThe block chain: ");
//          System.out.println(blockchainJson);

            //add our blocks to the myblockchain ArrayList:
//          myblockchain.add(new Block("Hi, I am the first block", "0"));
//          System.out.println("Trying to Mine block 1... ");
//          myblockchain.get(0).mineBlock(difficulty);
```

Console　Problems　Debug Shell

```
<terminated> BlockchainTest [Java Application] C:\Users\huawei\.p2\pool\plugins\org.eclipse.justj.openjdk.hotspot.jre.full.win32.x86_64_16.0.1.v20210528-120
Hash for block 1 : 4e2aed90a8693312f0e5d9e0f67330024777bf3948b070f0aba162d3613e6a2a
Hash for block 2 : a60527f881d32d345d7c5cf891641547b7615331ebd40d6b95ba5bf92e3a3e49
Hash for block 3 : dc0db7032410f2fa6d5a13be1c003181b80f2ab5d4cd946a136fdcfeb2ad942f
```

图 10-14　SHA-256 算法运算结果示例

10.2.3　共识机制

挖矿体验

区块链的关键特征就是去中心化，但是分布式系统由于缺乏权威的中心化代理，其信息的可信度和准确性会面临一定的质疑。在传统中心化系统中，因为有权威的中心节点背书，因此可以以中心节点记录的数据为准，其他节点仅简单复制中心节点的数据即可，很容易达成共识。然而，在区块链去中心化的系统中，如何保证所有节点都记录一份相同的正确数据，即达成共识，是一个十分关键的问题，它关系着整个区块链系统的正确性和安全性。

相关知识

1．PoW 共识机制

区块链系统中每个加入系统的节点都要保存一份完整的账本，但每个节点却不能同时记账，因为节点处于不同的环境，接收到不同的信息，如果同时记账，必然会导致账本的不一致，造成混乱。因此，需要一种信任基础，也就是共识机制来确定有权记账的节点。

以比特币为例，它的信任基础并不依赖中心化货币发行机构，而是依赖于“工作量证明”(Proof of Work，PoW)这种共识机制。PoW 的共识形成过程就是俗称的“挖矿”，每个参与竞争记账权的节点称为“矿工”，“挖矿”的过程就是各个“矿工”通过计算资源来竞争同一个难度具有可动态变化和调整的数学问题，并且成功解决该数学问题的“矿工”将获得区块链的记账权以及比特币系统预设的激励，同时在当前时间段的所有比特币交易记录被打包存储在这个新区块上，并按照时间顺序将其链接到链上。

简单地说，工作量证明机制就是节点使用算力资源多少的证明。参与挖矿的节点耗费算力越多，获取记账权的概率就越大，即根据节点的工作量分配记账权。

PoW 共识机制挖矿就是通过算力资源，计算出一个符合规则的随机数，即可获取记账权。

说明

以比特币为例，在比特币的挖矿过程中，矿工需要不断调整 Nonce 值，对区块头数据做双重 SHA-256 哈希运算，使得结果满足给定数量前导 0 的哈希值。其中前导 0 的个数，决定了挖矿难度，前导 0 的个数越多，挖矿难度就越大，在每创建 2016 个区块后将计算新的难度，此后的 2016 个区块将使用新的难度。

工作量证明的最大的优点体现在协议的相对公平性和安全性，节点挖出新区块获得记账权以及预设奖励的概率与其算力占全网总算力的百分比具有一致性；相应的，攻击者的算力需要占据全网 50%以上的算力，才能同全网其他诚实节点竞争成功从而实施攻击，工作量证明也一定程度增加了攻击的困难性。

然而随着时间的推移，PoW 共识机制的缺陷也逐渐体现出来。资源消耗巨大是 PoW 共识机制最显著的缺点，算力是由计算机硬件提供的，从初期的 CPU 到如今的专用矿机，消耗的电力资源庞大，而且由于节点还需要一定的时间付出算力资源以作为工作量证明，完成特定随机数的计算才能成功创建区块，同时需要得到其他节点的验证，降低了区块链系统的效率，无法做到交易数据的实时确认。

除此之外，PoW 共识机制不适合私有链和联盟链。这是因为，一方面 PoW 算法是一个最终一致性共识算法，而不是一个强一致性共识算法，企业应用需要有强一致性的共识算法来保证交易的正确性，而不能依靠概率来决定；另一方面是其共识效率低，提升共识效率又会牺牲共识协议的安全性。

2. PoS 共识机制

为了弥补 PoW 共识机制的能耗问题，不需要耗费大量算力资源的权益证明机制(Proof of Stake，PoS)也成为区块链技术中的主流共识机制之一。

PoS 共识机制实质上是要求用户证明自己拥有一定数量的数字货币的所有权，也就是“权益”。PoS 共识机制与 PoW 共识机制相比而言，它并不需要大量的算力就可以创建新区块，减少了大量算力资源的耗费，但只有拥有一定数量数字货币的用户才能参与创建区块。在实施权益证明机制的数字货币中，创建区块的过程由于不需要耗费大量算力，因此一般不称“挖矿”，而称为“铸币”。

PoS 共识机制中还引入了“币龄”的概念。币龄在区块链发展早期是用于区分比特币交易的优先级，但并没有在比特币安全模型中承担关键作用。币龄是指货币数量与货币持有时间的乘积。如 Alice 向 Bob 发送了 55 个货币，Bob 持有了这些货币 5 天的时间，则 Bob 收集到 $5 \times 55 = 275$ 的币龄；如果 Bob 随后花费了这些货币，则系统会认定 Bob 收集到的币龄已被“消费”。此时，根据 PoS 共识机制，Bob 创建新区块的能力也就归零了。显然，权益证明的理念是新区块的创建应该由具有经济权益的用户决定。

PoS 共识机制是应用最为广泛的新型共识机制之一，与 PoW 共识机制相比，具有以下优势：

(1) PoS 共识技术使 PoW 共识机制算力资源的浪费问题有所缓解。在工作量证明系统中生成区块的概率和“矿工”工作量成正比，而在权益证明系统中，区块生成的概率和币龄成正比，因此用户不需要耗费大量的算力资源来抢夺铸币权，“矿工”们也不再需要消耗大量资源进行算力竞赛。

(2) 由于掌握大量货币成了攻击者实施成功攻击的必要条件，攻击者对货币系统的攻击代价大大提高，攻击持续的难度也有所增加，使得在一个规模庞大的数字货币系统中，其攻击成功可能性非常低。

(3) 因为货币所有者和利益相关人一般持有大量数字货币，他们会更倾向于维护区块链数字货币系统的安全，一旦基于 PoS 共识机制的区块链遭到攻击，货币系统遭到破坏，他们将遭受严重的经济损失。

但 PoS 共识机制也存在一定的缺陷：

(1) 初始币的分发。基于权益证明机制的加密货币一般使用以下两种方式对初始币进行分发：一种是初期借用 PoW 机制进行挖矿，待货币系统稳定后使用 PoS 机制进行系统维护；另一种是采用首次公开募股(Initial Public Offerings，IPO)的方式，但是采用这种方式发行货币会使货币集中在开发者和少数人手中，使得货币系统缺乏信任基础。

(2) 囤币行为的自发形成。在基于 PoS 机制的区块链中币权交易通过销毁币龄来生成区块和获得利息，但被打包进区块的其他普通交易的币龄也会因此被重置为零，这些币龄并不会为货币持有者带来收益，因此用户会更倾向于囤积货币，降低上线频率，导致区块链系统交易活跃性下降，同时掌握大量货币的用户可能会直接垄断记账权。

3. DPoS 共识机制

授权股权证明机制(Delegated Proof of Stake，DPoS)是一种综合完善 PoW 共识机制和 PoS 共识机制的新型共识算法。

授权股权证明机制最主要的特点是引入了见证人(Delegated)的概念。新的区块不再是由区块链系统根据算法选定的，而是由权益随机投票选出的 N 名见证人。

每个持有数字货币的用户相当于拥有一个选票的选民，最终得票前 N 位的见证人即担当代表，代表的数目 N 为至少有 50%的节点认为已经充分去中心化的数量。见证人的候选名单每个维护周期(一般为 1 天)更新一次。见证人然后随机排列，每个见证人按序有 2 秒的权限时间生成区块，若见证人在给定的时间片不能生成区块，区块生成权限交给下一个时间片对应的见证人。DPoS 的这种设计使得区块的生成更为快速，也更加节能。

选出的代表拥有提出改变网络参数的特权，包括交易费用、区块大小、见证人费用和区块区间。若大多数代表同意所提出的改变，用户有两周的审查期，这期间可以罢免代表并废止所提出的改变。这一设计确保在技术上没有直接修改参数的权利以及所有的网络参数的改变最终需要得到持股人的同意。

DPoS 共识机制实质上是一种代议制共识，通过投票机制将所有用户的权力集中到了少数人手中，形成一种有约束的中心化，这种中心化会大大加快交易的确认速度，确认时间缩短到秒级。但与中心化系统的弊端类似，记账权力一旦集中，就不得不提防获得代表权的用户是否会为了自身利益而损害系统的公平公正，降低了信任基础。

任务实施

(1) 在 eclipse 中打开“第 10 章\任务 10.2　区块链关键技术\素材\blockchain-demo 工程”。

(2) 查看 Block.java 中定义 mineBlock 函数，该函数属于 PoW 共识的一个挖矿示例，根据定义的哈希值前导 0 值个数进行挖矿，如图 10-15 所示。

```java
    public void mineBlock(int difficulty) {
        String target = new String(new char[difficulty]).replace('\0', '0'); //Create a string with difficulty * "0"
        while(!rootHash.substring( 0, difficulty).equals(target)) {
            nonce ++;
            rootHash = calculateHash();
        }
        System.out.println("Block Mined!!! : " + rootHash);
    }
}
```

图 10-15　挖矿示例

(3) 运行如图 10-16 所示的 main 函数，查看挖矿的示例结果，如图 10-17 所示。

```
module-info.java   Block.java   Sha.java   BlockchainTest.java

public class BlockchainTest {

    public static int difficulty = 5; //used by mining
    static final ArrayList<Block> myblockchain = new ArrayList<Block>();

    public static void main(String[] args) {

//        Block genesisBlock = new Block("Hi, I am the first block", "0");
//        System.out.println("Hash for block 1 : " + genesisBlock.rootHash);
//
//        Block secondBlock = new Block("Hi, I am the second block", genesisBlock.rootHash);
//        System.out.println("Hash for block 2 : " + secondBlock.rootHash);
//
//        Block thirdBlock = new Block("Hey, I am the third block", secondBlock.rootHash);
//        System.out.println("Hash for block 3 : " + thirdBlock.rootHash);

        //add our blocks to the myblockchain ArrayList:
//        myblockchain.add(new Block("Hi, I am the first block", "0"));
//        myblockchain.add(new Block("Hi, I am the second block",myblockchain.get(myblockchain.size()-1).rootHash));
//        myblockchain.add(new Block("Hey, I am the third block",myblockchain.get(myblockchain.size()-1).rootHash));
//
//        String blockchainJson = new GsonBuilder().setPrettyPrinting().create().toJson(myblockchain);
//        System.out.println("\nThe block chain: ");
//        System.out.println(blockchainJson);

        //add our blocks to the myblockchain ArrayList:
        myblockchain.add(new Block("Hi, I am the first block", "0"));
        System.out.println("Trying to Mine block 1... ");
        myblockchain.get(0).mineBlock(difficulty);

        myblockchain.add(new Block("Hi, I am the second block",myblockchain.get(myblockchain.size()-1).rootHash));
        System.out.println("Trying to Mine block 1... ");
        myblockchain.get(1).mineBlock(difficulty);

        myblockchain.add(new Block("Hey, I am the third block",myblockchain.get(myblockchain.size()-1).rootHash));
        System.out.println("Trying to Mine block 1... ");
        myblockchain.get(2).mineBlock(difficulty);

        String blockchainJson = new GsonBuilder().setPrettyPrinting().create().toJson(myblockchain);
        System.out.println("\nThe block chain: ");
        System.out.println(blockchainJson);
    }
}
```

图 10-16　main 函数示例

```
Console   Problems   Debug Shell
<terminated> BlockchainTest [Java Application] C:\Users\huawei\.p2\pool\plugins\org.eclipse.justj.openjdk.hotspot.jre.fu
Trying to Mine block 1...
Block Mined!!! : 00000ee8afb444a0b73667400c9613dc2c6849d21ee1e2be29e128b45f6237d8
Trying to Mine block 1...
Block Mined!!! : 00000ee4b79e5d603f3bd796c4439460e02b2725c697260b01af3c3c0a49350f
Trying to Mine block 1...
Block Mined!!! : 000001a27369d0a1ee0e5c7398655157a0a2d31b17d3d73f4486cd8112be9399

The block chain:
[
  {
    "version": 1,
    "rootHash": "00000ee8afb444a0b73667400c9613dc2c6849d21ee1e2be29e128b45f6237d8",
    "previousHash": "0",
    "data": "Hi, I am the first block",
    "timeStamp": 1623907055592,
    "nonce": 1070978
  },
  {
    "version": 1,
    "rootHash": "00000ee4b79e5d603f3bd796c4439460e02b2725c697260b01af3c3c0a49350f",
    "previousHash": "00000ee8afb444a0b73667400c9613dc2c6849d21ee1e2be29e128b45f6237d8",
    "data": "Hi, I am the second block",
    "timeStamp": 1623907057285,
    "nonce": 1591309
  },
  {
    "version": 1,
    "rootHash": "000001a27369d0a1ee0e5c7398655157a0a2d31b17d3d73f4486cd8112be9399",
    "previousHash": "00000ee4b79e5d603f3bd796c4439460e02b2725c697260b01af3c3c0a49350f",
    "data": "Hey, I am the third block",
    "timeStamp": 1623907059629,
    "nonce": 1714959
  }
]
```

图 10-17　挖矿结果示例

10.2.4　智能合约

智能合约体验

智能合约(Smart Contract)是密码学家 Nick Szabo 于 1994 年提出的概念，最初它被定义为以数字形式定义的合约，设计初衷是通过将智能合约内置到物理实体从而创造各种灵活可控的智能资产。当智能合约处于规定的条件或环境中时，智能合约就会被触发并自动执行相应的合约条款。在执行合约的过程中，任何参与者或机构都不能够随意修改或删除合约，也无法阻止智能合约的自动执行。

然而在传统的中心化体系下，由于中心化系统的高权限，存储于中心机构的智能合约可以被系统管理者随时修改或删除，导致智能合约在过去几乎没有实际利用价值。但是区块链技术的发展，智能合约在以太坊中得到很好的应用，推动了区块链 2.0 时代的开启。

1. 智能合约的概念

智能合约作为区块链技术的核心架构之一，是一种可由事件驱动的、具有状态、运行在区块链系统上的计算机程序，以数字化方式传播、验证或执行合同，进而控制和管理区块链上的智能资产。

在区块链技术中，智能合约可以看作是一种嵌入式程序，能够内置于数据区块中，形成可编程控制的数字化系统。在部署智能合约之前，会预先设定好与合约有关的所有条款的逻辑流程，当预先编程好的条件被触发时，智能合约便会自动执行相应的合同条款，用户与智能合约的交互行为都要严格遵守此前制定的逻辑流程，以防出现违约行为。

智能合约与区块链同样具备分布式存储验证、不可篡改伪造等特性。签署合约的参与方需要就合约内容、违约条件、违约责任和外部核查数据源达成一致，必须对合约代码进行检查和测试，在确保无误后才能以智能合约的形式部署在区块链上，形成可不依赖任何信任中心机构的、自动化的、代表各签署方执行的合约。智能合约模型示意图如图 10-18 所示，其中各组成部分的定义如下。

(1) 合约参与方：执行智能合约的相关参与者。

(2) 合约资源集合：智能合约执行涉及的参与方资源，比如各参与方账户、拥有的数字财产等。

(3) 自动状态机：智能合约下一步执行的关键，包括当前资源状态判断、下一步合约

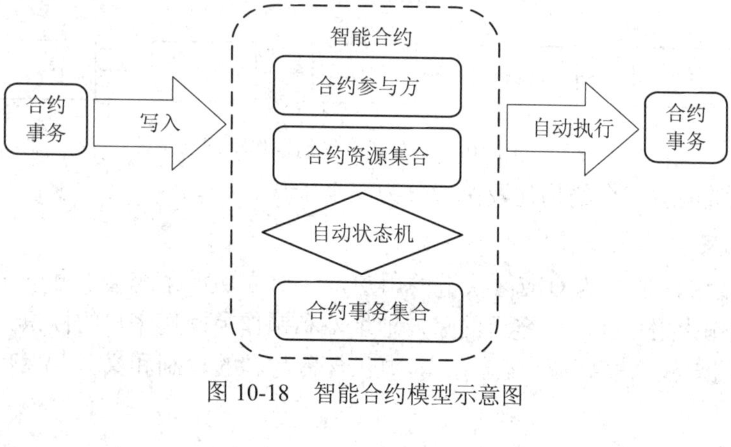

图 10-18　智能合约模型示意图

事务执行选择等。

(4) 合约事务集合：智能合约的下一步动作或行为集合，控制着合约资产并对接收到的外界信息进行回应。

虽然智能合约在法律范畴上是否是一个真正意义上的合约还有待研究和确认，但在技术应用上，它不仅为传统金融资产的发行、交易、创造和管理提供了创新性的解决方案，同时在社会系统中的监管执法、合同规范和资产管理等事务中也发挥了重要作用。

说明

可用银行账户的管理流程类比于智能合约的应用。在传统方式中，账户存款、取款等操作必须由中心化银行通过一定的流程进行授权完成，而智能合约能够完全代替中心化的银行职能，所有账户操作都已预先通过严密的逻辑运算制定，在操作执行时，只要正确地调用合约即可完成，无须银行参与。但智能合约一旦成功部署，就不会再受到人为的干预，从而无法随时修正智能合约设计中出现的漏洞，这也要求智能合约的编写者深入理解操作流程的各个细节，并进行合理设计。

2. 智能合约的运行机理

基于区块链的智能合约的运作主要是通过事务及事件处理和保存的机制，以及状态机完成。其中，事务主要指需要发送的数据，事件是对上述数据的描述信息，而状态机则用于接受和处理各种智能合约。事务及事件信息传入智能合约后，合约资源集合中的资源状态会被更新，进而触发智能合约进行状态机判断，当满足事件描述信息中包含的触发条件时，智能合约会根据条款输出预设的数据资源。智能合约的运行机理如图 10-19 所示。

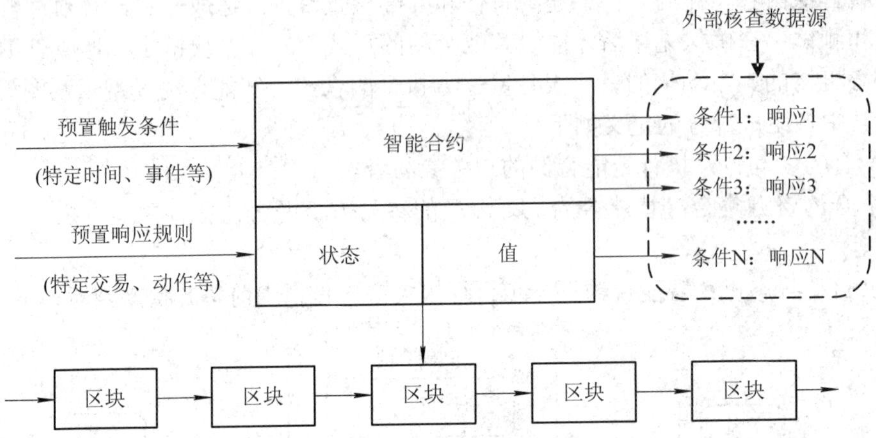

图 10-19　智能合约的运作机理

基于区块链的智能合约构建及执行分为三个步骤。

1) 合约制定

(1) 用户需要注册成为对应区块链的用户，注册成功后系统会返回一个公钥和一个私钥，其中公钥作为用户在区块链上的账户地址，私钥作为操作账户的标识。

(2) 参与用户根据需要商订合同，其中包含参与者的权利和义务，然后对该合同进行机器语言编程。

(3) 参与者还需分别用各自私钥进行签名，以确保合约的有效性，并发送到区块链系统中。

2) 合约传播

(1) 制定好的合约通过 P2P 网络发送至区块链中的每个节点，区块链中的验证节点会先存储收到的合约，等待直到新一轮的共识时间时，触发对该份合约的共识和处理。

(2) 验证节点将这段共识时间内收集的所有智能合约打包成一个合约集合，并计算该合约集合的哈希值，并组装成一个区块结构向全网传播；在其他验证节点收到该区块结构后，将提取出合约集合的哈希值与自己存储的合约集合的进行比较，并发送其认可的合约集合。

(3) 通过一定轮次的比较和发送，所有的验证节点最终在规定的时间内对最新的合约集合达成一致。收到合约集合的节点，都会对每条合约的签名进行验证，验证通过的合约才会最终写入区块链中。最新达成的合约集合会以区块的形式传播，如图 10-20 所示。

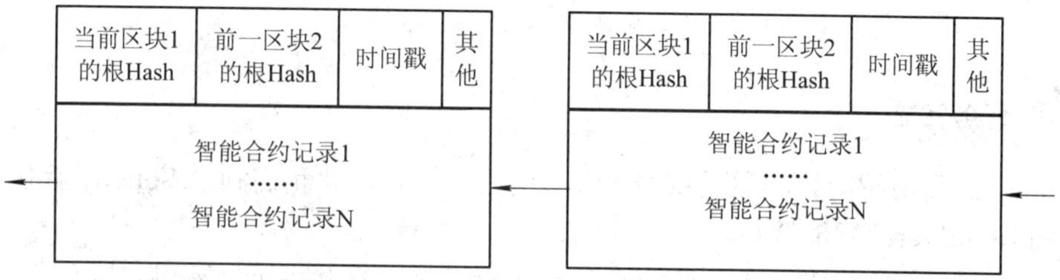

图 10-20　智能合约模型示意图

3) 自动执行

(1) 区块链系统会定期检查智能合约的状态，逐条遍历每个合约内包含的状态机、事务以及触发条件，然后将满足条件的事务推送到待验证的队列中，等待共识，未满足触发条件的事务将继续存放在区块链上。

(2) 推送至验证队列的事务也将传播到每个验证节点进行签名验证，确保事务的有效性；验证通过的事务会进入待共识集合，达成共识后，事务将会被成功执行并通知用户。

(3) 事务执行成功后，智能合约内含的状态机会判断所属合约的状态，当所属合约中所有的事务都顺序执行完成后，状态机将合约的状态标记为完成，并在最新生成的区块中移除该合约。

3. 智能合约的特点

智能合约的特点主要有以下五个方面。

(1) 高效实时更新。由于智能合约的执行不需要人为的第三方权威或中心化代理服务器的参与，其能够在任何时候响应用户的请求，从而大大提升了交易运行的效率。

(2) 准确执行。智能合约的所有条款和执行过程是提前制定好的，并在计算机的绝对控制下进行。因此，所有执行的结果都准确无误，不会出现不可预料的结果。

(3) 较低的人为干预风险。在智能合约部署后，合约的所有内容都将无法修改，合约中的任何一方都不能干预合约的执行，也就是说任何合约人都不能为了自己的利益恶意毁约，即使发生毁约事件，事件的责任人也会受到相应的处罚，这种处罚也是在合约制定之初就已经决定好的，在合约生效之后无法更改。

(4) 去中心化权威。一般来说，智能合约不需要中心化的权威来仲裁合约是否按规定执行，合约的监督和仲裁都由计算机来完成。在区块链上的智能合约更具有这一特性，在一个区块链网络中，一般不存在一个绝对的权威来监督合约的执行，而是由该网络中绝大部分的用户来判断合约是否按规定执行，这种大多数人监督的方式是由 PoW 或 PoS 技术来实现的。

(5) 较低的运行成本。正因为智能合约具有去人为干预的特点，其能够大大减少合约履行、裁决和强制执行所产生的人力成本，但要求合约制定人能够将合约的各个细节在合约建立之初就确定下来。

说明

虽然智能合约具有许多显著的优点，但也存在安全隐患。如智能合约本质上是一份程序代码，难免会有因为考虑不周而出现的代码漏洞，由于智能合约在成功部署后的不可篡改性，智能合约存在严重的代码安全问题。

任务实施

Solidity 是目前智能合约最受欢迎的编程语言之一。在此我们利用 Solidity 代码编写一个简单的 HelloWorld 智能合约。

(1) 双击桌面上的 IE 浏览器或 Google 浏览器图标，打开浏览器窗口。

(2) 在浏览器地址栏中单击，输入地址信息 http://remix.ethereum.org 后按回车键，进入 Remix(它是一个基于浏览器的 Solidity IDE，支持编写、测试和部署智能合约)，如图 10-21 所示。

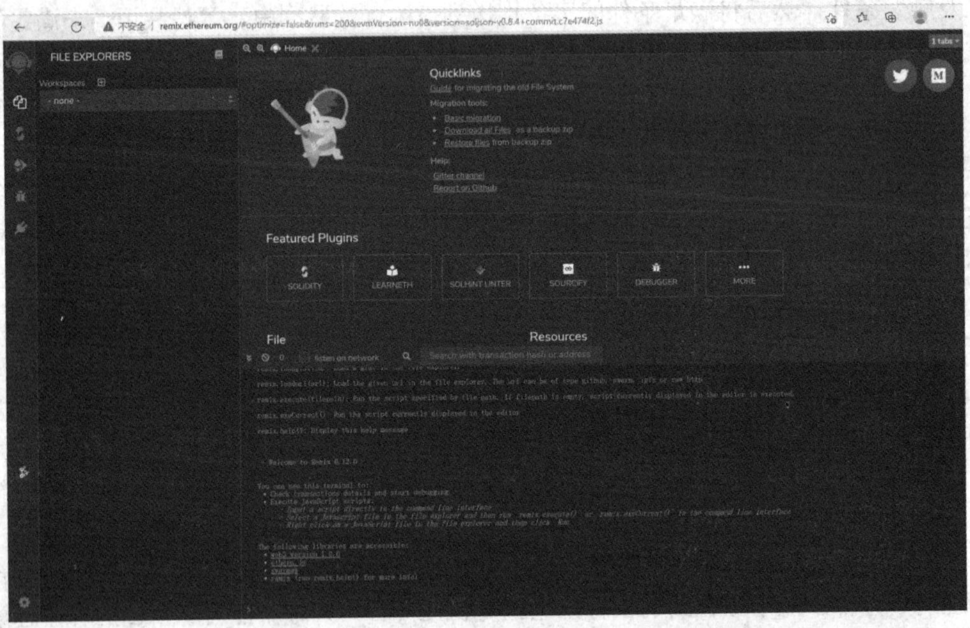

图 10-21 Remix 主页

(3) 单击【Workspace】旁的按钮，打开创建工作项目页面，在输入框中输入项目名称“workspace_helloContract”，点击【OK】，如图 10-22 所示。

图 10-22　创建工作项目

(4) 选中 contracts 文件夹，然后单击其上方的新建文件按钮，输入新文件的名称“helloContract”，按回车键，效果如图 10-23 所示。

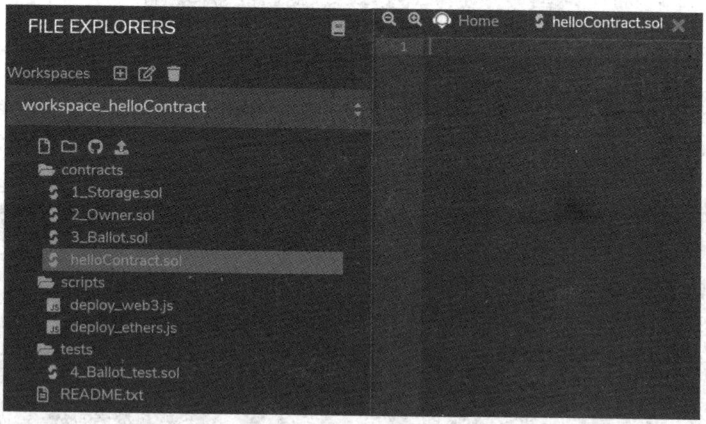

图 10-23　创建文件

(5) 在文件“helloContract”中输入如图 10-24 所示的示例代码。

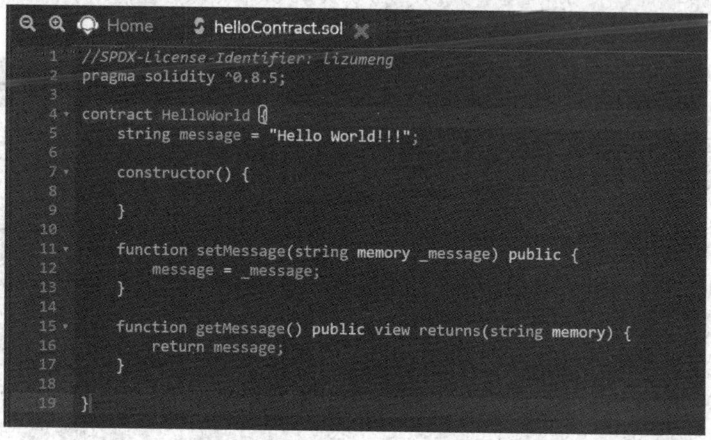

图 10-24　示例代码

(6) 点击右侧的【Solidity compiler】按钮，配置其中的编译器版本、语言、EVM 版本等信息，如图 10-25 所示，然后点击 Compile helloContract.sol，编译 helloWorld 智能合约。

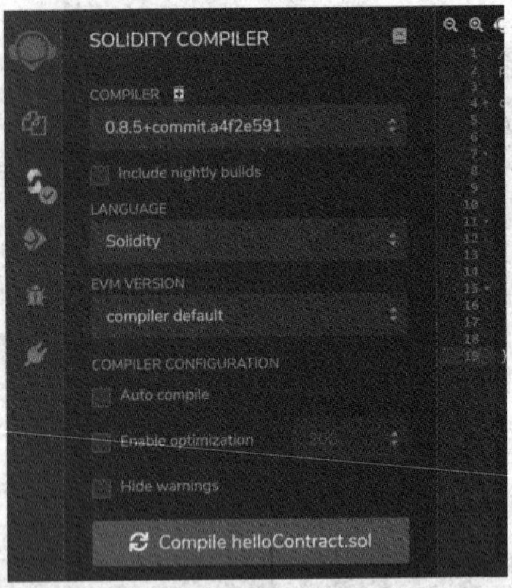

图 10-25　编译代码

(7) 点击右侧的【Deploy & Run trasactions】按钮，选择运行环境【JavaScript VM】，然后点击【Deploy】按钮，运行 helloWorld 智能合约，在运行结果提示框内会出现运行成功的提示，如图 10-26 所示，点击运行结果，可以查看详情，如图 10-27 所示。

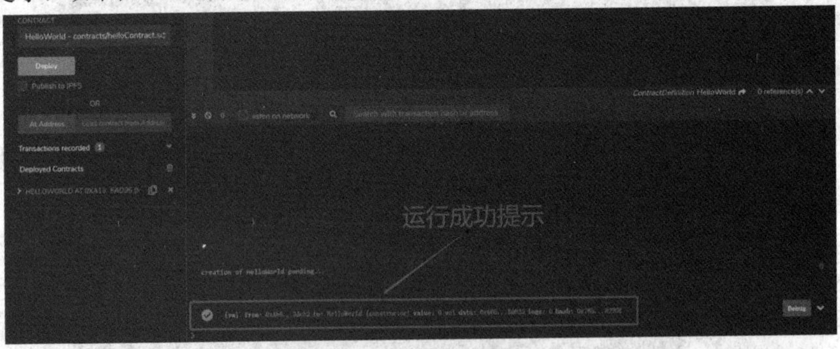

图 10-26　运行结果

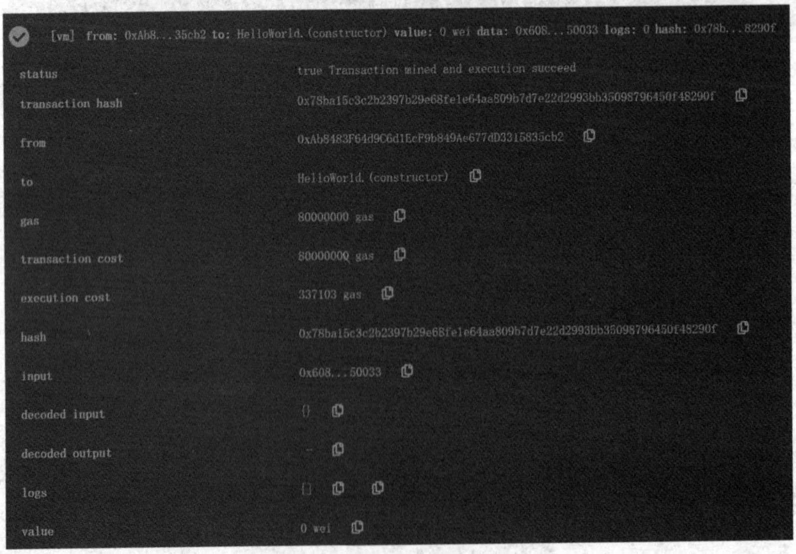

图 10-27　运行结果详情

任务 10.3　区块链典型应用与发展趋势

区块链典型应用

10.3.1　区块链典型应用

1．区块链金融

区块链技术在金融领域的应用被称为区块链金融，而区块链金融企业是指开发和应用区块链技术的金融企业，具有代表性的企业有平安集团的金融壹账通、京东集团的京东科技和腾讯的腾讯微众银行等。这些企业主要是运用区块链等高新技术为底层科技，通过开发具体应用场景的技术解决方案来为金融机构提供金融服务。金融壹账通以“金融+科技”为经营战略，通过提供技术解决方案与金融机构展开业务合作，帮助金融企业实现“三升两降”(包括营收提升、效率提升、服务质量提升、经营风险降低、资本成本降低)，最终实现传统金融企业向现代化金融企业的转型升级。京东科技同样是以区块链、大数据、云计算及人工智能等信息技术为基础，为客户提供“科技+产业+生态”的全方位服务。可以看出，与传统金融企业相比，区块链金融企业在通过提供技术解决方案解决传统金融问题方面有自己独特的优势。

根据 2020 年我国区块链金融发展报告所统计的数据来看，我国的金融企业在区块链技术方面的投资越来越高，区块链金融产品的应用场景也越来越丰富，涵盖了银行、保险、基金和证券等诸多领域。根据生命周期理论，我国区块链金融企业自 2015 年开始在我国快速发展，现在基本已经度过初创期，如金融壹账通已经在美股上市且其营收也在逐年升高。结合区块链金融企业在我国的发展我们知道，当前我国的区块链金融企业的发展大多正处于成长期阶段。

在金融业新一轮科技变革中，区块链技术扮演着十分重要的角色，区块链的不可篡改性让票据之间的支付清算更加清晰，还能够依托这种特性建立信息交流通道和集成化的服务体系，帮助企业筹集资金，帮助监管部门核验信息；还可以将众多企业信息数据结合上链，帮助企业降低信用风险。在我国金融机构基础设施数字升级的过程中，区块链技术的重要性会更加明显。

2．基于区块链的电子发票

随着信息化时代的到来，电子发票应运而生，其产生主要根植于电子商务的经营需要。2013 年 5 月，中国首张电子发票由京东开出；2014 年 6 月，北京市国税局开始接受第一张电子发票入账。自此，我国开始踏入电子发票时代。随着“互联网+税务”概念的提出，电子发票成为电子税务新生态必不可少的一环。对于使用方而言，电子发票节约了成本、节省了资源，提高了效率；对于税务部门来说，电子发票也更有利于税收征管的信息化，降低了管理成本。但是，电子发票在大规模应用的同时不可避免地产生了一些问题，这主要是因为电子发票可以被完全复制造成的，出现了电子发票的重复报销、可靠保存的问题。目前的权宜之计是借助辅助性的管理手段加以解决，但却无法从根本上杜绝，于是在某种程度上影响到了电子发票的推广，也影响到了我国税务信息化的进程，所以解决好这些问题迫在眉睫。目前的电子发票管理系统普遍存在过于中心化、负载过重、效率低下的问题，区块链技术恰好为解决这类问题提供了一个新的思路。通过构建基于区块链技术的电子发票云平台，可以充分发挥区块链去中心化、共识算法、分布式广播的特点。这将有利于解决电子发票应用生态存在的痛点：一是利用区块链技术去中心化特点实现基于区块链网络中的分布式存储，通过广大节点的共识加密和算法来保证数据可信流转、一致性和不可篡改；二是采用由所有节点共同维护的公共账本来解决电子发票的重复报销、重复入账问题；三是电子发票涉及开票方、受票方和消费者，利用区块链分布式网络的传播，避免电子发票数据的不一致，防止数据的篡改，提高数据的准确性和效率问题。目前国内已有基于区块链的电子发票典型案例。2018 年 6 月，全国首个电子发票区块链平台“税链”在广州正式上线，广州燃气集团有限公司由税务机关授权加入区块链网络，开出首张“上链”发票，实现全国首张电子发票上区块链存储、交换和共享；2019 年 2 月，天猫商城商户开出首张区块链电子发票，“税链”区块链电子发票的应用范围首次扩展到大型电商领域。

3．区块链+版权保护

进入信息时代以来，经济全球化的发展越发深入，伴随而来的是知识全球化的蓬勃发展，知识经济也逐渐成为国家发展的重要领域，各个国家和地区想要提升国际市场上的竞争力，必须大力发展知识产权，提升知识产权在国家经济发展中的战略地位。在“互联网+文化产业”全面发展的大背景下，我国数字版权产业也进入到高速发展阶段，数字出版物的数量一直增多，其类型也越来越多元化。中国新闻出版研究院 2019 年公布的《2018—2019 中国数字出版产业年度报告》显示，2018 年全年，国内数字出版产业整体收入规模达到八千多亿元。但是由于网络的开放性比较大，公民的知识产权意识有限以及国家层面的监管制度有待完善等原因，我国网络侵权现象较为严重。区块链技术的兴起为解决数字版权的版权确权、版权交易以及版权保护提供了新的思路。区块链技术的去中心化特点能有效解决信任问题，分布式同步账本使得中介问题迎刃而解，而智能化合约正好为解决执行问题提供了可能。

百度图腾是百度公司研发的一款基于区块链技术进行数字图片保护的产品，该产品通过区块链技术的时间戳功能为平台上注册登记的数字作品生成专属的版权 DNA，又基于区块链技术可追踪性强的特点，可以通过该平台对作品的创作、传播以及交易信息进行存证，为创作者的版权认证以及版权交易提供方便，也为创作者进行维权提供可靠的证据支持。

原本平台是上海七印信息科技公司研创的一个以区块链技术为核心，旨在为原创者、媒体行业以及政府机关提供数字版权认证、交易的存证平台。当创作者在平台上发布文章、图片以及视听作品时，原本平台会根据作品内容的独特性再辅以区块链技术的时间戳功能，为其作品生成一个专属的“电子 DNA”，该 DNA 则作为数字作品的身份证在网络世界中传播和交易，极大地方便了数字版权登记和交易。

4．基于区块链的在线教育

随着互联网特别是移动互联网信息技术的迅猛发展，远程教育模式开始得到广泛应用，线下生态不断向线上迁移，与此同时，急速增长的互联网用户数量也使得满足求知者个性化需求的社区、网校等新的在线教育形式层出不穷，线下教育生态加速线上化催生了云课堂、直播课堂等新的移动教学方式。但是现有教学类管理系统并未很好地适应此类新型教学方式。由于这类系统大都基于传统的 B/S 架构实现，它们的功能集中于中心服务器，且管理员权限过于集中，因此可能造成私自篡改数据，导致数据不可信。同时这类系统不利于多方认证查询。目前，随着互联网技术的不断发展和联盟区块链应用市场的不断扩大，区块链技术越来越受到各行各业的重视。经历快速发展的区块链技术不仅重塑了支付系统、金融服务等领域，而且还利用其数据不可篡改、可追溯的特点不断加深其在供应链管理、社会公益、文化娱乐等领域的影响。在此趋势下，教育类区块链应用也越来越受到社会的认可与期待。

而区块链技术恰好能重构这份信任，成为在线教育企业、高校、用人单位之间信任的桥梁。区块链的信任基础建立在信息透明之上。信息透明会带来企业间沟通成本的急剧减小。基于区块链的在线教育企业产生的学习数据不再存放于自己的中心数据库中，而是利用联盟链分布式存储在各个节点里。同时由于区块链数据的不可篡改、不可伪造的特性，上链存储的学习数据有了天然的可信力。

任务实施

使用 Python 3 代码编写一个简单的区块链：

(1) 定义区块结构。在区块链中，每个区块都存储索引、时间戳、数据、前一区块的哈希值、本区块的哈希值。每个区块的哈希值都是该区块索引、时间戳、数据和前一个区块哈希值的哈希值。

```
import hashlib
import datetime

# Define what a Snakecoin block is
class Block:
    def __init__(self, index, timestamp, data, previous_hash):
        self.index = index
        self.timestamp = timestamp
        self.data = data
        self.previous_hash = previous_hash
        self.hash = self.hash_block()

    def hash_block(self):
        sha = hashlib.sha256()
        sha.update(str(self.index).encode('utf-8') +
                   str(self.timestamp).encode('utf-8') +
                   str(self.data).encode('utf-8') +
                   str(self.previous_hash).encode('utf-8'))
        return sha.hexdigest()
```

(2) 编写一个创建创世区块的函数。创世区块，也就是第一个区块，它是一个特殊块，此区块的索引为 0。

```
# Generate genesis block
def create_genesis_block():
    # Manually construct a block with
    # index zero and arbitrary previous hash
    return Block(0, datetime.datetime.now(), "Genesis Block", "0")
```

(3) 编写在区块链中生成后续区块的函数。此函数将链中的前一个块作为参数，为要生成的块创建数据，并使用适当的数据返回新区块。

```
# Generate all later blocks in the blockchain
def next_block(last_block):
    this_index = last_block.index + 1
    this_timestamp = datetime.datetime.now()
    this_data = "Hey! I'm block " + str(this_index)
    this_hash = last_block.hash
    return Block(this_index, this_timestamp, this_data, this_hash)
```

(4) 创建区块链。在本例子中，区块链本身就是一个简单的 Python 列表。列表的第一个元素是创世区块，并且通过一个 for 循环增加 10 个新区块。

```
# Create the blockchain and add the genesis block
blockchain = [create_genesis_block()]
previous_block = blockchain[0]

# How many blocks should we add to the chain
# after the genesis block
num_of_blocks_to_add = 10

# Add blocks to the chain
for i in range(0, num_of_blocks_to_add):
    block_to_add = next_block(previous_block)
    blockchain.append(block_to_add)
    previous_block = block_to_add
    # Tell everyone about it!
    print("Block #{} has been added to the blockchain!".format(block_to_add.index))
    print("Hash: {}\n".format(block_to_add.hash))
```

运行结果如图 10-28 所示。

```
Block #1 has been added to the blockchain!
Hash: 6d80ff55744cc5d304c4f7e7eb918889adf83a0390847f25e253e614f2d496b3

Block #2 has been added to the blockchain!
Hash: 45c40e4eb99c92d6a2a5a1bdd3e0780d376334569fd46e9a07a2b3f90aa14219

Block #3 has been added to the blockchain!
Hash: 04db33fe175715c2d6eb622ca03459b508f25b23a9d5636890045a9e5f0ca1bf

Block #4 has been added to the blockchain!
Hash: b2b0baef28d9ff2c1440efd27aaf2d3dab91772701e5c8b600582bb585581b7d

Block #5 has been added to the blockchain!
Hash: 5d96f088a3ee621787e50cf2485e4a44076f2c84245aff4678a34f55ab7f703e

Block #6 has been added to the blockchain!
Hash: c8ad95cfa0d38beade038b63d49c59d95d1d18bdde63e504411c818e6dc57ad6

Block #7 has been added to the blockchain!
Hash: 97b6c2933fd63278928f45118f5c992e2f7375a4211fde195080cb3b2b83bfb4

Block #8 has been added to the blockchain!
Hash: ba8633bfbd7a9bf12e5c4131763d5697330af397e50d6890432f48475a2062d2

Block #9 has been added to the blockchain!
Hash: 0af040a5bca296ab3d9065e5b3345a5d3a33ad356347885cde9bb2252a3bb739

Block #10 has been added to the blockchain!
Hash: 1c39b9c44ce75cd9a05d4162331a473efbd3e4cb962ddb368ac1ca14d5575cf7
```

图 10-28　运行结果图

10.3.2　区块链技术发展趋势

区块链技术发展趋势

区块链技术作为当前的一项热点技术，其未来的发展趋势受到了社会各界的广泛关注。基于区块链技术的发展，中国信息通信研究院区块链白皮书(2020 年)整理出未来 5 个方向的发展趋势，为区块链技术的应用推广提供了依据。

1. 发展环境向好，加大产业扶持力度

疫情后世界政策环境和经济贸易趋势为区块链带来发展先机。国际方面，疫情带来的物理隔离体现了经济数字化的重要性，针对当前跨国数字经济对于信任基础的需求，区块链提供了解决方案，其特点是降低了交易风险，增强了跨国贸易和跨境数据流通的安全性。国内方面，疫情防控倒逼新型数字技术迅猛发展的同时，包括区块链在内的“新基建”成为 2020 年后稳增长的重要抓手，国内经济发展趋势和政策扶持导向给区块链发展带来机遇，政务、民生、医疗等领域将成为区块链应用的突破口和主战场。

2. 生态逐步完备，产业规模日益增长

随着新技术对于社会经济变革价值的体现，区块链行业将逐渐形成涵盖基础设备、系

统平台、应用服务、配套支撑等的全方位产业链体系。无论是技术过硬、深耕行业的平台型龙头企业，成长潜力大、发展态势好的区块链创新企业，还是技术配套和行业应用类信息服务企业，将利用技术平台结合行业特色，服务于实体经济方方面面，合力打造服务完善、高低搭配的企业梯队。根据 IDC 预测，全球区块链产业规模将保持增长，中国仍为全球区块链市场规模第二大的单体国家。2020 年全球区块链市场整体支出在新冠肺炎疫情的影响下有所减少，达到 42.8 亿美元；2019—2023 年，我国区块链解决方案相关支出的复合年均增长率预期将达到 60%(与疫情前预测相比下降约 10%)。

3．平台服务导向，基础设施呼声渐起

2020 年 4 月，腾讯云发布“腾讯产业加速器区块链”，传递出产业发展新方向，即是以科技龙头为代表的区块链企业所聚焦的已不仅仅是区块链的技术和产品，而是逐步向平台服务升级转变。可以预见，除布局技术研发和为区块链产业深度发展提供必要的技术支撑之外，区块链企业将愈来愈强调区块链平台建设和服务能力，目标在于打造可适用于安全可靠、灵活高效、多场景的区块链服务体系。构建基于区块链的新型基础设施，发挥区块链在提供信任通道、重构生产关系、降低边际成本、实现价值传递等方面的优势，探索数据要素的确权、流通，搭建面向行业的区块链应用服务平台，推动行业应用间互联互通，推动实现行业运行数据共享和信用体系建设，促进行业转型升级。

4．应用多向落地，行业渗透程度攀升

继区块链上升为国家新兴技术战略之后，其应用落地的呼声愈演愈烈，但受制于技术自身瓶颈和理解成本较高，区块链距离真正大规模落地仍需一段时间。伴随着技术解决方案的丰富和应用示范标杆的成熟，区块链的行业渗透率将日趋得到提升。一方面，以数字金融、供应链管理等领域为切入点，结合行业自身，积极打造一批行业示范应用，形成较为成熟的商业模式，探索形成行业应用范式；另一方面，对于政府治理、民生保障、智能制造及新型智慧城市等领域全面布局，利用区块链技术优势，促进行业数字化改造升级，推动行业全方位探索实践，促进区块链技术在更多行业应用落地。

5. 新型技术融合，拓展应用创新空间

作为 5G 时代最佳的信任承载体系，随着区块链与云计算、大数据、人工智能等新技术和新应用交叉融合，互联网从信息互联、人人互联向万物互联迭代创新，后工业时代基于信任中介进行交易契约的商业模式愈发不适应数字经济“广连接、大协作”的发展诉求，在互联网、工业互联网上提供“算法中介”，推动以 SaaS 等形式提供区块链服务，降低行业应用开发部署门槛和成本，积极扩展灵活多样的接入和增值服务，为行业企业应用区块链提供基础性产品，提升区块链服务企业的产品力和创新力，提高行业应用创新效率。

思政聚焦

区域链与信任

区块链与信任

“请相信我……”，我们经常听到这句话，也经常说这句话。请注意，我们用的是“请”，我们不能命令、强迫、乞求别人“相信我”，同理，我们也很难完全地相信别人。为什么“信任”这么难，是因为人性的复杂，现举两个例子说明。

(1) 立木为信。战国时期，商鞅在秦国推行变法图强，商鞅对秦孝公说，要打算把国家治好，必须有赏有罚。有赏有罚，朝廷有了威信，一切改革也就容易进行了。为了让老百姓信任变法，商鞅叫人在都城(咸阳)的南门竖了一根三丈高的木头，下命令说：谁能把这根木头扛到北门去，就赏十两金。围观的人不相信如此轻而易举的事能得到如此高的赏赐，结果没人肯出手一试。于是，商鞅将赏金提高到 50 金。重赏之下必有勇夫，终于有人站起将木头扛到了北门，商鞅立即赏了他五十金。这就是立木为信的故事。后来商鞅在秦国变法成功，让秦国变得富强起来，并最终统一中国。

(2) 烽火戏诸侯。西周末年，周幽王得到一个宠妃褒姒，褒姒虽然生得艳如桃李，却冷若冰霜，自进宫以来从来没有笑过一次，幽王为了博得褒姒的开心一笑，竟然在都城(镐京：位于陕西省西安市长安区)点起烽火。诸侯看到狼烟四起，紧急领兵救驾，却看到幽王和褒姒在城门上饮酒欢笑。没过多久，外族军队真的前来进犯，周幽王急忙点起烽火，却没有等来诸侯援兵，都城被攻占，从此以后西周灭亡。

关于信任的故事多如牛毛：一诺千金、一言九鼎、曾子杀猪、假道伐虢、退避三舍、尔虞我诈……中华文明强调诚实守信，但也不否认“兵不厌诈”，当然“信”是对国家、社会、朋友、亲人的“信任”，“诈”是对敌人、恶人的“蒙蔽”。

信任对人类社会发展是如此的重要，试想：如果百姓不相信国王，就有“揭竿而起”的故事；如果士兵不相信主帅，就有“羊斟残羹”的故事。如果民众不相信政府；如果员工不相信领导；如果爱人不相信爱人，朋友不相信朋友；如果人与人之间没有信任，企业与企业之间没有信任，民族与民族之间没有信任，国家与国家之间没有信任；如果你不相信政府，不相信医生，不相信学校，不相信法律，不相信科学，不相信任何人、任何组织、任何集体，世界会怎么样？

孔子说：“民无信不立”“言忠信，行笃敬，虽蛮貊之邦，行矣。言不忠信，行不笃敬，虽州里，行乎哉？”信任是人类文明大厦的基石，具有多层面的社会功能，它对人类社会生活而言具有不可或缺性。信任是社会生活最根本的基础，如果没有最起码的信任，我们的生活将寸步难行。信任常常被称为社会生活的润滑剂、社会组织的黏合剂、社会凝聚力的基础以及社会系统的动力。

区块链的价值主要是一种新的信任机制。据公安部的数据，中国网络犯罪占犯罪总数 1/3，并以每年 30%以上速度增长，网上的不可信、数据的不可信、身份的不可信、交易的不可信，已经成为整个未来网络要实现价值的瓶颈。区块链技术的出现就是要在这样一个互联网相对不可信、不信任或者弱信任的环境下，建立一个信息对称情况下支撑的可信体系。区块链的出现改变了人类“价值传递”的方式，并且带动传统产业从“信息互联网”向“诚信互联网”转变。

我们以前的信任是通过伦理、道德、法律法规建立起来的，它还不够健全强大。区块链用数字化的技术手段建立起一种去中心化的信任机制，用技术的手段完善信任的基石，促进社会的发展。我用信息技术向你保证“请相信我……”。

参考文献

[1] 李开复，王咏刚. 人工智能[M]. 北京：文化发展出版社，2017.

[2] 廉师友. 人工智能技术导论[M]. 3 版. 西安：西安电子科技大学出版社，2007.

[3] 周志敏，纪爱华. 人工智能改变未来的颠覆性技术[M]. 北京：人民邮电出版社，2017.

[4] 汤晓鸥，陈玉琨. 人工智能基础(高中版). 上海：华东师范大学出版社，2018.

[5] 机器学习的四种类型，https://blog.csdn.net/m0_38103546/article/details/

[6] 产生式系统，https://blog.csdn.net/x453987707/article/details/52727936.

[7] 微信公众号. 机器之心、AI 科技评论、创新工场、量子位、全球创新论坛、新智元.

[8] 云计算. https://baike.baidu.com/item/云计算/9969353?fr=aladdin, 2019-03-04.

[9] 国内常见的云计算平台知多少？https://www.sohu.com/a/220561645_99978040, 2018-02-02.

[10] 2015 国内外 9 大重量级云计算 PaaS 平台. http://www.chinacloud.cn/show.aspx?id=19581&cid=71, 2015-03-31.

[11] 科技十点见. 云计算产业发展 12 年：一条生死线已经划开. https://baijiahao.baidu.com/s?id=1612592970050178555&wfr=spider&for=pc, 2018-09-25.

[12] 华渚牧童. 云计算的发展史. https://www.jianshu.com/p/cd917c0ce6c9 , 2018-09-22.

[13] 佚名. 西部数据. 7 类常见的云计算应用场景. http://cloud.51cto.com/art/201805/574648.htm, 2018-05-28.

[14] 张为民，等. 云计算：深刻改变未来[M]. 北京：科学出版社, 2018.

[15] 网盘. https://baike.baidu.com/item/%E7%BD%91%E7%9B%98/1290198?fr=aladdin, 2017-07-11.

[16] https://www.baidu.com/link?url=wtmrpolf8v_aczuF87sfKOjHzuOrIiwhwpVFmaUW81vQvfb75wh_3NXgc4xdHBUgqxWfSzP1IJFXSK7hzQ2uZJzW631hXe6ELAAmQtTYb0kqcT CY6XkeAv1URYmrF8kJ&wd=&eqid=beaa922200035c5c000000035cb4b866

[17] 云平台. https://baike.baidu.com/item/云平台/3963188?fr=aladdin, 2019-03-31.

[18] 张振尧. 大唐移动云计算平台. http://roll.sohu.com/20110923/n320334947.shtml, 2011- 09-23.

[19] 腾讯云平台架构. https://cloud.tencent.com/developer/information/腾讯云平台架构, 2019-03-31.

[20] 腾讯云. https://baike.baidu.com/item/腾讯云/9905046?fr=aladdin, 2018-09-30.

[21] 国外最受欢迎的 15 个网盘网站. http://www.kguowai.com/news/298.html, 2019-03-31.

[22] 曾文权. 计算机技术基础[M]. 北京：高等教育出版社，2014.

[23] 郭永玲. 用微课学・计算机应用基础(Windows7+Office 2010)[M]. 北京：电子工业出版社，2017.

[24] 谭志彬. 信息系统项目管理师教程[M]. 北京：清华大学出版社，2017.

[25] 毕伟. 区块链导论[M]. 北京：北京邮电大学出版社，2019.

[26] 华为区块链技术开发团队. 区块链技术及应用. 北京：清华大学出版社，2019.

[27] 八爪鱼官方网站：https://www.bazhuayu.com/